U0634112

集刊

集人文社科之思 刊专业学术之声

集 刊 名：反歧视评论
主　　编：刘小楠　王理万

ANTI-DISCRIMINATION LAW REVIEW　No.7

第7辑

集刊序列号：PIJ-2018-338
中国集刊网：www.jikan.com.cn
集刊投约稿平台：www.iedol.cn

CRI

反歧视评论

Anti-Discrimination Law Review No.7

第7辑

主编 / 刘小楠 王理万

社会科学文献出版社
SOCIAL SCIENCES ACADEMIC PRESS (CHINA)

卷首语

近年来反歧视（特别是就业歧视）所取得的进展，令许多反歧视理论研究者和实务工作者颇感欣喜。诸如 2018 年 12 月最高人民法院增加“平等就业权纠纷”和“性骚扰损害责任纠纷”作为民事案由，以及 2019 年 2 月人力资源和社会保障部等九部门印发《关于进一步规范招聘行为促进妇女就业的通知》——这些都是反歧视界吁求多年的政策，在近期相继得以实现。尽管上述政策的成效仍有待观察和评估，但是反歧视进入国家议程本身就是阶段性的胜利。本辑《反歧视评论》就是在这样的背景下，旨在为反歧视提供更为具体的思路和建议。

本辑《反歧视评论》以“艾滋歧视及其法律应对”为主题，辑选了五篇论文、译文和调研报告。段知壮博士的《社会排斥视角下艾滋就业歧视的认知与应对》对关于艾滋病的制度性歧视展开翔实的案例分析，以此阐明歧视背后的社会排斥问题。黄周正博士的《艾滋歧视诉讼的域外经验及对我国的启示》分析了多个域外艾滋歧视诉讼案例，归纳出相关诉讼的裁判要点，并据此提出对中国的借鉴经验。中国劳动和社会保障科学研究院课题组的《促进艾滋病感染者公平就业研究》对我国当前维护艾滋病感染者平等就业的立法政策、现实情况、典型经验进行了梳理，同时对国际劳工组织和典型国家的经验做法进行总结，提出了进一步促进艾滋病感染者平等就业的对策建议。刘小楠教授团队翻译的国际劳工组织《艾滋病毒（HIV）、艾滋病（AIDS）与劳工权利：法官与法律专业人员手册》，内容非常丰富且实用，旨在帮助法官和法律专业人员处理与艾滋相关的就业问题，对中国应对就业领域的艾滋病歧视将有重要意义。李子瑾博士的《禁止艾滋歧视的全球经验：概念、法律、实践及其对中国的启示》从全球视角出发，探讨艾滋歧视的基本含义和构成条件，梳理与评价国际法和多国国内法中禁止艾滋歧视的重要法律和实践，并建议中国吸取有益的全球经验。

学术专论板块辑选了两篇学术论文。刘红春副教授和李舒的《论社会组织参与平等就业立法的法治路径》综述了当前我国社会组织参与平等就业立法的现状，总结了法治路径对社会组织参与平等就业立法的意义，提出了社会组织参与平等就业立法的法治路径建构建议。何剑先生的《身份丛林中的被放逐者——中国隐瞒性向婚姻的法理困境与出路》一文对同性恋者隐瞒性向缔结异性婚姻问题做出了细致的法律分析，认为“可撤销婚姻”的方案设计在法律效果和社会效果方面具有明显不足，通过观照该问题的西方经验，提出了一些关于中国问题的思考。在案例研读板块，陆安飞的《我国法院裁判就业中的生育歧视案例研究》，选取2013年到2017年间的89个案例，对以婚育状况为标准侵犯女性就业相关权益的现象进行研究，建议通过立法方式建立生育友好型社会。在调研报告板块，李亚娟副教授、杨云霞教授和刘咏芳副教授的《生育、照顾与工作——“二孩”或“多孩”政策背景下西安职业女性生育与照顾责任调研报告》，对西安市范围内的育龄职业女性与用人单位展开调查，深度展示了职业女性的二孩生育需求和其与就业、职业发展之间的冲突，提出了一系列有针对性的政策建议。王媛的《普通高校无障碍设施建设的现实困境与完善路径——基于十所“双一流”高校无障碍设施建设情况的实证调查》揭示了普通高校在无障碍设施建设上存在现实困境，分析了困境背后的原因和解决方案。

第7辑《反歧视评论》得以顺利组稿和按时付梓，首先需要感谢作者们慷慨赐予高质量稿件，更需要诚挚感谢社会科学文献出版社编辑优质高效的编辑工作。作为编者，我们期待《反歧视评论》能与中国平等进程共同成长！

编者

2019年10月

目　录

主题研讨：艾滋歧视及其法律应对

学术专论

案例研读

调研报告

主题研讨：艾滋歧视及其法律应对

社会排斥视角下艾滋就业歧视的认知与应对

段知壮*

摘要： 尽管2006年颁布的《艾滋病防治条例》中已经明确了对艾滋病感染者的不歧视原则，但社会生活中很多面对诸如公务员体检标准及其操作细则中关于艾滋病问题的制度性歧视规定的感染者仍然不愿意选择通过司法途径维护自己的权利，这一方面可能是因为不同当事人对法律意义上的歧视界定存在主观差异；另一方面则主要是除去单纯的歧视行为外，特别是社会关系层面的社会排斥对艾滋病感染者所形成的环境性压力更为强大。如何从动态的角度理解工作场域内排斥施加者与排斥承受者之间的互动无疑能够帮助我们更加清晰地理解歧视在具体场域内的形成与发展。虽然社会学意义下的社会排斥在很大程度上会因为不同主体、不同情况而产生结果上的不确定性，但法律意义上的反歧视除了要从单纯行为的角度进行司法处理外，也必须从反歧视环境营造的层面强调公权力主体的法律责任。

关键词： 艾滋病　告知义务　非自愿检测　拒诊　保密义务

一　引言

2012年9月，阿明（化名）通过签订劳动合同的方式入职广州某食

---

* 段知壮，法学博士，浙江师范大学行知学院讲师，日本爱知大学中国研究科博士候选人。本文的撰写得到了同志平等权益促进会的大力支持与帮助，特此致谢！

品检验类事业单位，2015年该单位发布了公开招聘事业编制工作人员的通知，阿明为在本单位内获得事业编制进行报名考试。此后阿明在笔试、面试等环节以总分第一名的成绩入选，但因在体检过程中查出HIV阳性而于同年11月被通知不予录用。与此同时，因阿明与该单位之前所签订的劳动合同尚未到期，该单位于12月对阿明下达了停岗休息的通知。至2016年7月劳动合同到期，单位通知阿明将不再续签劳动合同，次月阿明领取到了不予续签劳动合同的经济补偿。在被通知停岗休息后阿明决定通过法律途径维护权利，但在劳动仲裁与一审判决中均以失败告终，2016年7月阿明提起上诉，在次年2月阿明终于迎来了胜诉的判决书。这是广东省第一例“艾滋就业歧视案”，也是国内第一起用人单位以劳动者感染艾滋病病毒为由侵犯劳动者权益败诉的案件。

在二审判决书中，广州中院认为该食品检验单位对阿明作出离岗休息的决定不能举证经过阿明本人同意或经双方协商一致，属于不提供劳动条件及变更劳动合同的行为，且该单位称已足额发放离岗休息期间工资报酬这一事实不具有阻却违法的效力；加之该单位并未提供证据证实阿明需要停止工作予以治疗，阿明本人也没有向该单位提出要求给予医疗期待遇，因此该行为违反了《劳动合同法》的规定。此外阿明“从事食品检验工作，现行法律、法规、其他规范性文件及行业要求均无禁止艾滋病感染者从事这一岗位的工作”，因此该单位认为阿明“作为艾滋病感染者不再适宜继续工作于法无据”。特别需要提及的是该判决书中还专门写明“艾滋病本身并不可怕，可怕的是对艾滋病的无知和偏见，以及对艾滋病患者的歧视”。[①] 随后这一判决引起了国内外媒体的多方关注。

几乎是在与阿明案二审判决的同一时间，四川内江的谢鹏（化名）也经历了与阿明类似的不愉快经历。2017年3月，内江某公司采用面试方式招聘员工，谢鹏从十多名竞争者中胜出并于次月进入该公司。2017年5月该公司通知谢鹏转正并安排其到医院进行入职体检，谢鹏被检测出HIV抗体阳性后该公司以体检不合格为由告知其离岗休息。同年11月，谢鹏向

① 广东省广州市中级人民法院（2017）粤01民终8398号。

内江市劳动人事争议仲裁委员会申请劳动争议仲裁，次月仲裁委员会作出裁决认为该单位与谢鹏双方口头约定试用期为1个月，此后2个月单位以谢鹏体检不合格不能聘用为由与其解除劳动关系，其间单位未与其签订书面劳动合同，故该单位应支付谢鹏双倍工资。至于谢鹏的其他诉求，因不符合法定情形，裁决不予支持。[①]

2018年1月谢鹏向四川省内江市市中区人民法院起诉，除工资问题外还要求该单位与其订立书面的无固定期限劳动合同。之后在法院的调解下谢鹏与该单位达成调解协议，该单位支付谢鹏2017年4月至2018年3月期间未签订书面劳动合同的双倍工资63000元，且双方自愿签订为期两年的书面劳动合同。[②] 此后谢鹏又针对公务员体检标准以及HIV自愿检测等问题，以对其进行体检的医院及当地疾病预防控制中心为被告提起民事诉讼，但法院对此认定相应医院对谢鹏进行抽血体检的行为不具有违法性，加之谢鹏“未举证证明侵犯隐私的违法加害行为和可受救济的隐私损害后果”，“更勿论两者之间的因果关系以及被告对损害的发生具有过错的问题”，因此驳回了谢鹏的诉讼请求。至于《公务员录用体检通用标准（试行）》第十八条关于“艾滋病，不合格”的法律位阶冲突以及其对自愿检测的突破问题在判决书中则未涉及。[③]

以上两个案例作为近年来中国艾滋就业歧视方面的典型案例得到了社会各界的广泛关注，各方媒体在报道时均强调艾滋就业歧视问题在法律以及社会层面得到一定改善。但如果仔细观察不难发现，无论是阿明案中对用人单位单方离岗休息决定的违法审查还是谢鹏案中基于未签订劳动合同而进行的司法调解均未对以公务员录用体检标准为代表的艾滋职业准入限制进行正面回应。也就是说，尽管以上两个案例在个人权利维护及社会宣导方面确实起到了一定的正面作用，但作为规范性文件的《公务员录用体检通用标准（试行）》的合法性问题依然没有得到彻底的解决。更不用说

① 《男子入职体检查出艾滋丢工作，向法院提诉讼》，http://news.sina.com.cn/sf/news/ajjj/2018-01-19/doc-ifyqtwzu7853273.shtml，最后访问时间：2019年9月12日。

② 四川省内江市市中区人民法院调解笔录（2018）川1002民初36号。

③ 四川省内江市市中区人民法院（2018）川1002民初3293号。

在谢鹏案发展过程当中出现的“单位组织同事投票表决是否同意其回归岗位”的吊诡现象。此后 72 名律师及法律从业人员于 2018 年 4 月就“违法艾滋检测”问题联名向四川省内江市卫生健康委员会的致信也因“按照相关标准进行体检，符合相关规定”而不了了之。可见，关于艾滋就业歧视仍有诸多问题有待梳理，本文中笔者即根据在 Z 省 J 市艾滋病“定点医院”进行的田野调查以及对上述两案件当事人的深入访谈尝试对艾滋就业歧视问题进行讨论分析。

二 公务员体检标准背后的艾滋就业歧视

根据国际劳工组织于 1958 年《消除就业和职业歧视公约》中的界定，歧视是指“根据种族、肤色、性别、宗教、政治观点、民族血统或社会出身所做出的任何区别、排斥、优惠，导致剥夺或损害在就业和职业上的机会或待遇上的平等”。此后世界各国对歧视的形成因素界定虽稍有差异，但基本达成共识，就业歧视是指不以劳动者的劳动能力、工作经验、工作水平、专业技术等岗位所需的条件为录用劳动者的条件，而是以与岗位工作性质没有必要联系的劳动者的身份、性别、地域、户籍、种族、年龄、容貌或其他与劳动岗位职责无关的条件为标准，对劳动者在求职过程中进行的区别对待，即排斥某些群体的少数劳动者从事某些劳动，限制、剥夺他们劳动的基本权利。① 而就业歧视中的健康歧视就是劳动组织和用人单位以劳动者的健康问题为由，作出的不合理地损害、剥夺劳动者在就业上享有的机会平等和待遇平等的权利的行为。② 具体到艾滋病问题上，早在 1996 年联合国即通过《艾滋病与人权问题国际准则》呼吁国际社会以及各国政府加大对艾滋病感染者及患者的关注力度，并通过落实相关法律扶持政策为艾滋病感染者及患者的平等就业权提供保障。此后诸如联合国 2001 年通过的《关于艾滋病毒/艾滋病问题的承诺宣言》、国际劳工组织

① 周伟等：《中国的劳动就业歧视：法律与现实》，法律出版社，2005，第 301 页。
② 蔡定剑主编《中国就业歧视现状及反歧视对策》，中国社会科学出版社，2007，第 83 页。

同年通过的《艾滋病病毒和艾滋病与劳动世界劳动行为准则》、联合国人权委员会2002年出版的《艾滋病病毒/艾滋病与人权国际指导方针》、联合国2006年通过的《关于艾滋病病毒/艾滋病问题的政治宣言》以及联合国人权事务高级专员署和联合国艾滋病规划署于2006年发表的《艾滋病与人权问题国际准则》等文件均对艾滋病感染者的就业歧视问题有所涉及。当然，在众多国际人权法规范中关于艾滋病感染者的就业歧视规定并非空穴来风，如早在2000年的纳米比亚就曾经有过类似的案例，并引起了巨大反响。

申请者N原是西南非洲人民组织民族解放运动中的一名成员，1996年9月他设法参军，在此期间他接受了HIV测试。两周后一位纳米比亚国防军医生通知他的测试结果为阳性，部队不能录取他。一个月后，一份综合医学报告显示，N的其他方面非常健康，并且为他检查的医生明确表明N的身体状况对于他为国家服役没有任何影响。

在法庭上，原告争辩纳米比亚防卫部队违反了1992年《劳动法案》，其中禁止雇佣中的“不公平方式”的歧视，以及对残废的歧视。纳米比亚国防军承认的确是因为N呈HIV阳性才拒绝他，但是否认这是不公平歧视，并指出在纳米比亚国防军中确实有军人被查出是HIV阳性患者，因为部队成立时HIV测试不是入伍体检中的一项，而且有些人员是在入伍后感染HIV的。事实上，由纳米比亚国防军提供的证据认为，军队一直遵循当一名纳米比亚国防军的士兵被诊断出是HIV携带者的时候，“尽可能不采取歧视政策”。这就表明在军队中存在着大量的HIV携带者。证据显示，在士兵入伍以后并没有接受过HIV测试。

法庭指出，仅仅进行HIV测试并不能决定入伍者是否适合在部队中服役，并提出：“如果军队没有也将不会测试（CD4测试和病毒载量），那么也不应进行HIV测试，它并没有达到体检的目的。”法庭认为，HIV携带情况不应成为申请者被排斥在国防军之外的合理标准，并且仅进行HIV测试并不能决定一个人对工作的合适与否。法庭因此指出，原告仅因其HIV携带者的情况而被纳米比亚防卫部队逐出这一行为是“不公平方式中的歧视”，这违反了《劳动法案》。[①]

可以说这一案例在二十多年后的中国仍然具有极强的启示意义。中国与世界上多数国家一样均通过法律规范的方式明确“任何单位和个人不得歧视艾滋病病毒感染者、艾滋病病人及其家属”（《艾滋病防治条例》），但正如有学者所指出的，中国目前禁止就业歧视的立法不少，但是对于何谓就业歧视以及就业歧视的具体表现形式并未明确界定，导致实践中到底哪些是歧视性行为，界限模糊，难以处理。[②] 比如在中国公务员录用制度中，体检是录用公务员必经的法定程序之一，带有明显的强制性，具有行政检查的法律性质。在录用过程中，体检的结果并不是用作综合判断的参考因素，而是直接决定淘汰与否的决定性因素。[③] 围绕着公务员录用体检以及相关体检标准的就业歧视频繁发生，近2亿的健康弱势者的平等就业权利受到影响。[④] 也正因如此，2004年人事部、卫生部公布的《公务员录用体检通用标准（试行）》第二稿将在第一稿中引起社会上极大争议的乙肝病原携带者、艾滋病病毒携带者等原属于体检不合格人群改列为合格人群，在一定程度上试图修正公务员录用过程中的就业健康歧视。现行的《公务员录用体检通用标准（试行）》第十八条规定“淋病、梅毒、软下疳、性病性淋巴肉芽肿、尖锐湿疣、生殖器疱疹，艾滋病，不合格”，但与此同时在作为操作细则的《公务员录用体检操作手册（试行）》第18.1.7条中又规定“《标准》本条款中所指的艾滋病，包括其各临床分期。与乙型肝炎病毒携带者所不同的是，不存在艾滋病病毒携带者这一概念。因此，HIV感染的诊断一经确定，即作体检不合格结论”，这无疑在实践当中架空了2004年对“艾滋病”与“艾滋病携带者”两个概念的区分与修改。除了艾滋病问题外，职业准入体检当中大量存在的严重慢性病

① 蔡高强：《非洲艾滋病问题研究》，浙江人民出版社，2014，第146～147页。

② 喻术红：《反就业歧视法律问题之比较研究》，《中国法学》2005年第1期。

③ 蔡定剑主编《中国就业歧视现状及反歧视对策》，中国社会科学出版社，2007，第374页。

④ 郭彬、黄诗欣、杨琦：《公务员录用体检标准下的制度性歧视》，《反歧视评论》（第2辑），法律出版社，2015，第33页。

或各种传染性疾病往往有严重程度和是否处于传染期之分，只有当病情的严重性达到一定程度，或处于传染期才会严重影响职责的履行。显然，对于那些虽患有此类疾病，但并未达到一定严重性和传染性的报考者而言，体检标准也构成了“过多包含”，伤及了无辜。[①] 如上引纳米比亚案例中法庭所指出的一样，“如果军队没有也将不会测试（CD4 测试和病毒载量），那么也不应进行 HIV 测试，它并没有达到体检的目的”。从更宏观的角度而言，这种“法律—行政法规—部门规章—操作规程”层层加码的制度性歧视将法律的相关规定进行了不当的缩小解释，从而违反了立法的宗旨。[②] 在艾滋就业歧视方面我们无奈地再次证实了这一结论，即下位法在对上位法的“细化”实践过程当中［《艾滋病防治条例》—《公务员录用体检通用标准（试行）》—《公务员录用体检操作手册（试行）》］竟然被消解成了与艾滋病感染者权利保障的相关法律规定截然相反的状态。也正因如此，自 2010 年以来除了上述所提到的广东阿明案与四川谢鹏案之外，中国还存在七起艾滋就业歧视诉讼，而在这近十起诉讼当中无一例外均由录用体检标准（包括公务员录用体检标准以及以此为基础的教师资格体检标准、事业单位人员录用体检标准等）而引发，且在阿明案之前无一例胜诉案件（表 1）。

表 1　2010～2015 年部分艾滋就业歧视案件

时间	地点	当事人	案件类型	案件结果
2010 年	安徽安庆	小吴	报考某学校教师职位体检被拒	一审、二审均败诉[①]
2010 年	四川攀枝花	小军	报考某小学教师体检被拒	一审、二审均败诉[②]
2011 年	贵州三都	小海	报考某学校体检被拒	不予受理[③]
2012 年	江西南昌	小齐	报考某中小学体检被拒	调解获赔 4.5 万元[④]
2013 年	江苏镇江	陈新	报考镇江新区管委会下属新区某局体检被拒	调解获赔 4 万元[⑤]

① 周伟等：《中国的劳动就业歧视：法律与现实》，法律出版社，2005，第 71 页。

② 刘小楠、王理万：《守护就业机会平等的底线正义——2011 年公务员招考中六部门就业歧视状况的调查报告》，刘小楠主编《反就业歧视的理论与实践》，法律出版社，2012，第 232 页。

续表

时间	地点	当事人	案件类型	案件结果
2015 年	江西上饶	王克	报考市直事业单位基层遴选工作人员考试体检被拒	一审败诉，二审中获得 5 万元补偿费后撤诉⑥
2015 年	贵州黎平	李成	某中学特岗教师留任体检被拒	获 9800 元经济补偿⑦

注：①安徽省安庆市中级人民法院（2011）宜行终字第 0022 号。

②《艾滋病就业歧视案再现四川 HIV 携带者状告人事局和教育局》，中国在线，http://www.chinadaily.com.cn/dfpd/sc/2010-10/21/content_11439033.htm，最后访问时间：2019 年 9 月 12 日。

③《代课老师患艾滋遭就业歧视告县政府法院不立案》，教育中国，http://www.edu.china.com.cn/2011-10/24/content_23713211.htm，最后访问时间：2019 年 9 月 12 日。周伟教授称其在对北京市益仁平中心陆军先生的访谈中得知，该案法院在法律规定的日期内并未通知予以受理，也没有裁定不予受理，参见周伟《从身高到基因：中国反歧视的法律发展》，《清华法学》2012 年第 2 期。

④《江西首例艾滋就业歧视案原告顺利获赔 4.5 万元》，中国广播网，http://china.cnr.cn/ygxw/201301/t20130129_511879911.shtml，最后访问时间：2019 年 9 月 12 日。

⑤《体检 HIV 阳性被拒入职原告起诉要求道歉赔偿》，中国法院网，https://www.chinacourt.org/article/detail/2013/11/id/1149369.shtml，最后访问时间：2019 年 9 月 12 日。

⑥《公考第一被拒录，上饶艾滋感染者起诉后获偿五万》，搜狐网，http://www.sohu.com/a/146544638_166989，最后访问时间：2019 年 9 月 12 日。

⑦《国内艾滋病就业歧视案首次胜诉国外感染者就业如何保障》，凤凰网，http://news.ifeng.com/a/20160513/48765200_0.shtml，最后访问时间：2019 年 9 月 12 日。

有学者认为以公权力部门为主导的录用体检项目之所以如此设置，很大程度上源于对就业体检和一般健康体检的混淆，以及长期对个人隐私权利的漠视。就业体检是为了检查求职者是否能够胜任工作，应当只限定于与能否胜任工作有关的项目，这样才能在保证用人单位的用工自主权的同时，最大程度地保障劳动者的身体自主权以及隐私权。[①] 不过从《公务员录用体检通用标准（试行）》第十八条之文本规定来看，这种对特定传染性疾病项目的检查设置似乎在目的上并不完全是出于对任职者的身体素质之判断，而是基于对公共健康与个人隐私之间的利益衡量结果。也就是说，对就业领域当中合理的健康限制大致可以分为两个方面：一是能否保证公共卫生安全，即非健康群体就业是否会造成疾病扩散，是否会危害公众的安全；二是非健康群体是否符合相应岗位的体质条件，即在体力、技

① 刘潇虎：《中国公民身体和健康状况与就业权报告（2010～2011 年度）》，刘小楠主编《反就业歧视的理论与实践》，法律出版社，2012，第 193～194 页。

能、智力上能否胜任工作。换言之，除去劳动关系双方对是否胜任工作的“健康”概念纷争外，假如在没有保证公共卫生安全、防止疾病扩散的情况下，允许传染病人与健康人群同时就业，势必会导致疾病流行。[①] 基于公共健康原因而对个人的部分特定权利进行一定程度的限制是符合宪法基本权理论的，但问题是在就业准入层面的艾滋检查并没有很好地解释清楚以上两种存在冲突的价值导向在该问题上的具体博弈。医学领域中早已明确了 HIV 病毒的具体传染途径，那么如果是出于对工作场域中他者的健康保护目的而对艾滋病进行职业准入限制就必须证明这种疾病在具体的工作场域中存在明确的危险性，即便在某种工作类型中的确存在某种程度的危险，那也应当是明确限定的具体职业范围，[②] 而非从广义上对特定疾病进行“危险”意义的标签化处理，这种做法显然将“或然风险”与“实际风险”进行了混同。

> 我觉得一个比较好的方式是国家明确规定哪些行业禁止艾滋病感染者准入，比如说食品加工、婴幼儿用品之类的，尽管这个标准还可以具体讨论，但绝不能将公务员这个体检标准变成一个一般性的限制，因为很多单位都是直接适用公务员这个（体检）标准的，这就存在一个滥用的问题。这样歧视的范围就在无形中被扩大了，反过来就是在逐渐缩小。（谢鹏）

有学者曾指出统一体检标准将各种序列的、毫不相干的没有可比因素的职位都放在一个标准中，主要是基于操作简便、节约社会成本的考虑，但这种做法在片面强调体检工作效率的同时也极大地牺牲了体检的公正性

① 蔡定剑主编《中国就业歧视现状及反歧视对策》，中国社会科学出版社，2007，第 83 页。

② 不乏学者曾提出对艾滋病感染者的职业准入明细设想，只是此类设计还需要强有力的医学论证支撑。可参见周贤日《平等就业权的实现障碍和解决思路——以近五年平等就业权五案为分析对象》，刘小楠主编《反就业歧视的机制与原理》，法律出版社，2013，第 230 页。

和科学性，并从根本上违背了国家公务员体检标准的立法目的。[①] 而如若在一般职业中这种所谓的“危险”乃是一种想象中的“危险”，那么这种基于所谓公共健康而对艾滋病感染者的权利限制就无疑是一种赤裸裸的歧视。此外在公务员录用过程中，国家机关作为录用主体具有特殊性，国家机关既是就业政策法规的制定者，又是就业政策法规的具体实施者，因此公务员就业中的歧视现象首先是一种制度性歧视。[②] 也正是在这样一种背景下，社会中大量用人单位（特别是事业单位、国有企业以及规模较大的民办企业）的体检标准通常采取了“参照国家公务员体检标准”的模式，虽然有时这种标准的统一化处理是无意识的，但这无疑在客观上加深了制度性歧视的社会属性。如笔者在对一位艾滋病感染者的访谈中就得知，即便相应细节化的规定已然经过修改，但是在操作实践当中这种检测基于政策惯性也很难被同步修正。

> 我没毕业之前就知道自己感染了，所以在毕业找工作的时候就很留意这个问题。我读的是师范专业，所以对口就是去当老师。当时也有人告诉我让我找个“代检”好了，可能是我胆小吧，最后还是没找。不过我毕业那会儿像 G 省在教师资格体检标准中已经取消 HIV 这项了，当时新闻上还说过。我当时想着那就专门找那个省份的工作好了。可是后来发现根本不是这么回事，因为各个单位在招聘信息中用的体检标准不一样，有的用的是这个教师资格体检标准，有的用的是事业单位体检标准，有的甚至用的还是国家公务员体检标准。所以我的选择就很少了。不过最后我还是找到了个用教师资格体检标准的单位，后来笔试面试也都过了。可是没想到啊，等他们人事领着我们去体检的时候我一拿到体检单就傻眼了，明明写着有 HIV 抗体这项啊。可我也不能真去抽血啊，那不就彻底暴露啦。所以我就跟带队的人事说你这体检项目不对啊，那人事估计从来都没想到过这茬儿，她

① 周伟等：《中国的劳动就业歧视：法律与现实》，法律出版社，2005，第 47 页。
② 周伟等：《中国的劳动就业歧视：法律与现实》，法律出版社，2005，第 5 ~ 6 页。

也不知道，还一个劲问我怎么不对了。后来我实在没办法就把她拉到一边瞎编说我得过梅毒，按你们的招聘信息不查这个的。我当时想梅毒怎么也比艾滋好点。她也蒙了，还马上用手机查，说得去找主管体检的医生沟通。那会儿的事儿我这辈子都忘不了，当时她是挺小心跟医生说的，可是那医生听完马上特别大声地说传染病怎么可能不查！我们同一批一起去体检的四五十号人都在门口等着叫号抽血，大家一听都看着我交头接耳，我当时真是恨不得马上消失。

制度逻辑和生活逻辑之间的矛盾，是制度实施过程中遭遇各种负面力量，或者自己被破坏的根本原因。在现实中，二者之间的冲突常常表现为一个中国人习以为常甚至已经熟视无睹的问题：如何协调普遍性制度同地方性生活之间的关系？面对这样一种矛盾问题有学者不无无奈地认为制度与生活在逻辑上的不可通约性几乎是不可能从根本上获得解决的。[①] 在艾滋病的就业歧视上这一问题同样矛盾尖锐，无论是操作细则对法律规范的异化，还是社会生活领域中几乎是无意识地对法律规则的漠视，都反映出即使政府明确了“不歧视”的政策，甚至出台了专门的法律规范，也无法从根本上解决艾滋病的歧视问题。[②] 与此同时不可否认的是，即便相应的法律指引未必如同立法者所预想的那样发挥作用，但具有国家强制力的法律毕竟真实存在，尽管制度与生活存在如此的张力，然而在日常生活中，制度不断建构生活，生活也在不断建构制度，制度使生活发生改变的动力不是来自制度与生活在逻辑上的契合，而是来自制度之外不平等的权力关系。[③] 如在前文中所表明的，从 2010 年的吴某案到 2017 年的阿明案，在司法意义上的艾滋就业歧视应当说已然有了一个“完满”的结局，但根据笔者先后与两位进行的访谈，让笔者意外的是，两位当事人不仅在法律意义上的结局不同，在现实生活中的走向也有着极大的反差。如吴某虽然在

① 李友梅：《中国社会生活的变迁》，中国大百科全书出版社，2008，第 13 页。
② 张晓虎：《艾滋病问题的双向建构》，知识产权出版社，2013，第 13 页。
③ 李敏：《制度如何制造不平等：一个北方城市贫困女性社会排斥的制度分析》，中国社会科学出版社，2015，第 187 页。

案件中败诉，但经过当地民政部门的“协调”，吴某再次考上了某地乡镇学校的教师岗，原因在于该地区的入职尚未将HIV病毒检测纳入体检当中，用吴某自己的话说，“最终也算是进入了体制内”。相反，阿明虽然在法律意义上取得了胜诉，但早在判决结果出现前，阿明就已经进入其他单位工作，在访谈中阿明也不无无奈地表示“当然没办法再在原单位工作了”，“这样坚持主要是为了群体的社会利益”。

那么接下来的问题就是，法律虽然可以禁止人们歧视感染者，但是社会对于感染者的恐惧依旧存在，而法律无法禁止人们如何想象艾滋病与感染者。[①] 权利诉求在法律层面的呈现或许可以催生出新的法律制度，但这并不代表着必然会随之形成社会结构性的改变，也就是说，法律场域中的胜利并不必然完成社会场域中的进步或改革，甚至法律修正之结果构成在实践意义上的目标达成仍然受制于多重因素。如有学者曾指出，在集体所有制意识形态非常强烈的地方，“非正式的”机制——特别是流言蜚语——在交流和实施可接受的行为中非常有效，公众评价的非正式压力可能会胜过表面上的正式规则。[②] 我们虽然不能简单地将绝大多数的工作场域直接地界定为“集体所有制意识形态非常强烈的地方”，但我们必须承认其相对个体的主观能动性而言工作场域会更加凸显集体对个人的附加性限制与约束，人们全部或部分的生活或主动或被动地捆绑于其中，而正式规则往往以更宽泛的形式覆盖相对庞大且松散的社会整体，因此相对于松散的社会整体而言，更为集中且紧密的特定场域对个体人生活的非规则性干涉就会尤为强烈。

三 从法学意义的歧视到社会学意义的社会排斥

加里·贝克尔曾指出，“通过知识的传播，对某群人‘无知’的情形

① 罗士翔：《反AIDS歧视与法律动员——以台湾AIDS防治法制为中心（1981～2009）》，硕士学位论文，台湾大学，2010，第2页。

② 〔美〕劳伦斯·罗森：《法律与文化：一位法律人类学家的邀请》，彭艳崇译，法律出版社，2010，第13页。

可以很快消除。可是偏见（即作为一种‘偏好’的偏见）就不同，相对来说，偏见与知识的关系不大”。[①] 如其以犯罪为例阐述公共政策在个人偏好形成方面所能产生的影响，“犯罪数量不仅取决于理性和愿意成为罪犯的偏好，还取决于公共政策所营造出的经济和社会环境，这些公共政策包括花在警察上的费用、对各种犯罪行为的惩治力度、就业机会、学校教育及培训计划等”。[②] 在艾滋就业歧视领域中这种公共政策所能起到的影响性作用也同样显著，在普遍歧视的情况下，问题的关键不是如何立法决定这种歧视是非法的行为，而是要在司法实践中确定歧视艾滋病感染者和病人的行为就是犯法行为并予以必要的制裁或处理，在社会普遍存在歧视心理和行为的情况下这种处理特别困难但意义重大。[③] 从这个层面上来看，单纯法律意义上的对歧视的否定性评价可能并不会完全遏止歧视行为的发生以及歧视心理的增强，毕竟法律不是解决所有问题的灵丹妙药，社会学、经济学和人类学通过分析歧视产生的原因和包含的社会偏见及固有传统观点的各种表现，加深人们对歧视作为一个社会问题的理解。[④]

比如在一项针对社会公众之于艾滋病感染者态度的实证调研中，调研者认为一般性的令人同情、帮助意愿以及有关就学、就医与工作权问题的整体分析倾向于正面。然而当调研者对受访者连续两年的态度进行对比观察时却发现，此正面态度不仅未随年增强，上述最为正面的就医权态度反而随年显著削弱。[⑤] 也就是说，知识层面的普及并不必然带来排斥心理乃至歧视行为的改变。当然，研究者也强调，影响民众对艾滋病感染者态度的过程是复杂多元的，包括民众对艾滋病知识的了解、传播渠道的运用等诸多面向。但值得注意的是，同一种因素在不同的阈限之内所可能发挥的作用确实存在较大差异，在民众对艾滋病的知识掌握上，研究者称知道正确的艾滋病感染途径使得大部分受访者并不担心会感染艾滋病，[⑥] 这种对

---

① 〔美〕加里·贝克尔：《歧视经济学》，于占杰译，商务印书馆，2014，第 19 页。

② 〔美〕加里·贝克尔：《歧视经济学》，于占杰译，商务印书馆，2014，第 193 页。

③ 夏国美主编《艾滋病立法：专家建议及其形成过程》，法律出版社，2006，第 117 页。

④ 李薇薇主编《禁止就业歧视：国际标准和国内实践》，法律出版社，2006，第 9 页。

⑤ 徐美苓：《艾滋病与媒体》，上海译文出版社，2008，第 175 页。

⑥ 徐美苓：《艾滋病与媒体》，上海译文出版社，2008，第 177 页。

知识的普及有效地减轻了艾滋恐慌，使得在疾病预防的层面取得了显著效果，却也加强了普通民众将自身与艾滋病感染者进行二元区隔的倾向性，而当这种区隔发展到一定阶段就极易形成潜在的艾滋污名，这反过来会削弱民众对艾滋病感染者的包容心态。再如宣导内容上对“高危”行为易导致疾病感染的强调，忽略了艾滋病客观的社会、文化、政治与经济等因素，以及主观的病者经验。[①] 这些影响面向在不同的受众身上都会产生具有明显差异性的主观认知。换言之，民众对艾滋病的实用性态度可左右其对艾滋病患与感染者权益及与其相关的态度，但唯有对民众近身性较高的态度面向，艾滋病的象征性态度方能发挥其影响力。[②] 也正是在这样一种背景之下，对歧视定义的讨论越来越多地选择在特定的情景中进行，因为在特定情景中“歧视”（区别对待）具有文化“合理性”。[③]

如张千帆教授曾以乙肝病毒为例提到，尽管一些特定的传染病病毒只会在某些既定渠道中传播，但传染病病毒携带者的存在仍然可能使他的同事们感到一种莫名的“不爽”，从而影响工作效率，但更适当的解决办法不是禁止实际上无害的传染病病毒携带者参加公务员工作，而是普及医学知识，使领导们和工作人员消除不理性和不必要的心理恐惧。[④] 换言之，尽管抛去明确外在歧视行为的“疏离”态度并不会必然成为法律所规制的对象，但公权力承担着另外一种义务，即通过不仅是知识，还有价值观的导向性普及完成这种潜在歧视氛围的破除。而如果从中国艾滋污名的形成角度来看，作为公权力的政府在最初并未主动作为从而引导大众传媒对艾滋病进行正面宣传，导致在公众意识中逐渐对“艾滋病”恐怖标签化，甚至在某种程度上说这种态势的演化本身就存在公权力的不当引导。一种消极性的社会氛围一旦形成，法律作为社会调整方式之一虽然可能会起到一定的抵制作用，但这种作用的局限性也异常明显，从某种程度上说，法律的“兜底控制性”功能要远远大于“预防指

---

① 戴宇光：《台湾的艾滋病与权益》，《应用伦理研究通讯》1997 年第 2 期。

② 徐美苓：《艾滋病与媒体》，上海译文出版社，2008，第 179 页。

③ 李薇薇主编《禁止就业歧视：国际标准和国内实践》，法律出版社，2006，第 89 页。

④ 蔡定剑、张千帆主编《海外反就业歧视制度与实践》，中国社会科学出版社，2007，第 10 页。

引性”功能。如一名感染者原本在事业单位从事文职工作，刚刚确诊时出于无人倾诉的精神压力而将自己的病情告知了比较要好的同事，没想到将单位闹得“鸡飞狗跳”，“上至大领导，下到打扫卫生的阿姨全都去做了彻彻底底的体检”，他本人也因此被迫主动离职，这一经历使得他对自己病情的戒备心理极强，正所谓“恰是一种倍感无助的失落感与少人关心少人问的绝望，这才是压倒骆驼的最后一根稻草”。[①] 这种超越明确外在歧视行为的“疏离”在社会学领域中通常被表达为社会关系层面的一种社会排斥问题。

案例：LH，一名政府公务员，由于在工作期间突发急病而被单位同事送往医院，在住院检查中被查出感染 HIV 病毒。医院随即将其转往定点医院进行医治，并要求其在出院后尽快前往疾控中心登记并开始抗病毒治疗。尽管他本人并没有确凿证据证明单位领导及同事得知这一情况，但他反复强调自从该事件后自己在食堂用餐的餐具被厨房人员“单独处理”。且此后每当单位组织集体活动时，领导都会特别“询问”他是否要参加，不久后他还被“调去”相对偏僻的工作地办公。这一系列的遭遇使得 LH 精神极度紧张，屡次拒绝疾控中心工作人员的随访调查，虽然他本人有通过网络联系到当地的志愿服务组织了解相关信息，但直到笔者最后联系当事人为止，他仍拒绝与疾控中心取得任何形式的联系。尽管其所在单位并没有作出任何的明确决定，但其本人在与志愿者的沟通中也多次表示“干不下去了”。

社会排斥概念源于 20 世纪六七十年代的法国，最初在研究贫困问题和社会不平等的过程中出现，后其含义不断地得到更新和扩展，成为描述和分析个人和群体以及更大的社会之间在建立团结上所存在的障碍与困难的一个新方法，[②] 主要用来指个人与社会整体之间关系的断裂或个人脱离

---

① 侯荣庭：《艾滋病人群自身重构研究》，华中科技大学出版社，2018，第 102 页。

② 〔法〕皮埃尔·斯特罗贝尔：《从贫困到社会排斥：工资社会抑或人权社会?》，冯炳昆译，《国际社会科学》1997 年第 2 期。

于整体之外。特别值得注意的是后续在对社会排斥概念的解析过程中，经济维度不再是唯一因素，诸如社会权利等方面未能消除对当事人造成的负面影响开始受到越来越多的重视。如有学者认为社会排斥是人的基本权利遭到否定的结果，是对民主社会的诸项原则和民主社会本身的严重破坏，是对公民的政治和社会的诸项权利的否定，也是对公民身份的否定。[①] 具体而言这里所谓的公民身份又可细分为四个维度，“公民政治融合意味着成为民主制度中的一个平等公民；经济融合意味着拥有工作，发挥有价值的经济作用，能够自食其力；社会（服务）融合意味着可以获得国家提供的社会服务的帮助；人际融合意味着当需要时家庭、朋友、邻里和社会网络可以提供照顾、友情以及伦理的支持”。[②] 通过上文中对艾滋就业歧视的分析就可以发现，单纯从就业机会经济层面无法完整地分析在工作领域中艾滋病感染者所承受的歧视性不利后果，因为这种后果的产生除了在制度层面的负面塑造之外还受制于社会乃至政治层面的环境束缚，因此从多维度的社会排斥理论角度去分析艾滋就业歧视或许能够为我们提供更为清楚的视角。

此外相对于法学视角下作为一种明确外在行为表现的歧视而言，社会排斥更加强调动态性，“指全部或者部分地被排除在决定个体参与社会整合的经济、社会、文化体制之外的一个动态而多向度的过程”。[③] 它不仅关注研究对象被排斥的结果，而且关注这一结果的形成过程，强调排斥的实现过程以及造成现状的机制，与此同时还试图找出造成这些排斥现象的主体以了解他们是如何以及为何要实施排斥的。也就是说，社会排斥除了关注特定个体在某种社会权利上的丧失外，还非常强调这种权利减损的过程性，即“社会成员希望以公民的身份参与社会而被他们不能控制的社会

① H. Silver, “Three Paradigms of Social Exclusion”, in G. C. Gore Rodgers and J. B. Figueeredo eds., *Social Exclusion: Rhetoric, Reality, Response*, Geneva: International Institute for Labour Studies, 1995, pp. 56 – 79.

② J. Bergham, “Social Exclusion in Europe: Policy Context and Analytical Framework”, in G. Room ed., *Beyond the Threshold: The Measurement and Analysis of Social Exclusion*, Bristol: The Policy Press, 1995, p. 19.

③ Matt Barnes, *Social Exclusion in Great Britain*, Ashgate Publishing Limtied, 2005, p. 15.

因素阻止了”，[①] 以致最终社会成员的公民权利没有得到实现的渐次顺序。其中当然就存在接纳者和排斥者两种社会行动者的互动，那么处理社会排斥的另外一个重要方面就是确认这些行动者，并理解他们为什么和如何排斥其他人，[②] 而这对于理解在特定的工作场域中的个体如何选择被排斥对象以及怎样将制度性的歧视或反歧视规定实施到实际活动当中无疑具有非常大的指导意义。

正是由于“社会排斥”概念的模糊性和不确定性，在语义上具有灵活性等优势，并且具有追求社会正义、多样性以及保护权利等目标，社会排斥概念在出现后也迅速对主流的发展话语产生了很大的影响，推动主流发展模式的变化。[③] 特别是在众多对社会排斥的概念梳理中学者们达成了一个基本的共识，那就是社会排斥概念的独特之处是其主要聚焦于社会关系议题，即不足够的社会参与、缺乏社会整合和缺乏权利。[④] 因为有些社会排斥的结果并非完全源自个人的主观意图，而是与制度、机构及被排斥者以外人员等社会设置有着密切关系。[⑤] 单单在法律制度中制定相应的程序弱化歧视故意是远远不够的，当歧视在毫无故意的情况下发生时，它就要求歧视的主体对其行为后果具有高度的敏感性和觉悟性，歧视的受害人能够意识到他们所受到的损害以及应该得到的保护。[⑥] 从这个意义来看，相比较单纯的外在歧视行为所造成的权利受损而言，社会排斥理论更有助于我们理解弱势群体如何透过不同的过程被排斥于主流社会之外，进而被边缘

---

① L. Richardson and J. Le G.，“Outside and Inside Expertise：The Response of Residents of Deprived Neighborhoods to an Academic Definition of Social Exclusion”，*Social Policy and Administration*，Vol. 36，No. 5，2002，pp. 496 – 516.

② 陈树强：《社会排斥：对社会弱势群体的重新概念化》，中国社会科学院社会政策研究中心研究报告，2002。

③ Carine Clert，“Evaluating the Concept of Social Exclusion in Development Discourse”，*The European Journal of Development Research*，Vol. 11，No. 2，1999，pp. 176 – 199.

④ G. Room，“Social Quality in Europe：Perspectives on Social Exclusion”，in W. Beck，L. Van der Maesen and A. Walker eds.，*The Social Quality in Europe*，London：Kluwer Law International，1997，p. 256.

⑤ J. Smith Percy，*Policy Responses to Social Exclusion：Towards Inclusion?*，Buckingham & Philadelphia：Open University Press，2000，pp. 45 – 56.

⑥ 李薇薇主编《禁止就业歧视：国际标准和国内实践》，法律出版社，2006，第15页。

化。当然，如果我们单纯以“贫困”的角度去理解社会排斥中的“弱势群体”的话，那么或许在艾滋病问题上这一理论的可适用性就会大打折扣，因为与传统的“弱势群体”相比，艾滋病感染者本身并不必然具备那些诸如贫困、明显疾病症状显现的（与艾滋病患者相比而言）传统“弱势”特征。

> 其实很多的感染者是很优秀的，他们可以养活自己，甚至他们的生活还是处于社会的中上游，所以这些人不需要被“特殊照顾”，他们完全可以应付自己感染 HIV 的事实。就拿我自己来说，我觉得就我目前的情况，艾滋病没有对我造成什么实质的影响，所以我就不需要说被谁“照顾”。我现在的诉求就是平等，我去任何一个医院都有可以看艾滋病的科室。（谢鹏）

但相反如果我们把“弱势群体”理解为那些在维护自己的正当权益方面处于“弱势”的社会群体的话，那么将艾滋病感染者划分为“弱势群体”就并无不当。可见之所以能够使用社会排斥理论对艾滋病感染者的就业困境进行分析即在于社会排斥除了指向一个社会中存在两种社会层级的危机，还包含了福利依赖层的重新组合，代表着比社会不平等更复杂的意义。① 因此社会排斥既是歧视和权利得不到实现而造成的综合结果，也是歧视性决策和行动的构成因素。如一个社会的政治、社会和经济的主流或精英按照自身利益来行动，通过使用社会封闭限制外部人获取有价值资源的渠道从而将其他成员排斥在社会之外，且被排斥者不能修补其弱势。但需要注意的是这些限制在后续的发展过程中还可能会超出一些单个个体或实体所能控制的范围，也就是说社会排斥的形成本身可能是出于特定人群的主观制度设计，但当这种制度构建完成之时其反而会超越排斥施加者的主观评断，② 在这种制度背景之下个体的评断会受制于前期已经形成的制度模式。这也非常形象地解释了在田野调查中大量存在的“我不歧视艾滋

① D. Robboms, *Social Europe Towards a Europe of Solidarity: Combating Social Exclusion*, European Community, 1995, p. 12.

② 丁开杰：《社会排斥与体面劳动问题研究》，中国社会出版社，2011，第23页。

病感染者，但我也不想和他们共事，万一一不小心传染了可怎么办”的现象。

此外需要说明的是，将社会排斥的视角放在社会整合的宏观背景之下进行社会学层面的研究无疑具有巨大的理论意义，但与此同时如果没有意识到公民权利在社会排斥分析中的意义，那么讨论社会排斥的意义也就被降低了。从某种意义上讲个人被社会所排斥就是个人作为公民参与国家、社区、市民社会活动权利没有实现或者没有完全实现的问题。① 有学者则具体指出，社会层面对艾滋病的社会排斥是“由于生存的危机感以及泛道德化的宣传导致的社会普通群体对艾滋病人的排斥，侵犯艾滋病人的合法权利往往都是伴随发生的过程”。② 笔者认同这里所提到的对艾滋病形成社会排斥的两种主要动因，并且在两种动因中，以往学界所强调的道德评判随着社会道德观念的多元化发展倾向而逐渐被个体“主观认知”的生存危机所代替。但无论是原本对艾滋病及其感染途径的道德判断还是后期基于对不可治愈性传染病的内化恐惧，都并不必然指向特定的个体。正如田野调查中那些“后知后觉”曾与艾滋病感染者有密切生活接触的人，原本主观上对艾滋病的排斥心理会随着客观生活中的传染不能而获得一定程度的消解（如谢鹏案中其同事们的“民主投票”）。当然事实上我们也必须承认现实生活中那些大量存在的因知晓身边工作生活领域中艾滋病感染者的“在场”而出现极度恐慌心理的现象。但笔者更倾向于认为这种情况乃是因为人们对原本只是符号化的艾滋排斥具体连接到了某个特定的艾滋病感染者身上，那么此时该艾滋病感染者无论对其工作生活是否已经或将要产生具体的现实威胁，原本的那种符号化的排斥心理都在潜移默化地增强对该特定对象的指向。也就是说，这里展现出了一个让人无可奈何的现实，即只要具体的艾滋病感染者对于他者而言是“隐藏”的，那么他者即便对符号化的艾滋排斥相当强烈，也仍然不会连接到该特定感染者的身

---

① C. Saraceno, “The Importance of the Concept of Social Exclusion”, in W. Beck, L. Maesen, A. Walker eds., *The Social Quality of Europe*, Bristol: The Policy Press, 1997, p. 146.

② 聂开琪：《论社会排斥的法律消解——以艾滋病病人社会排斥问题为核心》，《云南大学学报》（法学版）2010 年第 5 期。

上。换言之，与其说所有的艾滋病感染者都处在社会排斥当中，倒不如说这种社会排斥的风险仅仅具体体现在那些自身感染事实与符号化的艾滋病形成公开连接的特定个体上。基于自我保护意识而形成的外在排斥通常需要一个客观具体的指向对象，而在场的艾滋病感染者恰好充当了这个对象。更为严重的是，鉴于目前医疗水平下艾滋病的不可治愈性（并非不可治疗或一定传染），这种连接一旦形成则无法解锁，那么在后续的过程中，尽管法律从结果上试图通过反歧视类的具体规范来限制这种对特定个体的实质侵权行为，但其背后的那种隐形制度（对艾滋病符号的社会排斥）仍然在“逼迫”着他者将艾滋病符号与艾滋病感染者进行捆绑。除此之外我们还要认识到，这种艾滋病符号的社会排斥还不仅仅体现在作为他者的身上，事实上在艾滋病感染者方面，这种艾滋病符号与自身作为感染者主体之间的勾连同样会造成一系列的负面后果，如上文中所提及的在田野调查中大量存在的艾滋病感染者从工作领域“主动”辞职即是这里所谓的负面后果展现之一。

四　制度之外自我与他者的歧视认知与应对

许多调研数据表明中国存在较为严重的艾滋歧视或者说是排斥现象，具体可见卫生部《2004 年中国居民艾滋病常识及态度和行为状况研究报告》、中央党校 2009 年《中国艾滋病病毒感染者歧视状况调查报告》等。但需要说明的是，事实上由于调研对象、调研方法的不同以及书面态度阐述与实际行为选择之间的偏差，许多关于艾滋歧视的调查数据未必能够显示出真实情况，如在一项以艾滋病“高危人群”为对象的调研中，67.7%的人表示愿意与 HIV 感染者共事和一起生活；78.37% 的人认为 HIV 感染者应该继续工作或学习；74.77% 的人表示当得知与自己有亲密关系的人感染艾滋病后自己的反应是给予尊重、关爱和帮助。[1] 这些数据与一些以

① 沙莉、阮惠风：《艾滋病高危人群宽容策略实证调查》，云南大学出版社，2014，第 134 ~ 135 页。

艾滋病感染者为对象进行的歧视状况相关调查结果呈现极大的矛盾。再如陈琦在以一个特定的自然村为田野地点而进行的调研中也通过定量研究的方式得出艾滋病感染者自我感知的社会排斥水平要高于普通村民表现出来的社会排斥水平，甚至艾滋病感染者自我感知的排斥维度（社会关系排斥 >社区关系排斥 >家庭关系排斥）在不同性别、不同年龄的调查对象之间均存在高低之分。[①] 其中除了不同行为主体想象中的内在态度与实际生活中的外在行为选择之间存在割裂外，最可能的原因应该就是不同主体的主观感受与认知差异。

为了与已有的各类调研数据进行印证分析，笔者在J市艾滋病感染者的一次内部学习活动中邀请了43名艾滋病感染者进行了一项关于艾滋就业歧视的小型调查。与笔者所预想的不同，在“您是否曾遭受过艾滋就业歧视”这一问题上本次调研与学界其他已有调研的结果存在较大差异，其中仅32.56%的感染者声称自己曾遭受过艾滋就业歧视，类似的问题如中国女性抗艾网络2018年所进行的调研数据显示有近一半（47.74%）的被调研人员遭受过就业歧视。但如果结合其他问题就不难发现，之所以在此类问题上不同的调研数据会产生较大的分歧，其中一个主要的原因乃是不同主体在如何认知“歧视”上存在偏差。比如在另一问题“您在进入/调整工作前是否担心自己的感染情况会影响入职”上，有90.7%的感染者选择了“是”；而在“您是否曾主动向工作单位的领导或同事告知自己的感染情况”这一问题上，93.02%的感染者选择了“否”。如果再结合具体的访谈不难发现，那些因制度限制而不得不调整自己职业规划的感染者并不必然认为自己是遭受到了就业歧视。也就是说，除非遭受到了具体指向其个人的歧视，那些面对制度性歧视标准时当事人选择的自我回避在其本人看来并不必然等同于自己遭受到了歧视。

开始找工作之前我就进行了我的职业规划，我自己本来是想做公

① 陈琦：《边缘与回归——艾滋病患者的社会排斥研究》，社会科学文献出版社，2009，第68~69页。

务员的，我也觉得我个人是蛮适合做公务员的。但是我查阅了相关规定，我肯定不符合体检标准。所以在这种情况下我只能放弃，就算我真去尝试了那最终产生的后果也不是我愿意承担的。

可见在不同感染者的眼中对“歧视”的主观认知具有极大的差异，这也为法律意义上的“歧视”认定增添了很多标准设置的困难。早有学者指出，“歧视”一词在中国太过学术化，在许多关于“你是否有过被歧视的经历”的田野访谈中，访谈对象往往有一套自己对歧视一词的理解，但这些理解与法律意义和个人权利意义的歧视概念有较大的差别。虽然被访谈者在讲述自己的经历时充斥着法律文本定义的歧视，但其本人并不这样认为，有访谈者甚至坦言自己好像是“一步步诱导被访谈者说出这是一种歧视”。① 退一步说，即便当事人主观上认为自己确实受到了某种歧视，但人们很容易把它同社会地位低下联系起来，因此总是极力避免承认自己受到了歧视。②

当然，这种当事人主观上的歧视认知可能并不会对法律层面上的歧视事实认定造成直接的影响，但问题是作为直接被歧视对象的个人通常需要依靠自身对歧视的认知强化而发起法律意义上的权利保护进程。也就是说，对歧视的主观认知虽然可能并不会导致在司法意义上的歧视判定变化，却会对哪些歧视行为进入司法领域从而产生被保护的可能造成巨大的影响，而那些未被吸收进司法领域的“歧视”则更多地以一种社会排斥的方式同样影响艾滋病感染者的法律权利。从国际禁止歧视的实践经验来看，对歧视的理论宣传，固然是增强和提升社会公众反歧视意识和技能的一种重要手段，通过司法判例来推动扫除立法歧视是禁止歧视最有效的手段。但关键是作为当事人的被歧视者通常并不会主动将自身的权利维护与社会层面的制度推动相结合。有学者根据调研称80%以上的被歧视者不愿意通过诉讼的方式来解决问题，主要理由是打官司耗费时间、精力和物

---

① 李薇薇主编《禁止就业歧视：国际标准和国内实践》，法律出版社，2006，第81~85页。

② 李薇薇主编《禁止就业歧视：国际标准和国内实践》，法律出版社，2006，第105页。

力，而且结局必然是败诉。对于被歧视者来讲，他们中的很多人认为，在目前的司法环境下，以诉讼的方式来维护自己的合法权益很不现实。因此，他们选择了暂时忍受或其他解决渠道,① 这在中国目前明显存在的制度性艾滋就业歧视现状与相应几乎“微不足道”的诉讼体量之间的矛盾中就有非常好的展现。即便是笔者在访谈上述已经提起诉讼并获得胜诉的艾滋就业歧视案的当事人时，对方也称诉讼方式并不是自己的“首选”。

> 我当时就觉得我在G省这个地方，怎么说呢，天高皇帝远吧。反正也没什么人认识我，所以我就放心大胆地去做就行了。我当时的想法就是这个风险起码是在我可控范围内的，另外我当时也是稍微做了一个权衡，因为我想反正工作是丢了，是吧，反正不维权也不会有什么好结果，那维权了大不了失败了，也不会更差。当时也是有给自己进行心理建设之类的。(阿明)
>
> 像我之前加了一些感染者的微信群，大家就讨论互相怎么感染的，怎么发现的之类的。然后有一次一个朋友就说他是公务员入职体检的时候，我赶紧跟他说哥们儿你和我一样诶，然后我还问他现在怎么样，他说现在在一个外企工作，挺辛苦的。我就接着说那你当时怎么不去维权啊，他反过来居然说我“你神经病啊”。我当时特想跟他说我就是网上的那个“神经病”，但我最后还是没说。(谢鹏)

简而言之，对于艾滋病感染者而言法律维权的路径前提可能假设了一个具有充分信息、有意愿、有能力维护自我利益的积极主体——他可以在追求自我利益时激活被动的法律从而得到保护。② 而人作为行动者，最初是以一种存在上毫无隔阂且实践上完全投入的态度，联系自己与世界，这种与世相接的态度不是只关乎自己的、自我中心的。相反，我们会希望自己和所处环境能和谐且尽量少有冲突地互相交流，并会对此感到在意及担

---

① 杨世建：《法院裁判就业歧视案件的方式及原因分析》，刘小楠主编《反就业歧视的理论与实践》，法律出版社，2012，第98~101页。

② 曾群：《青年失业与社会排斥风险》，学林出版社，2006，第84页。

忧。[①] 换言之，除了明确的外向型行为约束外，单纯从社会排斥的角度来看，法律所能进行的调节与干涉似乎远不如人们想象中那么重要。此外从微观的角度来看，司法诉讼在很多时候并不是解决艾滋歧视问题最为可行的方式，当事人综合利用各种因素，催逼政府“出场”，政府则凭借其强大的动员能力调动各种资源综合解决艾滋歧视问题，在实际生活中往往产生意想不到的效果。同时，一些显性的艾滋歧视事件不断在公共场合出现，这不仅是对立法规定的偏离，同时也会对社会大众产生误导性影响，还会影响到社会政策的生成。[②] 也就是说，标准化的司法诉讼不仅未必会在最大程度上实现艾滋病感染者的主观诉求，甚至反而可能因社会舆论对诉讼实践的理解偏差而产生更为严重的艾滋歧视。而当艾滋病感染者试图通过那些非制度性的渠道去提出自身最直接的利益诉求时，未必不会有意料之外的“成功”。问题就在于，这种对于艾滋病感染者个体所谓的现实“成功”无论是否是一种社会层面对非艾滋病感染者的“反向歧视”、对艾滋病感染者的“优待保护”，[③] 这种现象的累积都在客观上不断加剧着歧视环境的固化。

当然，作为一种暂行特别措施的反向歧视之合法性和合理性主要取决于适用该措施的背景环境，就业领域中暂行特别措施是试图从法律上寻找一种有限的机制对开放竞争的市场进行干涉。[④] 但需要说明，笔者这里所言的对艾滋病感染者的“反向歧视”在现实生活中多是艾滋病感染者已经进入某特定用人单位（特别是机关事业单位）之后产生的艾滋信息（主动或被动）泄露所致。这种情况更多地体现为一种艾滋病感染者基于自身感染事实而与其所在单位进行的利益博弈，而远非一种制度性的暂行特别措施。那么从这个意义上来看，即便在某些特定工作场域内艾滋病感染者

① 〔德〕阿克塞尔·霍耐特：《物化——承认理论探析》，罗名珍译，华东师范大学出版社，2018，第 49～50 页。

② 张剑源：《再造团结：中国艾滋病防治法律制度研究》，法律出版社，2015，第 120～121 页。

③ 对“反向歧视”这一概念在不同学者那里有着多种表述方式，如“补偿性正义”“积极行动”“暂行特别措施”等，对此问题可参见李薇薇主编《禁止就业歧视：国际标准和国内实践》，法律出版社，2006，第 51 页。

④ 李薇薇主编《禁止就业歧视：国际标准和国内实践》，法律出版社，2006，第 70～71 页。

基于自身的感染事实而获得了所在单位一定程度的“优待”，但这种所谓的“优待”并非作为对艾滋病感染者群体在就业领域所受限制的一种制度性“补偿”，在性质上其实这种行为就是一种标准的歧视行为，只不过这种歧视行为是在感染者主动迎合的前提下形成的一种优惠性区别对待。

> 我读大学时是国防生，毕业之后直接就去军队医院了……查出来（HIV 感染）之后我们单位就给我办病退了。也说不上好不好，现在每个月（退休）工资大概八千多，然后我还在外面找了份别的工作。钱的方面倒还可以，我知道跟我类似情况的有的单位还不给办病退呢，上次还有人问我这个事儿，他说他也想办，赶紧退了得了，早不想上班了，但是他们单位不给办。

所以说，即便用人单位满足了部分艾滋病感染者的诉求，这种诉求也很难被理解成作为一种暂行特别措施的反向歧视，其中最主要的原因即在于这种诉求多不是一种工作场域的准入，而恰恰是一种排出，只不过这种排出恰好迎合了特定感染者的自我期待。这个问题在笔者所进行调研的数据中也有显示，如在“您曾遭受到的艾滋就业歧视类型”一题上，57.14%的受访者选择了“不予录用”，而选择“辞退”的仅占 14.29%。其中的原因一方面在于按照现行规定，公务员仅在录用体检当中存在 HIV 抗体的检测，而在入职之后一般并无相应规定；另一方面如果艾滋病感染者在入职后得知了自己的感染信息，大多数情况下会出于各方面的原因而对自己的感染信息高度保密。退一步说，即便因为意外而暴露了感染信息，很多用人单位也并不会选择强行辞退的方式解除劳动关系，在机关事业单位中更是如此。[①] 即便如此，很多感染者会因为外在工作环境的压力而选择自行离开工作岗位，比如在“您所遭受艾滋就业歧视时的应对方

① 在同类研究的田野调查中也体现了就业歧视方面的隐蔽性，如有用人单位表示“这种规定怎么可能有呢？写在纸上不成证据了，给自己惹官司了。要开了（辞退）他总会找个其他的理由，不会说因为是感染者”，详见杨翌《艾滋病相关耻辱和歧视的现状及其影响的探索性研究》，博士学位论文，中国协和医科大学，2004，第 19 页。

式”一题上，35.71%的人选择了“主动辞职”，而选择“法律维权”的只有14.29%。在笔者调研中一位厅局级干部称自己无论是年龄还是能力都可以“再往上走一步”，但因为担心自己的感染信息会被暴露而招致不利影响，现在“明明有机会，也都主动躲开了”。有学者在调研中也提到艾滋病感染者在处理邻里关系的时候更愿意处于一种被动交往的状态，他们从骨子里认定周边的人会对其产生排斥，所以他们更愿意遵循“退避三舍”的不成文原则，将自我封闭起来。①可见不同的艾滋病感染者因自身情况的不同而对自己的隐私保护明显有较大的态度分歧。

> 之前我在网上认识一个朋友，他在酒店上班，被同事发现是艾滋病感染者，然后就被酒店给开除了。他挺苦恼的，不知道该怎么办，然后他就来问我，结果我特别气愤。他说很佩服我的勇气，但他说以前他领导同事啊都对他挺好的，现在他真没有勇气去打这个官司，问我该怎么办。我就回复他说你去找梁静茹（笔者注：著名歌手，代表作为歌曲《勇气》）吧，我说你如果连这个勇气都没有那你就准备好去迎接更糟糕的人生吧，说完我就把他删了。所以就是说现在很多感染者明知道自己的权利被侵犯了，但他就是不愿意去真实地、身体力行地维护自己的权利。哪怕有那么多的社会力量、公益的支持，他们不愿意去用这个资源……说实话，我打官司打了两年了，我有一个感觉，其实国家在法律层面对艾滋病感染者群体的保护已经是足够了，很多人只是觉得说被侵权了但不愿意拿起法律的武器来保护自己，很多人他自己就觉得得艾滋病是一个很不光彩的事情。很多感染者遇到这个问题就是甘愿自己吃“哑巴亏”，他就觉得说这个事情不被曝光的话他能承受那个结果，但曝光他就承受不了。那如果他自己都不愿意去维权你就不要强迫他去了。你看我之后这么久了都没有下一个“谢鹏”的出现，遇到我这种事情的人很多，他们都不愿意站出来。

---

① 陈琦：《边缘与回归——艾滋病患者的社会排斥研究》，社会科学文献出版社，2009，第91页。

很多感染者自己都看不起自己，那我只能送他两个字："活该！"你活该遇到这种问题。（谢鹏）

"谴责受害者"当然有一定的合理性，"只要他们继续伪装、遮遮掩掩或者扭曲他们的真实理想，他们将继续受到压迫、误解，政策就不能达到预期的目标，他们受害者的地位就会继续下去"①，但"公开站在一个不受欢迎的立场上，其成本是高昂的。它可能会产生化友为敌、破坏自己的声誉、毁灭自己的前途等种种恶果"②。不同主体之间对社会排斥的态度反应不同除了单纯个体的自我认同不同之外，最主要的因素便是特定主体是否能够承担上文中所阐释的排斥所带来的潜在不利后果以及在该社会关系中不同主体之间的权力位置，尤其是前者的判定仍然具有强烈的主观性。我们当然可以假设某个特定个体因社会关系等方面的社会排斥而在权利实现方面受到影响，但正如前文所展现出的不同主体对"歧视"认知有差异一样，不同个体在面对这种并非明确侵权意义上的社会排斥时并不必然都会受到同等的影响。此外在权利受损的意义上，社会排斥的来源因素可能并非单一性的，比如某位艾滋病感染者确实遭受到了社会关系方面的社会排斥，但艾滋病可能只是社会排斥形成的因素之一，而非全部，甚至在某些情况下艾滋病这个因素所占据的比例或许还要远低于其他诸如性别、年龄、社会出身等方面因素。但社会排斥视角下的交叉性歧视并不会由于因素的多重而抵消其中某种形成原因的歧视意义，也就是说在法律层面只要证明"艾滋病"作为感染者权利受损结果的形成原因之一，即已经完成了事实方面的认定，至于在社会层面基于各种权力关系进而在结果上的差异体现则是对结果归因的一种综合性判断。换句话说，尽管我们必须承认无论是排斥的施加者还是承受者，对排斥的认知不同会直接导致其在应对该问题时可能呈现的不同反应，但艾滋就业歧视的定性并不会因特定

① 〔美〕第默尔·库兰：《偏好伪装的社会后果》，欧阳武、丁振寰译，长春出版社，2005，第137页。

② 〔美〕第默尔·库兰：《偏好伪装的社会后果》，欧阳武、丁振寰译，长春出版社，2005，第11页。

个体所遭受的社会排斥量度而发生实质位移。如笔者在田野调查中曾发现两例与就业领域类似的就学歧视案例，两位艾滋病感染者的遭遇几乎完全相同，但事件的后续发展却截然相反。

> 我是大一的时候自己查出来的，刚查出来那会儿吓死了，哪还有心思上学，就成天逃课，连考试都不考了，因为我缺课实在太多了学校还给了我个退学警告。不过后来过了将近一年我也就基本习惯了，就又想回来上课的，那时候（经常逃课时期）辅导员就总找我谈话，问我到底怎么回事，还想不想读了。我当时心里正难受，就跟辅导员说了（感染的情况）。结果后来学院领导就找我了，还把我爸妈也给找来了。那会儿我爸妈还不知道，他跟我爸妈说了，我爸妈也吓坏了，结果当场他就拿出来一个以我名义写的退学申请。当时我们全家都是蒙的，他（学院领导）就一直说什么这么大的事儿要首先以身体为重。我们三口人当时就稀里糊涂地在上面签字了。回家没过几天我们就感觉不对，加上那会儿我也基本上适应（感染的事实）了，我妈就给学院打电话说我们不想退学了。但学校那边就说已经公示了什么的，是我们自愿退学的，还把决定书发给我了。上面写的我适应不了大学生活，学校工作人员多次和我谈话，最终我还是申请退学什么的。我妈还把当时跟学院领导的对话录音了，通话里他还说什么你孩子这情况要先考虑身体什么的，读书的话我们寝室什么的都得调整，万一别的孩子也出问题了我们怎么负得起责任什么的。后来我才想到，我就告诉了辅导员一个人，后来好像全院的老师都知道了。（感染者 A）

面对以上情况，感染者 A 虽然有想过尝试通过法律途径维护自己的权利，但在与律师交流后，终因信息暴露、取证困难以及如何重回学校等问题而作罢。而几乎是完全相同情况的感染者 B 在面对同样问题时则异常坚定，甚至通过在学校行政楼前“下跪请愿”等极端行为维护自身权利。最终在感染者 B 的司法诉讼中，法院认定学校通过欺骗方式获取当事人的自愿退学申请而判决感染者B胜诉，要求学校撤销对其作出的同意退学决定。[①] 特别需要提及的是，在感染者B经过一番诉讼维权后，学校虽然同意对其恢复学籍，但仍然通过各种方式阻止其入住原寝室，B最终也妥协自愿选择在校外居住而通过走读的方式完成学业。可见即便面对相同的排斥情形，不同主体所采取的应对方式依然存在较大差异，而这种差异无疑直接影响着当事人在法律意义上的权利实现。此外，社会中对那些受艾滋影响的儿童（这里主要指直系亲属是艾滋病感染者而儿童本身未感染艾滋病病毒）的排斥就更加清楚地展现出了社会关系面向之重要性。有学者曾对此问题进行田野调查，发现（亲属或本人）感染信息曝光的适龄入学儿童在入学时会遭遇重重困难，特别是众多学生家长会对学校形成制约，甚至通过消极的抵抗方式——转学来使学校服从，而学校迫于压力，不得不考虑大多数家长的意见。当然，学校方面碍于国家义务教育方面的法律，常采取与艾滋病感染家长协商的办法来解决问题，使这些家长认识到他们的难处，在此过程中，学校起了“和稀泥”的作用以达到避免冲突的目的。[②] 而此类情况也形象地反映出了社会排斥的诸多面向之间错综复杂的关系，即不同主体在不同排斥因素组合之下基于其所处的权力关系，包括对其他资源的掌握乃至主体的自我认知差异，确实有可能产生具有不确定性的异化结果。但无论如何，这种侧重个体差异的结果变化只是在权利减损的后续应对方面具有调节作用，而对于客观意义上的权利实现，其无疑均产生了不可否定的消极影响。

综上所述，在就业领域的艾滋歧视问题上我们大概可以从两个角度来进行讨论，首先，尽管中国与许多国家一样从宏观意义上通过制定法律的模式对艾滋歧视问题进行了明确的禁止性规定，但这类规定多停留在法律

① 对于感染者B的情况笔者主要是从协助其进行维权的志愿者处得知，后该志愿者对此事件的网络笔记曾被其他网站转载，可参见 http://www.6tj.com/news/tj/20140531/10681.html，最后访问时间：2019年9月12日。与此类似的新闻还可参见《患艾滋病学生遭退学，高校大学生艾滋病现状调查》，搜狐网，https://www.sohu.com/a/110715067_362040，最后访问时间：2019年9月12日。

② 行红芳：《社会支持、污名与需求满足：艾滋孤儿求助形式的比较研究》，社会科学文献出版社，2011，第138～141页。

原则层面，因此在法律实施角度这些作为原则的反歧视规范并不能在日常生活中起到具体的规制作用。甚至在行政管理层面，诸如公务员体检标准之类的下位法及操作细则有意或无意地消解了顶层立法的目的初衷。这些貌似合法的排斥性制度和政策作用于社会分层系统和权力关系中的弱势群体成员，使之逐渐陷入乃至深陷资源匮乏、机会不足和权利缺乏的边缘化境地。[①] 其次，社会层面的关系性排斥虽然并不必然导致特定个体在法律意义上的权利减损，但这种环境性的抑制一定会制约个体在遭受权利侵犯时候可能采取法律救济的主观能动性。久而久之，这种在法律救济诉求上的主观缩限无疑会反过来加固外在的客观环境抑制，这种恶性循环一旦形成则很难被打破，甚至有可能对立法意义上的权利义务范围确定形成负面影响。目前，就全球范围而言，法律在反对和消除就业歧视方面的作用有两个趋势：一是越来越多的国家已经从强制执行禁止歧视的消极义务的法律转向规定防止歧视并促进平等的积极义务；二是越来越多的国家把对平等的关切纳入一般政策和法律制定的主流。[②] 这个反歧视法的价值转变也体现出，法律的推行必然需要有一定的社会基础，而对歧视的认知除了法律层面的客观认定之外始终无法全然摆脱社会公众的接受程度。也就是说，理想中法律意义上的反歧视法原本既可能是防止个别歧视行动的“限制型规范”，也可能是消除歧视结构的“广泛型规范”。尽管两者之间本应当是相辅相成的关系，但现实生活中反歧视法律实践通常体现为针对个案侵害给予救济渠道，那么此时作为“广泛型规范”的法律消除歧视结构之作用就在一定程度上被消解了，因为如果需要反歧视法发挥作用，一是须有受侵害之个人提出权利主张（多数的个体并不愿意如此行事），二是当感染者已经处在污名与压迫之处境时，如未能透过规范翻转结构的不正义，反歧视法的价值则难以在社会落实，[③] 甚而有可能反向地强化在个案中权利救济的局限性。那么从某种意义上说通过社会教育的方式去培养一

---

① 周玉：《制度排斥与再生产——当前农村社会流动的限制机制分析》，《东南学术》2006年第5期。

② 李薇薇主编《禁止就业歧视：国际标准和国内实践》，法律出版社，2006，第176页。

③ 罗士翔：《反AIDS歧视与法律动员——以台湾AIDS防治法制为中心（1981～2009）》，硕士学位论文，台湾大学，2010，第199页。

种权利维护的个体意愿事实上也是反歧视方面的一种国家义务，反歧视的法律义务体现并不是说国家仅仅通过禁止某个个体的某种行为来实现，而是国家公权力有这样一种义务去教育公众，形成一种反歧视的社会氛围。那么社会中对某些特定群体的广泛“疏离”，也就是社会排斥中社会关系排斥面向本身就是国家在反歧视教育义务方面的缺位。从这个意义上说，对艾滋病感染者社会排斥的抵抗已经超出了单纯的隐私权范畴，要更广泛地从感染者现身之后的社会处境出发，主张感染者在社会之中无论“现身与否”“对谁现身”，其权利都不应被任意地剥夺。①

① 罗士翔：《反 AIDS 歧视与法律动员——以台湾 AIDS 防治法制为中心（1981～2009）》，硕士学位论文，台湾大学，2010，第 93 页。

艾滋歧视诉讼的域外经验及对我国的启示

黄周正*

摘要：随着艾滋歧视诉讼的出现，艾滋感染者及艾滋病人的权利保护问题吸引了学界与媒体的关注。对于具体的艾滋歧视诉讼案例，尤其是对国内外艾滋歧视案例的研究目前还较少。本研究分析国际劳工组织网站公布的部分域外艾滋歧视诉讼案例，归纳域外艾滋歧视诉讼裁判要点，为促进我国消除对艾滋感染者及艾滋病人的歧视和污名化，完善对艾滋感染者和艾滋病人的权利保护，加强对受歧视的艾滋感染者及艾滋病人的法律保护提供有益经验。

关键词：HIV/AIDS　艾滋歧视　雇主责任　工作能力　权利保护

一　问题的提出：我国艾滋疫情及案件的总体情况

自 1981 年艾滋病毒被首次发现，近 40 年来，艾滋病毒（Human Immunodeficiency Virus，以下简称 HIV）及艾滋病（Acquired Immune Deficiency Syndrome，以下简称 AIDS）的传播成为世界各国共同关注的公共卫生问题。联合国艾滋病规划署（以下简称 UNAIDS）网站的最新数据显示，截至 2019 年 7 月，全球范围内有 3790 万人感染 HIV。① 在中国，截至 2018 年 9 月底，全国报告存活感染者 85 万人。根据中国疾病预防控制

---

* 黄周正，中国政法大学人权研究院人权法专业博士研究生，研究方向为人权法学、特定群体人权保障。四川大学法学院周伟教授、中国政法大学人权研究院刘小楠教授为本文的资料收集提供了帮助，并对本文提出了宝贵的修改意见，特此致谢。

① 参见 UNAIDS 网站，https://www.unaids.org/en，最后访问时间：2019 年 7 月 17 日。

中心、UNAIDS 以及世界卫生组织的联合评估，截至 2018 年底，我国存活的艾滋感染者约 125 万人。[①] 对 HIV 的污名化及歧视是指直接指向艾滋感染者及艾滋病人（People Living With HIV/AIDS，以下简称 PLWHA）的偏见、消极态度和虐待。早在 2009 年，UNAIDS 就在中国对 2000 多名艾滋感染者开展调查，调查指出超过 12% 的感染者曾被拒绝诊治，14.8% 的感染者被拒绝雇佣或失业，32% 的受访者表示自己的感染情况曾被他人未经允许透露出去。[②] 此外，国际劳工组织（International Labour Organization，以下简称 ILO）2011 年在中国进行的另一项研究发现，65% 的雇主认为 PLWHA 不应该享有平等的就业机会。[③] 中国疾病预防控制中心在 2016 年对全国 7 个省份 2432 个 PLWHA 关于就业歧视现状的问卷调查显示，就业歧视率高达 42.1%。[④]

尽管有如此多的艾滋感染者及艾滋病人，但关于艾滋歧视的诉讼并不多见。自 2008 年出现第一例艾滋保险歧视至今，得到学界和媒体广泛关注和报道的只有 12 例艾滋歧视诉讼，其中包含 9 例就业歧视诉讼，1 例就医歧视诉讼，1 例保险歧视诉讼，1 例交通运输歧视诉讼。经过 11 年的发展，艾滋歧视诉讼从最初的不予受理、败诉到近年法院判决“用人单位单方面要求原告离岗休息违法”及至用人单位与原告重新签订合同，可以说，在司法的层面，艾滋感染者的权利保护状况有所改善。

2018 年四川内江的艾滋歧视一案经法院调解，当事人小谢（化名）得以重新回到岗位。该案被视为一次里程碑式的突破，在这个案件之前的 8 个案件，都没有产生符合国际法所设想的结果，即携带艾滋病毒的符合资格的劳动者能够获得或保住工作。在这个案例中，用人单位第一次主动接受艾滋感染者回到工作岗位，重新签订了劳动合同，这表明了用人单位

---

① 贾平：《中国艾滋病疫情数据上升之忧》，财新网，http://opinion.caixin.com/2018-10-10/101333337.html，最后访问时间：2019 年 7 月 10 日。

② UNAIDS、中央党校社会发展研究所：《中国艾滋病病毒感染者歧视状况调查报告》，2009。

③ UNAIDS，“Facts and Key Messages on HIV-Related Stigma and Discrimination in China”，2018，http://www.unaids.org.cn/pics/20181128092801.pdf，Last visited 26 Aug. 2019。

④ 孙士东、徐鹏、琚腊红、何慧婧、吕繁：《艾滋病病人就业歧视现状及相关影响因素的调查》，《实用预防医学》2016 年第 5 期。

及其员工对艾滋感染者的初步接纳。然而媒体近期对小谢的采访显示这个合同似乎只是一个“缓兵之计”。虽然小谢与被告公司签订了两年的合同，但公司以员工中有孕妇、身体不好的员工为由，要求小谢在家中远程办公，原来所承诺的工作任务也从未分配给小谢，他只能获得每月 3400 元的基础工资。案件的后续表明，公司并未如所承诺的一样接纳艾滋感染者，经法院调解达成的劳动合同无法约束公司。[①] 随着“里程碑”式案件的司法结果与现实结果的南辕北辙，艾滋感染者的工作权利似乎难以通过司法途径得到实现。基于此，本文拟通过分析国际劳工组织公布的域外法院裁判艾滋歧视诉讼的相关案例，探寻艾滋歧视诉讼在世界范围内的历程及最新发展，以期其中的相关经验能为中国的艾滋群体权利保护提供参考。

二 世界范围内的艾滋疫情及国际人权关切

（一）PLWHA 面临诸多方面的歧视

对艾滋的污名化及歧视是指直接对艾滋感染者或艾滋病人的偏见、消极态度和虐待。在全球 35% 有可用数据的国家中，超过 50% 的人对 PLWHA 持歧视态度。[②] 自 2015 年 11 月起，超过 70 个国家开始使用艾滋病毒病耻感指数，超过 1400 名艾滋感染者接受过面试培训，超过 70000 名艾滋感染者接受了采访。调查显示，在尼日利亚，女性在家庭中经历的性传播感染最多，而男性在工作中经历的性传播感染最多。尼日利亚的相关法律存在歧视，艾滋感染者通常不会寻求法律赔偿。在刚果的布拉柴维尔，1/4 感染艾滋病毒的女性面临来自伴侣的心理虐待。她们的羞耻感和内疚感都很高，因此很多人远离公共场所以及社交活动。[③] 在就医方面，

① 参见《以“艾”之名：一个艾滋病人的呐喊与彷徨》，凤凰网视频，https://v.ifeng.com/c/7oo0TjnGfwW，最后访问时间：2019 年 8 月 15 日。

② UNAIDS, “On the Fast-Track to End AIDS by 2030: Focus on Location and Population”, https://www.unaids.org/sites/default/files/media_asset/WAD2015_report_en_part01.pdf, Last visited 4 Sep. 2019.

③ GNPPLUS, “In All Our Diversity: 2015 Highlights”, https://www.gnpplus.net/in-all-our-diversity-2015-highlights/, Last visited 4 Sep. 2019.

UNAIDS 的一项关于 50 个国家的调查结果表明，大约 1/8 的艾滋感染者遭受污名化和歧视而被卫生服务机构拒之门外。[①] 另一项关于 PLWHA 工作权利的研究表明，8%（爱沙尼亚）以及 45%（尼日利亚）的受访者失去了工作或收入来源，5%（墨西哥）和 27%（尼日利亚）的受访者被拒绝提供工作机会，4%（爱沙尼亚）和 28%（肯尼亚）的受访者的工作内容被更改或被拒绝晋升。此外，8%（爱沙尼亚）和 54%（马来西亚）的受访者表示，雇主在知晓自己感染了 HIV 后，会做出歧视反应。同样的，5%（爱沙尼亚）和 54%（马来西亚）的受访者在自身感染情况暴露后，也受到了来自同事的歧视。[②] 这些数据表明，在世界范围内，尤其是在艾滋感染高发地区，对于 PLWHA 的污名化和歧视仍然较为广泛而长期地存在，他们的就业和就医等权利受到侵害是较为普遍的现象。

（二）国际人权法中的相关规定

就业和医疗保健领域对 PLWHA 的歧视由来已久。目前国际人权法对 PLWHA 就业和就医权利的宣示以及对国家责任和义务有很多相关规定。

《世界人权宣言》（以下简称《人权宣言》）第 1 条规定人人享有“平等的尊严和权利”，构成了最广泛的 PLWHA 享有平等权的基础。此外《人权宣言》第 7 条还规定了“不受歧视”及“享受法律的平等保护”的权利。第 23 条和第 25 条分别规定了“工作权”和“享受医疗等社会服务的权利”。PLWHA 理应属于受保护的平等权利主体之一，即享有他人享有的医疗、工作等权利。更进一步的，《经济、社会及文化权利国际公约》（以下简称《经社文公约》）第 6 条规定了缔约国为了保证工作权利实现必须采取的步骤，包括但不限于技术与职业指导及训练方案、政策与方法。该条也包含了对缔约国采取措施保障个人的工作权利的国家责任。

① UNAIDS，“Make Some Noise for Zero Discrimination on 1 March 2017”，https://www.unaids.org/sites/default/files/media_asset/2017-zero-discrimination-day_en.pdf，Last visted 15 Aug. 2019.

② GNPPLUS，ILO，“Evidence Brief：Stigma and Discrimination at Work. Findings from the PLHIV Stigma Index”，https://www.avert.org/professionals/hiv-social-issues/stigma-discrimination#footnote59_uxr6unt，Last visted 15 Aug. 2019.

1958 年的《消除就业和职业歧视公约》(以下简称第 111 号公约)明确就业及职业歧视具有“取消或损害就业或职业方面的机会平等或待遇平等”的性质。[①] 此后 1964 年的《就业政策公约》(以下简称第 122 号公约)进一步倡导缔约国“应宣布和推行一种旨在促进充分就业、生产性就业和自由选择就业的积极政策”,以及这一政策旨在保证“凡能够工作并寻求工作的人都可以获得工作”。

《关于艾滋病毒/艾滋病问题的承诺宣言》(以下简称《宣言》)则回顾并重申了自 1999 年《关于进一步实施〈国际人口与发展会议行动纲领〉的重大行动》以来,包括《联合国千年宣言》《关于实施北京宣言和行动纲要的政治宣言及进一步行动和倡议》等在内的 11 个关于艾滋病毒/艾滋病问题做出的承诺。[②] 《宣言》指出,一些消极的文化、政治和法律因素正在妨碍人们对 HIV/AIDS 的认识。强调“得到药物治疗是逐步充分实现人人享有最高标准的身心健康权利的基本要素之一”,“充分实现人人享有人权和基本自由是对付 HIV/AIDS 的全球对策的一项要素”。《宣言》还提出“实现人人享有人权和基本自由对减少 HIV/AIDS 感染的易受伤害性至关重要”,要通过制定、加强或执行立法、规章和其他措施,确保他们享有教育、继承、就业、保健、社会和医疗服务、预防、支助、治疗、信息和法律保护权利,同时尊重其隐私权。

UNAIDS 于 2000 年制定的《识别对艾滋病毒携带者歧视的议定书》

---

① 《消除就业和职业歧视公约》,https://www.ohchr.org/CH/Issues/Documents/other_instruments/14.PDF,最后访问时间:2019 年 8 月 16 日。

② 这 11 个承诺包括:2000 年 9 月 8 日《联合国千年宣言》;2000 年 7 月 1 日《关于落实社会发展问题世界首脑会议所作的承诺的政治宣言及进一步行动和倡议》;2000 年 6 月 10 日《关于实施北京宣言和行动纲要的政治宣言及进一步行动和倡议》;1999 年 7 月 2 日关于进一步实施《国际人口与发展会议行动纲领》的重大行动;2001 年 4 月 25 日采取行动遏制亚洲及太平洋艾滋病毒/艾滋病的区域呼吁;2001 年 4 月 27 日《关于艾滋病毒/艾滋病、肺结核和其他有关传染病的阿布贾宣言和行动框架》;2000 年 11 月 18 日《伊比利亚－美洲国家首脑会议宣言》;2001 年 2 月 14 日泛加勒比防治艾滋病毒/艾滋病合作组织;2001 年 5 月 14 日《欧洲联盟行动方案:在减少贫穷的框架内加速遏制艾滋病毒/艾滋病、疟疾和肺结核的行动》;2000 年 5 月 4 日《波罗的海预防艾滋病毒/艾滋病宣言》;2001 年 5 月 18 日《中亚艾滋病毒/艾滋病问题宣言》。参见《关于艾滋病毒/艾滋病问题的承诺宣言》,https://www.ohchr.org/CH/Issues/Documents/other_instruments/67.PDF。

中设法区分合法（正当）的歧视形式（如防止艾滋病毒阳性者献血）和其他（不正当）的形式（如禁止艾滋病毒阳性者结婚）。该议定书为衡量日常生活中的歧视提供了一个工具，可以供司法机关参考。[①]

三　艾滋就业歧视诉讼的域外司法经验

国际劳工组织在其网站公布了关于艾滋歧视诉讼的 21 个典型案例。[②]这些案例源自美国、加拿大、印度、肯尼亚、南非、澳大利亚等 12 个国家，[③] 主要涉及就业权（15 件）、就医权（3 件）。[④] 在这些案例中，笔者选取了以下案例进一步归纳和分析。

（一）对 PLWHA 工作环境的要求：明确雇主的教育和宣传责任

1989 年的 *Gilles Fontaine v. Canadian Pacific Ltd.* 是加拿大人权法庭首次审理关于艾滋歧视的案件。该案中，原告 Fontaine 在太平洋铁路公司从事厨师工作期间，在与一名路勤人员讨论时透露了自身的艾滋感染状况。第二天早上消息传开，主管 Fowlie 与 Fontaine 讨论了他的感染状况，表示了对他可能感染营地里其他人的担忧。Fowlie 随后开始拒绝进食，并告知其他员工吃了 Fontaine 准备的食物会面临感染的风险。最终 Fontaine 难以继续从事厨师工作，便迅速离职。该案的争议点是 Fontaine 是自愿离职还是由于病情被发现而被迫离职。本案中，被告公司没有任何一个人事主管或其他工作人员告诉 Fontaine 他被解雇了，因此本案中没有直接终止雇佣关系。但 Fowlie 不仅在与 Fontaine 的谈话中表示了他个人对其他员工的安全以及对艾滋病在营地蔓延的危险的关切，当天早上他还拒绝吃早餐，并

---

① UNAIDS, “ Protocol for the Identification of Discrimination against People Living with HIV”, http://data. unaids. org/publications/irc-pub01/jc295-protocol_en. pdf, Last visited 6 July 2019.

② 该网站公布了 26 个案例，笔者仅统计了具体案情中涉及 HIV/AIDS 的案例。

③ 这 12 个国家分别是：美国、加拿大、印度、肯尼亚、南非、澳大利亚、布基纳法索、博茨瓦纳、尼日利亚、俄罗斯、希腊、菲律宾。

④ 参见国际劳工组织网站，https://www. ilo. org/global/topics/hiv-aids/legislation/lang-en/nextRow-10/index. htm，最后访问时间：2019 年 7 月 14 日。

告知其他员工他们的健康面临严重的威胁。加拿大人权法庭认为，虽然雇主没有直接解雇 Fontaine，但是主管 Fowlie 创造了一种迫使 Fontaine 离职的敌对气氛。在这种情况下，仍然可以推定为解雇。法庭指出，Fontaine 的同事几乎没有对艾滋病毒及其传播方式的认知。雇主“没有在工作场所制定明确的艾滋病政策”，这意味着像 Fowlie 这样的雇员根据自己的个人误解处理这些情况，导致了 Fontaine 的离职。法庭指示雇主“在员工之间制定和宣传书面政策，禁止歧视艾滋病患者或艾滋病毒感染者，以教育其人员并防止在这些情况下可能出现的非理性恐惧”[①]。

在上述涉及艾滋就业歧视的案例当中，法庭首先通过 Fontaine 在工作场所遭受的“敌对气氛”推定他是被迫离职，即被解雇。其次，法庭要求雇主承担创设“友好气氛”的责任，通过制定和宣传书面政策，防止员工之间的“非理性恐惧”。显而易见，在本案当中，雇主及其职员对艾滋感染者存在恐惧与歧视的态度，但这并未影响法庭对原告离职的判断，反而促使法庭指示雇主承担教育和宣传的义务。

（二）对 PLWHA 生活活动的衡量：具体情况下适用《残疾人法案》[②]

在美国的 *Sidney Abbott v. Randon Bradgon* 一案中，法院判定被告 Bradgon 以残疾为由歧视 Abbott，违反了《残疾人法案》。[③]

Abbott 是一名艾滋感染者，她的牙科医生 Bradgon 在得知 Abbott 是 HIV 携带者后，拒绝提供服务。之后 Bradgon 又同意继续为 Abbott 做牙齿治疗，但条件是需要专门为 Abbott 准备一套带有防护措施的医疗设备，前提是 Abbott 需支付这套设备的所有款项。于是，Abbott 向法院提起诉讼，认为 Bradgon 的行为是对其艾滋感染者身份的歧视。被告的抗辩理由包括：将《残疾人法案》适用于他的牙科诊所，剥夺了他经营诊所“不受干涉”的合同自由，以及以“安全谨慎的方式”经营诊所的自由。

---

① *Gilles Fontaine v. Canadian Pacific Limited*, 1989 CanLII137 (C. H. R. T.).

② 本文为尊重法律规范名称和既有习惯使用“残疾”称谓。

③ *Sideny Abbott v. Randon Bradgon*, Civil Action No. 94 - 0273 - B.

法院认为，任何一个尖端的牙科和科学协会都认为HIV感染者可以在采用普遍的预防措施的情况下在私人牙科诊所接受安全治疗，拒绝治疗这些病人是不道德的。在过去的14年里，自从HIV/AIDS被首次发现，有超过10亿例的牙科疾病经手术治疗，没有一例记录记载艾滋病毒会从患者传播给牙科护理人员或其他病人。对此，法院的结论是，拒绝向艾滋病毒感染者提供常规牙科治疗违反了《国家卫生和计划生育法》、《残疾人法案》或同等的州残疾人法案。

在对于Abbott是否属于法律所规定的残疾人的认定中，法院认为，《残疾人法案》将残疾人定义为“严重限制（个人）一项或多项主要生活活动的身体或精神”，其中第3条还特别列出了HIV疾病，不论是否出现症状，都属于本法所指的身体损害。司法部的一项解释指出，不论是有症状还是无症状的HIV疾病都是身体上的损害，严重限制了一项或多项生活活动。[①] 在本案当中，Abbott的艾滋感染状况毫无疑问对她生活中的重要活动和决定施加了重大限制，包括她不生孩子的决定。因此，Abbott属于《残疾人法案》所指的残疾人。

该案例是典型的就医歧视案件，法官裁判的亮点有两个。一是尽管被告的“合同自由不受干涉”以及“以安全谨慎的方式经营”的抗辩理由看似合理，但法庭通过审查艾滋感染者在具体的牙科手术中的风险，判定被告的抗辩理由不成立。二是通过对《残疾人法案》当中“残疾人”定义的解读，将本案中Abbott的残疾人身份加以明确，从而判定被告违反了《残疾人法案》。更为细致的是，《残疾人法案》中对于“严重限制生活活动”的规定，将“不生育”视为重大生活活动，正如当事人Abbott在本案中表示她“在检测呈阳性后决定不生孩子，因为这有可能会感染孩子，也有损害自身免疫系统的风险”。除了《残疾人法案》，美国政府还制定了一系列法律，如1973年的《联邦职业康复法案》、1991年的《艾滋病人居住机会法》以及1999年的《工作鼓励改善法》等，来维护PLWHA

---

① Memorandum from Douglas W. Kmiec, Acting Assistant Attorney General, Office of Legal Counsel, Department of Justice, to Arthur B. Culvahouse Jr., Counsel to the President (Sept. 27, 1988) at 5 - 13. 转引自 *Sidney Abbott v. Randon Bradgon*, Civil Action No. 94 - 0273 - B。

的各项权利。①

（三）对PLWHA工作能力的尊重：艾滋阳性不必然丧失工作能力

1. 艾滋检测不能成为就业的前提条件

在布基纳法索②的 *Mrs Z. M. v. Mrs D. T.* 一案中，原告 Z. M. 于2000年被聘为保姆和清洁女工，三周后，被告要求她进行艾滋病毒检测，否则不能继续做保姆。第一次检测结果呈阳性，原告随即决定在另一家诊所再进行检测，此次的结果表明她是 HIV 阴性。在得知第二次检测结果后，被告要求原告再次回到第一个诊所接受检测。两天后，被告告知原告其艾滋检测阳性的结果并拒绝原告进入其家中，只能在屋外工作。几天后，原告被口头解雇，理由是她感染了艾滋病毒。对于该案，法院认为，以非法理由口头解雇员工是不公平的，艾滋病毒检测不能成为就业的条件。③

在博茨瓦纳④的 *Diau v. Botswana Building Society* 一案中，被告公司在试用期内通知 Diau 提供艾滋病毒检测情况，Diau 表示不愿意接受检测，两周后被公司解雇。法院认为，仅仅因为拒绝接受艾滋病毒检测而终止其工作是非法的，并且侵犯了人的尊严。法院强调，接受艾滋病毒检测的最终决定权属于原告，而不是雇主或医生，并且强制要求进行艾滋病毒检测是不人道和有辱人格的做法，相当于侵犯了原告的自由和尊严权利。法院还认为，迫使原告接受艾滋检测是不合理的，因为它与原告作为保安人员的工作的固有要求无关。因此，法院判决原告恢复职位，并判给原告4个月工资的赔偿金。⑤

---

① 褚宸舸、范文伯：《中国艾滋病患者权利的法律歧视问题研究》，《云南大学学报》（法学版）2014年第4期。

② 布基纳法索（Burkina Faso），非洲西部国家。

③ *Mrs Z. M. v. Mrs D. T.*，JUGEMENT N°165 BURKINA FASO，https://www.ilo.org/global/topics/hiv-aids/legislation/WCMS_241377/lang-en/index.htm，最后访问时间：2019年3月20日。

④ 博茨瓦纳（Botswana），非洲南部国家。

⑤ *Diau v. Botswana Building Society*，2003（2）BLR 409（IC）.

2. **感染艾滋病毒不必然丧失工作能力**

在博茨瓦纳的 *Lemo v. Northern Air Maintenance* (*Pty*) *Ltd.* 一案中，Lemo 于 1998 年受雇为实习飞机工程师。在 1999 年至 2003 年期间，他的健康状况严重恶化。因此，他用尽了所有年假和带薪病假，并得到雇主多次给予的无薪假期。2004 年 1 月，原告向雇主透露他是艾滋病毒感染者。第二天，他收到解雇信。由于前几年的高缺勤率，实际上他的工作已经终止。原告向博茨瓦纳工业法院提出申诉，声称他因艾滋病毒感染状况被不公平地解雇。

法院认定雇主没有任何有效理由终止原告的工作。根据所提供的证据，法院注意到雇主在过去几年中已经同意了他的所有缺勤。法院指出，"过去三年雇主不对原告采取任何行动，放弃了采取行动的权利"。法院指出，仅仅根据其艾滋病毒感染状况并且未确定其是否丧失工作能力，解雇员工是不公平的。法院还认为，即使在逐步丧失能力的情况下，如果没有首先进行公平调查以确定无工作能力的性质和程度，并考虑到服务年限和其他物质因素，就不能解雇员工。最终法院认为没有恢复职位的必要，判决给付 6 个月工资作为赔偿金。①

而在该国的一起原告败诉的案件当中，原告 Monare 于 1991 年受雇为被告公司的职员，1993 年公司医生意识到原告感染了艾滋病毒，1997 年原告出现了艾滋病的早期症状，因此长期缺席工作，后申请休病假。公司于 1998 年终止了原告的工作。法院指出，即使雇主自 1993 年以来了解原告的艾滋病毒感染状况，但他并未因原告的感染状况而终止其工作。法院进一步指出，由于原告生病，雇主向他提供住宿并将其运送到医院，支付医疗费用，确保他得到最好的医疗护理。此外，即使原告休假超过他的病假天数配额 52 天，有时只工作半天，雇主仍然每月向他支付全薪。在这种情况下，法院认定，原告病得很重，他因健康状况不佳无法再履行相应的工作职责。在这种情况下，法院认定雇主有正当理由终止原告的工作。但同时，关于调整原告的工作以及为他寻找其他就业机会的公平程序，需

---

① *Lemo v. Northern Air Maintenance* (*Pty*) *Ltd.*, IC NO 166 OF 2004.

要同原告协商，在作出最后的终止决定之前，应当给予原告机会说明他的情况。而本案中原告因为身体原因未能出席终止合同的会议，并且雇主发出的解雇信没有征求他对自身适应工作情况的意见，更重要的是没有征求他对替代工作的意见。这意味着解雇信一经发出原告即被解雇。因此法院认定解雇在本质上是公平的，但在程序上不公平。[①]

3. 合理的医学判断是能否工作的标准

在 1996 年南非的 *Hoffmann v. South African Airways* 一案中，Hoffmann 申请南非航空公司空中服务人员的职位并顺利通过了各轮筛选。然而，就业之前的血液检测结果表明他是一名艾滋病毒携带者。航空公司因此认为 Hoffmann 身体不合格因而最终拒绝了他的工作申请。Hoffmann 继而提起诉讼。航空公司从正常履行工作职责及商业目的方面进行辩解。

南非高等法院认为航空公司的这种做法不仅合理，而且情有可原。具体而言，如果南非航空公司的雇用做法不能保证机组人员和乘客的健康和安全，那么南非航空公司的商业运作以及公众对它的看法将受到损害。此外，高等法院还考虑到，“如果南非航空公司被迫任命感染艾滋病毒的个人作为机组人员”，那么南非航空公司在航空业竞争的能力将受到损害。正是出于这些考虑，高等法院得出结论，HIV 阴性状态至少在目前是空乘人员工作的一项固有要求，因此原告没有受到不公平的歧视。[②]

Hoffmann 不服判决，向南非宪法法院提出上诉。为确认 Hoffmann 是否能胜任空中服务工作，南非宪法法院特请医学专家作了说明。专家证实如果感染者在航空器中工作，只有在其出现免疫系统功能严重受损及感染者血液中的 CD4 指标低于 300 的时候，才会出现医疗、安全及履行工作方面的隐患。法院认定 Hoffmann 的健康状况良好，远未严重到无法胜任空中服务工作的程度。法院认为“恐惧和无知永远无法成为否认所有艾滋病毒感染者基本权利的理由。我们对艾滋病毒感染者的治疗必须基于合理和医学上的判断。必须保护他们免受偏见和陈规定型观念”。因此，宪法法

① *Monare v. Botswana Ash (Pty) Ltd.*, IC NO 112 OF 1998.

② *Hoffmann v. South African Airways*, 2000 (2) SA 628 (W).

院认定航空公司辩解理由不成立。[①]

上述5个案例，都是关于就业歧视的典型案例。其中包括正式入职前及入职后的雇佣终止。主要涉及的争议点是对PLWHA工作能力的认定以及雇主的责任限度的衡量。可以明显看出，即使是不同的法院，其基本立场也是保护PLWHA的就业权。首先，不能将未感染艾滋病毒设为就业的前提条件，并且是否进行检测是个人的自由，迫使雇员接受与工作要求无关的艾滋检测是不合理的。其次，艾滋检测为阳性并不代表着该感染者丧失工作能力。最后，即便艾滋感染者出现艾滋病的症状，逐渐丧失了工作能力，也应当通过必要的医学确认及合法的程序再行协商。相应的，对于雇主责任，如果雇主已经尽到了包括教育、宣传、提供必要的支持等形式责任，在程序上也应当遵循公平的程序规则，为雇员提供其表达意见和参与协商的机会。

四　域外司法经验对中国艾滋群体权利保护的启示

我国的12件艾滋歧视诉讼，有4件以败诉或不予受理告终，6件以调解或和解结案，法院作出胜诉判决的案件只有2件。在9件涉及就业的艾滋歧视诉讼中，只有2个案件获得法院胜诉判决。其中2018年的阿明诉广州某食品机构一案，二审法院判决“用人单位单方面要求阿明离岗休息违反《劳动合同法》”。甚至可以说，在9个案例当中，没有一个艾滋病毒呈阳性的当事人能够真正地回到工作岗位，更严重的是，这样的诉讼经历还影响了他们后续的求职。总体而言，中国艾滋歧视诉讼的情况与前文分析的国外诉讼所达到的权利保护效果还存在较大的差距。

在面对艾滋群体的权利诉求时，应当明确权利保护的立场，并通过完善相关的政策及法律，强化雇主责任，加强社会宣传，促进公众对HIV/AIDS的科学认知，消除污名化和歧视，从而保障艾滋群体权利的实现。

（一）强化雇主责任，为艾滋群体创设更友好的工作环境

对艾滋的歧视侵犯了PLWHA的平等权、生存权和发展权等基本人

---

① *Jacques Charl Hoffmann v. South African Airways*, Case CCT 17/00.

权，亦侵犯了 PLWHA 的人格尊严，雇主必须承担反歧视的责任。

首先，雇主不得出于偏见、无知以及经济效益的考虑将艾滋感染者或艾滋病人排除在公平竞争之外。这要求雇主不将艾滋检测设为求职的必要环节，也不得强迫求职者接受艾滋检测。在 Z. M. 案及 Diau 案中这一原则得到了法院的重申，因为即使感染了艾滋病毒，也不意味着感染者丧失了工作能力。即便是出于对公共安全的考虑，也不能一概地认为传染病就会危害公共安全，而应当考虑该工作的具体职责以及传染病的传播途径。维护公共安全的目的是防止疾病传播，而不是赋予雇主无限的权力去限制劳动者的权利。艾滋病毒的传染途径包括性传播、母婴传播、血液传播，显然艾滋病毒不会造成公共安全风险。

其次，正如 Fontaine 案中的法官明确坚持了权利保护的立场，要求雇主承担相应的责任和义务。雇主是工作场所中的权力主体，也是维持工作场所正常运行的责任主体，为了消除工作场所内存在的对 PLWHA 的歧视，雇主应当承担在工作场所即其权力范围内宣传艾滋相关知识的责任，制定相应的书面政策，为 PLWHA 提供工作的合理便利，营造友好、安全的职场氛围，促进平等就业权的实现。

最后，在对 PLWHA 的解雇发生时，雇主应当承担举证责任，包括载明解雇原因的相关文件、是否为雇员提供了相应的合理便利。更包括 Lemo 案及 Monare 案中所呈现的对雇主公平调查以及正当程序的要求，以及 Hoffmann 案中强调的“合理和医学上的判断”。这要求雇主对于可能丧失工作能力的 PLWHA，通过医学上的检测，评定其工作能力能否适应工作要求。即便雇员的身体状况无法再履行相应的职责，也应当按照程序，同雇员协商并给予雇员说明情况的机会，努力提供其他的就业机会。

（二）完善相关法律，为权利保护提供更坚实的法律基础

当前，从全国人大到国务院、国家卫生健康委员会等部门，乃至地方人大和政府，都已出台干预 HIV/AIDS 社会歧视的法律、法规、规章和政策。在中央层面，国务院于 2010 年下发了《关于进一步加强艾滋病防治工作的通知》，其中第 11 条要求各政府部门认真落实相关政策，消除社会

歧视，保障艾滋病病毒感染者和病人及其家人在就医、就业、入学等方面的合法权益。国务院办公厅于 2017 年制定的《中国遏制与防治艾滋病“十三五”行动计划》（以下简称《“十三五”行动计划》），要求全面落实救治救助政策，挽救感染者和病人生命并提高生活质量。《艾滋病防治条例》（以下简称《防治条例》）亦规定了“艾滋病病毒感染者、艾滋病病人及其家属享有的婚姻、就业、就医、入学等合法权益受法律保护”（第 3 条）以及“国家实行艾滋病自愿咨询和自愿检测制度”（第 23 条）等内容，但并未规定相应的法律责任。此外，现行的法律法规和规章的条文之间存在冲突。如《公务员录用体检通用标准（试行）》当中第 18 条规定“……艾滋病，不合格”，不仅缺乏对艾滋病毒感染状况及工作能力的合理考虑，还与《防治条例》等上位法保护就业权的条款相冲突。实践中对教师等职位的招录亦参照适用该体检通用标准，造成了劳动场所中广泛存在的对艾滋感染者及艾滋病人就业的制度性歧视。可以见得，我国当前的法律及政策的规定还处于宣示层面，难以用于司法裁判，并且法律法规和规章之间对于 PLWHA 的权利保护的规定存在冲突或模糊的地方，不利于法律的实施以及司法实践的发展。

在前述 Abbott 一案中，法院确认了 Abbott 的残疾人身份，通过《残疾人法案》保护了她的就医权。参看其他国家或地区的立法，也有类似的情况。如我国香港地区的《残疾歧视条例》当中“残疾”的定义包括“在其体内存在引致/可引致疾病的有机体”，可以视为对艾滋感染者及艾滋病人的保护。此外，条例还将保护扩大到与残疾人士“有联系的人士”，包括他们的配偶、共同生活的人等。[①] 德国的《一般同等对待》中对于残疾的定义是否包含慢性疾病还存在争议。然而，其劳工联邦法院定义，无症状的艾滋病毒感染算作《一般同等对待》中第 1 条所规定的残疾。[②] 我国的《残疾人保障法》中对“残疾人”的定义是“在心理、生理、人体

① 林燕玲：《中国香港反就业歧视案例对内地的借鉴和启示》，《反歧视评论》（第 2 辑），法律出版社，2015，第 185 页。

② Astrid Lipinsky：《德国法中针对艾滋病病毒感染者的反歧视禁令》，《反歧视评论》（第 1 辑），法律出版社，2014，第 104 ~ 107 页。

结构上，某种组织、功能丧失或者不正常，全部或者部分丧失以正常方式从事某种活动能力的人”。从法律条文来看，在司法当中将“艾滋感染者、艾滋病人”解释为“残疾人”存在法律和现实上的困难。因此，完善立法中对艾滋群体的权利保护条款，明确相应方的法律责任，或者制定专门的反歧视法，有利于为司法裁判和权利救济提供更坚实的法律基础，避免当前许多艾滋歧视诉讼当中，歧视行为无法得到实质性审判的局面。

（三）加强社会宣传，促进公众对 HIV/AIDS 的科学认识

在前述我国 2018 年的“小谢案”当中，法庭之所以能促使原告和被告达成调解协议并重新签订合同，是因为存在“单位的领导召集了部门负责人开会，参会的同事们一致投票表示愿意和艾滋感染者共事”的积极原因。其中的逻辑是，因为公司中其他员工表示愿意与艾滋感染者共事，所以公司愿意接纳艾滋感染者，这实际上与 Fontaine 案中的逻辑是相反的。Fontaine 案中员工对 HIV/AIDS 存在非理性恐惧，法庭认为雇主应当承担教育和宣传的责任，也就是说，即使在大部分人对 HIV/AIDS 存在恐惧、不理解、不接受的态度时，也应当保护 PLWHA 的权利，并通过教育和宣传促进他们对权利的平等享有。而“小谢案”中雇主要通过“一致投票”的方式来获得接纳艾滋感染者的认同。这反映出雇主乃至其他雇员依然存在偏见抑或说对工作环境的顾虑，也与我们意图促进的权利保护相去甚远。

对 PLWHA 的偏见和歧视的原因包括人们对 HIV/AIDS 缺乏科学的认知，大部分人只是有一个模糊的概念——性行为和吸毒，都有可能感染艾滋。这种对艾滋的污名化一直延续至今。当前对于艾滋知识的宣传以及多个省份的遏制与防治艾滋病“十三五”行动计划①，侧重于宣传艾滋防控的内容，缺少对艾滋治疗新进展的内容介绍，这不利于改善公众对艾滋的

① 参见《省人民政府办公厅关于印发湖北省遏制与防治艾滋病“十三五”行动计划的通知》，鄂政办发〔2017〕83 号；《陕西省人民政府办公厅关于印发省遏制与防治艾滋病“十三五”行动计划的通知》，陕政办发〔2017〕77 号；《关于印发山西省遏制与防治艾滋病“十三五”行动计划的通知》，晋政办发〔2017〕68 号；《福建省人民政府办公厅关于印发福建省遏制与防治艾滋病“十三五”行动计划的通知》，闽政办〔2017〕115 号。

印象。此外，政策及法律文本中“艾滋病毒”“艾滋病”“艾滋病病毒感染者”“艾滋病毒感染者”等一系列术语的使用，存在区分不明、指代不清的问题。尽管在前文提及的政策文件中，如《“十三五”行动计划》，可以欣喜地看到对“感染者”和“病人”进行了区分，但相关的政策和法律中仍然存在“艾滋病病毒感染者”“感染艾滋病”等将艾滋病毒“疾病化”的用语。这样一种不加区分的用语实际上无益于推动消除艾滋污名化及歧视，反而会加重公众对 HIV/AIDS 的恐惧心理。因此，在与艾滋相关的术语使用上，尤其是在政策、法律法规和规章当中，应当对“艾滋病毒”和“艾滋病”进行更为细致的、明确的、科学的区分，对于不宜包含“艾滋病”的词采用“艾滋病毒”或“艾滋”进行表述，如将感染了艾滋病毒但尚未出现相关的免疫系统疾病的感染者称为“艾滋感染者”、“艾滋病毒感染者”或“艾滋阳性者”，将“艾滋病检测”称为“艾滋病毒检测”，等等，从而避免让公众产生感染了艾滋病毒即患上了艾滋病的印象。并且还要通过科学的社会宣传，比如医学上对 HIV/AIDS 的研究进展、抗逆转录治疗等，消除公众对 HIV/AIDS 的刻板印象，促进社会公众对 HIV/AIDS 形成正确认知，同时也有利于形成社会对 PLWHA 的接纳，形成良好的尊重 PLWHA 权利的氛围，更能为立法和司法对艾滋群体权利的保护提供广泛的群众基础。

五　结语

艾滋病毒及艾滋病出现在人类社会已超过三十年。随着医学上对艾滋病毒研究的进展，在医学界，艾滋病不再是一个闻之变色、人们都避之不及的疾病，而逐渐成为一种像高血压、糖尿病一样可防可治的慢性病，艾滋病患者甚至能够生存几十年。[①] 但由于长时间以来形成的偏见和误解，艾滋感染者及艾滋病人仍然面临严重的歧视。艾滋歧视诉讼的出现，将这

---

① 木雨、孙旭婧：《李太生教授：中国的抗艾之路——回首和展望》，丁香园，http://infect.dxy.cn/article/514622，最后访问时间：2019 年 7 月 17 日。

一议题正式引至司法层面，暴露了当前法律对 PLWHA 的保护规定无法实现的问题。通过对域外艾滋歧视诉讼的研究，可以发现，在公共政策、法律制定抑或司法裁判当中，明确保护 PLWHA 权利的立场，完善相关的政策和法律，加强雇主的反歧视责任，促使在具体个案中通过合理的医学方法判断 PLWHA 的身体状况，有利于促进艾滋感染者及艾滋病人的就业权、就医权、受教育权等权利的实现。除了在制度层面完善对 PLWHA 的权利保护之外，加强对 HIV/AIDS 的科学宣传，消除污名化和公众的歧视，提高社会的接纳性，为 HIV/AIDS 的预防和治疗提供充分的社会支持，对于促进 PLWHA 权利的实现也非常必要。

促进艾滋病感染者公平就业研究

中国劳动和社会保障科学研究院课题组*

摘　要： 经过多年的宣传教育，社会公众对于艾滋病的认识水平不断提升，但是社会上对艾滋病感染者的歧视仍然存在。其中，就业权益事关艾滋病感染者的收入保障、社会融入，以及个人尊严和价值的实现，促进艾滋病感染者公平就业，不仅有利于保障感染者的平等就业权和基本人权，也有助于消除歧视，为艾滋病防治工作营造良好的支持环境。本文对我国当前维护艾滋病感染者公平就业的立法政策、现实情况、典型经验进行梳理，同时对国际劳工组织和典型国家的经验做法进行总结提炼。在此基础上，提出进一步促进艾滋病感染者公平就业的对策建议。此外，本文对于"一带一路"和"南南合作"框架下即将或已经走出国门参与世界经济发展的众多中资企业来说，如何在防止艾滋病就业歧视方面尽快与国际接轨具有现实指导意义。

关键词： 艾滋病　公平就业　歧视

艾滋病在全球蔓延严重影响着经济的发展和人类的生存。在艾滋病疫情严重的国家和地区，艾滋病的蔓延不仅降低了当地生产力发展水平，而且减弱了这些国家提供基本产品和服务的能力。在我国，艾滋病的流行经历了初始传入期、局部流行期、快速增长期、缓慢增长期，如今已过渡到流行稳定期，艾滋病总体感染率维持在相对较低水平。中国疾病预防控制中心数据显示，2012～2017 年，艾滋病感染者[①]年均增长率为 14.5%。截

---

* 本报告执笔人为中国劳动和社会保障科学研究院阴漫雪、赵碧倩。

① 本报告除引用数据和一些具体政策原文需要精确表述之外，为了行文表述方便，不再对 HIV 感染者和 AIDS 病人进行详细区分，统称为艾滋病感染者。

至 2018 年 9 月，全国报告现存活艾滋病感染者和艾滋病病人共 85 万例。虽然总体上我国艾滋病处于低流行状态，但随着性传播成为主要传播方式，艾滋病已经由高危人群向普通人群扩散蔓延，局部地区和特定人群艾滋病感染率呈现高发态势。艾滋病感染地区分布极不均衡，云南、广东、广西、四川、河南等部分地区是艾滋病感染的重灾区。艾滋病感染者在人口学特征上以青壮年为主，部分典型人群，如流动人口、青年学生等群体中艾滋病感染率增长较快。这在很大程度上表明了当前我国艾滋病流行状况不容乐观，仍处于艾滋病防治的关键时期。

经过多年的宣传教育，社会公众对艾滋病的认识不断改善，但是社会上对艾滋病感染者的歧视仍然存在。其中，就业权益事关艾滋病感染者的收入保障、社会融入，以及个人尊严和价值的实现，促进艾滋病感染者公平就业，不仅有利于保障感染者的平等就业权和基本人权，也有助于消除歧视，为艾滋病防治工作营造良好的支持环境。

本文对我国当前维护艾滋病感染者平等就业的立法政策、现实情况、典型经验进行梳理，同时对国际劳工组织和典型国家的经验做法进行总结提炼；在此基础上，提出进一步促进艾滋病感染者平等就业的对策建议。此外，对于“一带一路”和“南南合作”框架下即将或已经走出国门参与世界经济发展的众多企业来说，如何在防止艾滋病就业歧视方面尽快与国际接轨，本文具有现实指导意义。

第一部分　我国维护艾滋病感染者公平就业权的立法政策和现实情况

一　我国促进艾滋病感染者公平就业的立法政策

近年来，我国不断健全反就业歧视立法政策体系，促进包括艾滋病感染者在内的劳动者公平就业。

（一）立法政策总体概况

我国反就业歧视立法是典型的分散立法模式，尚未出台专项的反就业歧视法。促进艾滋病感染者公平就业的规定也散见于不同层级、不同效力的法律法规和政策性文件中，包括签署的国际公约、宪法、法律、部门规章和规范性文件、地方性法规和规范性文件等（见附件）。

1. 关于劳动者平等就业权利的规定

宪法规定了公民的平等权和人权以及公民的劳动、休息和社会性保障的权利，为反就业歧视相关法律法规和政策性文件提供根本依据。1994年通过的《劳动法》是劳动保障领域的基本法，规定劳动者依法享有平等就业和自主择业的权利，劳动者就业不因民族、种族、性别、宗教信仰等不同而受歧视。2007年出台的《就业促进法》进一步扩展和充实了《劳动法》中反就业歧视的内容，并设置“公平就业”专章，不仅重申了劳动者的平等就业权，还扩展了就业歧视原因，对反就业歧视范围（招聘录用、职业中介活动、就业政策制定等）、就业歧视救济手段等进行了明确规定。作为《就业促进法》的配套规章，同年颁布的《就业服务与就业管理规定》对招聘、录用和就业服务等环节中的事项进行调整，其中的反就业歧视内容也较为集中。继国家出台《就业促进法》之后，不少地区，如北京、河北、江苏、安徽、湖南、广东、海南、云南、西藏、新疆等地出台了实施《就业促进法》办法等地方性法规、地方政府规章和规范性文件，也对劳动者的平等就业权利作出相关规定。2018年颁布了《人力资源市场暂行条例》（以下简称《暂行条例》），这是我国首次针对人力资源市场的求职、招聘及相关服务发布行政法规。该条例第24条规定，用人单位发布或者向人力资源服务机构提供的单位基本情况、招聘人数、招聘条件、工作内容、工作地点、基本劳动报酬等招聘信息，应当真实、合法，不得含有民族、种族、性别、宗教信仰等方面的歧视性内容。《暂行条例》还明确了人力资源服务机构的责任，即应当建立健全信息发布审查和投诉处理机制，确保发布的信息真实、合法、有效。此外，《暂行条例》对于发布歧视性招聘信息的情况，明确了法律责任。第24条规定，发布的招聘信息不真实、不合法，由人力资源社会保障行政部门责令改正；有违法所得的，没收违法所得；拒不改正的，处1万元以上5万元以下的罚款；情节严重的，吊销人力资源服务许可证；给个人造成损害的，依法承担民事责任。

我国还批准了国际劳工组织倡导的《消除就业和职业歧视公约》，不断出台和完善促进就业和职业机会均等与待遇平等的国家法律政策，如上述提及的《就业促进法》即是我国履行该公约国际承诺的重要体现。

2. 关于传染病病人和病原携带者平等就业权利的规定

我国对保障包括艾滋病感染者在内的传染病患者的平等就业权作出了专门规定。其中，2004 年修订的《传染病防治法》首次将传染病反歧视原则以法律形式予以明确，第 16 条规定："国家和社会应当关心、帮助传染病病人、病原携带者和疑似传染病病人，使其得到及时救治。任何单位和个人不得歧视传染病病人、病原携带者和疑似传染病病人。"《就业促进法》同样明确规定，用人单位招用人员，不得以是传染病病原携带者为由拒绝录用。

关于艾滋病感染者的平等就业权利，《艾滋病防治条例》规定，任何单位和个人不得歧视艾滋病感染者、艾滋病病人及其家属。艾滋病感染者、艾滋病病人及其家属享有的婚姻、就业、就医、入学等合法权益受法律保护。据此，各地也相应制定了本地区的艾滋病防治条例和实施办法，部分地区出台了更加细化、可操作性更强的意见，保障了艾滋病感染者平等就业的权益。

（二）立法政策具体内容

1. 就业歧视的界定和禁止歧视的范围

我国法律未对"就业歧视"作出明确界定，现行法律主要以列举的形式规定禁止的就业歧视类型，《劳动法》列举了民族、种族、性别、宗教信仰四种类型，《就业促进法》规定了禁止对妇女、少数民族、残疾人、传染病病原携带者，以及进城就业的农村劳动者进行歧视，其他专项立法也专门对残疾人、传染病等歧视类型进行规定。

关于禁止就业歧视的范围，我国相关立法政策规定了在招聘录用、职业中介活动、劳动就业、劳动关系的延续、社会保障、就业政策制定等环节的反歧视原则。例如，《就业促进法》规定，"用人单位招用人员、职业中介机构从事职业中介活动，应当向劳动者提供平等的就业机会和公平的就业条件，不得实施就业歧视”。在浙江、陕西、湖南等地区颁布的艾滋病防治条例或是办法中规定用人单位不得因职工感染艾滋病病毒解除聘用或者劳动合同。

2. 自愿检测

就业准入条件限制是对艾滋病感染者实施直接就业歧视的主要形式，最常见的表现是在入职体检中强制要求劳动者进行艾滋病病毒抗体检测。对于传染病病原携带者，我国法律采取一般性禁止和例外规定相结合的形式，法律原则上规定用人单位招用人员，不得以是传染病病原携带者为由拒绝录用。同时，《就业促进法》和《传染病防治法》规定，经医学鉴定传染病病原携带者在治愈前或者排除传染嫌疑前，不得从事法律、行政法规和国务院卫生行政部门规定禁止从事的易使传染病扩散的工作。对于艾滋病病毒携带者，我国《艾滋病防治条例》明确规定：“国家实行艾滋病自愿咨询和自愿检测制度”，原则上禁止进行艾滋病病毒抗体强制检测。

3. 信息保密和隐私保护原则

我国法律明确规定要对艾滋病感染者的信息保密，保护其隐私不受侵害。《艾滋病防治条例》明确规定：“未经本人或者其监护人同意，任何单位或者个人不得公开艾滋病病毒感染者、艾滋病病人及其家属的姓名、住址、工作单位、肖像、病史资料以及其他可能推断出其具体身份的信息。”同时，《艾滋病免费自愿咨询检测管理办法（试行）》中明确规定要做好咨询和检测服务的保密工作，不得向无关人员泄露艾滋病病毒抗体检测呈阳性人员的任何个人资料。在个别地区，如浙江、湖南、陕西等在本地区制定的艾滋病防治条例或办法中还具体强调在对艾滋病感染者进行调岗的时候要对其病状及调整原因承担保密责任。

4. 就业歧视行为的法律责任和救济渠道

权利救济对于保障劳动者平等就业权不可或缺。我国促进平等就业的法律虽然明确规定了禁止实行就业歧视，但对就业歧视行为的法律责任规定不明确。现行法律法规框架内，仅《就业促进法》第 62 条明确规定：“违反本法规定，实施就业歧视的，劳动者可以向人民法院提起诉讼。”一些地区通过法律和政策在个别具体歧视问题上明确了相应的救济办法，如

《湖南省实施〈艾滋病防治条例〉办法》中规定："用人单位违反本办法规定以感染艾滋病病毒为由解除与劳动者的劳动关系的，依照《中华人民共和国劳动合同法》相关规定进行处理。"

从实际来看，就业歧视的救济渠道还包括以下途径[①]。

（1）对于立法和政策制定中的就业歧视内容，可依据《立法法》申请改变或撤销，或是依据《行政复议法》申请行政复议和审查。

（2）可向劳动保障监察机构举报投诉。虽然《劳动保障监察条例》没有明确将就业歧视纳入监察内容，但依据《劳动法》《就业促进法》等关于劳动保障监察责任的规定，针对用人单位、职业中介机构、职业培训和鉴定机构出现的就业歧视行为，可以向劳动保障监察机构投诉或举报。

（3）可依法向劳动争议仲裁机构申请仲裁。目前《劳动争议调解仲裁法》没有直接将就业歧视争议纳入受案范围，但实际中很多就业歧视可以转化成劳动争议从而通过劳动争议处理程序进行处理。

（三）部分职业对艾滋病感染者从业相关规定

目前，将艾滋病病毒抗体检测作为入职体检检测必要项目的行业包括：公务员、部分事业单位、飞行员、海员等。部分地区将艾滋病病毒抗体检测列入住宿、洗浴、休闲娱乐、美容美发等公共服务行业入职体检项目。

1. 公务员

2005年以前，全国并未实行统一的公务员录用体检标准，部分中央部门和各地方政府人事部门分别自行制定体检标准。其中，一些中央部门对部分身体条件有特殊要求的职位录用公务员时就曾明确禁止录用艾滋病感染者。2005年1月，人事部和卫生部联合发布《公务员录用体检通用标准（试行）》（以下简称《通用标准》），我国首次在全国层面上统一规范公务员录用体检标准。《通用标准》经历了两轮公开征求意见，对于艾滋病，意见稿中表述由"艾滋病及其病毒携带者，不合格"最终确定为"艾滋病，不合格"。在2007年2月发布的《公务员录用体检操作手册

① 王文珍：《我国反就业歧视立法评析》，《中国劳动》2010年第5期。

（试行）》（以下简称《操作手册》）中对《通用标准》所指的艾滋病进行解释，“包括其各临床分期。与乙型肝炎病毒携带者所不同的是，不存在艾滋病病毒携带者这一概念。艾滋病感染的诊断一经确定，即作体检不合格结论”。该解释并未对艾滋病感染者与艾滋病病人的临床症状进行区分，只要体检出艾滋病病毒，一律不得录用。2007 年 11 月颁布的《公务员录用规定（试行）》明确规定公务员录用体检的项目和标准依照国家统一规定执行，进一步确定了公务员录用体检通用标准的作用。

针对特殊职位的公务员，如公安机关、国家安全机关、监狱、劳动教养管理机关的人民警察和人民法院、人民检察院的司法警察职位，以及外交、海关、海事、检验检疫、安监等部门对身体条件有特殊要求的职位录用公务员，人社部、卫生部、国家公务员局于 2010 年颁布《公务员录用体检特殊标准（试行）》，除了部分体检项目做了更加严格的规定外，对于艾滋病的检测仍参照《通用标准》统一执行。

《通用标准》虽经多次修订，但对于艾滋病的相关规定一直沿用至今，各地录用公务员基本均参照以上规定执行。

2. 事业单位工作人员

不同于公务员体检录用，国家层面对于事业单位招聘录用人员并未出台统一明确的体检标准[①]。在国家出台《公务员录用体检通用标准（试行）》之后，事业单位在招聘录用过程中，由于缺乏明确的体检标准规范，往往选择参照公务员体检通用标准执行，将艾滋病作为体检的必要项目和限制条件。各地在参照公务员体检标准的要求程度上有所区别，但多数地区将公务员体检通用标准作为事业单位招聘主要参照依据。公务员录用体检通用标准实际影响范围广泛，纳入编制管理的事业单位和部分国有企业也沿用该标准或受该标准影响。

就教师而言，《〈教师资格条例〉实施办法》中要求“无传染性疾病”，明确规定体检项目必须包含“传染病”“精神病史”项目。在幼儿

① 2005 年 11 月，人事部出台的《事业单位公开招聘人员暂行规定》中并未对体检作出详细的规定，并授权省、自治区、直辖市政府人事行政部门可以依据规定制定本地区的公开招聘办法。

园教师资格人员体检标准[①]中，进一步明确，要在“既往病史”中标明“性传播性疾病”情况。各地制定的教师体检标准中，没有涉及艾滋病或性传播疾病的地区包括天津、辽宁、内蒙古、上海、江苏、浙江、山东、河南、湖北、广东、广西、海南、贵州、新疆等 14 个省区市；以性病或性病等传染性疾病为不合格的有北京、四川、河北、黑龙江、山西、安徽等 6 个省市；直接规定艾滋病病毒抗体检测阳性不合格的有云南、宁夏、福建、青海、甘肃、湖南、重庆、西藏、江西、陕西、吉林等 11 个省区市。由于艾滋病亦属于性病或性病等传染性疾病，因此，我国有超过半数的地区在教师资格申请认定中将艾滋病作为禁止条件[②]。

一些地方制定教师资格体检标准时明确表示参照公务员录用体检通用标准，具体表述也保持一致，有些地方，如福建、重庆在公务员录用体检通用标准出台前并未将性病、艾滋病列入不合格范围，但标准出台后即修订教师资格认定体检标准，与公务员录用通用标准关于艾滋病的条款保持一致。广东省在 2013 年修订《教师资格申请人员体格检查标准》时向社会公开征求意见，其中参照公务员录用体检通用标准中关于艾滋病不合格的规定受到社会质疑。认真听取专家和各界人士意见后，新修订的版本删去了自 2007 年沿用的关于艾滋病不合格的条款，使艾滋病感染者从事教师职业有了相应的政策保障。

3. 公共场所[③]服务人员

公共场所服务人员主要是指提供住宿、洗浴、休闲娱乐、保健、美容美发服务等行业的经营者和服务人员。依据现行法律法规，公共场所直接为顾客服务的从业人员应当取得健康合格证明才能上岗提供服务。《公共场所卫生管理条例》及其实施细则中并未禁止艾滋病感染者从事公共场所

① 参见教育部教师资格认定指导中心出台的《关于调整申请认定幼儿园教师资格人员体检标准的通知》（教资字〔2010〕15 号）。

② 哈晓斯：《入职体检与艾滋病就业歧视研究》，劳动科学研究所课题组，2017。

③ 《公共场所卫生管理条例》规定，公共场所主要包括：宾馆、饭馆、旅店、招待所、车马店、咖啡馆、酒吧、茶座；公共浴室、理发店、美容店；影剧院、录像厅（室）、游艺厅（室）、舞厅、音乐厅；体育场（馆）、游泳场（馆）、公园；展览馆、博物馆、美术馆、图书馆；商场（店）、书店；候诊室、候车（机、船）室、公共交通工具。

直接为顾客服务的工作。但是《艾滋病防治条例》规定，公共场所的服务人员应当依照《公共场所卫生管理条例》的规定，定期进行相关健康检查，取得健康合格证明。《浙江省艾滋病防治条例》沿用了国家层面的表述，要求公共场所的服务人员应当取得健康合格证明；部分地区，如陕西、广西、新疆、云南等则明确将艾滋病病毒抗体检测纳入部分公共场所服务人员健康检查的项目。

同样与公共安全紧密相关的食品行业，在2015年新修订的《食品安全法》中不再对食品行业的职业禁忌病种进行具体列举，而是将食品行业职业禁忌病种授权给国务院卫生行政部门规定。随后，国家卫计委组织制定的《有碍食品安全的疾病目录》列入了霍乱等6种疾病，艾滋病和乙肝未列入禁忌病种。与食品行业类似，将艾滋病病毒抗体检测作为公共场所服务人员健康检查项目并无合理依据，反而直接侵害了艾滋病感染者的就业权益。

4. 其他行业和职业

（1）关于船员。艾滋病、性病等属于我国船员的职业限制和禁忌，一般不允许艾滋病感染者从事船员工作。交通部早于1993年发布交通行业标准《海船船员体检要求》（属部颁强制性标准，标准编号为JT2025－93），其中将性病列为海员职业禁忌。2013年11月发布《船员健康检查要求》（标准编号为GB30035－2013）规定，“患有《中华人民共和国传染病防治法》规定的传染病者，在传染期内不符合船员注册健康要求/不应上船工作”。据《中华人民共和国传染病防治法》，艾滋病、乙肝都属于传染病，因此其感染者被排除在船员的就业范围之外。此外，从事远洋船员工作的人员在办理“国际旅行健康检查证明书”和“海船海员健康证”时，体检项目包含肝炎、艾滋病、性病等检测。如果艾滋病病毒抗体检测呈阳性，就不能获得健康证明从事海船船员工作。

（2）关于飞行员。中国民用航空总局曾于2006年发布过《民用航空招收飞行学生体格检查鉴定规范》（属民用航空行业标准，标准编号为MH/T7013－2006），其中规定民用航空招收飞行学生应符合的一般条件包括：“不应有传染性疾病。不应为艾滋病病毒（HIV）携带者。”时隔十年，中国民用航空局于2017年最新发布的《民用航空招收飞行学生体检鉴定规范》（标准编号为MH/T7013－2017，代替2006年的标准）中同样明确规定民用航空招收飞行学生的基本要求包括："艾滋病病毒抗体检测不应为阳性。"这一规定实际上禁止了艾滋病感染者从事飞行员这一职业。

（四）立法政策效果和不足

1. 主要效果

总体上看，我国促进艾滋病感染者公平就业的立法政策取得了长足进步，立法政策体系不断完善。

一是促进艾滋病感染者平等就业的立法政策制定进程较快。我国关于反歧视的立法起步较晚，但在十余年间，密集出台了《就业促进法》、《传染病防治法》和《艾滋病防治条例》等法律法规，其中均包含促进艾滋病感染者公平就业的条款，从法律上明确了其平等就业的权利。不少地方也出台了相关地方性法规，并在食品加工生产、教师等行业和职业入职体检中取消了艾滋病病毒抗体强制检测。同时，我国积极参与艾滋病防控国际事务，人力资源和社会保障部、中华全国总工会、中国企业联合会三方代表参加国际劳工大会，支持国际劳工标准《艾滋病与劳动世界的建议书》（第200号）的通过，不断与国际接轨。

二是促进艾滋病感染者公平就业的法律内容比较全面。除了在原则上对艾滋病感染者平等就业的权利进行明确之外，在禁止歧视的范围、自愿咨询检测、保密原则、禁止就业的环节、权利救济等方面都进行了规定。权利救济方面，国家层面法律虽未明确具体法律责任，仅规定可以去法院起诉，但实际上的权利救济渠道比较多元，包括法院起诉、劳动保障监察、劳动人事争议仲裁等。

三是我国促进平等就业相关立法政策的完善对于营造公平就业的良好社会氛围，增强企业、劳动者、政府、社会注重平等就业的社会意识作用显著。

2. 不足之处

当前我国促进艾滋病感染者平等就业的立法政策仍存在不足，亟须完善。

一是促进公平就业的立法分散，法律规定比较原则，对就业歧视的法律内涵未作明确规定，禁止就业歧视的范围规定得不够全面，用人单位违反公平就业的法律责任不明确。

二是与促进乙肝患者平等就业的政策保障相比，促进艾滋病感染者平等就业的政策措施力度稍弱。国家除了以立法的形式明确乙肝患者的平等就业权和法律责任外，还密集出台政策，强调并对维护乙肝表面抗原携带者入学和就业权利作出具体规定，加强后续监督检查，有力地推动了乙肝表面抗原携带者就业权的落实。相较于此，对艾滋病感染者平等就业权利的保障并未进一步细化。

三是部分政策和行业标准中并未完全消除对艾滋病感染者的就业歧视。如前所述，公务员体检《通用标准》及《操作手册》明确禁止艾滋病感染者从事公务员职业。公共部门应作为保障劳动者平等就业的标杆，但对艾滋病感染者就业的制度性规定向社会公众传递了对艾滋病的误解，不利于消除社会上对艾滋病感染者的歧视。

二　我国艾滋病感染者公平就业的现实情况

（一）艾滋病感染者面临的就业歧视及争议案件

1. 关于艾滋病感染者就业情况的小规模调研

艾滋病感染者面临就业歧视的调查一般规模比较小，但也反映出对于艾滋病感染者的就业歧视问题。据“女性抗艾网络”① 2018 年对全国 25 个省区市的 500 名感染者的调查，在全体受访者中，有 35.4% 的人有职业，其中自由职业者占 42%，个体经营者占 23%，外企/私企就业者占 18%，国有企业就业者占 6.8%，公职人员占 6.2%，在民间组织就业者占 2.8%。在用人单位就业的 55 人当中，有六成多（63.98%）的人遭遇过就业歧视，六成多（61.07%）的人因为感染了 HIV 而换过工作。过去 24 个月中，有 51 名感染者的工作单位知道感染状况，其中自动辞职的 24

① 女性抗艾网络—中国，在联合国艾滋病规划署的支持下于 2009 年 7 月成立，目前由来自全国 12 个省市的 27 家女性社区组织组成。

人，被单位开除、劝退的8人，长期休病假的13人，只有6人留在原来岗位。

据“艾博公益法律热线”[①]的统计，针对艾滋病感染者的就业歧视主要体现在：录用中强制进行艾滋病病毒抗体检测；在职期间强制进行艾滋病病毒抗体检测；设置障碍（要求休病假、部门撤销、强制请事假、另行安排工作岗位、降低薪资待遇等），迫使劳动者主动离开；直接解除劳动关系。此外，艾滋病感染者还面临工作场所中来自雇主、同事的隐性歧视，心理压力较大。

2. 国内艾滋病就业歧视的争议案件

随着平等就业观念的宣传普及以及我国反歧视立法政策体系的不断健全，艾滋病感染者对于自身平等就业权益的需求和关注程度逐渐扩大和提高，一些感染者通过法律途径维护自身权益。课题组对收集到的八起案件进行了分析。

从案件本身来看：一是艾滋病感染者就业歧视案件涉及的用人单位主要是机关、事业单位，尤其是学校，但企业也开始出现了歧视案件；二是案件主要集中在招聘录用、劳动合同续签环节，入职体检成为艾滋病感染者就业歧视的重灾区；三是就业歧视案件中用人单位多依据《公务员录用体检通用标准（试行）》，判定艾滋病感染者不能成为机关聘用人员、教师等；四是案件不仅涉及确认就业歧视，还涉及未签劳动合同等劳动争议、染病信息泄密等民事争议；五是在艾滋病感染者就业歧视案件中，劳动者的具体诉求涉及录用、继续聘用、恢复岗位、经济补偿、精神损害抚慰金、赔礼道歉等，其中，要求用人单位录用、继续聘用或恢复岗位的诉求更加强烈。

从案件处理来看：一是法院对艾滋病感染者就业歧视案件的处理态度从不予受理到促成双方达成调解协议、判决中部分支持劳动者诉求的情况逐渐增多；二是一些案件中劳动者虽然胜诉得到赔偿，但劳动者要求录

① 艾博公益法律热线为国际劳工组织中蒙局支持、致力于艾滋病病毒感染者和艾滋病病人权益保护的民间组织，建立于2010年10月。

用、继续聘用、恢复岗位的诉求很难得到支持，但是，在最近的四川省内江市就业歧视案件中，出现了国内第一例艾滋病感染者与企业达成调解协议后签订劳动合同的结果，在社会上起到了很好的示范作用；三是对于艾滋病感染者就业歧视案件，处理机构并未对就业歧视的事实进行认定，而是通过未签书面劳动合同补偿、经济补偿金争议等劳动争议途径解决。

从案件影响来看：艾滋病感染者就业歧视案件敏感度高、示范作用强，受到司法界和整个国际国内社会的关注。2018 年 11 月 29 日广州中院发布劳动争议十大典型案例，包含了艾滋病感染者劳动权益保护的争议案例，并提出艾滋病感染者、艾滋病人的合法就业权益受我国法律的平等保护；将艾滋病毒感染者拒之于就业大门外，不符合现行法律法规、政策强调保障艾滋病毒感染者合法就业权益的基本立场。2018 年 12 月，最高人民法院发布了《关于增加民事案件案由的通知》（法〔2018〕344 号），开始对平等就业权纠纷和性骚扰损害责任纠纷进行专项统计。歧视案件不仅激励更多的艾滋病感染者敢于通过法律途径维护自身公平就业的权利，促使法律政策制定者不断完善就业歧视的法律政策体系，在司法实践中加大对就业歧视问题的关注和维权力度，还有利于增强用人单位和社会公众反对艾滋病就业歧视的意识。

3. 中资企业在国外面临的艾滋病就业歧视案件

近年来，中国对外投资不断加大，“走出去”的企业数量持续增加。截至 2016 年底，中国 2.44 万家境内投资者在国（境）外设立对外直接投资企业 3.72 万家，分布在全球 190 个国家（地区），对外直接投资累计净额（存量）位居全球第六位①。仅在非洲，根据麦肯锡的一项研究②，超过 10000 家中资企业在非洲经营，经营领域涉及制造业、服务业、贸易、建筑和房地产业，其中约有 90% 是私有企业。麦肯锡报告称，这些企业在“创造健康的利润”的同时，为数百万非洲人创造了工作岗位，促使其提

① 《2016 年度中国对外直接投资统计公报》，来源于商务部网站，http://hzs.mofcom.gov.cn/article/date/201803/20180302722851.shtml，最后访问时间：2018 年 7 月 12 日。

② McKinsey & Company, “Dance of the Lions and Dragons, How are Africa and China Engaging, and Will the Partnership Evolve?”, June 2017.

升了技能水平。

从“引进来”到“走出去”，中国的对外开放进入了一个新阶段。但是，与“引进来”相比，政府和企业对于“走出去”的经验尚显不足。为配合“走出去”发展战略，有关部门为“走出去”企业提供了培训服务，但是目前主要限于商务经济领域，对劳工权利问题的关注不足。与此形成鲜明反差的是，在很多国家，就业平等权是一项基本人权，就业歧视是敏感度强、社会关注度高的问题。以非洲国家为例，一些国家建立了比较全面的平等权利保护法律体系，制定了严格的惩罚措施，整体上对歧视问题的重视程度比较高。与国内员工相比，当地本土员工对就业歧视的维权意识也比较强。

2016～2017年有两起涉及中资企业在乌干达的艾滋病歧视案件被国外媒体报道和转载。前一个案件中，一名当地厨工起诉一家中资公司因其艾滋病毒抗体检测呈阳性而不公平地对其进行岗位调整。后一个案件中，两名工人起诉某中资公司因其感染了艾滋病病毒而对其进行了不公平解雇。因为不了解案件的细节，课题组很难对案件进行分析和评判，但中资企业有效防范歧视、预防争议的经验不足，与非洲东道国民众对就业歧视的敏感形成鲜明对比，给企业造成了隐患和风险。这种意识缺位也源于国内相关制度和实践的不足。

（二）我国促进艾滋病感染者公平就业的典型经验

1. 地方协调劳动关系三方联合出台相关政策

广东省由于外来务工人口较多，人口流动性强，人群感染艾滋病的可能性较大。为预防和控制工作场所艾滋病的发生和流行，广东省劳动保障厅、省总工会、省企联于2006年底联合发布了《广东省用人单位工作场所预防艾滋病指导意见》，强调了用人单位不得歧视艾滋病感染者的若干政策，包括在职务晋升以及各类有关福利待遇、劳动权益方面一视同仁，不得随意解除劳动合同，创造没有歧视的工作氛围等。同时，也对禁止用人单位要求艾滋病检测和应承担的保密责任作了明确规定。安徽省于2008年由劳动保障厅牵头，省卫生厅、省总工会、省企联、省工商联等联合下发《关于加强工作场所预防艾滋病宣传教育和维护艾滋病病毒感染者及病人劳动保障权益的通知》。同年，云南省劳动和保障厅、卫生厅、省总工会、省企联联合下发《关于在工作场所开展预防艾滋病宣传教育和维护艾滋病感染者劳动保障权益的通知》。两个通知均专门强调要加强对用人单位的指导和监督，促进公平就业，维护艾滋病感染者的合法劳动保障权益。此外，中国企联也曾在首届中国雇主论坛上向广大企业发布《企业工作场所预防艾滋病倡议书》，促使企业深刻认识艾滋病对企业生产经营的不良影响，倡导尊重艾滋病感染者的权利，创造不歧视艾滋病感染者的工作环境，并为其保密。地方层面协调劳动关系三方共同促进艾滋病感染者平等就业，对于全社会共同参与反对就业歧视、营造公平就业的社会氛围具有重要意义，有利于提高用人单位反对就业歧视的认识水平。

2. 针对劳动保障监察员开展艾滋病相关法律法规培训

2014 年，国际劳工组织在日内瓦发布了《劳动监察员艾滋病手册》，包括艾滋病的基本信息、关于劳动监察和艾滋病的国际劳工标准、艾滋病相关羞辱和歧视的表现形式，以及劳动监察员可以采取的措施。我国共有 555 名劳动保障监察员参加了艾滋病相关法律法规培训，提高了劳动保障监察员对艾滋病及其感染者就业等社会权益的认识，加强了劳动保障监察员应对就业歧视的能力。

3. 针对流动人口等特定群体开展艾滋病反歧视教育活动

国际劳工组织与人力资源和社会保障部、中华全国总工会、中国企业联合会、中国计划生育协会、爱之关怀、爱咨家等政府及民间组织合作，先后在广东、四川、云南、安徽等地的 43 家大型企业中开展流动人口艾滋病预防工作。这些企业主要分布在电子、制衣、矿产、钢铁、建筑、零售、交通等行业，直接覆盖 27 万流动人口。该项目将艾滋病纳入企业新员工入职培训、职业安全培训、工作技能培训等计划，制作《艾滋病企业指导手册》，开展企业管理高层座谈会、同伴教育者培训、企业培训师培训等活动，向员工普及艾滋病知识，减少员工对艾滋病的误解和恐惧，从而转变企业经营管理者和员工对艾滋病感染者的态度和观念，营造工作场所对艾滋病感染者无歧视、关爱支持的良好环境。同时，专门针对流动人口加强艾滋病防治宣传。例如，拍摄“老乡帮老乡”流动人口艾滋病宣传片，在多个城市的火车站以及深圳市公共汽车、地铁等外出务工流动人口比较集中的地方播放，运用生动的形象进行宣传教育，促使流动人口和社会公众正确认识艾滋病，平等友爱地对待艾滋病感染者。

4. 针对职业培训机构、技工院校学生开展艾滋病教育培训

国际劳工组织、人力资源和社会保障部曾共同开展参与式“艾滋病/性病以及生殖健康生活技能”培训，对全国20个省市的2250位职业技术学校的老师进行培训，覆盖550所职业技术学校和超过100万名学生。项目包括生殖健康教育和预防艾滋病，关心、帮助、不歧视艾滋病感染者和病人等内容，帮助这些即将进入劳动力市场的技工学校学生正确认识艾滋病，为艾滋病感染者提供关爱和支持。

5. 典型行业和企业积极开展工作场所艾滋病预防教育活动，减少艾滋病歧视

在国际劳工组织、人力资源和社会保障部等多个部门和机构的推动下，云南、广东等艾滋病易发地区的企业开始重视艾滋病预防教育活动，积极采取措施预防艾滋病，并制定工作场所艾滋病政策，保护艾滋病感染者的平等就业权。中国企联和国际劳工组织还举办了酒店业、铁路系统和建筑行业等行业工作场所艾滋病防治研讨会，其中探讨了对艾滋病员工的歧视原因及企业经理如何消除对艾滋病员工的歧视现象。

第二部分　境外促进艾滋病感染者公平就业的经验做法

一　关于促进艾滋病感染者公平就业的国际劳工标准和准则

（一）促进艾滋病感染者公平就业的基本原则

1. 主要国际劳工标准

国际劳工组织的很多公约体现了反对就业歧视的精神，影响比较广泛的包括：一是1958年通过的国际劳工组织《消除就业和职业歧视公约》（以下简称第111号公约），该公约是一项核心劳工标准，也是反对就业歧

视、促进就业平等方面的重要公约；二是2001年国际劳工组织制定的《关于艾滋病与劳动世界的实践准则》（以下简称《准则》），该准则提出了工作场所应对艾滋病问题的关键原则，以及政府、雇主组织和工人组织的权利和责任，并对艾滋病相关宣传、教育、培训，以及支持和关爱等提出了相应指导措施；三是2010年通过的国际劳动组织《关于艾滋病与劳动世界的建议书》（以下简称第200号建议书），该建议书是关于艾滋病问题的第一项国际劳工标准，要求政府、雇主和工人组织参与应对艾滋病，提出了工作场所应对艾滋病的基本原则，并呼吁制定工作场所艾滋病相关政策和计划。这些国际劳工标准对就业歧视的概念，工作场所促进艾滋病感染者平等就业的重要性、基本原则等进行了详细说明，为各国消除就业歧视、促进公平就业提供了指导。

2. 主要劳工标准的基本内容

关于就业歧视的概念。第111号公约指出歧视是基于种族、肤色、性别、宗教、政治见解、民族血统或社会出身等原因，具有取消或减损就业或职业机会均等或待遇平等作用的任何区别、排斥或优惠。同时，公约允许成员国经过与有代表性的雇主组织和工人组织以及其他适当机构协商确定其他此类的区别、排斥或优惠。

关于工作场所消除艾滋病就业歧视的重要性。第200号建议书和《准则》中均提出艾滋病应作为一个工作场所问题得到承认和对待，应该像对待其他工作场所的严重疾病一样对待艾滋病，这不仅是因为艾滋病对劳动力产生影响，而且因为工作场所作为社区的一部分，在控制艾滋病的传播和减少其造成的影响方面发挥非常重要的作用。

关于艾滋病感染者平等就业的基本原则。相关公约、准则、建议书中指出艾滋病问题是工作场所问题，并提出了禁止歧视、禁止筛查、保密、雇佣关系的延续、广泛合作等关键原则。具体内容如下。

（1）禁止歧视的原则。第200号建议书提出，不应对确实或怀疑感染艾滋病病毒的劳动者，或以他们来自艾滋病高风险或更易感染艾滋病病毒的世界某一地区或群体为由，对其进行歧视或羞辱，特别是对求职者和应聘者。《准则》中进一步明确，对艾滋病感染者及受影响者的歧视或羞辱，阻碍了旨在促进艾滋病预防的各种努力。

（2）禁止检测的原则。第200号建议书中专门对此作了详细规定。艾滋病病毒抗体检测必须是真正自愿的、非强迫的，不应该要求求职者或在职人员进行艾滋病筛查；检测必须履行国际上关于保密、咨询和同意的准则，对艾滋病病毒抗体检测结果应予以保密，检测结果不应影响工作的获得、保有、保障或升迁机会。只有在三种情况下允许工作场所相关检测：一是流行病学监测，在符合科学研究伦理原则、职业道德并且在保护个人权利和保密的情况下，可以在工作场所进行匿名、无关联的流行病学艾滋病病毒抗体检测；二是在发生暴露于可能感染的物质的职业风险后，工作人员应立即得到有关医学后果、是否愿意做艾滋病病毒抗体检测以及暴露后预防的可及性等方面的咨询来处理事故，并转诊到合适的医疗部门；三是工人主动进行自愿检测，即在取得工人书面知情同意书之后，在严格保密条件下由适当合格人员进行检测，并提供检测前和检测后的咨询。

（3）严格保密的原则。第200号建议书和《准则》提出了劳动者及其家庭和受赡养者应当享有隐私保护权，包括艾滋病相关信息的保密，特别是与其自身相关的艾滋病病毒感染状况的保密；不得规定劳动者透露其艾滋病病毒感染的状况。《准则》明确，没有理由要求求职者或工人透露关于艾滋病感染情况的个人信息；工人也不应该泄露其同事有关此类个人信息。

（4）雇佣关系的延续原则。第200号建议书提出，确实或者怀疑感染艾滋病病毒不应成为阻止录用或继续就业，以及获得第111号公约规定的机会均等的理由。由艾滋病相关疾病或照顾责任而造成的工作暂时性缺勤，应与其他健康问题造成的缺勤一样对待。如果必要的话，艾滋病感染者应当尽可能长地工作下去。应当采取措施，重新调整相关员工的工作，使之适合感染者的能力，通过培训为其寻找其他工作或帮助他们重返工作岗位。建议书还提出，支持和关爱计划应包括在工作场所为艾滋病感染者或艾滋病病毒相关疾病患者合理安排工作，工作安排应照顾到艾滋病发作特征及其治疗可能带来的副作用；成员国应促进将艾滋病感染者留在工作中以及招聘的做法；成员国应考虑，将支持服务延伸到就业和失业周期，包括，如果必要的话，为艾滋病感染者或受影响者提供创收机会。

（5）广泛合作的原则。国际劳工组织制定的文件中倡导鼓励社会各界在促进艾滋病感染者平等就业的问题上广泛开展合作对话，共同开展相关活动和服务。第111号公约规定，凡公约生效的成员国承诺宣布和遵守旨在促进就业与职业机会均等和待遇平等的国家政策，以消除就业歧视。第200号建议书和《准则》中提出，有必要将艾滋病纳入国家、地区、国际应对流行病的核心要素中，并有雇主和工人组织的充分参与。第200号建议书还提出，劳动者及其家庭和受赡养者应获得艾滋病相关的预防、支持和关爱服务，工作场所应在促进这些服务方面发挥作用。

（二）政府、雇主组织和工人组织在工作场所应对艾滋病问题的职责

第200号建议书强调了工作场所应对艾滋病工作中的社会对话原则，明确了艾滋病政策和计划的落实应建立在雇主、工人及其代表和政府之间的合作与信任的基础上，同时在工作场所有艾滋病感染者的积极参与。《准则》中对政府、雇主组织和工人组织在跟踪工作场所应对艾滋病方面的责任进行了明确描述。在反对基于艾滋病病毒感染的就业歧视方面，各方均有责任。

政府的责任包括：一是确保国家艾滋病防治策略和计划的一致性，充分认识到将劳动世界纳入国家计划中的重要性；二是动员和广泛支持社会合作来预防艾滋病；三是在国家层面促进和协调所有干预项目的制定与实施，为劳动世界的干预活动提供良好的环境；四是立法，为消除工作场所发生的对艾滋病感染者的歧视建立相应的监管框架，并在必要时修订劳动法和其他法律法规；五是执法，应就如何最有效地遵守艾滋病和劳动世界的法律法规向雇主和工人提供技术方面的信息和意见，加强执法监督和程序，如劳动监察、劳动法院等。

雇主及其组织的责任包括：一是制定工作场所政策，预防艾滋病传播，保护个人不受与艾滋病相关的歧视；二是国家、部门和工作场所协议，与工人及其代表协商艾滋病方面的工作条款和条件；三是教育和培训，在与工人及其代表协商后发起并支持针对工人的宣传教育和培训项目，以普及艾滋预防、保健和支持方面的知识，宣传企业在艾滋病方面的政策，包括减少歧视等；四是人事政策，不应参与或允许任何歧视艾滋病感染者或受艾滋病影响的个人的人事政策；五是申诉和处罚程序，包括对歧视艾滋病感染者或违反工作场所艾滋病政策的员工进行处罚等。

工人及其组织的责任包括：一是工作场所政策，与雇主磋商，制定工作场所艾滋病政策，预防艾滋病蔓延和反对歧视；二是国家、部门和工作场所协议，在协商有关艾滋病问题的条款和雇佣体检时，应遵守国家法律规定，并努力将艾滋病预防和防护条款列入国家、部门和工作场所协议中；三是宣传教育，在工作场所提供艾滋病防治信息，开发适合工人及其家庭的宣传材料和宣传活动；四是认识政策，支持和促使雇主制定和实施对艾滋病感染者非歧视的认识政策；五是对遵守规定的监督等。

二 部分国家和地区关于促进艾滋病感染者公平就业的立法政策

（一）制定促进艾滋病感染者公平就业的立法

截至 2010 年，全球 71% 的国家制定了禁止歧视艾滋病感染者的法律①。从课题组查找到的资料看，国外禁止针对艾滋病感染者的就业歧视的立法包括两类。

一是在艾滋病防治法律或劳动法律中明确禁止对确实或怀疑感染艾滋病病毒者进行歧视。例如，南非《就业平等法》以列举的方式对就业歧视作出界定，其中明确就业歧视包括基于感染艾滋病毒的歧视。柬埔寨《艾滋病防治法》明确提出，禁止对艾滋病感染者及其家庭成员在雇佣前和雇佣后有任何形式的歧视。印度于 2017 年通过了《艾滋病（预防和控制）法》，对禁止基于艾滋病的就业歧视做出规定。马来西亚拟在 2020 年前出台关于消除工作场所针对艾滋病感染者歧视的专项立法。②

---

① “Regional Dialogue: Latin America”, 26 - 27 June 2011，来源于艾滋病与法律全球委员会网站，https://hivlawcommission.org/wp-content/uploads/2017/06/LARD-Fact-Sheet.pdf，最后访问时间：2018 年 8 月 3 日。艾滋病与法律全球委员会由联合国开发计划署（开发计划署）代表联合国艾滋病毒/艾滋病联合规划署（艾滋病规划署）组建。

② “New Regulation to Eliminate Discrimination Against People with HIV and at Workplace soon (Updated)”, *the Sun Daily*, http://www.thesundaily.my/news/2017/10/13/new-regulation-eliminate-discrimination-against-people-hiv-and-wor: kplace-soon-update，最后访问时间，2018 年 7 月 2 日。

二是将艾滋病纳入“残疾”范畴，通过残疾人保护法律加以保障。将艾滋病感染者纳入残疾人保护的优点是，残疾人保护的法律通常会详细规定雇主为其调整工作场所、工作时间等“合理安排”的义务。这些措施能够使残疾人（包括艾滋病感染者）尽可能长时间地继续工作，既能减轻社会保护计划的压力，也赋予其有尊严生活的权利。英国于2005年修订的《反残疾歧视法案》明确将艾滋病纳入残疾范围；中国香港特别行政区的《残疾歧视条例》（1995年）明确规定，艾滋病病毒抗体检测阳性患者及艾滋病人受该条例保护。法国《家庭和社会行为法》将残疾界定为“遭遇一个或者多个生理、心理、认知或精神障碍，以一种正在进行的方式导致他或她的生存环境产生实质性变化，使他们参与社会生活的能力受到限制”，意味着残疾的概念扩展至包括艾滋病在内的所有疾病或障碍。在加拿大，尽管没有明确将艾滋病纳入残疾的立法，但司法解释中将艾滋病纳入残疾范围。美国《残疾人法案》对残疾的界定明确包含了“HIV疾病（无论有症状还是无症状）”。[①] 俄罗斯立法明确，只有在艾滋病病毒对人身体造成损伤时或使人全部或部分丧失工作能力时，才能被视为残疾。[②]

（二）制定劳动世界应对艾滋病的政策和实践准则

一些国家基于国际劳工组织《关于艾滋病与劳动世界的建议书》和《关于艾滋病与劳动世界的实践准则》制定了劳动世界应对艾滋病的政策、战略、规划和实践准则或指南，进一步细化了反对歧视、提供关爱和支持的有关内容，明确了有关机构、组织的责任。一类是政府相关部门制定，如印度、马来西亚、南非；另一类是以三方机构的名义制定，如乌克兰。

印度劳动和就业部于2009年出台了《艾滋病与劳动世界的国家政策》，确定了艾滋病与劳动世界政策的框架，在国家、邦和工作场所层面的实施机制以及监督机制。《艾滋病与劳动世界的国家政策》还明确了政府相关部门、雇主组织和商会、企业、工人组织及社会组织（非政府组织）的责任，并提出建立由多个机构组成的艾滋病和劳动世界指导委

---

① Jane Hodges, “Guidelines on Addressing HIV/AIDS in the Workplace through Employment and Labour Law”, ILO, Geneva, January 2004, pp. 24 - 25.

② 孟金梅：《艾滋病与法律》，中国政法大学出版社，2005，第3~5页。

员会，监督和推进政策方针的出台，负责艾滋病与劳动世界有关项目的决策。此外，雇主关于艾滋病问题的承诺书、印度中央工会组织的联合承诺书，以及工作场所艾滋病政策计划、执行清单和模板也以附件的形式，与《艾滋病与劳动世界的国家政策》同时发布。为推进该政策的实施，劳动和就业部成立了由部联合秘书领导的高级国家指导委员会。该委员会包括雇主组织、工人组织、艾滋病病毒携带者代表、印度议会代表和国家艾滋病控制组织。该委员会每年举行一次会议，审议政策实施进展情况。

马来西亚职业安全和健康局与人力资源部在2001年发布了《工作场所艾滋病预防和管理的实践准则》，建议雇主采取适当措施防止艾滋病毒感染的蔓延，并确保艾滋病毒阳性员工不受歧视。准则还提出了工作场所措施应该遵循的主要原则，包括在工作场所制定艾滋病毒/艾滋病政策和方案，教育培训和意识提升项目，营造非判断性、非歧视性的工作环境，注重安全和健康，保密和隐私，预防和控制措施，咨询和社会支持，以及促进性别平等。

南非劳动部先后于1998年、2012年制定了《艾滋病与工作世界的最佳实践准则》和《艾滋病与劳动世界的最佳实践准则的技术支持指南》，特别是后者从劳动者就业的各个环节就消除不公平歧视和促进机会均等进行规定，包括基本原则、常见问题、措施清单，以及各方责任等诸多方面。

乌克兰全国三方社会经济委员会在2012年通过了《全国艾滋病和工作世界三方合作战略（2012～2017）》，提出：（1）支持政府、雇主和工会之间的社会对话，实施工作场所艾滋病相关政策和项目；（2）通过社会伙伴关系和三方合作伙伴开展工作场所艾滋病毒/艾滋病相关的宣传活动；（3）在应聘、工作以及在私营医疗机构服务方面，避免歧视艾滋病毒感染者；（4）在三方合作伙伴的参与下，支持开展艾滋病相关项目的企业（如针对艾滋病毒感染者的反歧视政策）；（5）在国家和地方层面制定和实施防治艾滋病的措施；（6）通过大众媒体开展宣传，推动形成健康的生活方式、预防艾滋病等。

（三）促进艾滋病感染者公平就业的具体规定

1. 关于雇主保障艾滋病感染者平等就业权的责任

（1）明确歧视的界定和禁止歧视的保护范围

有些国家的法律对“就业歧视”做出了明确界定，并列举了歧视性行为，明确了在雇佣前后、雇佣过程相关环节中不得发生的歧视性行为。禁止歧视的范围主要包括：拒绝聘用、终止雇佣、调整岗位、拒绝加薪或晋升等。

关于就业歧视的界定。美国的《残疾人法案》比较详细地列举了属于歧视的情形，例如：因为某一应聘者或者雇员的残疾而以一种对其赢得机会或者地位不利的方式对其进行限制、隔离或者归类；管理中使用的标准、尺度或者方法具有歧视后果或者使接受共同管理的其他人持有永久性歧视态度；排除或者否定享受平等的工作机会或者福利；不提供合理的调整，除非相关机构能够证明该调整将会给其商业运作施加过度负担；采用排除或者倾向于排除残疾人或者残疾群体的资格标准、雇用测试或者其他筛选准则，除非这些标准、测试或者其他筛选准则是与工作相关并且与职责要求一致的。越南《艾滋病防控法》（2006 年）规定，对感染或怀疑感染艾滋病毒的人的歧视是基于认为或怀疑艾滋病毒感染或与艾滋病毒有密切关系，对艾滋病感染者的歧视是一种疏远、拒绝、孤立、虐待、羞辱，偏见或限制对他人的权利的行为。印度《艾滋病（预防和控制）法》规定，基于艾滋病的歧视是指明确或实际上，立即或在一段时间内，根据一项或多项与艾滋病相关的理由，对任何人或群体施加任何负担、义务、责任、残疾或不利，以及拒绝或拒绝任何人或群体的任何利益、机会。

关于禁止就业歧视的保护范围。尽管各国对此规定的详尽程度不一，但是禁止歧视的范围基本覆盖了从入职到离职的各个环节。南非对此做出了相当详细的规定。《就业平等法》规定，任何人不得在任何雇佣政策或惯例中基于一个或多个原因而针对雇员实施直接或间接不公平歧视。同时，对“雇佣政策或惯例”做出开放式的列举，使得禁止歧视原则贯穿于招聘、宣传和录用标准，任命和任命程序，工作的分类和评级，报酬、福利和工作条件，工作任务分配，工作环境和配套设施，培训和发展，业绩考核，升职、调职和降职，以及解雇和其他纪律性措施等涉及劳动者就业的全过程，加大了对劳动者的保护力度。《艾滋病与劳动世界的最佳实践准则的技术支持指南》还为雇主提供了终止合同前应遵循的做法：一是员工病情过重而无法完成当前工作，雇主有义务尝试替代方案，包括合理调整和重新安排工作；二是员工病情过重而无法执行现有工作，雇主有义务遵守公认的指导原则；三是雇主应确保在无行为能力处理程序期间，员工尽可能保留其艾滋病毒状态的保密权利；四是除非得到劳动法院批准，不得强迫员工接受艾滋病病毒抗体检测或披露其艾滋病毒状况，作为上述程序的一部分。

美国《残疾人法案》规定，任何机构不得对一个具备资格的残疾人在应聘、雇用、晋升、辞退、补偿、工作培训和其他雇用的期限、条件和特别待遇方面因其残疾而予以歧视。在越南，禁止艾滋病就业歧视的保护范围包括：终止雇员的劳动合同或工作合同，或者对其工作造成困难；强迫身体健康的员工改变其一直从事的工作；拒绝给员工加薪或晋升，或者未能确保其合法权益；除法律规定的情况，要求求职者进行艾滋病病毒抗体检测，或以感染艾滋病毒为由拒绝聘用感染者。

（2）禁止检测及将其作为就业准入条件

工作场所对艾滋病感染者的歧视，往往采取强制检测并将其作为就业准入条件的形式。因此，大多数艾滋病相关法律和涉及艾滋病问题的劳动法律对检测问题都做出了明确规范。多数国家禁止强制性测试，如意大利、荷兰、乌克兰、美国和印度；有些国家制定了一般禁令，然后规定了例外情况，如南非、柬埔寨和越南。

禁止强制检测。1990年意大利《关于预防和对抗艾滋病紧急措施的法案》禁止私人或公共部门雇主进行入职前或入职后检测，否则会面临严厉的刑事制裁。荷兰的《医学体检法》（Medical Examinations Act，WMK）禁止将艾滋病病毒抗体检测作为未来雇员体检的内容。乌克兰劳动法规定，在签署劳动合同时，雇主不得要求劳动者提交法律规定以外的文件，包括个人健康状况和艾滋病毒状况的私人信息，或以艾滋病病毒感染为由拒绝提供工作、晋升或解雇。印度《艾滋病与劳动世界的国家政策》要求，不应以排除艾滋病感染者就业或享受就业福利为目的，要求求职者或医务人员进行艾滋病病毒抗体检测。美国《残疾人法案》明确，禁止歧视包含禁止体检和查询。在就业前，不得就求职者是否为残疾人、残疾性质或严重程度要求其进行体检或作出查询。在职期间，对雇员进行体检或查询，以了解雇员是否为残疾人士或残疾性质、严重程度是法律禁止的行为，除非检查或询问与工作有关，并符合业务的需要。

一般性禁止，允许法定情况下的强制性检测。南非于 1998 年颁布的《就业平等法》禁止对雇员（包括求职者）进行艾滋病病毒抗体检测，除非劳动法院依据相关规定认定这一检查具有合理性。越南《艾滋病防控法》（2006 年）规定，艾滋病病毒抗体检测只能在被检者自愿的情况下进行。强制性检测，必须在司法鉴定机构作出决定或调查机关、人民检察院、人民法院正式请求的情况下方可进行。政府应发布需在招聘前进行艾滋病病毒抗体检测的职业清单。

此外，课题组对部分国家关于艾滋病感染者能否担任公务员和教师、航空服务人员和飞行员等特定职业进行分析。

关于艾滋病感染者能否担任公务员或教师，各国情况大致分为三类。

一是在录用公务员时不会制定与工作职位要求无关的限制条件，因此没有关于艾滋病感染者能否成为公务员或者教师的特别规定。例如，美国录用公务员的标准之一就是消除歧视，不论政治派别、种族、肤色、宗教、民族、性别、婚姻状况、年龄或健康状态，所有申请人应该受到平等对待，资格标准只能包含与能力和适应性相关的因素。

二是明确规定不得禁止艾滋病感染者从事公职。如柬埔寨明确提出不应基于个人或其家庭成员的实际或疑似艾滋病病毒感染状况而排除其寻求竞选性和任命性公共职位的权利。菲律宾《艾滋病防治法》（1998 年）规定，艾滋病毒感染者不得被剥夺寻求选任或任命公职的权利。南非教育部在 1999 年发布了《关于公立学校学生和教师，继续教育和培训机构的学生和教师的艾滋病问题国家政策》，提出任何教师都不得因实际或怀疑感染艾滋病毒而被剥夺受聘、教课或晋升的权利；艾滋病毒感染不能成为解雇教师的理由，也不是拒绝签订、继续或续签教师雇用合同，以及任何不公平歧视对待的理由。

三是规定了禁止从业但被废除。例如，2009 年 11 月，波兰宪法法院裁定内政部关于艾滋病病毒阳性人员不适合继续担任警务人员的规定违反宪法。此后，波兰内政部修订了上述条款，规定警务人员感染艾滋病后，有关机关应先对其身体状况和是否能正常履行职责作出鉴定，再根据鉴定结果作出决定。

关于艾滋病感染者能否担任航空服务人员和飞行员，在南非，通过法院判决确定了艾滋病感染者不被排除在航空服务人员或飞行员职业之外。在南非航空公司某职员因感染艾滋病病毒而被公司拒绝的诉讼案中，南非宪法法院判定，航空公司因感染艾滋病病毒而拒绝录用的做法构成了不合理歧视，侵犯了其平等权利、人格尊严以及工作的权利，判定航空公司雇用其为空中服务人员。

（3）强调信息保密和隐私保护

信息保密是工作场所应对艾滋病的一项基本原则。印度《艾滋病与劳动世界的国家政策》提出，要求求职者或工人披露与艾滋病相关的个人信息是不合理的，工人也不应该被迫透露其他同事的有关信息。南非规定，包括艾滋病感染者在内的所有人享有法定的隐私保护权，禁止非法要求工人向雇主或者其他工人披露本人的艾滋病病毒感染情况或相关医疗信息。艾滋病病毒抗体检测结果必须保密，并且不损害工作的获得、保有、保障或晋升机会。如果工人选择自愿向雇主或同事披露其艾滋病病毒感染状态，信息披露必须取得工人的书面同意。工作场所必须建立相关机制，鼓励开放、包容和支持披露艾滋病病毒感染状态的工人。

（4）规定雇主做出合理安排的义务

将艾滋病病毒感染纳入残疾范畴的国家，艾滋病感染者作为残疾人，可以享有雇主为其做出“合理安排”的权利。此外，南非和越南明确规定雇主应对艾滋病感染者的工作做出合理安排。

在美国，1990 年《残疾人法案》（自 1994 年起全面实施）对工作场所艾滋病毒预防和保护具有重大推进作用。该法令要求雇主在其财务能力范围内为感染艾滋病毒或患艾滋病的雇员提供合理调整，如调整工作安排、重新分配工作、调整设备、修改考试和培训模块、弹性工作时间和额外的病假。为了受益于该法案的规定，工作人员必须向其雇主宣布其残疾状况，即艾滋病毒感染状况。但是，法律带来的好处可能抵消耻辱化的风险。在英国，立法也规定了雇主提供合理调整的责任。合理调整包括：一是在招聘过程中保障残疾人能够申请工作，并在面试以及测试时考虑到残疾人的特殊需要提供便利；二是对工作环境进行调整，调整或移开对残疾人不利的障碍物等。法院在判决中提出“合理的调整”的判定原则：一是避免不利情况的有效性；二是合理调整方法的实用性；三是调整所需费用及产生任何不便影响的程度；四是雇主的财务或其他资源的情况。①

在南非《就业平等法》要求雇主为包括艾滋病感染者在内的所有工人提供合理安排，以便他们获得和享有平等的就业机会。《艾滋病与工作世界的最佳实践准则实施指南》为雇主提供了必要的指引，包括：调整现有设施，使其更易于使用；调整现有设备或获取包括计算机和软件在内的新设备；重新组织工作站；改变培训和评估材料及制度；重组工作，以便重新分配不重要的职能；调整工作时间和休假；提供专门的监督、培训和支持；以及重新安排工作。在越南，《艾滋病防控法》规定，雇主有义务为艾滋病感染者安排适合其健康和专业资格的工作。

（5）规定雇主在工作场所禁止歧视的其他义务

主要包括开展反歧视宣传培训、告知雇员平等待遇相关权利、建立内部申诉程序、制订平等促进计划，以及为艾滋病感染者提供关爱和支持。

在德国，《一般平等待遇法》规定，雇主有义务制订防止歧视的措施，以恰当的方式对雇员进行反歧视培训和宣传。雇主有义务在企业内或者工作场所告知《一般平等待遇法》的内容以及雇员申诉的相关权利。雇主应设立内部申诉机构，受理并审查有关歧视的申诉。雇员在进行工作时受到第三人的歧视，雇主应采取合适的、必要的、恰当的措施保护雇员。如果有雇员违反了反歧视法律，雇主应对作出歧视行为的雇员采取包括警告、

---

① 饶志静：《英国反就业歧视制度及实践研究》，《河北法学》2008 年第 11 期。

调动或者解雇等措施。在瑞典，《歧视法案》要求雇佣25名员工以上的雇主每三年制订性别平等计划，包括工作条件、招聘等方面需要采取的措施，以及同工同酬的行动计划，如采取的行动、时间表，对不同工同酬现象的解释。在英国，雇主要对其代理人或雇员的歧视行为承担责任，即使歧视是在雇主不知情或不认可的情况下发生的，除非他们能够提供足够的证据证明他们采取了“合理步骤”（如制定政策和提供培训）来防止歧视发生。

南非《艾滋病与劳动世界的最佳实践准则的技术支持指南》中提出，雇主和工会应采取积极措施消除不公平歧视，例如，开展艾滋病方面的教育和培训，为感染艾滋病毒的员工提供支持。雇主应制定申诉程序和纪律措施来处理工作场所中与艾滋病相关的投诉等。马来西亚的《工作场所艾滋病预防和管理的实践准则》建议，雇主应该从其工作场所的需求和能力出发，确定工作场所应对艾滋病方案的范围，可包括教育、培训和意识、预防和控制措施、急救，以及咨询和社会支持。

2. 建立专门反歧视机构

在一些国家，建立专门的就业平等促进机构、畅通救济渠道，明确强化雇主歧视的法律责任，一方面使得受歧视雇员能够获得切实可行的保障，另一方面提高了雇主避免歧视的意识，使得反对就业歧视的法律能都得以落实。美国和南非代表了两类不同的就业平等促进委员会，前者具有处理具体申诉的职能，后者仅为咨询性机制。

在美国，受到歧视的人可以向就业平等委员会提出书面申诉。除了联邦层面的美国就业平等委员会，很多州还设有自己的反歧视机构。就业平等委员会负责解释法律和制定法规，同时也是就业歧视法的执行机构。委员会对事实进行调查；如果委员会认为歧视事实成立，可以通过会议、调解和说服等方式促成双方达成和解。委员会还可以公布违规雇主的名称，并建议中止违规雇主与政府之间的合同或禁止中介机构向这些雇主提供服务。如果委员会不支持求职者的申诉，求职者对和解的结果不满意或在规定期限内双方未达成和解，求职者可向法院提起诉讼。委员会可主动为受害人提起就业歧视诉讼。

在南非，建立了多元化的就业平等落实机制。与英美等国不同，根据《就业平等法》建立的就业平等委员会不处理具体申诉，而是作为三方性咨询机构，就《就业平等法》的实施情况进行调查研究，并向劳动部提出意见建议；同时，对表现良好的雇主加以奖励。对于具体的歧视案件，由调解、调停和仲裁委员会，以及劳动法院负责处理。如果调解成功，双方达成协议。如果调解失败，争议当事人可协商将案件提交仲裁或向劳动法院提起诉讼。如果提交仲裁，调解、调停和仲裁委员会将作出具有约束力的终局性仲裁裁决；如果一方不执行该仲裁裁决，委员会可申请劳动法院强制执行该仲裁裁决。争议的任何一方可向劳动法院提起诉讼，劳动法院上诉庭作出的裁决为最终裁决。此外，劳动监察员、地方劳动部门行政长官也负责对就业平等法监督和执行。

3. 明确歧视行为的法律责任

对于做出了歧视行为的雇主，很多国家的立法明确法律责任，一般包括补偿性赔偿、惩罚性赔偿责任，对于严重的歧视行为还规定了精神赔偿。例如，在美国，依据《残疾人法案》，求职者或者雇员遭受雇主歧视可能获得的救济包括复职、补发工资、衡平救济、补偿性损害赔偿、惩罚性损害赔偿。补偿性损害赔偿和惩罚性损害赔偿仅在被告故意歧视的场合才能获得，用于补偿原告事实上的金钱损失、未来的金钱损失、精神的痛苦和烦恼。在英国，法庭如果认定了歧视行为存在，可以要求歧视方在指定的时间内采取必要行动减轻或消除歧视损害，支付赔偿。赔偿包括实际损失赔偿和精神损失赔偿；实际损失赔偿包括丧失机会而造成的过去和未来的损失，精神损失赔偿的数额从五百英镑到两万五千英镑不等。在加拿大，违反《就业平等法》的雇主，一次违反行为将被处以上限一万加元的罚款，而重复或持续歧视行为罚款可能增加到五万加元。在非洲的马达加斯加，在雇用、职业培训、工作条件和晋升、工资待遇、解雇等方面，针对劳动者的肤色、籍贯、性别、工会组织属性等采取歧视行为的，将面临五百万至一千五百万马法郎的经济处罚，并处以 1 年至 3 年的监禁，或者仅处以这两种处罚中的一种。

第三部分　进一步推进我国促进艾滋病感染者公平就业的对策建议

平等就业权是一项基本人权，维护艾滋病感染者平等就业权是保障基本人权的重要内容。世界上很多国家都对包括艾滋病感染者在内的劳动者的平等就业问题非常重视，有许多有效的做法值得我国借鉴，例如，制定反就业歧视专门法，明确歧视的界定、抗辩理由、禁止歧视的事由和保护范围，细化雇主的义务和法律责任，建立专门的反歧视机构，加大对就业平等的推动和宣传力度等。结合现阶段我国艾滋病问题的状况，在总结现有经验成果和借鉴国外做法的基础上，课题组提出以下建议。

一　完善反就业歧视相关法律政策

从长期来看，一是完善现有法律规定，对于艾滋病感染者公平就业方面的规定，增强可操作性，明确法律责任，实行惩罚性赔偿等。二是明确劳动保障监察机构反就业歧视的职责，将劳动保障监察作为反对就业歧视的主要救济渠道之一。三是制定专门的反歧视法，解决当前反歧视法律规定分散，条款过于原则、可操作性不足，法律责任不明确等问题。同时，制定专门的反歧视法有助于培育全社会平等就业的理念，增强政府部门、雇主和劳动者的平等就业意识。

从短期来看，推进讨论、修改有关艾滋病病毒抗体强制检测及就业准入标准。其中，比较突出的是公务员体检标准中关于艾滋病病毒抗体检测的规定。公务员体检标准中关于艾滋病病毒抗体检测的规定，不仅违反了《就业促进法》、《传染病防治法》和《艾滋病防治条例》等法律法规，而且也不具备合理性。这一标准具有很大的示范效应，影响范围广。不仅政府对宣传平等意识、维护社会公平负有重要责任，而且雇主也应身体力行，率先垂范，带头遵守相关的法律法规。同时，有必要对其他职业的体检标准和准入资格进行讨论修改，取消不合理的就业准入要求，消除对艾滋病感染者的就业歧视。

二 建立促进公平就业的三方性机构

各国普遍设立专门反歧视机构，来加强消除歧视、维护平等就业权的工作力度。结合我国当前机构设置情况，不适应单独建立类似美国、英国等承载解决具体歧视争议的专门反歧视机构，而是可以借鉴南非建立咨询性质的三方性机构。可以探索在就业联席会议框架下设立就业平等促进委员会，作为三方性咨询机构，也可纳入更多部门建立更广泛意义的三方性咨询机构。

其职责任务可以包括：开展反就业歧视相关立法的前期调研，推动我国反歧视法律法规的细化完善，如有可能，推动反歧视法或反就业歧视法的出台；针对就业平等相关法律落实情况开展调查研究，提出建议和活动举措；联合国家卫生健康委员会、工会、企联、工商联等，在更广泛的层面上统筹推进反就业歧视的宣传、培训工作，增强企业责任意识；加强与行业协会等组织的沟通交流，推动行业标准制定中落实劳动者平等就业权；加强与国际劳工组织等国际组织和其他国家的合作交流，共同制订和执行包括反对艾滋病就业歧视在内的反就业歧视全球行动计划等。

三 促进艾滋病感染者公平就业的具体措施建议

1. 提升企业对艾滋病感染者公平就业的认识和应对能力

国内企业方面，一是可选择重点省份，将包括艾滋病公平就业的反歧视问题纳入现有的企业劳动关系法律和管理能力培训中。积极与企业人力资源管理人员探讨适宜的反歧视策略方法，引导企业制定和建立工作场所艾滋病反歧视政策以及企业内部就业歧视申诉机制，力争开发出《企业艾滋病公平就业指导手册》，为企业实践公平就业提供指导。收集企业反对歧视的良好经验，树立典型，积极推动企业间经验分享。二是针对人力资源服务企业开展反就业歧视的专项宣传和培训，通过人力资源服务企业向更大范围传播反歧视的理念和做法。

“走出去”企业方面，随着“走出去”企业不断增多、中资企业雇用东道国员工规模的扩大，包括就业平等在内的劳工权益问题将日渐重要。

这些不仅影响着在外中资企业的经营和可持续发展，也影响着中国在其他国家政府和民众心目中的形象。因此，指导、督促中资企业有效处理包括艾滋病歧视在内的就业歧视风险和问题，支持、指导中资企业履行社会责任，努力实现企业无歧视，不仅有利于建立中资企业的良好雇主形象，也有助于维护国家形象，促成中外合作共赢。一是在现有的针对“走出去”企业的培训中纳入反对就业歧视的内容，帮助企业将艾滋病问题纳入企业整体战略和行动计划中，增强和提升企业及其员工平等意识和规范化管理能力，从而减少用工风险。二是可根据不同规模企业的特点和能力，分类制定指导手册。建议在重点国家如乌干达等，针对部分“走出去”的中资企业开展研究，分析中资企业在“走出去”后面临的制度、政策、文化、习惯等方面的问题和冲突，了解企业的国内雇员和国外雇员、企业中方管理人员与企业所处社区在艾滋病相关就业歧视问题上存在的认识差异。同时借助当地国际劳工组织、中资企业协会等支持性网络，了解当地包括艾滋病在内的劳动立法。在此基础上，为不同类型的企业量身定制他们所需要的培训手册，制定工作场所艾滋病政策，进一步提升企业对就业歧视的敏感度，避免劳资纠纷，减少无意识违法带来的成本，推动中资企业以消除艾滋病就业歧视为契机，更好地树立负责任企业的形象，从而在更大层面上促进我国“南南合作”和“一带一路”发展。三是针对不少“走出去”企业位于艾滋病疫情比较严重的国家，指导企业为外派员工提供艾滋病预防信息，以及目的地艾滋病检测、治疗等信息。四是在中国企业投资较多的国家或地区设立劳动事务官员，负责向中国企业宣传介绍所在国的法律法规，协调解决劳动用工相关问题。

2. 增强和提升职业技术学校教师和学生的意识和能力

当前的艾滋病疫情，青年人成为新发感染的重点群体。加强对年轻人艾滋病预防教育非常重要。据有关调查，技工学校学生“性与生殖健康”方面的知识多来自网络或同伴，对艾滋病缺乏科学认识，艾滋病预防应当关注这部分“性”活跃群体。之前技工学校“艾滋病/性病以及生殖健康生活技能”培训项目的针对性较强，并积累了一些经验，可在此基础上对职业技术学校的教师开展深入培训，并支持教师开展性与生殖健康以及艾滋病预防等培训课程，在学生中继续开展艾滋病预防相关活动，并树立反歧视观念，帮助学生在进入劳动力市场前增强平等就业的意识。

3. 增强和提升受歧视劳动者的维权意识和能力

在人力资源市场、公共就业服务机构、职业中介机构、职业培训机构等提供就业服务和就业管理的过程中，可通过宣传册、宣传板、专项活动等宣传平等就业的法律政策、典型案例等，增强劳动者对自身平等就业权利的意识，了解相关的权利救济渠道。

4. 增强和提升劳动保障监察员、劳动人事争议调解员和劳动仲裁员对平等就业问题的意识和处理能力

劳动保障监察员、劳动人事争议调解员和劳动仲裁员在消除就业歧视、保障感染者公平就业中发挥着非常重要的作用。一是可以结合国际劳工组织《劳动监察员艾滋病手册》，基于我国现实情况，开发适用于我国的《艾滋病与公平就业：劳动监察、仲裁手册》，并选择重点省份开展培训，重点增强劳动保障监察员、劳动人事争议调解员和劳动仲裁员对艾滋病问题和艾滋病感染者劳动权益的认识，提高其处理艾滋病就业歧视案件的能力。具体培训方式可以先将艾滋病问题纳入现有的对劳动保障监察员、劳动人事争议调解员和劳动仲裁员的培训中，将艾滋病问题作为就业歧视尤其是健康歧视的典型案例做深入分析，并和大家探讨在保障感染者公平就业中所面临的障碍和可能的解决方案。二是适时总结各地经验。在劳动监察、劳动争议调解过程中一旦发现好的经验做法，抓住机会及时总结提炼，分享推广。三是积极关注国际上其他国家的做法，推动消除就业歧视尤其是艾滋病就业歧视方面的国际交流。

附件　我国艾滋病反歧视相关法律法规和政策文件

序号	法律法规名称	主要涉及条款	批准、颁布时间
1	宪法	总体规定了公民的平等权和人权以及公民的劳动、休息和社会性保障的权利，为其他艾滋病反歧视相关法律法规和政策性文件提供制定依据。	现行宪法为1982年宪法，并历经1988年、1993年、1999年、2004年、2018年五次修订

续表

序号	法律法规名称	主要涉及条款	批准、颁布时间
2	《消除就业和职业歧视公约》（1958）	第 2 条：凡本公约生效的会员国，承诺宣布和遵循一项旨在以符合国家条件和惯例的方法促进就业和职业机会均等和待遇平等的国家政策，以消除这方面的任何歧视。	2005 年全国人大常委会批准，同时声明不适用于香港特别行政区
3	《残疾人权利国际公约》（2006）	第 27 条第 1 款：缔约国确认残疾人在与其他人平等的基础上享有工作权，包括有机会在开放、具有包容性和对残疾人不构成障碍的劳动力市场和工作环境中，为谋生自由选择或接受工作的权利。为保障和促进工作权的实现，包括在就业期间致残者的工作权的实现，缔约国应当采取适当步骤，包括通过立法，除其他外：（一）在一切形式就业的一切事项上，包括在征聘、雇用和就业条件、继续就业、职业提升以及安全和健康的工作条件方面，禁止基于残疾的歧视；（二）保护残疾人在与其他人平等的基础上享有公平和良好的工作条件，包括机会均等和同值工作同等报酬的权利，享有安全和健康的工作环境，包括不受搔扰的权利，并享有申诉的权利；……	中国于 2007 年 3 月 30 日签署该公约，2008 年 6 月 26 日，全国人大常委会批准该公约，同年 8 月 31 日该公约对中国正式生效
4	《劳动法》	第 3 条：劳动者享有平等就业和选择职业的权利……其他劳动权利；第 12 条：劳动者就业，不因民族、种族、性别、宗教信仰不同而受歧视。	1994 年 7 月
5	《就业促进法》	第 3 条：劳动者依法享有平等就业和自主择业的权利。劳动者就业，不因民族、种族、性别、宗教信仰等不同而受歧视。专门设置了公平就业一章，其中第 30 条规定：用人单位招用人员，不得以是传染病病原携带者为由拒绝录用。但是，经医学鉴定传染病病原携带者在治愈前或者排除传染嫌疑前，不得从事法律、行政法规和国务院卫生行政部门规定禁止从事的易使传染病扩散的工作。第 62 条：违反本法规定，实施就业歧视的，劳动者可以向人民法院提起诉讼。	2007 年 8 月
6	《传染病防治法》	第 16 条：任何单位和个人不得歧视传染病病人、病原携带者和疑似传染病病人。	1989 年 2 月
7	《艾滋病防治条例》	第 3 条：任何单位和个人不得歧视艾滋病病毒感染者、艾滋病病人及其家属。艾滋病病毒感染者、艾滋病病人及其家属享有的婚姻、就业、就医、入学等合法权益受法律保护。第 10 条：地方各级人民政府和政府有关部门应当组织开展艾滋病防治以及关怀和不歧视艾滋病病毒感染者、	2006 年 1 月

续表

序号	法律法规名称	主要涉及条款	批准、颁布时间
		艾滋病病人及其家属的宣传教育，提倡健康文明的生活方式，营造良好的艾滋病防治的社会环境。第23条：国家实行艾滋病自愿咨询和自愿检测制度。第39条：未经本人或者其监护人同意，任何单位或者个人不得公开艾滋病病毒感染者、艾滋病病人及其家属的姓名、住址、工作单位、肖像、病史资料以及其他可能推断出其具体身份的信息。	
8	《就业服务与就业管理规定》	第4条：劳动者依法享有平等就业的权利。劳动者就业，不因民族、种族、性别、宗教信仰等不同而受歧视。第19条：用人单位招用人员，不得以是传染病病原携带者为由拒绝录用。但是，经医学鉴定传染病病原携带者在治愈前或者排除传染嫌疑前，不得从事法律、行政法规和国务院卫生行政部门规定禁止从事的易使传染病扩散的工作。用人单位招用人员，除国家法律、行政法规和国务院卫生行政部门规定禁止乙肝病原携带者从事的工作外，不得强行将乙肝病毒血清学指标作为体检标准。	2007年11月
9	《国务院关于切实加强艾滋病防治工作的通知》	坚持面向群众、面向农村和经常性宣传教育与重点宣传教育相结合的原则，充分发挥机关、学校、企事业单位和社会团体的作用，充分利用广播、电视、报纸、互联网等媒体，广泛开展多种形式的艾滋病防治宣传教育活动，特别是科普知识宣传教育活动。要使公众了解艾滋病的传播途径，掌握预防知识和办法，建立文明健康的生活方式，避免不必要的恐慌，消除对艾滋病感染者和患者的歧视。……要根据卫生部《关于对艾滋病病毒感染者和艾滋病病人的管理意见》，采取医疗服务、社区服务、社会与家庭关怀相结合的管理方式，进一步加强对艾滋病感染者和患者的管理，消除社会歧视。	2004年3月
10	《劳动和社会保障部关于落实艾滋病抗病毒治疗政策的通知》	1. 各地推行城镇职工基本医疗保险制度时，要保证参加基本医疗保险的艾滋病患者及艾滋病病毒感染者与其他疾病患者一样，能够平等地参加基本医疗保险并公平地享受基本医疗保险待遇。不允许对参保的艾滋病患者及感染者采取任何歧视性的政策。2. 将卫生部、财政部《关于印发艾滋病抗病毒治疗和自愿咨询检测办法的通知》（卫疾控发〔2004〕107号）中公布的《艾滋病免费	2004年5月

续表

序号	法律法规名称	主要涉及条款	批准、颁布时间
		抗病毒治疗药品名单》，调整列入《国家基本医疗保险药品目录》（具体名单附后），以保证参加基本医疗保险的艾滋病患者及其感染者能获得有效的抗病毒药物治疗。3. 各地要将参加基本医疗保险的艾滋病患者及感染者抗病毒药物治疗的费用列入统筹基金支付范围，以切实减轻这部分人群的个人医疗费用负担。	
11	《浙江省艾滋病防治条例》	第 40 条：艾滋病病毒感染者和艾滋病病人从事的工作可能传播、扩散艾滋病的，卫生主管部门应当及时通知其所在单位调整工作，所在单位接到通知后应当立即调整其工作岗位，但不得因此解除聘用或者劳动合同，并对其病状及调整原因承担保密责任。第 41 条：任何单位和个人不得歧视艾滋病病毒感染者和艾滋病病人及其亲属，不得侵犯、剥夺其依法享有的医疗卫生服务、劳动就业、社会保障、婚姻、学习和参加社会活动等权益。任何单位和个人应当依法为艾滋病病毒感染者和艾滋病病人保密。	2007 年 3 月颁布，2014 年 11 月修正
12	《陕西省艾滋病防治条例》	第 52 条：用人单位不得以感染艾滋病病毒为由解除与劳动者的劳动关系，并应当为其病情保密。艾滋病病毒感染者和艾滋病病人从事的工作可能传播、扩散艾滋病病毒的，疾病预防控制机构应当及时通知其所在单位。所在单位接到通知后应当立即为其调整工作岗位，但不得因此解除劳动关系，并对其病状及调整原因承担保密责任。第 65 条：违反本条例第 52 条规定，非法解除劳动关系的，由劳动和社会保障行政部门责令改正；给劳动者造成损失的，应当承担赔偿责任。	2007 年 6 月
13	《湖南省实施〈艾滋病防治条例〉办法》	第 32 条：用人单位不得以劳动者感染艾滋病病毒为由解除劳动关系。劳动者因感染艾滋病病毒不适合原工作岗位的，用人单位应当将其调整到合适的岗位，并为其病情保密。第 34 条：用人单位违反本办法规定以感染艾滋病病毒为由解除与劳动者的劳动关系的，依照《中华人民共和国劳动合同法》相关规定进行处理。	2012 年 2 月
14	《艾滋病免费自愿咨询检测管理办法（试行）》	对于自愿接受检测的人员，咨询员要在检测前后为他们提供检测、预防和治疗等咨询服务，做好咨询和检测服务的保密工作。不得向无关人员泄露艾滋病病毒抗体检测呈阳性人员的任何个人资料。	2004 年 4 月

艾滋病毒（HIV）、艾滋病（AIDS）与劳工权利：法官与法律专业人员手册*

国际劳工组织 编

刘小楠 王威智 陈颖楠 刘 畅

包晓璇 译 黄周正 校**

序 言

这本手册旨在帮助法官和法律专业人员处理与艾滋相关的就业问题，提供相关的国家法和国际法的信息及其在不同的法律传统和框架下的国内法院的适用情况。

自首例艾滋病病例被识别出来后的30多年里，全世界应对全球性艾滋疫情有了明显的突破性进展。许多国家新感染的比例下降，有效的治疗得到发展，使得艾滋病毒感染者可以继续过健康多彩的生活。尽管取得这些成绩，但很多值得注意的社会、经济、法律挑战仍然存在。

与艾滋相关的污名化和歧视在许多工作场所仍在持续，侵犯基本人权的行径大量存在。而且，很多已经处于劣势或边缘化的关键人群可能经历着更加严重的污名化和歧视。

在很多国家，艾滋病疫情集中在特定的关键人群中，由于污名化，这些群体很难被接触到。害怕遭受艾滋病检测阳性以及感染状态公开带来的

---

* 本文根据国际劳工组织官方版本（2015年第2版）翻译。

** 刘小楠，中国政法大学人权研究院教授、博士生导师；王威智，中国政法大学法学院硕士研究生；陈颖楠，中国政法大学人权研究院硕士研究生；刘畅，中国政法大学人权研究院硕士研究生；包晓璇，中国政法大学法学院硕士研究生；黄周正，中国政法大学人权研究院博士研究生。

污名或歧视，导致这些个体生活在城郊，这样他们能够获得的与艾滋病相关的预防、治疗、关爱和支持服务，包括艾滋病自愿咨询检测和治疗就更少。

预防艾滋病毒和减轻艾滋疾病影响同样也必须尊重艾滋病毒感染者和受艾滋病毒影响人群的基本人权。在工作场所或通过工作场所有效应对艾滋病，需要制定并落实支持性的法律和政策框架，以保障所有男性和女性劳动者的尊严、工作保障和生计。国际劳工标准，尤其是2010年国际劳工组织《关于艾滋病与劳动世界的建议书》（第200号），为发展和完善法律和政策框架提供了坚实的基础。

法官和法律专业人员在确保尊重基本劳动权利方面发挥着决定性的作用。他们在支持与艾滋疫情相关的劳动权方面的呼吁和领导地位有利于全球应对艾滋病毒，帮助实现国际劳工组织提出的在劳动世界“零新发感染、零歧视、零死亡”的目标。期望这本手册可以帮助法官、司法培训机构以及法律专业人员在工作中确保有效、透明地践行社会公正，尊重所有艾滋病毒感染者和受影响人群的基本劳工权益。

爱丽丝·韦德拉奥果（Alice Ouedraogo）主席

艾滋病毒/艾滋病与劳动世界分部（ILOAIDS）

劳动条件与平等部（WORKQUALITY）

引　言

国家：南非

南非宪法法院，Jacques Charl Hoffmann 诉 South African Airways（南非航空公司），案件号 CCT 17/00，2000年9月28日判决。

“……艾滋病毒感染者处于制度造成的劣势和歧视中，他们由于病毒阳性状况被直接拒绝录用，而其履职能力不被考虑。社会对他们的反应迫使许多感染艾滋病毒的人因为害怕偏见而不愿透露自身的感染情况，这样反而使他们无法得到可能的帮助。尽管医学已经证明这种疾病是如何传播的，但是对艾滋病毒感染者的偏见和刻板印象仍然存在……歧视对他们的影响是毁灭性的，在就业方面尤其如此，它剥夺了他们谋生的权利……”（第28段）

在第一例艾滋病毒病例被检测到的30年后，对艾滋病毒人群的污名化和歧视仍然广泛存在，他们在日常生活的各个方面，包括获得健康服务、住房、教育和就业，都受到污名化和歧视。[①] 对他们的基本人权（包括劳动权）的保护是确保有效应对艾滋全球流行的关键。

工作场所长期被认为是成功应对艾滋病毒和艾滋病及处理污名化和歧视的关键切入点。大多数艾滋人群及受其影响的人与劳动世界有直接或间接的关联，工作场所可作为接触这些人群和社群的有效途径，促使他们获得与艾滋相关的信息和服务。此外，与艾滋相关的歧视在就业和职业领域中普遍存在，需要在工作场所中采取消除歧视的行动。

国际劳工组织（ILO）具有独一无二的三方机制，能够统筹政府、雇主和劳动者三方，易于在工作场所中接触各类人群及其家庭和亲属。国际劳工组织与联合国艾滋病规划署（UNAIDS）[②]、许多国际和国家利益相关者合作，包括艾滋人群自组织以及为他们服务的组织。[③] 在这方面，国际劳工组织在提供旨在促进发展和实施有效的基于权利的工作场所应对措施的指导方面发挥着至关重要的作用。

2010年，国际劳工组织采纳国际劳工标准指导全世界工作领域中应对艾滋的法律和政策措施。2010年《关于艾滋病与劳动世界的建议书》（以下简称第200号建议书）是一个国际人权文书，建立了针对艾滋病预防治疗、保护艾滋人群劳动权的关键原则，围绕国际劳工组织体面工作日程的四个战略性目标：工作中的基本原则和权利；妇女和男子获得体面工作和收入的同等机会；得到社会保护；三方机制和社会对话。

2011年6月，《关于艾滋病毒和艾滋病问题的政治宣言》确认所有联合国成员国把工作场所作为应对艾滋病毒的必要条件，突出国际劳工组织第200号建议书和其他相关国际劳工公约和建议书，呼吁联合国成员国在工作领域保护人权。

---

① 联合国人权理事会：《基于人类免疫缺陷病毒（HIV）和获得性免疫缺陷综合征（AIDS）的人权保护》，联合国大会秘书长报告（2010年12月20日），A/HRC/16/69。

② 国际劳工组织从2001年一直与联合国艾滋病规划署和联合国家庭署合作。

③ 欧洲感染艾滋人群联盟（ECPP）：《巴黎宣言》，1999年12月1日巴黎艾滋高级会议通过。宣言建立了“GIPA原则”：艾滋病人群的更多参与。

联合国大会，《关于艾滋病毒和艾滋病问题的政治宣言：加大行动力度，消灭艾滋病毒和艾滋病》，65/277号决议，2011年6月10日通过（A/RES/65/277），第85段： “致力于减轻艾滋病对劳动者、家庭、其受抚养人的影响，工作场所和经济领域的影响，包括考虑到国际劳工组织所有相关文书和建议书（包括《关于艾滋病与劳动世界的建议书》，2010年，第200号文件），呼吁雇主、工会、劳工和志愿者消除污名化和歧视，保护人权，为获得艾滋病毒预防、治疗、护理和支持提供便利。”

第200号建议书强调强有力的、独立的司法机构和劳动行政机构的重要性。它明确要求主管劳工事务的国家司法当局参与制订、通过和有效执行国家和工作场所关于艾滋病毒和艾滋病的政策和方案（包括国家立法发展和适用），并呼吁为此目的向他们提供培训［建议书的第37（b）和44段，附件2］。

为了有效保障艾滋人群的劳动权，劳动法庭或者其他国家争议处理机制必须强制执行已有的以权利为基础的国家政策和立法，以促进实现可以得到（的）可靠的、易获得的、足够的救济。法官和法律专业人员也可以参考国际（和区域）人权文书，协助他们处理可能出现在他们面前的艾滋相关案件。

1999年以来，国际劳工组织国际培训中心（意大利都灵）已经为法官、律师和法律教育者提供（了）关于国际劳工标准以及劳工标准在国内法庭适用办法的培训。[①] 它建立了国际和国内法庭依靠国际劳工标准和其他国际法工具解决艾滋案件的司法判决数据库。[②] 国际劳工组织已经整合了国际劳工标准，形成了法律制定和实施中如何应对艾滋的指导方针，为劳动法庭法官和法律专业人员编写了有关艾滋病毒和艾滋病的劳工标准的培训和参考材料。[③]

同时，联合国艾滋病规划署和其他协作组织已经认识到把司法人员和

① X. Beaudonnet 主编《国际劳动法律和国内法：给法官、律师和法律教育者的培训手册》，2010年国际劳工组织国际培训中心，都灵。

② 数据库见 http://compendium.itcilo.org/。

③ J. Hodges：《通过就业和劳动法律应对劳动世界中的艾滋的指南》，社会对话聚焦计划，工作报告3，国际劳工组织，日内瓦，2004；也可见 J. Hodges 主编《某些非洲国家关于艾滋的法律实践摘要》，对话，工作报告12，国际劳工组织，日内瓦，2007。

法律专业人员纳入国家艾滋应对中的重要性，为法官制作了很多艾滋病毒相关的参考资料，包括相关的国际公约和法律。[①] 此外，还开发了区域材料，供法官和法律专业人员使用，其重点是特定的次区域。[②]

目　标

本手册旨在提高国家司法当局和法律专业人员处理劳动世界中艾滋相关问题的能力，尤其是劳动世界中对艾滋的污名化和歧视，并为国家艾滋病毒应对作出更广泛的贡献。

模块设计整体使用或者单独使用都可以，主要取决于培训目的和培训时间。模块可以单独用作第200号建议书的培训材料，也可以作为其他国际劳工标准和公约的扩展课程的一部分。该手册的方法与ITC－ILO培训手册一致。

结　构

本手册有12个模块，提供一系列实际法律案例。

模块1阐述艾滋相关事实，包括艾滋病毒传播途径。

模块2概述各国法院何时可以在其判决中适用国际劳工公约以及它们从前适用国际劳工公约的方式。

模块3阐述与艾滋和劳动世界相关的国际和区域性文书的类型和特点。

模块4概述国际劳工组织的结构、国际劳工标准和监管机构，提供与艾滋相关的国际劳工组织监管机构建议书。

---

① 联合国艾滋病规划署：《审判传染病：关于艾滋病毒、人权与法律的司法指南》，日内瓦，2013；也可见加拿大艾滋法律网/联合国艾滋病规划署《法庭上的权利：感染艾滋人群人权诉讼案例研究》，联合国艾滋病规划署优秀实践簿，日内瓦，2006。

② 例如南非诉讼中心《所有人权利平等：与艾滋病相关的歧视诉讼》，南非诉讼中心法律手册，约翰内斯堡，2011；南非诉讼中心《保护权利：艾滋病毒检测和信息保密的诉讼案件》，南非诉讼中心法律手册，约翰内斯堡，2012。

模块5 简要介绍第200号建议书的关键人权原则。

模块6 介绍与艾滋病毒相关的就业歧视的最常见形式。

模块7 反思艾滋病毒与就业相关的测试、隐私与保密性的议题。

模块8 介绍艾滋病毒传染的性别维度。

模块9 讨论在国家艾滋病毒流行的背景下，艾滋病毒传染的高危人群和脆弱群体。

模块10 思考法官和法律专业人员在保证艾滋人群和受艾滋影响人群的劳动权上的重要作用。

模块11 介绍艾滋人群和受艾滋影响人群得到司法公正的途径，包括与司法机制、程序和救济相关的议题。

模块12 提供一个三天的培训课程、活动和案例研讨，方便继续学习。

配套的CD包含一套全面的参考资料和培训材料，以及正文所涉及的判决书全文。

模块1：艾滋病毒、艾滋病及其传播途径

艾滋病疫情是20世纪以来世界面临的最大挑战之一。截至2013年底，全球约有3500万艾滋病毒感染者。[①]

这些人中的绝大部分是15～49岁的成年人，这个年龄的群体是劳动世界中最有生产能力的，他们要么工作，要么与劳动世界有联系。艾滋不仅影响劳动者和他们的家庭，也影响他们工作和生活的社群。与艾滋病毒相关的疾病因为导致患者工作能力丧失、缺勤现象增加、生产能力降低，进而影响到公司。因此，艾滋病毒不仅是健康和人权话题，也是工作场所的话题。工作场所是向受艾滋影响最严重人群提供预防、治疗、护理和支持服务的高效场所。

一 艾滋病疫情演化的性质

自从20世纪80年代初发现艾滋病病例以来，这一传染病已经导致了

① 联合国艾滋病规划署：《差距报告》，日内瓦，2014，第5页。

全世界数百万人的死亡。艾滋病毒和艾滋病造成了巨大的人力和经济损失，影响到劳动者及其家庭、企业、社区和国家经济。国际社会认识到疫情的破坏性影响，特别是撒哈拉以南的非洲是受影响最严重的地区，在2000年通过的联合国《千年发展目标》（MDGs）中，国际社会承诺解决艾滋病、结核病、疟疾和其他疾病。①

自从通过《千年发展目标》以来，在实现普遍获得艾滋病毒预防、治疗、护理和支持服务等目标上，已经取得显著的进展。有证据表明在许多国家新发感染率下降了。② 尽管新发感染率在一些国家下降了，在一些国家却上升了，③ 因此，预防仍然具有根本的重要性。为了避免在疫情面前节节败退，必须根据每个国家和地区的疫情特点，加强有针对性的预防措施，以满足受影响最严重的关键人群的需求和关切。

尽管目前还没有治愈艾滋病的方法，但科学和医学进步已经发展出了有效的抗逆转录病毒治疗。因此，艾滋病不再是死亡宣判。如今在世界范围内，艾滋病毒携带者比以往任何时候都多。然而，2011 年只有不到一半（46%）的生活在中低收入国家的艾滋病毒感染者得到了他们需要的治疗。④ 对很多地区来说，保证艾滋病毒感染者及时得到治疗、终身持续治疗仍然是个挑战，在全世界范围内降低新发感染率和减少与艾滋相关的死亡人数至关重要。

为能够客观公正地处理与艾滋相关的案件，对法官和法律专业人员来说，熟悉艾滋相关的基本事实和传染途径非常重要。

二　定义⑤

HIV 指人体免疫缺陷病毒，一种破坏人类免疫系统的病毒。通过适当的措施可以预防艾滋病毒感染。

---

① 想了解更多《千年发展目标》信息，见联合国网站 http://www. un. org/millenniumgoals/。

② 联合国艾滋病规划署：《全球报告：联合国艾滋病规划署关于 2012 年全球艾滋病疫情的报告》，日内瓦，2012，第 8 页。

③ 联合国艾滋病规划署：《全球报告：联合国艾滋病规划署关于 2012 年全球艾滋病疫情的报告》，日内瓦，2012，第 8 页。

④ 联合国艾滋病规划署：《2012 年世界艾滋日报告》，日内瓦，2012，第 17、39 页。

⑤ 2010 年第 200 号《关于艾滋病与劳动世界的建议书》第 1 段。模块 3 有建议书更详尽的定义。

AIDS 指获得性免疫缺损综合征，是 HIV 感染的晚期，其特征是出现机会性感染或与艾滋病毒相关的癌症，或两者兼有。

"艾滋病毒感染者"（Persons Living with HIV）指感染艾滋病毒的人。

三 普遍的误解和谬见

许多人对艾滋病毒和艾滋病感到恐惧或有误解。对艾滋病毒传播途径的普遍误解加剧了恐惧，进而导致污名化和不容忍，包括在工作场所。[①]为了减少污名化，有必要澄清关于艾滋病毒传播的事实。

艾滋病毒不会通过任何形式的身体接触传播，例如：接吻、拥抱、握手；蚊虫或者昆虫叮咬；咳嗽、打喷嚏、吐痰；共用卫生间或者洗漱设施；使用或食用由艾滋病毒感染者制作的器具、食物和饮料。

四 艾滋病毒的传播模式

艾滋病毒通过体液传播，包括血液、精液、阴道分泌物和母乳。[②] 只通过下列途径传播。

与感染的同性或异性伴侣发生无保护性交[③]，是最常见的传播途径。性传播艾滋病毒的风险因其他性传播感染的存在而增加，尤其是溃疡类型感染，比如疱疹或梅毒。

怀孕、分娩和生育时没有遵守阻断规则的母婴传播或者母乳喂养。[④]

血液和血液制品，比如：输入感染血液或者移植感染器官或组织；共用被污染的毒品注射器，比如针头、注射器、皮肤穿刺工具；职业伤害，包括健康专业人士护理艾滋病毒感染病人时被针头扎到，卫生部门其他劳动者，比如清洁工也可能有被针头扎伤的风险。

艾滋病毒是一种脆弱的病毒，只能在有限的条件下生存。它可以通过黏膜进入人体，比如嘴巴或者阴道。如果皮肤完好无损，艾滋病毒无法进

---

① 联合国人权理事会：《基于人类免疫缺陷病毒（HIV）和获得性免疫缺陷综合征（AIDS）的人权保护》，联合国大会秘书长报告（2010年12月20日），A/HRC/16/19，第5段。

② 人们不会传染艾滋病，而是传染艾滋病毒。因此应该是艾滋病毒传播，而不是艾滋病毒/艾滋病传播。

③ 无保护的性交指没有保护性屏障的性交。比如，男用或者女用避孕套如果正确使用就是有效的屏障。

④ 提供合适的治疗方案可以减少母婴传播，但是不能确保在任何情况下都完全避免传播。

入人体，但是如果有创口就很容易进入人体。因此预防就是要保证在合适的地方有屏障，或者针头和其他皮肤穿刺工具没有被污染，比如安全套或其他保护措施，如手套、口罩。

为了预防意外暴露在艾滋病毒下，遵循1996年美国疾病控制与预防中心（CDC）设计的标准预防指南至关重要。如需获取更多有关标准预防措施的信息，请登录 http://www.cdc.gov/咨询美国疾病控制与预防中心。

五　了解个人艾滋病毒状况的重要性

一个人可能感染艾滋病毒很多年却没有出现症状。如果不知道自己是艾滋病毒阳性，他们可能无法采取适当的预防措施①，可能通过性行为、血液或者其他体液传播病毒。因此，艾滋病毒预防项目鼓励人们尽早寻求自愿的（保密的）艾滋病毒咨询和检测，以便他们了解自身的状况。如果他们确实是艾滋病毒阳性，他们可以采取适当措施以避免把病毒传染给其他人。此外，还鼓励提供由供应商发起的检测，只要这种检测遵循自愿和保密的国际准则，并提供预先和事后的咨询。②

大部分艾滋病毒检测是检测艾滋病毒抗体，而不是艾滋病毒本身。免疫系统产生足够的可供检测的抗体需要一些时间，这个时间因人而异（两星期到六个月）。这个时间被称为窗口期，在此期间人们可能极具感染性而不自知。鼓励人们自愿寻找艾滋病毒检测，对于减少艾滋病毒污名化和歧视也同样重要。很多可能受益于自愿艾滋病毒检测的人因为害怕被家人或者同事歧视和排斥，而不去检测。

六　预防治疗

抗逆转录病毒治疗有助于预防艾滋病毒传播，它降低了血液和生殖分泌物中的艾滋病毒浓度（也称为病毒载量）。由于病毒载量是所有艾滋病毒传播途径中唯一的最大风险因素，因此完整的抗逆转录病毒治疗将使病毒载量保持在较低水平，降低艾滋病毒在人与人之间传播的风险。

---

① 比如，使用男用或者女用避孕套。

② 流行率指某一时间点感染艾滋病毒的人在人口中的比例。发病率指特定周期特定人口中新发艾滋病毒感染率。

七 讨论要点

1. 艾滋病毒如何影响贵国或地区？

（1）你知道在贵国或地区的艾滋病毒感染率吗？

（2）艾滋病毒在贵国或地区传播的主要途径是什么？

（3）艾滋疫情在贵国或地区是如何演化或者改变的？

2. 在贵国或地区抗逆转录治疗可以被广泛获取吗？这种治疗的费用有补贴或者其他支持吗？

3. 一般民众、法律社群（包括法官和法律专业人员）对艾滋病毒和艾滋病的普遍认识程度如何？教育和宣传是否到位？效果如何？

模块 2：国际法和国际劳工标准的运用

自从 1919 年国际劳工组织和 1945 年联合国成立以来，国际法来源和内容不断扩展。国内法院在判决时越来越多地参考国际人权法。国家立法和政策也越来越多地吸纳国际人权法。

国际法将与国内法一起为阐述和解决与艾滋病毒相关的劳动争议提供很多关键资源。本模块将概括叙述国际法在国内环境中何时适用以及如何适用。接下来的模块（模块 3、4、5）将重点关注艾滋病毒和艾滋病与劳工权利相关的国际法和公约内容。①

一 国家适用国际法的方法

国内法吸纳国际法（包括国际劳工标准）的方式通常取决于这个国家的法律体系是对国际法采用“一元论”还是“二元论”。

按照传统，一元体系下，国际法和国内法被视为属于同一法律秩序。因此，一般规则是，条约将在批准或完成所需程序后生效。一元体系一般指国际法“自动纳入”国内法。②

---

① 更多关于国内法使用国际劳工标准的讨论，见 X. Beaudonnet 主编《国际劳动法律和国内法》，第 3 ~ 34 页。

② 见 C. Thomas，M. Oelz and X. Beaudonnet，《国内法使用国际劳动法：理论、法律体系和实践意义》，载 *Les normes internationales du travail：un patrimoine pour l' avenir. Mélanges en l' honneur de Nicolas Valticos*，国际劳工组织，日内瓦，2004，第 249 ~ 285 页。

二元体系下，国内法和国际法被视为属于两个分开的、不同的法律领域。因此，有必要规定一项条约经国家立法机关法定纳入而生效。相应的，二元体系下的国内法庭不能直接根据国际条约处理争端，除非该条约已通过成文法、法令或者其他形式被吸纳进了国内法。

一元和二元法律理论有助于确定关于国际法在国内法院适用的有关问题。然而，很多法律体系，不论是一元还是二元，都有共同的方法适用国际法。比如，很多国家的宪法，不论是一元体系还是二元体系，都规定在解释国内法时应该把国际法作为参考。

南非，一个二元体系国家，在宪法中规定法庭应该考虑国际法。

1996 年南非宪法第 39 条第 1 款：

“各级法院在解释权利法案时：……（b）必须考虑国际法。”

西班牙，一个一元体系国家，也要求法院在解释国内法时考虑国际法。

1978 年 12 月 27 日西班牙宪法第 10 条第 2 款：

“解释宪法承认的基本权利和自由的相关条款时，应该与《世界人权宣言》和西班牙批准的国际条约和协定保持一致。”

二元体系国家也可能颁布法令，以此消除把批准的条约吸纳进国内法的必要性，实现和一元体系国家相似的结果。比如，南非宪法规定，议会批准的公约的自动执行条款构成国内法律体系的一部分，除非其与宪法、议会法案不一致。

1996 年南非宪法第 231 条第 4 款：

“任何国际协议一旦被国家立法认可为法律，即成为共和国的法律。但经议会批准的协议的自动执行条款是共和国的法律，除非它与宪法或议会法案相抵触。”

尽管各国之间法律传统不同，但各国司法机关越来越多地适用国际法。

> **国际法被国内法庭运用的四种基本方式：**
>
> 1. 直接应用作为判决的依据（一般是弥补国内立法漏洞，或者预先叫停规定了更低标准保护的国内立法）；
>
> 2. 作为帮助解释国内法律的指南；
>
> 3. 在国际法基础上建立司法原则（尤其是在国内法不完善的情况下）；
>
> 4. 在法官附带意见中，强化法官依据国内法做出的判决，支持判决理由。

二　国际法的直接适用

在一元体系中，当国内法存在漏洞或者国内规定的保护标准低于国际法标准时，国内法庭可能直接应用国际法审判案件。

> **国家：阿根廷**
>
> **阿根廷最高法院，Isacio 诉 Cargo Servicios Industriales S. A.，案件号 A. 2652，XXVIII，2004 年 9 月 21 日判决。**
>
> 一个劳动者在没有安全设施和没有安全网的情况下从屋顶坠落，遭受严重工伤，丧失了工作能力。
>
> 在阿根廷，工伤事故由《工作场所风险法》（LRT，第 24557 号）规制，赔偿仅限于包括误工费在内的身体损害赔偿。在《工作场所风险法》中雇主可豁免工伤事故责任。法院认为《工作场所风险法》不足以提供阿根廷宪法第 19 条设想的完全和综合的赔偿，该条禁止侵犯第三方权利。法庭认为，法律规定与劳工保护原则不一致，与宪法第 14 条规定保证体面、合理的工作环境不一致，也与其他处于宪法地位的国际公约原则不一致（比如宪法第 22 部分第 75 条引用的《经济、社会及文化权利国际公约》）。
>
> 法院通过引用《国际劳工组织章程》前言、《美洲国家组织宪章》、《美洲人权公约》，认定《工作场所风险法》与社会正义原则不一致。

三　国际法是解释国内法的指南

当国际法作为解释国内法的依据时，判决不仅仅建立在国际法基础上。这种方法在一元和二元体系中都会用到。此外，国际法作为解释指南的适用也并不限于具有法律约束力的文书。博茨瓦纳工业法庭判决就是一例。

国家：博茨瓦纳

博茨瓦纳工业法庭，Lemo 诉 Northern Air Maintenance（Pty）Ltd.，案件号 166，2004 年 11 月 22 日判决。

法院在审查基于艾滋病毒状况的不公平解雇的指控时，援引了《国际劳工组织关于工作中的基本原则和权利宣言》，并指出，作为一个公正的法院，它“有权考虑关于工作权利的国际原则”。法院认为，劳动者不能仅仅因为艾滋病毒阳性被开除，同时指出“国际劳工组织《关于艾滋病与劳动世界的实践准则》……尽管没有法律效力，但因为与博茨瓦纳的国际义务一致，也是有说服力的”（引用国际劳工组织第 111 号和 158 号公约）。

四　应用国际法确立司法原则

一元和二元体系的法院都用国际法确立法律的司法原则，尤其是填补国内法漏洞。在这种情况下，法院在国际法（包括批准的文书和国际指南）的基础上，用国际法发展法院审判规程，比如下面的案件。

国家：巴西

联邦最高劳动法院，São Paulo Transporte S. A. 诉 Gilmar Ramos da Silva，案件号 TST – RR – 439041 – 20. 1998. 5. 02. 5555，2003 年 5 月 5 日判决（2003 年 5 月 23 日公布）。

雇主得知劳动者呈艾滋病毒阳性，就以技术原因开除了他。劳动者提起诉讼，要求复职和损害赔偿。法院一审作出有利于原告的判决，雇主上诉，辩称巴西法律没有相关条款承认劳动者享有稳定工作的权利，联邦宪法的条款也不支持复职的要求。

法院发现，雇主未能证明开除的技术原因，推断劳动者因艾滋病毒状况被开除，雇主违反 1988 年联邦宪法关于尊严权利的条款。法院通过引用联邦宪法和国际劳工标准，包括 1958 年国际劳工组织《消除就业和职业歧视公约》（第 111 号公约）和 1998 年《国际劳工组织关于工作中的基本原则和权利宣言》，推断巴西法律框架包含了对反对歧视行为的保护。法院因此认定艾滋病毒阳性劳动者有权得到保护，免受歧视。

五　运用国际法支持依据国内法作出的判决

一元和二元法律体系下的国内法庭都可以运用国际法强化基于国内法

所做出的既有判决。下面的判决就是例子。

> **国家：布基纳法索**
>
> **瓦加杜古劳动法庭，Idrissa Zongo 和其他二人诉 the Petrol Station Bataille du Rail，案件号 090，2003 年 6 月 17 日判决。**
>
> 为了加强布基纳法索劳动法规定的最低收入原则，劳动法庭参考了 1928 年国际劳工组织《制订最低工资确定办法公约》（第 26 号公约）和《1970 年国际劳工组织最低收入公约》（第 131 号公约）中关于雇主遵守最低收入标准的义务。

国际劳工标准启发了各国法院，基于国内法所做出的判决也引用其作为支持和补充。

> **国家：南非**
>
> **南非劳动法院，Gary Shane Allpass 诉 Mooikloof Estates（Pty）Ltd.，案件号 JS178/09，2011 年 2 月 16 日判决。**
>
> “南非反歧视法律从国际劳工组织公约中得到授权，包括 1958 年《消除就业和职业歧视公约》（第 111 号公约），该公约禁止基于若干具体理由的工作场所歧视，但不禁止艾滋歧视。最近，国际劳工组织 2010 年《关于艾滋病与劳动世界的建议书》（第 200 号）已经认识到基于真实或疑似艾滋病毒感染状态及其流行情况的歧视性影响。”

欧洲人权法院在处理案件时会考虑国际法，包括国际劳工标准。在 Kiyutin 诉 Russia 案件中，法院调查了基于艾滋病毒状况的歧视指控，并引用了 2010 年《关于艾滋病与劳动世界的建议书》（第 200 号）。

> **欧洲委员会**
>
> **《欧洲人权公约》（1950 年）**
>
> **欧洲人权法院，Kiyutin 诉 Russia，诉状号 2700/10，2011 年 3 月 10 日判决，第 67 段：**
>
> “法院一向认为，为了解释《欧洲人权公约》的相关条款和确认该领域共同的标准，必须考虑相关的国际文书和报告。法院需要决定参考哪些国际文书和报告，以及它们的参考意义有多大。”

《非洲人权和民族权宪章》规定依照第30条建立的人权委员会在审查相关事项时应该考虑国际人权法。

非洲联盟

1981年《非洲人权和民族权宪章》

第60条：

“委员会应该从国际人权法律中寻求启示，特别是各种关于非洲人权公约的条款、《联合国宪章》、《非洲统一组织宪章》、《世界人权宣言》以及联合国和非洲国家通过的其他人权公约和联合国专门机构内部通过的各类文书条款。”

第61条：

“因为一些附属措施也会对法律原则产生决定性影响，委员会应该考虑非洲统一组织成员国所接纳的一般性或者专门性国际公约、与国际人权和民族权规则一致的非洲实践、被接受为法律的习俗、非洲国家承认的法律一般原则以及法律判例和学说。”

与此相似，美洲人权法院在处理案件时已经考虑国际法，包括国际劳工标准。Yakye Axa土著社群诉巴拉圭一案中在健康权的处理上就是一例。

巴拉圭

美洲人权法院，Yakye Axa土著社群诉巴拉圭，诉状号2000年1月10日12.313，2005年6月17日判决，第127段：

“在分析公约第21条的范围时，法院认为诉诸《美洲公约》、1989年《国际劳工组织土著与部落民族公约》（第169号公约）等其他国际文书，并根据美洲体系的发展，考虑国际人权法的相关发展来解释相关条款更加有用且合适。”

六　国际指南和其他国际文书

国内法庭也用国际指南来解决国内案件。比如，在下面的案例中，法庭引用国际劳工组织《关于艾滋病与劳动世界的实践准则》（2001年）和《国际劳工组织关于工作中基本原则和权利宣言》（1998年）来支持他们的决定。

国家：博茨瓦纳

博茨瓦纳工业法庭，Monare 诉 Botswana Ash（Pty）Ltd.，案件号 112 of1998，2004 年 3 月 28 日判决。

博茨瓦纳工业法庭参考了国际劳工组织《关于艾滋病与劳动世界的实践准则》(2001)。法院指出，虽然该法典没有约束力，但它提供了“基于国际公认的劳工标准的有用准则”。

国家：巴西

区域劳动法院，案件号 TST – RODC – 2025400 – 93. 2006. 5. 02. 000，2010 年 10 月 18 日判决（2010 年 10 月 28 日公布）。

法院在处理一起涉及因艾滋病毒状况而被不公正解雇的指控时，既参考了国际劳工组织第 111 号公约，又参考了《国际劳工组织关于工作中基本原则和权利宣言》。法院指出，为了实施国际劳工组织第 111 号公约和《国际劳工组织关于工作中基本原则和权利宣言》，当劳动者的工作能力因为与艾滋病毒相关疾病而被损害的时候，必须保证劳动者享有以适合他或她的健康状况和依照医学建议的方式调整工作的权利。

联邦最高劳动法院，WMS 巴西超级市场诉 Flávio Antônio dos Santos Mascarenhas，案件号 TST – RR – 105500 – 32. 2008. 5. 04. 0101，2011 年 6 月 29 日判决（2011 年 8 月 5 日公布）。

在一起因精神损害而被不公正解雇的指控中，法院参考了国际劳工组织第 111 号公约和 1998 年《国际劳工组织关于工作中基本原则和权利宣言》。

七　讨论要点

1. 贵国的法律体系是一元的还是二元的？是否有“混合”的部分？

2. 贵国的宪法或者其他法律是否规定了国际法在国内法律体系中的地位？

3. 你知道贵国法律体系中是否运用了国际人权法公约，包括国际劳工标准吗？如果是，这些公约是如何适用的？

模块 3：关于艾滋病毒和艾滋病的国际和区域性人权文书

人权是所有人固有的权利，不论他们的种族、肤色、性别、原生国、社会地位或者其他因素。这些权利是普遍和不可剥夺的，无差别的平等适用于所有人。人权和基本自由是相互关联、相互依赖、不可分割的。[①] 这些在各国批准的例如条约和公约的法律文件中得以阐明。[②] 国际惯例法和法律一般原则也是国际法的渊源之一。[③]

在个人和社群能够实现其基本人权（包括教育、信息、健康、结社自由、隐私、免受歧视等权利）的环境中，人们也将更好地获得艾滋病毒服务。尊重艾滋病毒感染者和受艾滋病影响人群基本权利的开放和支持性环境，有助于艾滋病毒预防和教育。

> **联合国大会，《关于艾滋病毒/艾滋病问题的承诺宣言》（UNGASS），S-26/2，2001年6月27日通过（A/RES/S-26/2）。**
>
> **第16段：**
>
> “认识到充分实现人人享有人权和基本自由是对付艾滋病毒/艾滋病的全球对策的一项基本要素，包括在预防、护理、支助和治理方面可降低感染艾滋病毒/艾滋病的易受伤害性，防止艾滋病毒/艾滋病患者或可能感染艾滋病毒/艾滋病的人蒙受耻辱和歧视。”

本模块将重点关注与艾滋病毒/艾滋病和劳动世界相关的国际和区域人权文书。

一　联合国公约

人权在很多的联合国文书中得到确认。一系列文书被解释为适用于艾滋病毒/艾滋病方面，尽管很多文书制定时这种流行病还不为人知。

> **联合国与艾滋病毒/艾滋病相关的公约有：**
>
> 1948年《世界人权宣言》；
>
> 1966年《公民权利及政治权利国际公约》和两个协议；
>
> 1966年《经济、社会及文化权利国际公约》；
>
> 1979年《消除对妇女一切形式歧视公约》；

① 见联合国人权事务高级专员办事处（OHCHR）网址：www.ohchr.org。

② 见《维也纳条约法公约》（1969年5月23日通过）。

③ 见《国际法院规约》第38条，载1945年《联合国宪章》。

1989 年《儿童权利公约》；

1990 年《保护所有移徙工人及其家庭成员权利国际公约》；

2006 年《残疾人权利公约》。

这些公约的执行情况由根据特定条约成立的人权机构监测，人权机构由独立专家组成，向各个国家执行公约权利提供建议书。①

《世界人权宣言》在第 2 条规定了非歧视原则："人人有资格享有本宣言所载的一切权利和自由，不分种族、肤色、性别、语言、宗教、政治或其他见解、国籍或社会出身、财产、出生或其他身份等任何区别。"

非歧视原则在《公民权利及政治权利国际公约》第 26 条、《经济、社会及文化权利国际公约》第 2 条第 2 款中再次被强调。

1966 年《公民权利及政治权利国际公约》第 26 条：

"所有的人在法律前平等，并有权受法律的平等保护，无所歧视。在这方面，法律应禁止任何歧视并保证所有的人得到平等的和有效的保护，以免受基于种族、肤色、性别、语言、宗教、政治或其他见解、国籍或社会出身、财产、出生或其他身份等任何理由的歧视。"

1966 年《经济、社会及文化权利国际公约》第 2 条第 2 款：

"本公约缔约各国承担保证，本公约所宣布的权利应予普遍行使，而不得有例如种族、肤色、性别、语言、宗教、政治或其他见解、国籍或社会出身、财产、出生或其他身份等任何区分。"

联合国人权委员会（现在是人权理事会）多次确认国际人权文书所载的禁止基于"其他身份"的歧视应该解释为包含健康状况，健康状况中包括艾滋病毒和艾滋病。②

① 联合国人权事务高级专员办事处（OHCHR）为联合国系统内不同的人权监管机制提供支持。了解更多信息，查阅艾滋和人权问题，请访问 http://www.ohchr.org/EN/Issues/HIV/Pages/ HIVIndex.aspx。

② 见联合国人权委员会，1995 年 3 月 3 日决议 1995/44 第 1 段；也可见 1996 年 4 月 19 日决议 1996/43，1999 年 4 月 27 日决议 1999/49，2001 年 4 月 24 日决议 2001/51，2003 年 4 月 23 日决议 2003/47，2005 年 4 月 21 日决议 2005/84。

联合国人权理事会，《基于人类免疫缺陷病毒（HIV）和获得性免疫缺陷综合征（AIDS）的人权保护》，NO. 1995/44，1995 年 3 月 3 日通过，E/CN. 4/RES/1995/44。

“1. 确认已经存在的国际人权文书禁止基于真实或推测的艾滋病或艾滋病毒状况的歧视，并可以将国际人权文书的非歧视条款中的术语‘或其他身份’解释为涵盖健康状况，包括艾滋病毒/艾滋病。

“2. 呼吁所有国家保证它们的法律、政策和实践尊重人权标准，包括艾滋病毒感染者/艾滋病人的隐私和尊严的权利，禁止与艾滋相关的歧视，反对禁止艾滋预防和护理艾滋感染者的项目。”

在国际人权文书中对“其他身份”的提及使得国内法庭即使在国内法律体系没有明确覆盖艾滋病毒和艾滋病的情况下，也能处理与艾滋病毒相关的歧视。罗马尼亚宪法法庭的判决就是一个恰当的例子。

国家：罗马尼亚

罗马尼亚宪法法庭，判决号 NO. 6，1993 年 2 月 25 日判决。

“如前所述宪法第 4 条第 2 款不歧视标准包括：种族、国籍、民族、语言、宗教、性别、观点、政治立场、财产和社会出身。然而，必须强调，宪法条款必须得到国际人权文书的补充，因为这是使得平等权利原则具有真实的法律特征的唯一方法。因为宪法第 20 条第 1 款规定，宪法中涉及公民权利和自由的条款的解释和实施应该与《世界人权宣言》以及其他订立的盟约和文书一致。因此，《公民权利及政治权利国际公约》第 26 条之规定（1976 年 3 月 23 日生效）应该在这个案例中得以适用。该条规定‘所有的人在法律前平等，并有权受法律的平等保护，无所歧视。在这方面，法律应禁止任何歧视并保证所有的人得到平等的和有效的保护，以免受基于种族、肤色、性别、语言、宗教、政治或其他见解、国籍或社会出身、财产、出生或其他身份等任何理由的歧视’。”（第 3 段）

《经济、社会及文化权利国际公约》监测委员会已经解释“其他身份”包括艾滋病毒，它是禁止歧视的事由之一，也包括其他相关事由，比如健康状况、残障和性取向。① 人权理事会也在《公民权利及政治权利国际公约》第2条第1款解释“其他身份”保护人们免受与艾滋相关的歧视。② 联合国《儿童权利公约》提及禁止基于“其他身份”的歧视，解释为包含艾滋病毒状况。③

联合国《消除对妇女一切形式歧视公约》（CEDAW）涉及在包括就业在内的各种环境中对艾滋感染者或受其影响的妇女的歧视案例。其中第2条呼吁政府尽快出台政策消除对妇女的歧视。在第2条C款中法庭的重要性被凸显出来，呼吁政府“为妇女与男子平等的权利确立法律保护，通过各国的主管法庭及其他公共机构，保证切实保护妇女不受任何歧视”。

在CEDAW第12条第1款中敦促各国政府采取措施消除医疗保健服务领域对女性的歧视，确保她们能得到适当的健康生活服务设施，包括计划生育方面的资料。委员会发布了一个关于女性与艾滋的建议书，呼吁艾滋项目应当特别关注女性和儿童的需求和权利，以及特别关注女性生育角色和从属地位所导致的她们容易感染艾滋病毒的情况。④

经济、社会及文化权利委员会发表评论，呼吁政府采取措施保证女性享有平等得到健康服务、教育和信息的权利，包括性和生殖健康方面的信息。委员会建议政府“采取预防、促进和补救行动，保护女性免受剥夺她们完整生育权利的有害文化习俗和规范的影响”⑤。

二 联合国大会决议

2001年6月，联合国大会召开第一次艾滋病毒/艾滋病特别会议，通过了《关于艾滋病毒/艾滋病问题的承诺宣言》（UNGASS，2001年6月

---

① 见联合国经济与社会理事会，经济、社会与文化权利委员会《20号一般评论，经济、社会与文化权利中的非歧视》（《经济、社会及文化权利国际公约》第2条第2段），日内瓦，2009年5月，E/C.12/GC/20，第27~28段和第32~33段。

② 联合国人权理事会：《对依照公约第40条递交的成员国报告的审议，人权理事会结论意见，摩尔多瓦共和国》，日内瓦，2009年11月4日，CCPR/C/MDA/CO/2，第12段。

③ 联合国儿童权利委员会：《儿童权利公约下的青少年健康与发展》，第4号一般评论（2003年），日内瓦，2003年5月19日~6月6日，CRC/GC/2003/93，第6段。

④ 联合国消除对妇女歧视委员会：《第15号建议书：避免在国家预防和控制获得性免疫缺陷综合征（AIDS）的国家战略中对妇女的歧视》，日内瓦，1990。

⑤ 见经社文委员会：《第14号一般评论》，日内瓦，2000，第21段。

27 日 S－26/2 决议）。宣言要求采取措施为艾滋病毒携带者和艾滋病感染者建立支持性劳动环境（第 49 段），制定国家法律和政策框架来保护艾滋病毒感染者和受艾滋影响的劳动者在工作场所的权利（第 69 段）。

通过签署 2001 年宣言，所有的联合国成员国承诺每两年汇报应对艾滋疫情的进展（这些汇报通常被称为“UNGASS 报告”）。

> **联合国大会，《关于艾滋病毒/艾滋病问题的承诺宣言》（2001 年 6 月 27 日 S－26/2 决议），2001 年 6 月 27 日通过（A/RES/S－26/2）。**
>
> **第 49 段：**
>
> “在公营、私营和非正规工作部门建立并执行预防和护理方案，从而加强在工作环境中对艾滋病毒/艾滋病采取的对策，并采取措施为艾滋病毒/艾滋病感染者提供支助性工作环境。”
>
> **第 69 段：**
>
> “考虑到既定的工作场所艾滋病毒/艾滋病问题国际指南，并与雇主和员工的代表协商，制订国家法律和政策框架，在工作场所保护感染艾滋病毒/艾滋病者和感染艾滋病毒/艾滋病机率最大的人的权利和尊严。”

2006 年的另一个公约——《关于艾滋病毒/艾滋病问题的政治宣言》（决议号 60/262，2006 年 6 月 2 日通过）中重申了这一承诺。

2011 年，联合国大会通过了《关于艾滋病毒/艾滋病问题的政治宣言：加大行动力度，消灭艾滋病毒和艾滋病》（2011 年 6 月 10 日 65/277 号决议）。宣言第 85 段重申了在劳动世界中消除艾滋病毒污名化和歧视的承诺。

三　国际指南

2006 年，联合国艾滋病规划署（UNAIDS）和联合国人权事务高级专员办事处（OHCHR）联合通过了《艾滋病毒和艾滋病与人权国际指南》，呼吁政府提供法律保护，防止就业领域的与艾滋相关的歧视。

> **联合国艾滋病规划署和联合国人权事务高级专员办事处，《艾滋病毒和艾滋病与人权国际指南》合并版，日内瓦，2006 年。**
>
> 准则 5 规定反歧视立法应该涵盖包括就业在内的一系列领域。它呼吁采取保护

措施保障一系列劳动场所权利，包括在入职、提升、培训或分红时进行艾滋病毒检测或筛查的自由；在劳动场所中对艾滋病毒相关信息的保密；为艾滋病毒感染者提供就业保障，直到他们无法工作为止。立法应该包括直接歧视和间接歧视，为寻求救济的人提供独立、迅速和有效的法律或者行政程序。

国际劳工组织《关于艾滋病与劳动世界的实践准则》（2001年）提供发展和完善以权利为基础的应对艾滋的劳动场所准则。准则由代表各国政府、雇主和工人组织的三方专家小组拟订。（见模块4）。

四　与艾滋病毒和艾滋病相关的区域性文书

（一）欧洲委员会

《欧洲人权公约》（1950年）是欧洲国家特别是欧洲委员会成员国的相关法律渊源。欧洲人权法院认为，健康歧视（包括艾滋歧视）被涵盖在公约第14条涉及的“其他状况”中，它被视作残障的一种类型，或者与残障同时出现。

国家：俄罗斯联邦

欧洲人权法院，Kiyutin 诉 Russia，诉状号2700/10，2011年3月10日判决，第57段：

“法院认为公约第14条中‘其他状况’应该涵盖基于健康状况的区别对待，包括对作为残障的一种形式或与残障同时出现的艾滋感染的歧视。”

1950年《欧洲人权公约》第14条规定：

“任何人在享有本公约所规定的权利与自由时，不得因性别、种族、肤色、语言、宗教、政治的或者是其他见解、民族或者社会的出身、与少数民族的联系、财产、出生或者其他状况而受到歧视。”

（二）非洲联盟

1981年《非洲人权和民族权宪章》呼吁非洲联盟成员国采取措施消除一切形式的歧视。

《非洲人权和民族权宪章》（1981 年）

宪章第 2 条禁止任何形式歧视，规定“每个人都有权享有宪章确认保证的权利和自由，不因任何形式如种族、族裔、肤色、性别、语言、宗教、政治或者其他观点、国籍或社会出身、财富、血统或者其他状况而受到歧视”。

在 Banda 诉 Lekha 案中，马拉维劳资关系法院引用非洲宪章和国际劳工组织第 111 号公约，主张马拉维宪法第 20 条中隐含了保护就业中免受艾滋相关的歧视，该宪法禁止不公正歧视。

国家：马拉维

马拉维劳资关系法院，Banda 诉 Lekha，案件号 No. IRC 277（2004），2005 年 6 月 1 日判决。

马拉维劳资关系法院依据的是国际劳工组织第 111 号公约和非洲宪章（马拉维分别于 1965 年 3 月 22 日和 1986 年 10 月 21 日批准）。法院指出，马拉维宪法第 20 条禁止不公正歧视，但没有特别明确地谈及与艾滋相关的歧视。法院引用非洲宪章和国际劳工组织第 111 号公约规定的国家应制定保护性法律来确保基本权利的义务，认为马拉维宪法第 20 条中隐含了保护免受艾滋相关的歧视。在裁定时，法院也引用马拉维的国家艾滋政策，这些政策“旨在确保所有感染艾滋病毒或者受艾滋病毒影响的人都受到法律的平等保护”。

（三）美洲国家组织

美洲人权委员会将 1969 年《美洲人权公约》解释为禁止与艾滋相关的歧视。

国家：萨尔瓦多

美洲人权委员会，Jorge Odir Miranda Cortez and Others 诉 El Salvador，案件号 12.249，2009 年 3 月 20 日 27/09 报告。

委员会引用了公约第 24 条，它规定“每个人在法律面前平等”，“因此，他们有权受到法律无区别的平等的保护”。委员会注意到公约第 1 条第 1 款进一步确定了尊重所有人的权利，确保他们自由、完整地实现“不因为种族、肤色、性别、语言、宗教、政治或其他观点、国家或社会出身、经济状况、血统，或其他社会状况而受到任何歧视”。基于此，委员会认为公约反对歧视条款涵盖对免受与艾滋相关的歧视的保护。

2013年美洲国家组织通过了《反对一切形式的歧视和不容忍行为美洲公约》。新公约明确禁止与艾滋病毒相关的一系列歧视，包括性倾向、性别认同、性表达、感染或者感染性疾病以及其他情况。[①]

美洲国家组织

《反对一切形式的歧视和不容忍行为美洲公约》(2013年)，第1条第1款，第2段：

“歧视可能基于国籍、年龄、性、性倾向、性别认同和表达、语言、宗教、文化认同、政治观点或者其他观点，社会出身、经济社会状况、教育程度、移民、难民、遣返回国者、无国籍人员、无家可归者、残障、基因特征、身体或者精神健康情况（包括易传染和精神衰弱的情况）；以及其他情况。”

（四）次区域准则

国家法院也会求助于次区域准则来处理劳动场所中的艾滋病毒歧视案件。[②] 比如，南部非洲发展共同体（SADC）《关于艾滋病毒和艾滋病与职业的行动准则》明确禁止就业中的艾滋歧视。[③]

南部非洲发展共同体，《关于艾滋病毒和艾滋病与职业的行动准则》(1997年)，第4部分：

“艾滋病毒状况不应成为工作状况、晋升或者调动的影响因素。任何工作状况的变化应该建立在平等机会、劳动成果和妥善完成工作的能力等现存标准之上。”

五　讨论要点

1. 你认为国际人权文书中哪些内容与解决劳动领域中与艾滋相关的歧视案件有关系？

---

① 美洲国家组织在2013年也通过了《反对种族主义、种族歧视及一切形式的不容忍行为美洲公约》。

② 南非劳动法院，见Gary Shane Allpass诉Mooikloof Estates，第42段。

③ 本材料撰写期间，南部非洲发展共同体的法案正在修订。

2. 你们的司法管辖体系是否会适用与艾滋相关的区域性文书？

3. 在处理与艾滋相关的歧视的国内案件时，你是否会参考或者已经适用了国际性或者区域性文书？

模块 4：国际劳工组织、国际劳工标准与监管机制概述

一 国际劳工组织：角色与结构

国际劳工组织（ILO）作为《凡尔赛公约》成果的一部分，创建于第一次世界大战之后的 1919 年。它于 1946 年成为联合国系统的专门机构，目前有 186 个会员国。它是联合国负责工作相关领域的机构，其主要目标是根据社会正义和平等原则促进所有人体面地工作。

国际劳工组织有一个独特的三方结构，它把政府、雇主和劳动者代表聚在一起讨论与劳工和社会政策相关的议题。它是联合国系统中唯一一个由社会雇主组织、劳动者组织和政府一起参与决策（包括制定和通过国际劳工标准）的国际组织。①

国际劳工标准提供劳动世界和社会保护相关领域的最低保护。② 国际劳工组织的标准已被全部或部分纳入了世界各地的劳工和人权立法之中。

二 国际劳工标准采取什么形式？

国际劳工标准采取以下方式之一。

1. 公约，国际劳工组织成员国通过的国际文书，具有法律约束力。

2. 建议书，无须批准的、不具约束力的标准。在很多案件中，公约规定了通过批准国家应执行的基本原则，同时相关的建议书通过提供关于更详细的如何实施的准则来补充公约。③ 建议书也可以是独立的，不与任

---

① 国际劳工组织治理机构和国际劳工大会都是三方机制的。通过政府、雇主和劳动者组织代表参与对话的过程来开展工作。所有三方合作伙伴都有权投票，包括投票通过国际劳工标准。

② 了解更多关于国际劳工组织历史和工作的信息，见 G. Rodgers，E. Lee，L. Swepston 和 J. Van Daele《国际劳工组织和社会正义的追求（1919—2009）》，国际劳工组织，日内瓦，2009。

③ 公约与建议书相配套的一个例子是由 1958 年《消除就业和职业歧视建议书》（第 111 号）补充而成的 1958 年《消除就业和职业歧视公约》（第 111 号）。

何公约捆绑在一起，比如2010年《关于艾滋病与劳动世界的建议书》（第200号）和2012年《关于国家社会保护底线的建议书》（第202号）。

公约和建议书是国内立法者和司法机构获得灵感和解释的重要来源。

三 成员国在国际劳工标准方面的义务

国际劳工组织章程第19条规定，一旦通过一项国际劳工标准，各成员国有义务提交标准给执政当局（通常是议会）审议。如果是公约的话，提交意味着当局将以批准为目的来审查公约，即使在不被批准的情况下，也应当考虑是否以及在何种程度上将公约纳入国内法和实践之中。

在批准公约时，成员国承诺在国内法和实践中都实施该公约，定期报告实施情况。当国际劳工组织公约被批准时，履行义务就成为整个国家的责任，包括司法部门。如果国家违反了他们批准的公约，特殊代表和申诉程序就可能被启动。如果是建议书的话，议会可决定采纳建议书中部分或者全部措施作为国内政策或者法律。在这个过程中，如果收到成员国请求，国际劳工组织可以提供技术支持。

四 国际劳工组织核心公约

国际劳工组织确定八个公约作为核心公约，涵盖构成工作基本原则和权利的四个领域：结社自由和有效承认集体谈判权利；消除一切形式的被迫劳动和强制劳动；有效消除童工；消除就业和职业歧视。

这些原则包含在1998年《国际劳工组织关于工作中基本原则和权利宣言》中。根据宣言，所有劳工组织成员国都有义务为实现这些基本原则而努力，这是由它们的劳工组织或成员国身份所决定的，即使它们没有批准有关公约。

这八项国际劳工组织核心公约是：

1948年《结社自由和组织权利保护公约》（第87号）

1949年《关于适用组织权及共同交涉权原则的公约》（第98号）

1930年《强迫劳动公约》（第29号）

1957年《废除强迫劳动公约》（第105号）

1973年《准予就业最低年龄公约》（第138号）

1999年《关于禁止和立即行动消除最有害的童工形式公约》（第182号）

1951 年《男女工人同工同酬公约》（第 100 号）
1958 年《消除就业和职业歧视公约》（第 111 号）

五　治理类公约

国际劳工组织也指定了另外四个公约作为治理类准则，从而鼓励成员国批准和实施，因为这些公约对于国际劳工标准体系的运作意义重大。2008 年国际劳工组织《关于实现社会公正以推动公平的全球化的宣言》从治理的角度确认这些标准是最为重要的。

这四个国际劳工组织治理类公约是：
1947 年《（工商业）劳动监察公约》（第 81 号）
1969 年《（农业）劳动监察公约》（第 129 号）
1976 年《三方协商（国际劳工标准）公约》（第 144 号）
1964 年《就业政策公约》（第 122 号）

六　技术类公约

自 1919 年创建以来，国际劳工组织通过了关于劳动世界方方面面将近 200 个公约和建议书。除了上面提及的核心公约和治理类公约，还有大量技术类公约，包括促进就业、职业指导和培训、收入、工作时间、劳动世界安全和健康、社会保险、孕妇保护、社会政策、移徙工人、船员、渔夫、码头工人、土著和部落居民等方面。

七　与艾滋病毒和艾滋病相关的国际劳工标准

唯一重点关注艾滋的国际劳工标准是 2010 年的《关于艾滋病与劳动世界的建议书》（第 200 号）。该公约的关键原则将会在模块 5 进行介绍。

该公约的原则根植于一系列国际劳工标准和国际公约，其中有些内容会被该公约直接援引（相关的国际劳工组织标准请参见附件 2 中的清单）。

很多国际劳工标准已经得到广泛批准，抑或被全部或部分吸纳进了国际劳工组织成员国国内法中。这些标准涵盖了劳动世界中应对艾滋的方方面面，适当情况下，将在相关标题下更详细地讨论。比如，讨论与艾滋病相关的歧视就会明确参考 1958 年《消除就业和职业歧视公约》（第 111 号公约）。

八 其他国际劳工组织公约

（一）宣言

尽管国际劳工组织章程没有明确提及，但国际劳工会议和国际劳工组织治理机构通过了一些宣言。一般来说，通过宣言的目的是突出或者重申劳工组织的一个或多个核心原则。

> **1998年《国际劳工组织关于工作中基本原则和权利宣言》**
>
> 参考国际劳工组织章程，《国际劳工组织关于工作中基本原则和权利宣言》确认了四种基本原则和权利，陈述了8个国际劳工组织核心公约。所有会员国在接受本组织章程内容的基础上，承诺尊重、促进和实现劳动世界中的基本原则和权利，而不论它们是否批准了相关公约。

（二）决议

决议是大会通过的非约束性文书，表达了对特定问题的看法。当它们涉及一项公约所涵盖的主题时，决议可就有关公约中规定的含义的解释提供指导。例如，国际劳工组织监管机构运用就业和职业方面平等机会和待遇的决议，以帮助监测会员国遵守有关公约规定的义务。[①] 决议也可以与国际劳工标准一起通过，从而为成员国提供指导并促进其适用。[②]

> **国际劳工大会，《关于促进和实施〈关于艾滋病与劳动世界的建议书〉的决议》，2010年，二号决议，第99次会议，2010年6月16日。**
>
> 《关于促进和实施〈关于艾滋病与劳动世界的建议书〉的决议》已经于2010年6月16日被国际劳工大会通过，用以支持于2010年6月17日以大会代表的96.6%多数票通过的《关于艾滋病与劳动世界的建议书》。

（三）实践准则

国际劳工组织发展批准了很多实践准则。这些准则是在代表雇主、劳动者和政府的专家会议期间拟订的技术性准则，并随后得到了国际劳工组

① 1985年《男女就业机会和待遇平等决议》。

② 比如，参阅与《2006年海事劳工公约》（MLC，2006年）和《2006年〈职业安全和健康公约〉推广框架》（第187号）一并通过的决议。

织治理机构的认可。国际劳工组织已经就若干主题拟订了实践准则，主要是关于职业安全和健康的不同方面。

劳动领域中与艾滋和艾滋病相关的国际劳工组织实践准则有：
2001 年《关于艾滋病与劳动世界的实践准则》；
2002 年《劳动世界中残障治理实践准则》；
1997 年《保护劳动者个人资料实践准则》。

尽管实践准则没有法律约束力，但各国法院非常重视这些实践准则，并会引用其条款作为参考。

南非

南非劳动法院，PFG Building Glass（Pty）Ltd. 诉 ChemicalEngineering Pulp Paper Wood & Allied Workers Union & Others，案件号 J90/03，2003 年 3 月 28 日判决（《工业法律杂志》2003 年第 24 卷，第 974～999 页），第 77、78 段：

“尽管国际劳工组织关于艾滋与劳动世界的实践准则在劳动法庭上没有约束力，但作为国际文书，该准则与我们国家法律的重要条款相呼应。其关键原则包括承认艾滋是一个劳动世界议题，促进反对基于真实或疑似艾滋病毒感染状态而对劳动者的歧视，禁止录用时进行艾滋病毒检测或者把艾滋病毒检测作为继续录用的条件，禁止强制性的艾滋病毒检测，建议在雇员自愿的情况下进行检测，并严格遵守保密和披露要求。

“《保护劳动者个人资料实践准则》（简称资料准则）也对艾滋病毒检测有重要指导性意见。它主张的一般原则是：倡导个人资料应该依法、公平获取，只在与劳动者就业直接相关的情况下使用，并且仅仅用作最初收集该资料的目的。雇主应该定期评估他们的资料处理方法，以改进保护员工隐私的方法。”

九　国际劳工组织监管体系

国际劳工组织通过定期和特别监督机制来监测国际劳工标准的实施情况。这些定期监督机制包括以下两个机构。

公约和建议书实施专家委员会（CEACR）审议国际劳工组织成员国基于批准公约所递交的定期报告。

标准实施大会委员会（简称大会委员会）审议和讨论 CEACR 的报

告，它主要关注专门性的案件（见下文）。

国际劳工组织章程也提供了两个特别程序，可在会员国不遵守公约的情况下加以援引：代表程序（根据章程第24条）和申诉程序（根据章程第26条）。还有一个特别机制，即结社自由委员会（CFA），它审查关于违反结社自由的控诉，而不论有关国家是否批准了相关公约。

鉴于这是法官和法律专业人员处理艾滋相关事务的最相关的信息来源，本手册主要关注定期监管体系。

（一）公约和建议书实施专家委员会（CEACR）

定期监管体系建立在章程所确立的报告机制基础上，报告机制规定了在监管机构和国际劳工组织之间关于标准实施的系统化的、定期的信息交换和持续对话。①

该委员会由20个独立专家组成，每年举办一次会议，审议和评论由报告机制提供的信息。报告机制建立在国际劳工组织章程第22、23条基础上。一旦成员国批准了国际劳工组织的公约，它就有义务根据第22条规定定期报告为执行公约而采取的措施。成员国必须将其报告的副本送交给该国的雇主和劳动者组织，以便它们可以对报告提出意见，或者直接向委员会提出意见。

国际劳工组织章程第19条也规定要求成员国定期报告公约或建议书所建立的原则在它们的法律和实践中的实施情况（而不论该公约是否被特定的成员国批准）。②

CEACR报告每年出版，并且递交给每年6月召开的国际劳工大会的委员会。报告可以从www.ilo.org获得，它可以为国家司法当局和法律专业人员提供艾滋相关的指导。

在审议国际劳工标准实施情况时，CEACR会作出两种意见："观察结果"和"直接要求"。观察结果包括对一个国家在适用某一特定公约的框架内所产生的基本技术问题的评论。观察报告发表在CEACR的年度报告

① 了解更多国际劳工组织监管程序和机制，见国际劳工组织《游戏规则：国际劳工标准简要介绍》（修订版），日内瓦，2009。还可见国际劳工组织《国际劳动公约和建议书程序手册》，国际劳工标准部，日内瓦，2012。

② 也可见A. Trebilcock《国际劳工法律的实施》，联合国国际法律视频图书馆，演讲系列，视频可见http://legal.un.org/avl/ls/Trebilcock_ILL.html。

中。直接要求涉及次要的专门问题或者要求提供进一步资料。它们不会在每年报告中发表，而是直接传达给相关政府，可以在国际劳工组织网站查阅（www.ilo.org）。

（二）标准实施大会委员会

CEACR 报告每年 6 月递交给国际劳工大会，由标准实施大会委员会审议。三方大会委员会由政府、雇主和劳动者代表组成。

大会委员会审议 CEACR 报告时，会挑选几个观察结果（也被称为“案例”）来讨论，相关政府将被邀请出席并参与对话，它们可能会因为采取了特定措施而得到称赞，或者被要求提供进一步的信息，采取更多的具体行动。在很多案例中，大会委员会得出建议政府采取特定步骤来解决问题的结论。相关的讨论和结论会在报告中发表。在委员会一般报告的特别段落中也会突出强调令人关切的情况。

十　国际劳工组织监管机构关于艾滋病毒和艾滋病的参考文献

1990 年以来国际劳工组织监管机构一直提到艾滋病毒传染在劳动世界中的影响。在 2012 年的一般调查中，CEACR 注意到越来越多的国家把艾滋作为禁止歧视的事由纳入国家立法和政策之中。CEACR 引用第 200 号建议书指出，为了保护那些因为刻板印象而受到歧视的人，国家法律和政策应该提供免受真实或疑似艾滋病毒感染状态歧视和污名化的保护。①

CEACR 和大会委员会的意见为解释有关公约中与艾滋相关的权利提供了有益的指导。根据 1958 年《消除就业和职业歧视公约》（第 111 号公约），CEACR 对国内法和政策把艾滋作为禁止歧视的事由以及创立国家艾滋部门、国家通过关于艾滋的政策和策略做出肯定性评价。在与成员国的进一步对话过程中，CEACR 要求一些国家政府提供关于与艾滋相关的歧视诉讼数量的统计资料，提供已采取的或者设想的减少就业中与艾滋相关的歧视和不平等的其他措施的资料。CEACR 还审议了 1949 年《移民就业公约》（修订版）（第 97 号公约）背景下的与艾滋相关的歧视议题，包括

① 国际劳工组织：《给全球化一张人性化的面孔：关于国际劳工组织〈关于实现社会公正以推动公平的全球化的宣言〉中的工作权利的核心公约的一般调查》，报告 3（1B 部分），国际劳工大会第 101 次会议，日内瓦，2012，第 810～812 段。

对艾滋病毒阳性的移徙工人拒绝入境或遣送回国，指出“这个行为违反公约，是不可接受的歧视形式”。

根据 1999 年《关于禁止和立即行动消除最有害的童工形式公约》（第 182 号公约），CEACR 注意到各国政府为确保艾滋孤儿入学而采取的措施，以及艾滋病毒感染高发国家采取的关注孤儿和儿童受害者的行动。根据 1930 年《强迫劳动公约》（第 29 号公约），CEACR 注意到儿童性剥削这样极端恶劣的问题，指出贩卖人口增加了艾滋病毒感染风险。

大会委员会也讨论关于艾滋病毒和艾滋病的案例。比如 2008 年 6 月国际劳工大会上，委员会审查了多米尼加共和国的一个案件，该案件涉及雇主将强制艾滋病毒检测作为获得就业机会的要求。

十一　讨论要点

1. 贵国批准了哪些国际劳工组织公约？贵国批准了某项国际劳工组织核心或者治理类公约吗？如果批准了，哪些是与艾滋相关的？

2. 在贵国，法庭在做出判决时会适用国际劳工标准吗？

3. 你认为贵国的立法充分执行了国际劳工组织核心公约的原则吗？为什么？

模块 5：2010 年《关于艾滋病与劳动世界的建议书》（第 200 号）

第 200 号建议书建立在 2001 年《关于艾滋病与劳动世界的实践准则》的成功制定和实施基础之上。该实践准则是由三方艾滋专家团队制定的准则，于 2001 年 6 月获国际劳工组织理事机构通过。①

该准则被广泛传播，并已被国内法院在处理若干与艾滋相关的就业歧视案件时所引用。② 它是实施和发展劳动世界中艾滋政策和项目的有价值

① 三方团队可以根据《关于艾滋病与劳动世界的决议》（2000 年 6 月 13 日在日内瓦国际劳工大会第 88 次会议通过）被召集。

② 比如见南非劳动法院，Joy Mining Machinery（Harnischfeger）（SA）（Pty）Ltd. 诉 National Union of Metalworkers of SA & Others，案件号 J 158/02，2002 年 1 月 31 日判决。

的指导资源。

建立在准则成功实施的基础上，国际劳工组织治理机构决定有必要在2007年3月第298次会议上通过一项艾滋与劳动世界的国际劳工标准。这个决定在国家和国际层面都大大提高了对这个议题的关注程度，从而促进关键国家和国际行动者在艾滋病毒和艾滋病问题上采取联合行动，增强实践准则的影响，尤其是考虑到实践准则通过的几年来在艾滋领域的科学发展。[①] 在国际劳工组织章程第19条中建立的三年标准设置程序[②]最终通过了第一项保护劳动世界中与艾滋相关的基本人权的国际劳工标准。[③]

建议书中关键人权原则源自现存的国际劳工组织公约和建议书，以及其他一些国际公约（其中一些直接参考了公约）。本模块将提供这些关键原则的概述。

一　第200号建议书及对应对艾滋病毒的贡献

第200号建议书在2010年国际劳工大会第99次会议上制定和通过，全世界政府、雇主代表和劳动者组织，以及艾滋病毒携带者组织的代表积极参加了这一活动。联合国机构（尤其是联合国艾滋病规划署和世界卫生组织）也参与了讨论。

建议书是第一个明确提供劳动世界中艾滋人权保护的国际劳工标准。就业和职业中的非歧视原则、性别平等原则是该建议书的基石。

建议书的序言部分确认艾滋对社会和经济各部门都有严重影响，并破坏体面工作和持续发展的实现。它强调，贫穷、社会和经济不平等、失业妨碍获得预防、治疗、护理和支持性服务，加大了艾滋病毒传播的风险。

---

① 比如，当2001年国际劳工组织治理机构批准国际劳工组织实践规约时，治疗选择比现在有更多的限制。

② 了解更多准备工作，见国际劳工组织《艾滋病毒和艾滋病与劳动世界》，报告4（1），国际劳工大会第98次会议，日内瓦，2009；国际劳工组织《艾滋病毒和艾滋病与劳动世界》，报告4（2），国际劳工大会第98次会议，日内瓦，2009；国际劳工组织《艾滋病毒和艾滋病与劳动世界》，报告5（1），国际劳工大会第99次会议，日内瓦，2010；国际劳工组织《艾滋病毒和艾滋病与劳动世界》，报告5（2A）、5（2B），国际劳工大会第99次会议，日内瓦，2010。

③ 见A. Trebilcock《国际劳工法律的发展》，联合国国际法律视频图书馆，演讲系列，视频可见 http://legal.un.org/avl/ls/Trebilcock_ILL.html。

序言进一步指出，对感染艾滋病或者被艾滋病影响的人群的污名化和歧视、失业的威胁，都是获知某人艾滋病毒状况的阻碍。

建议书为预防艾滋病毒传播和减轻其在劳动世界中的影响建立了关键原则。它呼吁政府与雇主组织、劳动者组织和艾滋病毒携带者组织及其他相关行动者，比如卫生部门，协商合作采取措施：防止与艾滋相关的污名化和歧视，预防新发感染，提供治疗、护理和支持，确保为所有劳动者提供安全健康的工作场所，确保所有劳动者平等享有与就业有关的福利，比如保险和社会保障。建议书注意到了艾滋病毒和艾滋病对易受伤害和高风险人群的影响更为严重，特别强调有必要向这些人提供艾滋病毒的相关服务。

二 建议书的范围

建议书试图在尽可能大的范围内，涵盖所有工作场所就业关系的所有阶段。它覆盖了不论是正式还是非正式场所的所有工作类型，指出“劳动者是在任何形式或安排下工作的人”。

建议书适用于就业前选择和入职阶段以及就业关系中各个方面。

> **第200号建议书，第2段：**
>
> “本建议书涵盖：
>
> （a）以任何形式或安排，在任何工作场所中劳动的所有劳动者，包括：任何职业或从业中的人员、正在接受培训的人员（包括实习生和学徒工）、志愿者、求职者和应聘者、下岗工人和留职查看工人；
>
> （b）经济活动的所有部门，包括私营和公共部门、正规和非正规经济部门；
>
> （c）武装部队和穿制服人员的部门。”

三 国家工作场所政策和计划

建议书呼吁制定、通过以及完善、监管国家三方工作场所政策和计划。全世界应该把关键人权原则整合在一起，提供艾滋病毒预防、治疗、护理和支持服务（建议书第4~7段）。

国家司法机关建议制定艾滋工作场所政策，将其作为违反劳动世界权利的救济措施的一部分。

> **国家：加拿大**
>
> **加拿大人权法院，Fontaine 诉 Canadian Pacific Ltd.，案件号 TD 14/89，1989 年 10 月 27 日判决。**
>
> Fontaine 被聘用为铁路员工的厨师，他的主管和同事发现他是艾滋病毒阳性后，反应都很消极。法院发现披露他是艾滋病毒阳性导致了歧视，进而导致他被解雇。法院注意到他的同事对艾滋病毒及其传播途径了解甚少。法院还指出，雇主“未能在工作场所针对艾滋问题制定合适和明确的政策”，这意味着雇员们不得不根据自己的错误观念来处理这些问题。法院建议，为防止更多的此类事件，雇主应当“在员工之间制定和宣传禁止艾滋歧视的书面政策，以教育其员工并防止在这些情况下可能出现的非理性的恐惧”。

四　关键原则

建议书第 3 段建立了以下一般性原则。

应该确认应对艾滋有助于实现人权、基本自由和性别平等。

应该确认艾滋是一个劳动世界议题，并应在雇主和劳动者组织的充分参与下，将其列入国家、区域和国际应对这一流行病的基本内容中。

不应该基于真实或疑似艾滋病感染状态而针对劳动者（包括那些正在找工作的人）进行污名化或歧视。不应该基于被认为是来自艾滋感染高风险区域或者属于高风险感染人群的刻板印象而间接歧视。

预防新的艾滋病毒感染应该是所有工作场所应对艾滋的基本优先事项。

工作人员及其家庭和家属应能获得与艾滋病毒和艾滋病相关的预防、治疗、护理和支持并且从中受益，而工作场所应在促进获得这些服务方面发挥作用。

应该确保、加强劳动者参与到国家和劳动世界方案的设计、实施和评价中。

劳动者应该受益于预防艾滋和相关传染性疾病（比如结核病）职业传播的具体风险规划。

劳动者及其家属和受抚养的人的隐私应得到保护，包括对艾滋病毒和艾滋病保密，特别是对他们自己的艾滋病毒状况保密。

不应该要求任何劳动者进行艾滋病毒检测，或披露其艾滋病毒状况（或任何其他人的状况）。

劳动世界中处理艾滋的措施应该成为国家发展政策和计划的一部分，包括劳工、教育、社会保护和健康相关的政策和计划。

应该采取措施保护那些暴露在艾滋病毒传播风险中的职业的劳动者。

本模块将详细阐述某些与法官和法律专业人员相关的关键原则。

（一）非歧视原则

非歧视原则是应对与艾滋病毒相关的污名化和歧视的基石。建议书涵盖法律和实践中的直接歧视和间接歧视［见第1（e）、3（a）和（c）、9~14段］。该公约呼吁采取措施，防止基于真实或疑似艾滋病毒状况的各种形式的就业歧视。这些歧视包括拒绝就业或者拒绝从事特定职位；强迫披露艾滋病毒状况或者违反保密原则；强制艾滋病毒检测或者筛查；被排斥在就业相关的福利之外，比如不能获得保健和职业保险制度；以及不公正的解雇。

1958年《消除就业和职业歧视公约》（第111号）

第1条这样定义歧视：

“（一）基于种族、肤色、性别、宗教、政治见解、民族血统或社会出身等原因，具有取消或损害就业或职业机会均等或待遇平等作用的任何区别、排斥或优惠；

“（二）有关会员国经与有代表性的雇主组织和工人组织（如存在此种组织）以及其他适当机构协商后可能确定的、具有取消或损害就业或职业机会均等或待遇平等作用的其他此种区别、排斥或特惠。”

直接和间接歧视

国际劳工组织，《给全球化一张人性化的面孔：关于国际劳工组织〈关于实现社会公正以推动公平的全球化的宣言〉中的工作权利的核心公约的一般调查》，报告3（1B部分），国际劳工大会第101次会议（日内瓦，2012年），第744和745段：

“直接歧视发生在一项或多项被禁止的事由而导致显性或隐性的不利对待的情

况下。它包括性骚扰和其他形式的骚扰。

“间接歧视指的是表面上中立的情况、规则或者行动，导致一些有特定特征的人受到事实上的不平等对待。相同情况、处理或者标准在每个人身上实施，但是导致某些有特征的人受到不成比例的不利影响，比如种族、肤色、性别或者宗教，而且与工作内在要求没有必然的关系。关于区别对待、排斥或者特惠的影响，歧视的目的很明显不是公约中定义的必需要件，公约涵盖所有歧视，不论歧视行为有没有主观目的。公约还讨论了在没有明显可识别的主体的情况下观察到的不平等现象，如在某些情况下是基于性别的间接歧视或职业隔离。因此，需要根据公约处理与结构歧视有关的挑战。”

第 200 号建议书明确将疑似的艾滋病毒状况视为受保护的事由，这是为了保护劳动者不受艾滋病毒相关歧视，这种歧视建立在刻板印象基础上。① 比如，一个劳动者可能因为被认为是同性恋而受到歧视，因为他感染艾滋病毒的风险更高，但实际上他可能是异性恋、艾滋病毒呈阴性。

建议书呼吁采取措施保护特殊群体免受歧视，规定“不应该基于……真实或疑似艾滋病感染状态或者由于他们来自艾滋感染高风险或更易感染艾滋的人群或者地区，歧视或污名化劳动者”。这条规定保护免受刻板印象歧视的权利，包括与男性发生性关系的男性、性工作者和毒品注射者这样的关键人群。②

建议书第 10 段规定，真实或疑似艾滋感染状态不应该是录用或继续就业，或者追求符合 1958 年《消除就业和职业歧视公约》（第 111 号）条款规定的平等机会的过程中区别对待的理由。它呼吁政府根据第 111 号公约第 12 段提供保护措施，防止劳动世界中与艾滋相关的歧视，并且有效和透明地实施这些保护。

① 国际劳工组织：《给全球化一张人性化的面孔：关于国际劳工组织〈关于实现社会公正以推动公平的全球化的宣言〉中的工作权利的核心公约的一般调查》，报告 3（1B 部分），国际劳工大会第 101 次会议，日内瓦，2012，第 811 段。

② 国际劳工组织：《给全球化一张人性化的面孔：关于国际劳工组织〈关于实现社会公正以推动公平的全球化的宣言〉中的工作权利的核心公约的一般调查》，报告 3（1B 部分），国际劳工大会第 101 次会议，日内瓦，2012，第 811 段。

建议书明确规定真实或疑似的艾滋感染状态不应该是解雇的理由（第11段）。此外，它规定就业中不应该有歧视，包括在与就业相关的福利方面。第20段规定，社会保障体系和职业保险计划不应该有基于真实或疑似艾滋感染状态的针对劳动者和依靠他们生活的人与艾滋相关的歧视，包括医疗保健和残障、死亡和幸存者的福利。

（二）性别平等

建议书认识到相较于男性，女性有更高风险感染艾滋病毒，这是由性别不平等造成的（见前言）。第14段讨论了这一传染病的性别维度，呼吁劳动世界采取措施，通过确保性别平等和女性赋权、预防和禁止工作中的骚扰和暴力，促进妇女和男性积极参与艾滋应对，减少艾滋病毒的传播并减轻其影响（性别平等议题将在模块8中更详细地讨论）。

（三）检测、隐私和保密

与非歧视原则相关的一项关键原则是个人艾滋病毒相关资料的保密，包括艾滋病毒状况的医疗资料。劳动者、他们的家庭和受抚养人都有保密权利［第3（h）和（i）、25～27段］。

建议书规定，劳动者不应该被要求披露自己或者他人的艾滋病毒状况［第3（i）段］。尤其是，原籍国、过境国或者目的国不应要求移徙工人透露他们自己或他人的艾滋病毒相关信息（第27段）。

所有艾滋病毒相关信息的获取都应始终遵循国际劳工组织1997年《保护劳动者个人资料实践准则》及其他国际资料的保密规则（第27段）。

国际劳工组织：《保护劳动者个人资料实践准则》（1997年）

"5.11：

雇主、劳动者及其代表应该合作保护个人资料，并制订符合本准则原则的工人隐私政策。

5.12：

所有人，包括雇主、劳动者代表、职业介绍所和劳动者，这些有办法得到个人数据的个人和单位，均须遵守与其履行职责基本准则原则相符的保密规则。

5.13：

劳动者不应该放弃他们的隐私权。"

劳动者，包括求职者，不应该被要求进行强制艾滋病毒检测或者其他形式的筛查。当他们拒绝检测时，不应该被拒绝工作或者承受消极后果。①

建议书鼓励自愿的、保密的艾滋病毒咨询和检测，这将作为帮助劳动者了解他们自身艾滋病毒状况的预防计划的一部分。然而，艾滋病毒检测应是真实自愿的、非强迫的，应该提供检测前和检测后的咨询。另外，建议书强调，艾滋病毒检测结果应该是保密的，不应该影响工作、任期、工作保险或者晋升机会。劳动者不应该被要求透露他们自己或者他人的艾滋病毒状况。

（四）继续就业权

有艾滋病毒相关疾病的人不应被剥夺继续就业的可能性，只要他们在医学上适合执行工作所固有的任务，必要的话可以进行适当的调整。第13段鼓励采取措施将这些人调换到与其能力相适应的工作中，通过培训找到其他工作或者帮助他们返回工作岗位。

第200号建议书第1（g）段：

"'合理安排'是指对某项工作或工作场所进行合理调整，使艾滋病病毒感染者或艾滋病患者能够拥有寻找就业机会的渠道，或参与就业或在其中得到提升。"

"合理安排"意味着雇主应设法对工作场所或者工作任务做出调整。可以采取不同的形式，例如对医疗探视放假、延长病假时间、缩短工作时间，或重新安排工作。根据个人需要，合理调整可能采取不同形式。然而，"合理安排"的概念意味着调整措施应该与雇主的规模和能力、劳动者的能力相适应。调整是否"合理"是一个必须根据个案确定的问题。

雇主应该考虑这样的事实，即尽管艾滋病毒阳性劳动者可能大部分时间没有症状，但他们可能有相关慢性疾病需要请假。与1982年《终止就业公约》（第158号）的规定一致，建议书规定，艾滋病毒病假应与其他病假一样被同等对待。

---

① 在通过建议书时，参加国际劳工会议的代表一致认为，不应该有例外的一般原则，即任何劳动者都不应被要求为就业目的进行艾滋病毒检测。

1982 年《终止就业公约》（第 158 号）

第 4 条：

“劳动者就业不应该被终止，除非有与劳动者能力行为或者企业、公司业务要求相关的正当理由。”

第 6 条第 1 款：

“因为疾病或者受伤暂时请假，不构成解雇的正当理由。”

（五）安全健康工作场所的权利

建议书肯定了 1981 年《职业安全与健康公约》（第 155 号）所建立的原则，对于所有人而言，工作环境应该是安全健康的（第 30 段）。它指出某些职业可能让劳动者处于艾滋病毒传播的高风险中，或者暴露在相关传染疾病中，比如结核病，因此呼吁对这些劳动者提供特别培训。第 23 段规定，在与艾滋病毒感染风险有直接联系的职业中，艾滋感染应该被认定为职业疾病或者工伤。①

建议书建立在 1981 年《职业安全与健康公约》（第 155 号）、2006 年《促进职业安全与健康框架公约》（第 161 号）及相关国际公约（包括国际劳工组织和世界卫生组织联合发布的文件）基础上。它强调劳动世界中所有宣传措施应该澄清，艾滋病毒不会通过偶尔的身体接触传播，以减少艾滋污名化和歧视，艾滋病毒感染者的存在不应该被看作劳动世界中的危险（第 33 段）。

（六）社会对话

社会对话是成功的艾滋劳动世界政策和计划的基础，这个关键原则在建议书第 3（f）、6、8～9、17、37～39、41、43 和 52 段中有所体现。尤其是，建议书规定关于艾滋的政策和计划都应该通过雇主、劳动者及其代表、艾滋病毒携带者组织的对话程序来制定、通过、执行、评估和监管（这是一个“3＋”对话的例子）。此外，建议书呼吁雇主和劳动者组织通过教育和向成员提供信息来提高包括预防和非歧视在内的艾滋意识。

---

① 2002 年《国际劳工组织职业疾病建议书清单附件》（第 194 号）在 2010 年修订时纳入了艾滋病毒和结核病（TB）。

第200号建议书规定，国家艾滋政策和计划都应该促进符合1976年《三方协商促进实施国际劳工标准公约》（第144号）的社会对话。建议书意识到需要多部门应对劳动世界中的艾滋，应该采取更宽泛的超出传统三方结构的方法。它规定，各政府当局应该参与国家艾滋应对（比如，政府当局应该有劳动、医疗、青年、女性、教育和其他相关部门的代表），各部门的雇主和劳动者组织应该参与到这个程序中来。此外，对话应该包括所有的相关利益方，比如，国家艾滋部门、民间社会、国际组织和所有相关部门，包括卫生部门。

（七）*治疗和护理*

建议书规定，劳动世界应该在促进为感染艾滋的劳动者、他们的家庭和依靠他们生活的人提供服务方面发挥重要作用。他们应该从医疗保健中获益，而不论医疗保健是公共卫生、社会保障体系、私人保险还是其他方案提供的（第18段）。仍有一些不同类型保险计划排斥或限制艾滋病毒呈阳性或者那些被认为容易感染艾滋病毒的人的例子，这些医疗保健资金本可以帮助这些人活得更久，并且给他们本人和家庭提供福利。

（八）*支持*

继续就业和必要的合理调整原则在建议书第21段中也有体现。

第200号建议书第21段：

"支持和关爱计划结合国情的考虑，应包括在工作场所为艾滋病病毒感染者或艾滋病病毒相关疾病患者合理安排工作。工作安排应照顾到艾滋病发作特征及其治疗可能带来的副作用。"

建议书呼吁政府促进在工作上保留并录用艾滋病毒感染者（第22段）。它敦促它们考虑在失业阶段提供更多的支持，包括为艾滋病毒感染者和受艾滋病影响人群提供必要的创收机会。

五　实施

建议书通过一种或者多种方式来实施，包括国家法律法规、集体协议、国家关于艾滋的三方政策和计划、部门策略。它呼吁劳动法官和劳动管理部门参与到这些政策和计划的制定、实施中来（第37和44段）。

六 教育、培训、信息和咨询

所有艾滋预防信息应该以明确易懂的方式提供给所有劳动者（第8、16、32、40~43段）。建议书强调预防和教育应该提供给所有劳动者，包括管理部门和监督部门的劳动者，培训应该考虑劳动者的特殊特征。比如，给运输行业培训应该考虑长途卡车司机的特殊需求，考虑到他们特殊的工作环境和让他们感染艾滋的因素。

七 公共服务

建议书呼吁劳动法官和劳动管理当局在必要时评估、加强自己的角色和作用（第44段）。此外，它还规定公共健康部门应该加强保障与艾滋病毒相关的服务（第45段）。

八 国际合作

建议书呼吁继续增强国际合作，尤其是在联合国艾滋病规划署计划下，执行该计划的条款（第46~50段）。

建议书呼吁政府通过双边或者多边协议开展合作，通过参与多边体系或者其他有效手段实施建议书，尤其是关于移徙工人的建议，确保他们获得艾滋病毒服务。

应鼓励各国政府、国家艾滋机构以及有关的国际组织间的国际合作，应包括系统地交换关于为应对艾滋而采取的所有措施的信息。

九 后续行动

在国家层面上，建议书呼吁政府建立合适的机制或者利用现有机制来监测艾滋的国家政策以及劳动世界和执行情况（第51~54段）。最有代表性的雇主和劳动者组织应该在平等的基础上参与监管机制。艾滋病毒携带者代表组织和专家报告或者专业研究的观点都应该被考虑进去。

十 讨论要点

1. 贵国的法律如何处理基于真实或疑似艾滋病毒感染状态的就业歧视问题?

2. 在第200号建议书中提供反对污名化和歧视的保护需要采取哪些步骤?

3. 你熟悉贵国应对艾滋有哪些国家政策吗?

模块6：与艾滋病相关的歧视

各国政府和国际机构早已意识到艾滋疫情的人权维度。2006年联合国人权事务高级专员办事处（OHCHR）和联合国艾滋病规划署（UNAIDS）联合通过的《艾滋病毒和艾滋病与人权国际指南》呼吁政府制定或者加强反对歧视和其他保护性法律，从而保护在公共和私人部门中备受歧视的弱势群体、感染艾滋的人群和残障人群，保障他们的隐私和秘密不被泄露，确保有效执行和公民救济。[①] 关于非歧视原则，准则注意到国际劳工组织公约和建议书的特别相关性，“比如，国际劳工组织公约涉及就业和职业歧视、就业终止、劳动者隐私保护、职业健康和安全”。[②]

在劳动世界中污名化和歧视盛行的地方，劳动者因为害怕失去工作或者其他消极后果，会减少他们对服务的接受和相关治疗的坚持，这进一步妨碍了艾滋病毒的预防。[③] 最终，艾滋的污名化和歧视会破坏国际和各国为制止新发艾滋感染和为感染艾滋病毒的人提供预防、治疗、护理和支持措施的努力。

与艾滋病相关的歧视根植于污名化，污名化是因为对病毒及其传播途径的不了解和恐惧。在很多国家，污名化又是因为在他们的文化或者社会价值观中，艾滋病毒是与“坏的”或者“不道德的”行为联系在一起的。[④]

艾滋病毒感染者和受艾滋影响人群应该得到保护，免受污名化和歧视（这是两种有联系但是不尽相同的现象）。尽管污名化与歧视相关，但它的表现和影响可能更加隐蔽。

---

① 联合国人权事务高级专员办事处（OHCHR）和联合国艾滋病规划署（UNAIDS）：《艾滋病毒和艾滋病与人权国际指南》，指南5，第17～18页；也可见第31～37页。

② 联合国人权事务高级专员办事处（OHCHR）和联合国艾滋病规划署（UNAIDS）：《艾滋病毒和艾滋病与人权国际指南》，指南5，第80页。

③ 联合国艾滋病规划署：《艾滋病毒应对中的非歧视》，联合国艾滋病规划署项目协调委员会第26次会议，日内瓦，2010年6月22～24日，UNAIDS/PCB（26）/10.3，第10段。

④ 见联合国人权理事会《基于人类免疫缺陷病毒（HIV）和获得性免疫缺陷综合征（AIDS）的人权保护》，联合国大会秘书长报告（2010年12月20日），A/HRC/16/69，第5和11段。

> **第200号建议书第1（d）段这样定义污名化：**
>
> “‘羞辱’指一种特定的社会标记，当其与人相关，通常会造成边缘化或阻碍艾滋病病毒感染者或受影响者充分享受社会生活。”

污名化有多种形式。感染艾滋病毒的人可能被排斥出工作相关的社会事务，可能被其他同事骚扰或者恶意说长道短。经理或者同事会因为害怕握手、分享饮料或者其他社交接触孤立一个可能把他们暴露在艾滋病毒下的同事。污名化对被影响的劳动者有灾难性的影响，影响他们的斗志、积极性、生产力、身心健康和生活。同时也影响劳动世界中的组织气氛和社会化，造成不宽容和缺乏对人权尊重的文化。

根据联合国人权事务高级专员2010年向联合国大会提交的报告，感染艾滋病毒依然被看作使人们陷入被感染的危险境遇的不适合工作的情形，这导致了劳动世界中的不宽容、歧视和恐惧。[①] 联合国艾滋病规划署在2010年调查了不同国家劳动世界中与艾滋病相关的歧视的程度。调查显示，13%～29%的劳动者不愿意与艾滋病毒呈阳性的同事在一起工作。[②]

2012年艾滋病毒感染者污名化指数——一项针对九个国家[③]的艾滋病毒感染者（PLHIV）的经历的调查——显示就业相关的污名化和歧视指数居高不下。比如，图1显示，很大比例的劳动者会把失去工作和其他收入来源归因于与艾滋相关的歧视。

下面将提供艾滋相关的污名化案例——同事歧视而促使雇主解雇艾滋病毒呈阳性劳动者。

与污名化比较，歧视一般表现为作为或者不作为的形式。它可能是故意的行动，比如雇主因为真实或疑似艾滋病毒感染状态决定拒绝录用或者解雇劳动者。也可能是将某一特定群体排斥在与工作相关的福利之外，比

① 见联合国人权理事会《基于人类免疫缺陷病毒（HIV）和获得性免疫缺陷综合征（AIDS）的人权保护》，联合国大会秘书长报告（2010年12月20日），A/HRC/16/69。

② 见联合国艾滋病规划署和佐格比国际公司《“基准调查”，联合国艾滋病规划署展望报告》，日内瓦，2010，第34～35页。

③ 全球艾滋病毒感染者网络（GNP+），国际劳工组织和艾滋病毒感染者污名化指标，《证据简报：劳动世界中的污名化和歧视》，《艾滋病毒感染者污名化指标中的发现》，阿姆斯特丹，2012。调查的九个国家的清单在图1。

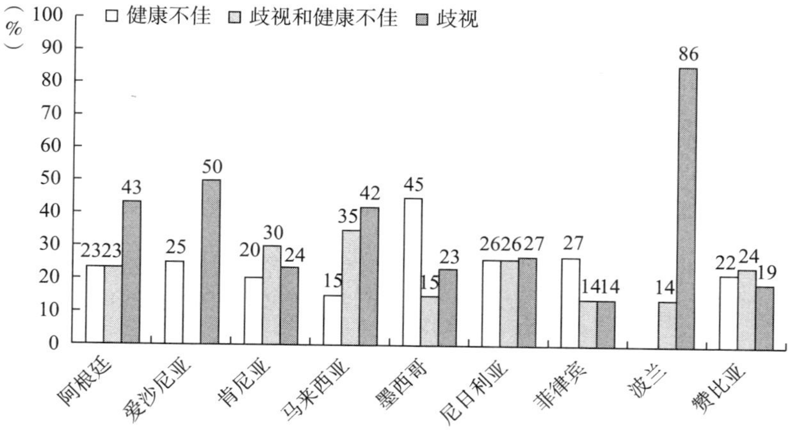

图 1　前 12 个月失去工作或者收入来源的原因（或者因为艾滋丢掉工作的人群）

资料来源：全球艾滋病毒感染者网络（GNP +），国际劳工组织和艾滋病毒感染者污名化指标，《证据简报：劳动世界中的污名化和歧视》，《艾滋病毒感染者污名化指数中的发现》，阿姆斯特丹，2012，第 12 页。

国家：希腊

欧洲人权法院，I. B. 诉 Greece，诉状号 552/10，2013 年 10 月 3 日判决。

原告在检查艾滋病毒呈阳性后被珠宝公司解雇。原告因为病假，好几位同事猜测他感染了艾滋病毒，去做艾滋病毒检测了。结果是不幸的。很快，同事知道了原告艾滋病毒呈阳性，立即要求管理层开除他。将近一半的雇员在请愿书上签名催促开除原告。雇主为转嫁来自员工的压力，解雇了原告。希腊最高法院认为此举不构成歧视，转而证明雇主所处环境的正当性，考虑雇主面对的压力和原告继续存在给公司正常运转所带来的危险，在这种情况下解雇行为是合理的。

欧洲人权法院基于《欧洲人权公约》推翻了希腊最高法院的判决。法院采纳了国际劳工组织的第 200 号建议书，广泛引用了该建议书关于不歧视的规定。法院认为，雇主解雇原告，是对原告的进一步污名化，尽管他被检测出艾滋病毒呈阳性，但是没有任何疾病的症状。法院也认为同事的威胁是不合理的，因为他们没有任何有效的科学理论依据。法院认为，如果原告的艾滋病毒状况不影响公司正常运转（比如妨碍其履行工作职责），仅凭艾滋病毒状况不能解雇他。

如培训机会或者获得职业保险计划的机会。

第200号建议书，第1（e）段，参考国际劳工组织第111号公约这样定义歧视：

“‘歧视’指诸如1958年《消除就业和职业歧视公约》和1958年建议书中提及的，做出任何区分、排斥或偏向，从而造成剥夺或损害就业或职业机会均等或待遇平等的行为。”

歧视可以是直接的或者间接的。在可比较的情况下，某人因为真实或疑似艾滋病毒感染状态被不利对待，就是直接歧视。比如，艾滋病毒呈阳性的求职者在面试后可能被拒绝，在面试中他/她可能被询问药物服用状况、婚姻状况或其他测定艾滋病毒状况的问题。一个表面上中立的条款或者实践把某人置于与其他人相比特别不利的地位，却没有区别对待的合理理由，这种情况就是间接歧视。比如，一个内部规则规定奖金取决于劳动者加班，没有考虑那些因为疾病、父母义务或者其他原因无法加班的人的情况，这就构成间接歧视。

歧视不需要主观故意。有损害机会平等和待遇平等的效果的歧视行为或者排斥就足以被认定。

如国际劳工组织专家委员会在《1958年第111号〈消除就业和职业歧视公约〉50周年纪念日一般性观察》中注意到，与艾滋相关的歧视经常与其他歧视联系在一起。

公约和建议书实施专家委员会报告，联合国国际法委员会，第98次会议，2009年，报告3（1A部分）第108段：

“公约第1条第1款b项认为新的歧视现象会不断出现并被发现，并且设想批准公约的各国政府将会根据公约来处理这些歧视事由。各国越来越多地利用这种可能性来确定额外的歧视事由，采取措施（包括法律保护）处理其他事由歧视，比如年龄、健康、残障、艾滋、国籍、家庭状况/家庭责任、性倾向。委员会观察到，很多就业和职业歧视案例不仅仅是单一歧视。比如，性别歧视经常与种族、民族或宗教，甚至年龄、移民身份、残障或者健康等其他歧视或者不平等联系在一起。委员会希望关注移徙工人的特殊情况，包括女性家政工人、土著女性以及艾滋人群。”

一 与艾滋病相关的歧视的形式

与艾滋病相关的就业歧视主要发生在三个方面：就业前，就业中（就业条款和条件），不公正解雇。

歧视可能在就业前发生。艾滋病毒呈阳性的求职者如果向未来的雇主暴露他/她的情况，很可能被拒绝录用。类似的，求职者可能被要求做艾滋病毒检测，并以此作为雇佣的条件。有些雇主倾向于间接检测求职者（被称作“筛选”），通过问他们一些问题，判断求职者是否携带艾滋病毒。

与艾滋病相关的歧视可能发生在雇主拒绝求职者的个人行为中，或者排斥感染艾滋病毒的人就业的规则或者政策中。比如，可能存在某种做法或政策禁止艾滋病毒感染者从事特定职业，而不考虑个人能力。

就业条款和条件的歧视发生在劳动者被雇主或者同事排斥或者边缘化之时。劳动者可能得不到参与培训或者其他工作相关的机会，或被排除在就业相关的福利之外。

劳动者可能仅仅因为感染了艾滋病毒或看似不能完成工作任务而被解雇，而不考虑其实际能力。

二　基于真实或疑似艾滋病感染状态的歧视

当审查基于真实或疑似艾滋病感染状态而遭受不公正歧视的诉讼时，第一个要考虑的问题是与艾滋病相关的歧视受害者哪些权利受国家法律保护，保护到什么程度。基于真实或疑似艾滋病毒感染状态的歧视已经被越来越多的国家纳入国家法律禁止的歧视事由中。① 不过，根据联合国艾滋病规划署2012年全球报告，截止到2012年底，仅有61%的联合国成员国报告有保护艾滋病毒感染者的国家法律。②

在有保护法律的国家，法律覆盖的种类很多。有些国家在宪法中规定反对歧视的宽泛性保护。法院解释这些宪法性条款以禁止与艾滋病相关的歧视。

① 国际劳工组织：《给全球化一张人性化的面孔：关于国际劳工组织〈关于实现社会公正以推动公平的全球化的宣言〉中的工作权利的核心公约的一般调查》，报告3（1B部分），国际劳工大会第101次会议，日内瓦，2012，第810段。

② 联合国艾滋病规划署：《全球报告：联合国艾滋病规划署关于2012年全球艾滋病疫情的报告》，日内瓦，2012，第80页。

> **国家：南非**
>
> **南非宪法法院，Jacques Charl Hoffmann 诉 South African Airways（南非航空公司），案件号 CCT 17/00，2000 年 9 月 28 日判决。**
>
> 南非宪法法院认为南非宪法保护原告不受艾滋就业歧视。

在 2011 年巴西联邦最高劳动法院递交的两份决定中，法院引用了国际劳工组织第 111 号公约和第 200 号建议书，依靠的就是宪法一般条款（这两份决定将在模块 10 中有更详细的讨论）。

很多国家将与艾滋病相关的歧视纳入其他禁止歧视的事由中，比如"残障"①、"健康"或"其他状况"。同时，很多国家将艾滋状况纳入一般歧视中，或者作为平等机会法律中的一种特殊事由。一些国家通过一般艾滋法律，② 或者在劳动法或者其他劳动法律中规定禁止基于真实或疑似艾滋病感染状态的就业歧视。③ 一些国家发布艾滋政策或者实践准则，另一些国家则把反对歧视条款纳入集体谈判协议中。④

2012 年国际劳工组织专家委员会敦促各国考虑通过保护基于真实或疑似艾滋病感染状态的人群免受就业歧视的法律。⑤

> **国际劳工组织，《给全球化一张人性化的面孔：关于国际劳工组织〈关于实现社会公正以推动公平的全球化的宣言〉中的工作权利的核心公约的一般调查》，第 811 段：**
>
> "法律和政策有时候只限于保护艾滋病毒感染人群免受就业歧视和污名化，即只保护感染了艾滋病毒的人。国家法律和政策应当依照 2012 年《关于艾滋病与劳

---

① 比如，美国根据 1990 年《美洲残障法案》把艾滋病毒作为一种残障来保护。2000 年 4 月 8 日《联合王国平等法案》也是把艾滋病毒作为残障，而不是一种单独的禁止歧视事由。

② 比如，哥斯达黎加已经通过《一般艾滋病法》（1998 年 4 月 29 日第 7771 号法律）。莫桑比克有《一般艾滋病法案》（2002 年 2 月 5 日第 5 号法案）。

③ 比如，《纳米比亚劳动法案》（2007 年 12 月 21 日第 11 号）第 5（2）（f）部分，或者 2001 年《巴哈马就业法案》（2001 年第 73 号）第 6 部分。

④ 国际劳工组织：《给全球化一张人性化的面孔：关于国际劳工组织〈关于实现社会公正以推动公平的全球化的宣言〉中的工作权利的核心公约的一般调查》，报告 3（1B 部分），国际劳工大会第 101 次会议，日内瓦，2012，第 810 段。

⑤ 国际劳工组织：《给全球化一张人性化的面孔：关于国际劳工组织〈关于实现社会公正以推动公平的全球化的宣言〉中的工作权利的核心公约的一般调查》，报告 3（1B 部分），国际劳工大会第 101 次会议，日内瓦，2012，第 811 段和脚注 2048（第 339 页）。

动世界的建议书》（第200号）所设想的那样，在‘真实或疑似的艾滋感染状况’的基础上保护人们免受歧视和污名化，以涵盖那些因为刻板印象受到歧视的人。保护应涵盖受艾滋影响的人群，比如其家庭成员、孩子（他们是艾滋孤儿或者容易被感染艾滋）、移徙工人。”

关于基于刻板印象的与艾滋相关的歧视，专家委员会指出：“例如，刻板印象的出现是因为相关的人属于艾滋感染高风险的地区或者人群，包括与男性发生性关系的男性、注射吸毒者和性工作者。”

第200号建议书第3（c）段除了规定不应该有基于实际或疑似艾滋感染的就业和职业歧视，还规定，不应该歧视属于艾滋病毒感染高风险的地区或者人群的人。

基于刻板印象的歧视可能以各种方式出现。比如，个人因为性倾向和艾滋状况而被歧视，仅仅是因为先入为主的观念认为不同性倾向的人更可能是艾滋病毒感染者。事实上，这个人可能不是同性恋，也没有感染艾滋病毒。一个人也可能因为与艾滋病毒呈阳性配偶或家庭成员有联系而被歧视。

安大略省人权法院的决议阐明了国内法庭处理与疑似艾滋相关的歧视所采取的方法。

国家：加拿大

安大略省人权法院，Giguere 诉 Popeye Restaurant，案件号 2008 HRTO2，2008年1月17日判决。

安大略省人权法院审查与艾滋相关的歧视的指控。原告声称她作为服务员被解雇是因为她的同居配偶艾滋病毒呈阳性。雇主辩称雇用原告时就已知道其配偶的艾滋病毒状况，作出解雇决定不是因为有顾客投诉她的同居配偶艾滋病毒状况。原告声称因为残障（包括疑似的残障）、与他人的亲密关系和婚姻状况而受到歧视。雇主和经理否认了这些指控，雇主声称解雇她是因为财政困难、生意下滑，辩称顾客的投诉和原告同居配偶艾滋病毒呈阳性不是作出解雇决定的原因。法院注意到，该案件使“基于疑似的残障、与他人的亲密关系和有时候称为‘顾客偏好情形’的歧视这些有趣的法律问题”浮出水面。

法院注意到，雇主给原告的解雇书中这样写道：“考虑到顾客向我和一些同事投诉你可能感染艾滋病毒，我必须解雇你。有些顾客直接告诉我如果你继续在这里工作，他们就不来餐厅了。当初雇用你时，你告诉我即将成为你丈夫的男友感染了艾滋病毒，但你的检测是阴性的。你的诚实深受赞赏。当时我并不认为这是个问题。很不幸与我的信念相反，如果这将影响到生意，我别无选择，只能解雇你。”

法院也注意到，餐厅确实存在财政困难。然而，没有证据表明，在此期间除了原告以外还有其他人被解雇，也没有证据表明餐厅流失了顾客。法院得出结论，解雇原告的决定主要是出于对她与感染艾滋的人有亲密关系的歧视，而这违反了安大略省的人权法案。

三 法院处理就业和职业中与艾滋相关的歧视的方法

这部分将提供不同国家法院处理就业和职业中与艾滋相关的歧视的司法案例。

（一）录用和选拔中的歧视：拒绝录用

有些国家法院认为求职者不能仅仅因为真实或疑似艾滋病毒感染状态而被拒绝录用。

国家：南非

南非宪法法院，Jacques Charl Hoffmann 诉 South African Airways（南非航空公司），案件号 CCT 17/00，2000 年 9 月 28 日判决。

求职者因为艾滋病毒阳性状况，被拒绝录用为空中乘务员。在雇主不知道他的艾滋病毒状况时，他被认为是符合这个岗位要求的。宪法法院注意到感染艾滋的人在南非社会是受到严重歧视的少数群体。法院注意到，有必要保护这一群体不受歧视，并通过解释宪法第 9（3）条平等条款以提供保护，防止这一群体因艾滋状况而遭受就业歧视。

法院认为仅仅是艾滋病毒状况并不足以使原告不适合担任客舱乘务员。依据宪法和 1958 年《消除就业和职业歧视公约》（第 111 号公约），法院判决，为了有效消除歧视，这个案件合适的救济是要求南非航空公司录用原告为客舱乘务员。

1. 艾滋病毒阳性状况和工作权

孟买高等法院认为拒绝录用艾滋病毒呈阳性的求职者构成非法歧视，侵犯工作权、生命权和生活权。

> **国家：印度**
>
> **孟买高等法院，MX of Bombay Indian Inhabitant（印度孟买居民）诉 M/s ZY Courtsand another，案件号 BOM 406，1997 年 4 月 3 日判决。**
>
> 因为原告艾滋病毒检查呈阳性，他的名字被从雇主的临时工名册中删掉了。根据法院的证据，原告被认为适合该工作。
>
> 法院审查了艾滋病毒阳性劳动者被排斥出劳动力市场的经济后果。法院推断，艾滋就业歧视导致的失业侵犯了工作权、生活权和生命权，结论认为这样的歧视将导致艾滋病毒阳性劳动者面临事实上的经济死亡："因此，一个人谋生和就业的权利，雇主、劳动世界中同事和接触此人的公众的利益必须得到平衡。我们的观点是，国家和公司……不能采取残忍的不人道的立场：除非他们已确知此人将从雇佣到退休一直工作，否则他们不雇佣此人……对于艾滋病毒感染者来说，最重要的事情是要求社区支持、经济支持和不受到歧视。预防和控制这种可怕的疾病也是必要的。考虑到这种疾病在全世界尤其是本国广泛的威胁，不能允许国家谴责艾滋病毒感染受害者，让他们处于经济死亡状态，他们中很多人可能真的很不幸。在宪法中这是不符合公众利益的，也是不被允许的。"

在随后的一项裁决中，孟买高等法院也论述了在体恤就业的情况下，一位已故劳动者的艾滋病毒阳性妻子被排除在福利之外的艾滋就业歧视问题。

> **国家：印度**
>
> **孟买高等法院，S. Indian Inhabitant of Mumbai（印度孟买居民）诉 Director General of Police（警察局长），CISF and others（unreported），案件号 202/1999，2004 年 2 月 27 日判决。**
>
> 原告是一位艾滋病毒阳性的寡妇，她丈夫曾经在公共部门工作。因为艾滋病毒阳性状况，她被拒绝以值得同情的理由（代替她已故的丈夫）被雇佣，尽管医学上证明她适合这份工作。1999 年 11 月 14 日，法院发出一个暂时法令，要求公司暂时雇用她（90 天）。2004 年 1 月 16 日，在终审裁定中，法院要求公司给原告一个永久岗位。

2. 拒绝进入特定职业

与艾滋相关的歧视导致拒绝雇用，也可以导致特定职业的排斥。比如，霍夫曼（Hoffmann）案件中雇主认为原告不能担任客舱乘务员，因为艾滋病毒阳性状况使得他不能接种黄热病疫苗，而接种黄热病疫苗是跨国旅行的必要条件。南非宪法法院拒绝了这个论据。根据医学专家提供的证据，法院这样认为：“恐惧和无知永远无法成为否认所有艾滋病病毒感染者基本权利的理由。我们对艾滋病病毒感染者的治疗必须基于合理和医学上的判断。必须保护他们免受偏见和刻板印象的影响。我们必须与关于艾滋病毒错误但普遍存在的观念做斗争。在某些情况下，一些艾滋病毒阳性的人不适合担任客舱乘务员，但这一事实不能构成将所有艾滋病毒阳性的人一律排除在客舱乘务员之外的理由。”（第 35 段）

“如果一个艾滋病毒阳性者是无症状和具有免疫能力的，在没有任何其他障碍的情况下，他或她将都能做到：满足工作的要求，并根据工作需要接受适当的疫苗注射。”（第 14 段）

法院进一步论述道，“基于医学原因，基于艾滋病毒阳性就拒绝录用不能被合法化”，并且认为，“经过有效治疗后，个人能够正常的生活，他们可以履行他们能胜任的工作职责”（第 14 段）。

有些法院已经推翻了在军队和公共服务部门一律拒绝录用艾滋病毒阳性群体的政策。

国家：纳米比亚

劳动法庭，Haindongo Nghidipohamba Nanditume 诉 Minister of Defence（国防部长），案件号 LC 24/98，2000 年 5 月 10 日判决。

劳动法庭引用《纳米比亚劳动法》关于反对不公正歧视的条款，推翻纳米比亚国防部拒绝录用艾滋病毒感染者的政策。

国家：南非

南非高等法院，South African Security Forces Union（SASFU，南非安全部队工会）诉 Surgeon General（卫生局局长），案件号 18683/07，2008 年 5 月 16 日判决。

南非安全部队工会质疑南非国防军拒绝录用艾滋感染人群，并将已经在军队中的艾滋病毒感染者排除在发展和提升机会之外的政策。雇主认为这个政策是合理的，有必要保障雇员的良好健康。鉴于有科学证据对这一理由提出质疑，双方同意了高等法院通过的一项解决方案，该协议要求雇主根据判决制定一项新的健康分类政策。

国家：美国

美国地方法院，哥伦比亚地区，Doe 诉 District Court of Columbia（哥伦比亚地区法院），案件号 91 – 1642，1992 年 7 月 1 日判决［796 F. Supp. 559（1992）］。

地方法院审查了消防员的艾滋病毒阳性状况是否会使他无法履职。法院依据医学专家和科学证词认定原告在履职过程中传染给其他消防员或者公众没有可以衡量的风险。法院观察到，"在得出这一结论时，本法院与其他法院一样，拒绝把理论上的或极小的艾滋传播概率作为理由来排斥艾滋病毒感染者得到工作或者教育的机会"。

国家：印度

安得拉邦高等法院，X 诉 State Level Police Recruitment Board（州级警察录用委员会），案件号 15981／2005，2005 年 12 月 22 日判决。

安得拉邦高院认为艾滋病毒阳性状况不能作为拒绝录用的依据，警务部门不能拒绝录用合适的、胜任工作的、不会对他人构成重大危险的人。高院强调，艾滋病毒状况本身不意味着一个人不适合工作。法院引用霍夫曼案强调，不公正的歧视会使艾滋病毒呈阳性的人面临"经济死亡"："有些人被发现艾滋病毒呈阳性，在特定情况下，不适合警察工作的事实，不能证明所有感染艾滋病毒的人被排斥在工作外是合理的。如果是这样，感染艾滋病毒的人将永远没有机会根据现有的医学知识评估他们的医疗状况，以确定他们是否适合在警队工作。相反，建立在偏见上和没有事实根据的假想的歧视，只会使他们更加脆弱。这明显是不公平的。原告不应被不公正歧视的宪法权利不能由不知情的公众对感染艾滋人群的认知来决定。偏见永远无法成为不公平的区别对待的理由。"

"必须以同情和理解来对待艾滋病毒感染者。他们不应被剥夺平等的就业机会而被宣告经济死亡。不是所有感染艾滋病的人都不适合工作。只有那些 CD4 + 指数降到一定水平以下的人才可能不适合工作。考虑到所有这些因素，原告已经满足规定的身体体格和其他标准，仅仅因为他被检测出艾滋病毒呈阳性就拒绝录用损害了他的尊严，构成了不公正歧视。……不应该有人仅仅因为艾滋病毒检测呈阳性就被拒绝录用。"

（二）得到社会保护的途径：在医疗保健、社会保障和社会保险领域与艾滋病相关的歧视

艾滋病毒感染者可能会被排斥在与就业相关的医疗保健计划和保险计

划（健康、残障和人寿保险）的覆盖范围外。第 200 号建议书在第 18 段规定："成员国应该确保感染艾滋的劳动者和依靠他们生活的人从医疗保险中获益，而不论医疗保险是公共卫生、社会保障体系、私人保险还是其他方案提供的。"

1. 治疗权

第 200 号建议书在第 19 段中规定平等获得健康服务的权利，包括与艾滋病毒相关的基本治疗。法院认为拒绝提供艾滋病毒相关的健康服务是侵犯艾滋病毒感染人群的权利的。

国家：南非

南非宪法法院，Ministry of Health and Others（卫生部等）诉 Treatment Action Campaign and Others（治疗行动运动），案件号 CCT 9/02，2002 年 4 月 4 日判决。

一个非政府组织（NGO）倡导把奈韦拉平（一种抗逆转录的治疗药物，可以减少一半的母婴艾滋传播）免费发给感染艾滋的妇女。宪法法院认为政府预防出生时艾滋母婴传播的政策和措施不符合南非宪法第 27 条第 1 款和第 2 款的规定，命令政府提供要求的药物和治疗计划。

国家：美国

美国最高法院，Bragdon 诉 Abbot，案件号 97 - 156，1998 年 6 月 25 日判决（524 U. S. 624）。

一个牙科医生因为病人艾滋病毒呈阳性的状况而拒绝治疗这个病人。最高法院认为这种拒绝构成不合法的歧视："是否存在重大风险取决于拒绝接受治疗或者调节的当事人立场，风险评估必须建立在医学或者其他客观证据基础上。作为一个医疗保健专业人士，原告有责任根据他和其他专业人员可获得的客观、科学的信息来评估感染的风险。他认为存在重大风险，即使始终是出于善意，也不能使他免责。"

2. 平等地获得保险

国家法院认为感染艾滋的人有权获得人寿保险。

国家：哥伦比亚

哥伦比亚宪法法院，XXXX and XXXX 诉 Aseguradora Solidaria de Colombia（哥伦比亚连带保险），案件号 T－1165/01，2001 年 11 月 6 日判决。

哥伦比亚宪法法院审查了保险公司拒绝给艾滋病毒呈阳性人群提供人寿保险的案件。法院认为保险公司的政策是歧视性的，侵犯了原告的尊严权。

3. 平等地获得社会保障金

在国际法和很多国家的宪法中，享有社会保险被认为是最基本的人权。

国家：秘鲁

秘鲁宪法法院，Jacinto Francisco Villacorta Guevara 诉 Government（政府），案件号 04749－2009－PA/TC，2011 年 8 月 9 日判决。

宪法法院支持艾滋病毒阳性原告获得残障津贴的权利。法院在最终判决中说，拒绝（为艾滋病毒阳性原告提供残障津贴）侵犯了基本人权。该判决指出，艾滋病毒阳性人群由于其艾滋病毒状况，身心和情感都很脆弱，因此，他们应当得到法律的特别保护。判决提及秘鲁国家法律和政策框架，它们规定了获得社会保护的权利和禁止所有形式的与艾滋相关的歧视。秘鲁第 28243 号法律第 7.2 条也规定了艾滋病毒阳性群体有获得护理、治疗的权利，包括当他们丧失工作能力和无法工作时获得社会保障的福利。法院明确表示，判决建立在生命权这一基本权利与国家关于艾滋病毒和艾滋病的法律基础之上。

基于艾滋病毒状况的歧视性解雇不仅导致劳动者失业，而且损害劳动者获得社会保险和职业健康计划的权利。国家法院审查了不公正解雇案件，在这些案件中法院作出了恢复原告社会保险福利权利的救济。

国家：哥伦比亚

哥伦比亚宪法法院，XX 诉 Gun Club Corporation et al.（枪支俱乐部有限公司等），案件号 SU－256/96，1996 年 5 月 30 日判决。

原告声称，雇主知道他是艾滋病毒阳性后解雇了他。原告在 1992 年被枪支俱乐部公司雇佣。他的职业福利包括在俱乐部场地接受医生的医疗服务。1994 年，医生要求原告做艾滋病毒检测。当他检测出艾滋病毒阳性时，医生命令他离开俱乐部。雇主随后准备了一封信，对原告实行 30 天的带薪停职。紧接着，雇主又对他实施了第二次带薪停职，并随后发出了一份解雇信。

原告要求赔偿收入，并向法院寻求保留他的社会保险权利的命令。法院认可哥伦比亚宪法规定的原告的平等、尊严、工作、健康和社会保险权利。根据已有证据，法院发现原告因为艾滋病毒阳性状况而受到歧视和不公正解雇。

宪法法院命令雇主赔偿原告因被解雇所导致的所有损失，包括收入。它进一步要求国家社会保障协会向原告提供同样范围的保障，就好像他没有被停职一样。法院还命令协会向原告提供从他艾滋相关症状开始出现之日起的残障抚恤金。考虑到雇主医生的行为，法院还指示将判决书副本送交给医学伦理法院。

（三）不公正解雇

就业中与艾滋相关的歧视最常见的形式之一就是不公正解雇，导致劳动者失去收入和生计。这还会导致劳动者、他/她的家庭和依靠他们的人失去就业相关的健康福利。

国家：波兰

波兰宪法法院，案件号 150/10/A/2009，2009 年 11 月 23 日判决。

行政法院，案件号Ⅲ SA/Gd 6/10，2010 年 3 月 10 日判决。

一名警察因其艾滋感染状况而被警察署解雇。雇主基于警察署列出的排斥就业的特定健康状况的行政管理条例解雇了此人。格但斯克区域行政法院向宪法法庭提出了对该条例的合宪性做出裁决的请求，法院听取了警察署解雇此人的理由。宪法法院裁决因为艾滋病毒状况而自动解雇的行政规定侵犯了在公共部门就业时不受歧视的宪法权利。法院还多次谈及国际劳工组织艾滋行动准则。基于这样的判决，格但斯克区域行政法院撤销了解雇。

在 2011 年的一个案件中，南非劳动法院引用国际劳工组织第 111 号公约和第 200 号建议书，还有一些宪法性和法令性法律，支持了一个因为感染艾滋病毒被解雇的劳动者。

国家：南非

南非劳动法院，Gary Shane Allpass 诉 Mooikloof Estates（Pty）Ltd.，案件号 JS178/09，2011 年 2 月 16 日判决。

2008 年 11 月 1 日，Allpass 被 Mooikloof 房地产公司聘为骑马教练和马厩经理。

在他被录用之时，他已经感染艾滋病毒将近 20 年。在被录用前，Allpass 参加面试，告诉经理他健康状态良好。被录用后不久，他和其他两位员工被要求填写一个表格，要求他透露是否有慢性病。

Allpass 遵照规定，说他每天服用药物控制艾滋病毒状况。在知道他的艾滋病毒阳性状况后，雇主立即解雇了他，说他撒谎，不如实告知他的情况，而他事实上"病得很严重"。除了指控歧视和错误解雇，Allpass（按照就业合同的条款和情况，他居住于雇主的产业）指称他被粗暴对待、侮辱和被该公司驱赶。

南非劳动法院认为，Allpass 因为艾滋病毒状况被歧视和不公正解雇，判定雇主支付他 12 个月薪水作为补偿性赔偿费用。法院认为解雇侵犯了 1996 年南非宪法第 9 条设定的平等权利。法院还认为解雇违反了 1995 年第 66 号《劳动关系法》的第 187（1）（f）和 188 部分以及 1998 年第 55 号《平等就业法》的第 6（1）部分［骚扰和强制驱赶的指控被法院驳回，因为缺乏驱赶（由第三方执行）与雇主之间关系的证据］。

在做出决定时，法院论及了 1998 年南非《就业中艾滋关键方面的良好实践准则》，也援用 1998 年国际劳工组织《消除就业和职业歧视公约》（第 111 号）和 2010 年《关于艾滋病与劳动世界的建议书》（第 200 号）。

2011 年，巴西联邦最高劳动法院在两个因为艾滋病毒状况遭受不公正解雇的案例中也引用了第 111 号公约和第 200 号建议书。

国家：巴西

巴西联邦最高劳动法院，Adriana Ricardo da Rosa 诉 Sociedade de Ònibus Porto Alegrense LTDA – SOPAL，案件号 TST – RR – 104900 – 64. 2002. 5. 04. 0022，2011 年 8 月 3 日判决（2011 年 9 月 2 日公布）。

巴西联邦最高劳动法院，Edson Osório Leites 诉 Sociedade de Ônibus Gaucha LTDA（SOGAL），案件号 TSTRR – 61600 – 92. 2005. 5. 04. 0201，2011 年 6 月 22 日判决（2011 年 7 月 1 日公布）。

两个案件的原告都辩称，自己因为艾滋病毒阳性状况而被解雇，雇主的行为是歧视性的，侵犯了巴西宪法下他们的基本人权。两个原告要求复职、补发薪水及获得由解雇导致的所有损失赔偿。法院支持两个案件中的劳动者，判决他们因为艾滋病毒状况被不公正解雇，遭受了歧视。在判决书中，法院论及第 111 号公约和第 200

号建议书。法院认为在两个案件中适用第200号建议书禁止歧视感染艾滋病毒的劳动者的规定——成员国应该保证劳动者不因为真实或疑似艾滋病病毒感染状态被歧视或者污名化。

法院判决论及第200号建议书第10、11段，其中规定真实或疑似艾滋病病毒感染状态不应该成为拒绝录用或者继续就业、中断就业的事由。法院强调第200号建议书呼吁国际劳工组织成员国促进艾滋病毒感染者的工作保留和录用。

在1958年《消除就业和职业歧视公约》下，建立在CEACR提供的评论基础上，法院审查了这两个案件的举证责任，决定相应的雇主（而非原告）有义务证明解雇不是因为原告的艾滋病毒状况。最终，两名工人都复职了。

（四）艾滋病毒相关疾病事件中雇主的义务

如前所述，真实或疑似艾滋病毒感染状态不能成为中断就业的有效理由。依据第200号建议书第3段的内容，有艾滋病毒相关疾病的劳动者不应该被拒绝继续工作，如有必要应做适当调整，只要医学上认定他们适合做这样的工作。

然而，雇主可以证明解雇一个员工是因为她/他无法履职。法院被要求决定解雇是否是不公平的和歧视性的，或者是否是因为劳动者能力问题而该解雇是合理的。

下面的案例提供了法院如何处理这个问题的例子。

国家：博茨瓦纳

博茨瓦纳工业法庭，Lemo 诉 Northern Air Maintenance（Pty）Ltd.（北方航空维修公司），案件号166/2004，2004年11月22日判决。

工业法庭审查了劳动者因为艾滋病毒相关疾病被不公正解雇的事实陈述。法庭上Lemo被解雇是因为艾滋病毒状况还是因为如雇主主张的他拒绝接受医疗检查存在事实争议。

Lemo是北方航空维修公司的员工，在他告诉雇主他的艾滋病毒状况后被解雇。在他工作的最后四年，他的健康状况已经恶化。他用完了他所有的年假和病假，雇主给过他好几次无薪休假。2004年1月28日，管理层与Lemo会谈，指出他经常缺席，建议他找私人医生做一个检查。Lemo拒绝了，说他在当地医院治疗，那里的医生熟悉他的情况。第二天（2004 年 1 月 29 日），Lemo 告诉雇主他的艾滋病毒状况。2004 年 1 月 30 日雇主准备了辞退信件。

法院认为北方航空维修公司解雇 Lemo 的决定是歧视性的。法院在所有证据基础上，得出结论 Lemo 被解雇仅仅是因为他的艾滋病毒状况，拒绝了雇主解雇是因为 Lemo 不做医学检查的说法。在做这个决定时，法院指出一个事实，北方航空维修公司允许 Lemo 缺席工作达三年之久，直到他们发现他的艾滋病毒状况就立即解雇了他。法院还发现没有证据证明 Lemo 缺乏工作能力。法院裁决 Lemo 被解雇就是因为他的艾滋病毒状况，这确实是不公正的。

法院还认为，解雇 Lemo 在程序上是不公正的，因为没有按照合适的磋商和讨论环节来走程序。关于这一点，法院这样论述：

“即使是没有工作能力，员工也不能未经公正询问就被解雇，在这个询问中应该考虑到没有工作能力的本质、原因以及恢复、提高或者改善的可能性，缺席的周期，对雇主业务和员工服务时间的影响以及其他一些关键因素。

“员工呈艾滋病毒阳性，雇主应该避免对这类员工有歧视性行为，应该像对待受到其他绝症威胁的员工一样。因为一般来说，艾滋病毒阳性的员工的履职能力可能很多年，甚至几十年都不会受到干扰……仅仅因为艾滋病毒阳性而将他们拒之门外，而且在没有确定是否丧失履职能力的情况下解雇他……缺乏理性基础，是不公正的。”

但是，在 Lemo 案件中法院认为雇主没有被期待负担一个不能工作的员工（不论是由于艾滋还是其他疾病），有权解雇因为疾病在不合理的长时间内缺席工作的员工。然而，缺席周期是否是“不合理的长时间”的问题应该根据每个案件的具体情况加以确定。另外，法院提醒，当员工生病太严重无法继续当前工作时，雇主有义务遵循公正程序。公正客观地对劳动者执行工作任务的能力进行医学评估是这类公正程序所必要的组成部分。

1998 年博茨瓦纳工业法庭针对一起艾滋相关疾病案件的判决（在 Lemo 案件中引用），为雇主在处理艾滋病毒阳性雇员逐渐丧失或永久丧失工作能力问题时的程序义务的性质及范围提供了指导。

国家：博茨瓦纳

博茨瓦纳工业法庭，Monare 诉 Botswana Ash Pty（Ltd.），案件号112/1998，2004年3月28日判决。

工业法庭认为，如果遵循正确程序的话，雇主应该证明解雇不能履职的员工的合理性。原告是从事某项特定工作的唯一一名工人。他因为艾滋病毒相关疾病缺席工作，雇主在他生病期间提供支持，包括调整工作、医疗护理和送医。在他被解雇前的最后几个月，原告只能工作半天，但是雇主给他全额的工资。在这样的情况下，考虑到没有恢复健康的机会以及公司运转的需要，法院裁决雇主可以因为健康原因解雇员工。

四 讨论要点

1. 在劳动世界中，基于真实或疑似艾滋感染状况的歧视是如何表现出来的？

2. 有哪些因素是初步认定歧视案件所必需的？

3. 你知道贵国劳动法院所做的与艾滋病相关的歧视案件的判决吗？结果如何？

模块7：艾滋病检测、隐私及隐私保护

第200号建议书要求全面保护感染艾滋病毒的工作人员（包括求职者）及其家属的隐私权。意见规定：不能有强制性的用于就业目的的艾滋病检测，并且（自愿的）检测结果应予以保密。不得危害就业、任期、工作保障或晋升机会。它进一步规定，雇主有义务尊重劳动者的隐私，并保证个人信息，包括医疗数据、（感染）艾滋病毒的工作人员及其家属相关信息的保密性。另外，不应要求工作人员披露关于自己或他人的艾滋病毒感染状况的信息。

《关于艾滋病与劳动世界的建议书》，2010年（第200号）

第3段（h）和（i）：

“（h）劳动者及其家庭和受赡养者应当享有隐私权保护，包括艾滋病相关信息的保密，特别是与自身相关的艾滋病病毒感染状况的保密；

（i）不得规定劳动者做艾滋病病毒检测或透露其艾滋病病毒感染的状况。”

第 14 段：

“应当在工作场所，或通过工作场所采取措施，减少艾滋病病毒的传播并降低其影响：

……

（g）确保个人信息的有效保密，包括医疗信息。”

本单元将审查法院对艾滋病毒检测的保密性和强制性问题所采取的方法。

一　隐私和保密

1988 年，联合国人权委员会申明《公民权利及政治权利国际公约》第 17 条规定的隐私权。委员会解释到，在计算机、数据库和其他设备上收集和保存个人信息，无论是公共当局还是私人或个人的机构都必须遵守法律，并且绝不能将这些信息用于与公约不符的目的。这预示着将这些信息用于就业歧视的目的是公约第 26 条所禁止的。[①]

在不尊重隐私权的情况下，艾滋病毒感染者可能受到污名化和歧视，形成一种敌视的环境，可能最终导致他们辞职。法院认为，如果存在敌对环境，辞职可能被视为构成推定解雇。下面的案例说明了这种方法，并提供了一个例子，证明披露劳动者艾滋状况可能造成的危害，尤其是在与艾滋相关的污名普遍存在的工作环境中。

国家：加拿大

加拿大人权法院，Fontaine 诉 Canadian Pacific Ltd.，案件号 TD14 / 89，1989 年 9 月 26 日判决。

加拿大太平洋铁路公司雇佣艾滋病毒感染者 Gilles Fontaine 在加拿大萨斯喀彻温省的一个营地为 20 名男性铁路工作人员做饭。当他向一名同事披露他的艾滋病毒呈阳性时，消息迅速传开。

主管对信息披露的反应加剧了恶劣的工作环境。那天早上他拒绝吃早餐，并跟其他的员工说，如果他们吃了 Fontaine 准备的食物，就有感染艾滋病毒的危险。主

① 联合国人权事务委员会：《对人权条约机构所通过的一般性评论和一般性建议的汇编》，第 16 号一般性意见，联合国，日内瓦，1996 年 3 月 29 日，HRI / GEN / 1 / Rev. 2。

管还对 Fontaine 的安全表示担忧，他暗示 Fontaine 其他雇员可能会对他感染艾滋病毒的消息产生强烈的反应。

这些行动造成了一种敌意气氛，Fontaine 迅速决定他不能再留在营地了。加拿大人权法庭认定，虽然 Fontaine 并未被正式解雇，但敌意的气氛也产生了同样的效果，导致 Fontaine 由于艾滋相关的歧视而被解雇。

二 雇主在员工个人信息保密方面的义务

国际劳工组织制定了保护劳动者个人资料的指导准则，其中包括个人医疗信息。1997 年，专家会议召集人员考察劳动者隐私问题，以回应日益发展的关于收集、储存和传播劳动者信息包括个人医疗数据的问题。这次会议促成了国际劳工组织 1997 年《保护劳动者个人资料实践准则》（以下简称 1997 年准则）的制定。

1997 年准则涉及使用劳动者的个人资料、保护劳动者的尊严、保护他们的基本权利。

实践准则的第 6.7 部分要求严格保护劳动者的个人医疗信息：“除非符合国家法律，医疗保密和职业健康与安全的一般原则，否则不应收集医疗个人资料，并且仅在有以下需要时才收集：（a）确定劳动者是否适合某一特定的工作；（b）符合职业健康安全要求；（c）确定享有和获得社会福利的权利。”

第 200 号建议书综合了 1997 年准则的原则。

第 200 号建议书第 27 段：

“包括移民工人和求职者在内的劳动者不应被要求披露有关他们自己或他人的艾滋病相关信息。获取这些信息应遵守与国际劳工组织 1997 年《保护劳动者个人资料实践准则》和其他相关国际数据保护标准相一致的保密规则。”

三 艾滋病强制检测

求职者可能被要求在就业之前接受艾滋病毒检测，或者为了能够进入特定职业，已经工作的劳动者可能被要求接受艾滋病毒检测作为继续就业的条件。求职者或工作者可能会通过回答尖锐的访谈问题或者被要求提供相关的用药信息而受到甄别。

通常提出来支持强制艾滋病毒检测的说法是它会保护公共卫生利益。实际上，强制性的检测既没有保护同事也没有保护大众。

首先，艾滋病毒只能通过模块 1 所述的具体方式传播（性传播、接触血液或血液制品、母婴传播）。因此，艾滋病毒感染者的存在并不会威胁别人的安全。出于这个原因，在职业安全和卫生措施方面，建议书提供了以下内容。

第 200 号建议书第 33 段：

“提高认识的措施应该强调，艾滋病毒不是通过偶然的身体接触传播的，艾滋病毒感染者的存在不应被视为工作场所的危害。”

其次，艾滋病强制检测是因为对公众健康有利，考虑到检测本身固有的局限性，这种理由是不合理的。

（1）如果是最近感染的，艾滋病毒检测可能不会检测到病毒。如模块 1 所述，大多数艾滋病毒检测能够检测到抗体存在，而不是病毒本身。免疫系统可能需要一些时间才能产生足够的抗体来检测艾滋病病毒，这个时间段因人而异（从两周到六个月不等）。这段时间通常被称为“窗口期”，在这段时间内，人们可能具有高度传染性，但尚未意识到自己的状况。在这个窗口期进行的艾滋病毒检测将反映出错误的艾滋病毒阴性结果。

（2）检测将仅在测试进行时确定艾滋病毒感染状况。这次检测结果为阴性的劳动者可能会在下一次检测中测试出阳性结果。

出于这个原因，一个在工作中更有效的预防艾滋病的方法是推广使用标准预防措施（如模块 1 所述），它被视为预防艾滋病毒职业传播的屏障。可以通过建立非歧视的工作环境，尊重艾滋群体及受其影响的人的工作权利。在这样的环境中，作为有效的工作场所艾滋预防战略的一部分，可以鼓励他们通过自愿和保密的艾滋病毒咨询和检测来了解自己的艾滋病毒状况。这种方法不仅保护了工作人员的健康，在检测结果为阳性时还可以采取适当的措施寻求治疗，也有助于防止病毒传播。一旦一个人知道自身的感染状况，他或她可以采取预防措施，以防止性传播。此外，一旦劳动者开始采取有效的抗逆转录病毒治疗以降低病毒载量，传播给他人的风险也相应降低。

第 200 号建议书明确规定，不应要求进行艾滋病毒检测或其他形式的筛查［第 3（i）、24 和 25 段］。这一原则建立在 2001 年国际劳工组织实践准则与联合国艾滋病规划署和人权事务高级专员办事处联合通过的《艾滋病毒和艾滋病与人权国际指南》中的关键原则之上。[①]

出于用人目的识别艾滋病毒感染者，强制性检测或筛选是有歧视性的。此外，即使劳动者同意接受检测，也可能没有得到知情同意，或者这种同意不是自由作出的，特别是考虑到雇主和雇员之间不平等的关系。在某些情况下，劳动者可能会经历作为劳动世界体检一部分的艾滋病毒检测，但可能不知道他们已经接受了艾滋病毒检测。然后，雇主可能会以歧视的方式使用阳性的测试结果，而求职者或工作人员可能会被剥夺工作或解雇而不会被告知真实原因。为了避免歧视，根据国际劳工组织 1958 年《消除就业和职业歧视公约》（第 111 号）第 1 条第（2）款的规定，为就业而进行的体检仅应用于评估是否适合执行某项工作所固有的任务。

国际劳工组织，《平等就业与职业：基于第 111 号公约的平等就业与职业的特别调查》，国际劳工大会，报告 3（4B），第 83 届会议，日内瓦，1996 年，第 255 段：

"劳动者的健康状况只能由雇主就特定工作的具体要求加以考虑，不能被自动视为影响就业权或就业关系内的工作条件……"

第 200 号建议书第 26 段规定，艾滋病毒检测结果应保密，不得危及就业、任期、工作保障或晋升机会。此外，不遵守检测结果的保密性原则也会使员工不愿利用自愿检测服务，因为他们担心检测呈阳性可能会导致他们被解雇，或者导致消极的后果。

许多法院认为，要求劳动者强制性地进行艾滋病毒检测构成对其基本权利的侵犯。

① 见联合国艾滋病规划署/人权事务高级专员办事处《艾滋病毒和艾滋病与人权国际指南》，第 20（b）段。

国家：赞比亚

利文斯通高等法院，Kingaipe et al. 诉 Zambia Air Force（赞比亚空军），案件号 2009／HL／86，2010 年 5 月 27 日判决。

Stanley Kingaipe 和 Charles Chookole 分别于 1989 年 6 月和 7 月加入赞比亚空军（ZAF）。在 2001 年到 2002 年之间，两人都经过了强制性的体检，却没有被告知他们正在接受艾滋病毒检测。这些人被检测出艾滋病毒呈阳性，并被指定使用抗逆转录病毒药物（ARVs）。然而，根据他们的证词，他们没有被告知艾滋病毒呈阳性状态，也没有获知开具的药物的性质。他们都在 2002 年 10 月出院。

Kingaipe 和 Chookole 都起诉了 ZAF，声称根据他们的宪法权利应享有免于残忍、不人道和有辱人格的待遇，当他们受到强制艾滋病毒检测时，他们的自由、隐私、生命和非歧视权利受到侵犯，在不知情的情况下接受治疗，仅因艾滋病毒感染状况而被解雇。

法院认定，两名请愿人均在不知情的情况下接受了艾滋病毒检测，侵犯了他们的隐私权，违背不受不人道和有辱人格的待遇原则，他们有权获得赔偿。在审查了两个原告的病史和他们的健康对工作能力的影响后，法院的结论是 ZAF 的解雇是基于请愿者的医疗状况，而不是他们的艾滋病毒状况。

国家：尼日利亚

拉各斯州高等法院，Georgina Ahamefule 诉 Imperial Medical Centre and Dr. Alex K. Molokwu，案件号 ID／1627/2000，2012 年 9 月 27 日判决。

自 1989 年第二被告成立医疗中心以来，原告就被被告中心（D1）聘用为一名辅助护士。1995 年，在怀孕时，她因脓肿向被告医生（D2）寻求治疗。医生进行了诊断测试，但没有向原告透露测试的性质或结果。相反，他给她放了两个星期的病假。D2 将原告转交第二间医院进行进一步检测，并要求其丈夫提供血液样本。原告没有被告知提供样本的理由。随后，第二家医院通知原告她被检测出艾滋病毒阳性。被告随后终止了她的工作。流产后，由于她的艾滋病毒感染状况，被告拒绝为她提供医疗服务。

原告要求宣布，由于她的艾滋病毒状况而被解雇，这种做法构成歧视，是非法的。她还指称，她遭到非法殴打，因为被告在她不知情的情况下对她进行了艾滋病毒检测。她声称，被告因艾滋病毒状况而拒绝提供医疗护理，侵犯了她的基本健康权利。

原告由于艾滋病毒呈阳性而被解雇，这一点并不存在争议；然而，被告辩称，解雇是合理的，因为原告的情况对医院的工作人员和病人构成风险。法院驳回了这一论点，认为作为一名辅助护士，原告不会对医院工作人员或病人造成风险。法院认定解雇是“基于恶意和极端的不诚实”。此外，法院还发现，被告在未经其知情同意的情况下，已经采取非法手段对原告进行艾滋病毒检测。法院还认为，“以原告艾滋病毒阳性为由拒绝为原告提供医疗服务是对《非洲人权和民族权宪章》以及尼日利亚宪法、《经济、社会及文化权利国际公约》所保障的健康权的公然侵犯”。

作为艾滋病相关歧视案件的救济的一部分，法院也指示雇主停止要求进行艾滋病毒测试的实践。

国家：日本

东京地方法院，东京（警察学院/警察医院艾滋病毒检测）案，案件号12133（Wa）of 2001 and 20076（Wa）of 2001，2003年5月28日判决。

东京地方法院做出了一项有利于原告的决定。原告曾被要求接受艾滋病毒检测，当检测显示他的艾滋病毒呈阳性状态时，他被驱逐出东京警察部队。作为救济的一部分，法院指示雇主停止要求进行艾滋病毒检测的做法。

四　拒绝接受艾滋病毒检测

法院坚持一个原则，即不能因为拒绝接受艾滋病毒检测而被解雇。

国家：博茨瓦纳

博茨瓦纳工业法庭，Diau 诉 Botswana Building Society（博茨瓦纳建筑协会），案件号 No. 50/2003，2003年12月19日判决。

原告是博茨瓦纳建筑协会的一名雇员，在拒绝接受艾滋病毒测试后被解雇。她为不公平的解雇和污名化寻求复职和赔偿。法院的结论是，原告已经因拒绝接受强制艾滋病检测而被解雇。原告有权不服从指示进行测试，因为“这样的测试不能被认为与工作的固有要求有关，这是不合理和不恰当的”。

虽然没有证据证明原告由于其真实或疑似艾滋病感染状态而被解雇，但法院认定原告不受不人道和有辱人格待遇的权利受到侵害。法院认为，“因为拒不同意侵犯其隐私或身体健康而惩罚个人，是贬低、不尊重和有辱人格的，是不尊重人内在价值的”。法院认为，这一结论在艾滋病毒和艾滋病方面特别合理，“对艾滋病毒/艾滋病的严重怀疑会滋生强烈的偏见、排斥和污名化”。法院命令雇主恢复原告的工作，并赔偿四个月的工资。

国家：哥斯达黎加

哥斯达黎加最高法院，XX 诉 Centro Nacional de Rehabilitación（国家康复中心，CENARE），案件号 09－007890－0007－CO，2010 年 1 月 29 日判决。

原告被聘为国家康复中心（CENARE）神经病学部门的医生助理，该中心是哥斯达黎加社会保障基金（CCSS）的一个医疗机构。原告在招聘之后不久，接受了 CENARE 雇用的医生的体检。医生指示原告进行一系列的测试，包括艾滋病毒测试。当他拒绝接受检测，并指出根据哥斯达黎加法律禁止强制性的艾滋病毒检测时，据称，医生回答说尽管如此，还是需要检测。他说，作为医生的助手，他被要求必须身体健康，因为他会和病人打交道。该医生声称，艾滋病毒感染者健康状况不佳，因此不能与 CENARE 患者一起工作。原告拒绝接受检测，并透露他是艾滋病毒阳性。之后，原告离开了他的工作并以非法歧视为由提起了宪法权利保护诉讼。

哥斯达黎加最高法院判决原告胜诉，认为 CENARE 要求原告进行艾滋病毒检测违反了国家法律。法院判给了原告包括工资损失在内的补偿性赔偿金，并指出 CENARE 不得违反国家法律进行强制性的艾滋病毒检测。

五　艾滋病自愿检测

采用和实施反对以就业为目的的强制检测和筛选的保护措施，并不意味着不需要鼓励人们寻求自愿和保密的艾滋病毒检测作为一般的艾滋预防工作，同时还需要进行事前和事后的咨询辅导。劳工组织的实践准则规定除了以下三种特殊情况外，不应在工作场所进行艾滋病毒检测。

1. 自愿进行检测，只要有合适的人员在严格保密的条件下进行检测和测试辅导，并且被测人签署书面知情同意书。

2. 根据科学研究的伦理原则以及对个人的权利和保密的保护，进行疫情监测。

3. 职业原因，有暴露于潜在感染物质下的风险。

第 200 号建议书提出自愿和秘密的艾滋咨询和测试是艾滋预防方案的

重要组成部分。

> **第 200 号建议书第 16（d）段规定：**
>
> “预防方案应确保：
>
> ……
>
> （d）采取措施鼓励劳动者通过自愿咨询和检测了解自己的艾滋病毒状况。”

大多数与艾滋相关的法律和一些劳动法用专门的部分规定了在工作场所强制性和自愿的艾滋病毒检测。大多数只是禁止强制测试。有些国家规定了全面的禁令，但是在特定的情况下也有例外。例如，国家立法下的例外通常规定了刑事诉讼中的艾滋病毒检测（例如强奸案件），或在血液及器官捐献的情况下。①

例如，哥斯达黎加《艾滋病毒和艾滋病一般法》（1998 年 4 月 29 日第 7771 号）第 14 节规定禁止艾滋病毒强制检测的例外情况如下：（1）对于病人的健康有正当理由证明检测是正确的；（2）根据法院命令，在刑事或离婚案件中；（3）捐献血液、血制品、母乳、精液、器官和组织等情况。第 14 节还规定，如果在任何规定的例外情况下授权进行艾滋病毒检测，检测结果应以保密的方式使用。

一些国家法院也审查了根据国家劳动立法，在工作场所进行艾滋病毒检测的情况是否合理。南非一个法院为如何处理这个问题提供了例子。

> **国家：南非**
>
> **南非劳动法院，Irvin & Johnson Ltd. 诉 Trawler & Line Fishing Unionand Others，案例号 C1126 / 2002，2002 年 12 月 17 日判决。**
>
> 一名南非雇主向南非劳动法院提出请求，请求授权对其工作人员进行自愿和匿名的检测，以评估艾滋病毒和艾滋病对其劳动力的潜在影响，并设计适当和有针对性的工作场所以有利于有效预防新的艾滋病毒感染。代表劳工的工会提交了确认请愿书，称他们在这种情况下并不反对雇主的请求。法院批准了请愿书，并授权进行检测。为此，法院审查了国家立法中规定的艾滋病毒检测的标准，并且认为，如果

① 关于其他例子，见 J. Hodges《通过就业和劳动法律应对劳动世界中的艾滋的指南》，第 29～33 页。

雇主为了采取应对艾滋疫情的有效行动而打算在工作场所进行自愿和匿名检测，这种检测是合理的。

另见 2002 年 1 月 31 日南非劳动法院，Joy Mining Machinery（Harnischfeger）（SA）（Pty）Ltd. 诉 National Union of Metalworkers（全国金属工人联合会）of SA & Others，案件号 No. J 158/02。

六　讨论要点

1. 贵国是否有法律保护求职者和劳动者的隐私权？

2. 贵国法律是否禁止职业用途的强制性艾滋病毒检测？如果是，这些保护措施是否符合第 200 号建议书建立的标准？

3. 贵国是否采取了法律保护措施来保护劳动者和求职者在就业方面不受歧视性筛选做法的影响？

模块 8：社会性别平等和艾滋病疫情

据估计，全世界艾滋病毒感染者中有一半是女性。世界各地艾滋疫情的演变程度不同，性别和性的作用也有所不同。尽管如此，所有地区的性别不平等加剧了妇女和女童面对艾滋病毒的脆弱性。与此同时，刻板的性别角色也增加了男性和男孩感染艾滋病毒的风险。

联合国艾滋病规划署：《全球报告：联合国艾滋病规划署关于 2012 年全球艾滋病疫情的报告》，第 70 页：

“妇女的社会经济地位和政治地位较低，包括受教育和就业机会的不平等，以及对暴力的恐惧或经历使妇女更容易感染艾滋病毒。由于男女之间的社会和经济的权利的不平衡以及获得服务的相关限制，许多妇女和女童几乎没有能力就安全性行为进行谈判，从而坚持使用安全套或采取其他措施来保护自己免受艾滋病毒感染。

“性别规范也增加了男性对艾滋病毒的脆弱性，鼓励了高风险行为，并阻止他们寻求性健康服务或承认他们对艾滋知识的缺乏。此外，对跨性别人士的污名化和歧视使他们非常容易受到艾滋病毒的侵害，妨碍他们获得与艾滋相关的服务和有保障的生活。”

本单元重点讨论男女劳动者的平等问题。然而，这一疫情的性别层面超出了二元性别问题。全国性疫情的关键性危险群体包括男男性接触者、跨性别者和变性人。基于性取向和性别认同的歧视在许多国家盛行，常常与艾滋病毒相关的歧视有关（这些问题将在模块9中得到解释）。然而，在谈到男女不平等问题之前，也许有必要区分“生理性别”（sex）和“社会性别”（gender）的概念。

一 生理性别与社会性别的区别

1.“生理性别”是指男性和女性的生物学和普遍的生理属性。

2.“社会性别”是指两性之间（女性、男性，女孩、男孩）基于性别而建构的社会角色、责任和权力关系。基于性别的角色和责任随着时间的推移而变化，并可能因种族、经济阶层、宗教和年龄等其他关键因素而有所不同。性别概念也包含有关“男性”和“女性”行为的规范、信仰和实践。[①]

3. 基于性别的态度和行为也增加了男性的易受伤害性，主要是一些鼓励性的行为使他们有艾滋感染的风险。例如，男性可能会表现得很强势，表现出支配性的行为。男性可能会被劝阻去表现他们的情感。对“男性化”行为的认知通常鼓励男性通过冒险行为来展示自己的阳刚之气，这可能包括与多个性伴侣进行无保护的性行为。这些行为增加了他们感染艾滋病毒的风险。[②] 基于性别的预期也使男性更难以寻求有关艾滋病毒和艾滋病的信息，获取预防信息受限，包括艾滋病预防使用的数据。

4. 社会性别（gender）概念还包括跨性别人士。这个类别表示他们的性别认同和生理性别是不吻合的。性别认同不符合他们的性别身份，可能会与社会和文化背景下的社会性别相冲突。在性取向或性别认同的基础上的歧视是经常发生的，跨性别者经常面临骚扰和暴力，包括在工作场所之中。[③]

二 艾滋病毒和艾滋病的性别维度

（一）妇女和女童的脆弱性增强

在受艾滋病毒感染影响最严重的撒哈拉以南的非洲地区，女性感染艾

---

① 国际劳工组织：《将性别纳入劳动世界艾滋病毒和艾滋病应对的主流的指南》，日内瓦，2011，第5页。

② A. Cruz、S. Klinger：《工作领域的基于性别的暴力：概述和选定的带注释的参考书目》，性别平等分局，2011年3月工作报告，日内瓦，2011，第21页。

③ 联合国经济及社会理事会，经济、社会和文化权利委员会，第20号一般评论，第32页。

滋病毒的比例高于男性。根据联合国艾滋病规划署 2012 年的全球报告，该次区域艾滋病毒感染者中约 58% 是妇女。[①] 在该地区的一些国家中，15～24岁的年轻女性感染艾滋病毒的可能性是男性的 8 倍。在加勒比地区，年轻女性感染艾滋病毒的可能性是男性的 2 倍。[②]

性别不平等阻碍了艾滋病毒相关服务的发展。此外，女性面临的不平等问题也阻碍了男性获得所需的医疗服务，包括艾滋病毒检测和治疗。

> **联合国艾滋病规划署：《全球报告：联合国艾滋病规划署关于 2012 年全球艾滋病疫情的报告》，第 71 页：**
>
> “联合国艾滋病规划署主导了与性别有关的服务障碍参与性评估，以防止婴儿感染艾滋病毒，这突出了性别不平等的不利影响。女性研究参与者列举了缺乏决策权、难以获取资源、害怕暴力和遗弃以及文化对性的态度、怀孕和艾滋病毒的关系等是获取服务的重大障碍。
>
> ……
>
> 同样，男性的性别规范也阻碍了男性寻求帮助和对身体不健康的承认。男性的艾滋病毒检测率一直低于女性……他们在南部非洲和包括肯尼亚、马拉维、南非和赞比亚在内的许多其他国家记录了抗逆转录病毒疗法严重失调的低获取比例。”

（二）生物危险因素

从生物角度来看，妇女也更容易感染艾滋病毒。由于受到不平等的影响，妇女和女童在许多国家的社会整体和个人关系中处于次要地位，使得她们所面临的艾滋病毒感染的生物危险因素增加。这些不平等现象往往意味着妇女和女童在应对这一疫情方面肩负着更重的负担。

（三）社会、经济和法律上的不平等使妇女和女童更易感染艾滋病毒

1. 与“女性化”和“男性化”行为有关的社会性别规范，在一定程度上影响女性和男性获得艾滋病毒信息和服务、他们的性行为以及他们应

---

① 联合国艾滋病规划署：《全球报告：联合国艾滋病规划署关于 2012 年全球艾滋病疫情的报告》，日内瓦，2012，第 70 页。

② 联合国艾滋病规划署：《全球报告：联合国艾滋病规划署关于 2010 年全球艾滋病疫情的报告》，日内瓦，2010，第 130 页。

对艾滋病毒感染的方式。婚姻或男女关系中的从属性降低了妇女和女童通过谈判使用避孕套或拒绝性行为（特别是无保护的性行为）来保护自己免受艾滋病毒感染的能力。在要求使用避孕套，进行自愿的艾滋病毒检测和咨询，或者拒绝在婚姻内外发生性行为方面，她们面临来自伴侣的越来越多的暴力。①

2. 遵守传统的性别角色，使妇女在社会和经济上依赖于男子，阻碍了妇女接触与艾滋病毒相关的卫生服务。对撒哈拉以南非洲地区的妇女研究表明，担心伴侣的消极反应，包括遗弃、暴力、排斥、失去经济支持和不忠行为是艾滋病毒检测和揭露艾滋状态的最常见的障碍。②

3. 就业中的性别不平等造成了妇女的经济上的不利地位。例如，女性更容易失业，女性在兼职和非正式工作中占主导地位，花更多的时间进行无报酬的护理工作，并且挣得少于男性的同等价值的工作。③ 由于家庭责任，妇女可能因受孕而受歧视，导致就业人数减少。社会中公认的某些性别角色也使得妇女和女童无法从事某些特定职业。

4. 在土地所有权、继承权、婚姻和离婚方面的歧视性法律和实践强化了妇女在经济上的边缘地位，并且可能阻止她们脱离婚姻关系。妇女的选择越少，她们越有可能继续婚姻关系，有很低或者几乎没有进行安全性行为谈判的能力，特别是使用避孕套的能力。对世界不同地区的贫困社区的研究表明，妇女为了她们本人及其家人谋生，承担很高的性别风险。④ 有些人可能被迫从事未经保护的性交易，以换取金钱、食物或住所。⑤

5. 某些国家有害的传统做法，如嫁妆制度、代际婚姻、阴道干燥状

① 联合国艾滋病规划署：《减少艾滋病毒污名化和歧视：国家艾滋病方案的关键部分——为国内利益相关方提供艾滋病毒应对的资源》，日内瓦，2007，第10页。

② 联合国艾滋病规划署：《在亚洲和太平洋地区的艾滋病毒：达到零》，日内瓦，2011。

③ 联合国妇女署/国际劳工组织：《体面工作和妇女的经济权利：良好的政策和实践》，《政策简报》，2012。

④ M. Gysels, R. Pool, B. Nnalusiba：《乌干达贸易城里的女性性工作者：生命史，生存策略与风险》，《社会科学与医学》2002年第2期，第179～192页。

⑤ 国际女法官协会（IAWJ）：《艾滋病毒/艾滋病的性别和法律维度：妇女获得司法的机会和司法的作用》，华盛顿特区，2005。

况下的性交、妻子继承和寡妇净化等会加剧艾滋病毒的传播。[①] 家庭暴力、强奸和性侵犯以及其他形式的性别暴力也增加了妇女接触艾滋病毒的风险。

（四）艾滋病毒和艾滋病对妇女和女童有不成比例的影响

妇女和女童不仅更容易感染艾滋病毒，而且与男性相比，会不同程度地受到艾滋病毒和艾滋病的影响。例如，妇女和女童更有可能承担照料患有艾滋相关疾病的家庭成员的任务，并可能被迫离开工作岗位或学校。由于这些责任，这反过来又减少了他们受教育和就业的机会。

（五）基于性别的暴力

性别不平等和对妇女的暴力是密切相关的。不平等可能会促进基于性别的暴力，而暴力又会加剧现有的不平等。暴力侵害妇女既是感染艾滋病毒的一个危险因素，也是感染艾滋病毒的后果。家庭暴力、强奸和性侵犯以及其他形式的基于性别的暴力行为也增加了女性感染艾滋病毒的风险。

世界卫生组织/联合国艾滋病规划署：《解决针对妇女的暴力和艾滋病毒/艾滋病问题：什么是有效的?》，日内瓦，2010 年，第 9 页：

"非洲和亚洲的研究表明，遭受暴力的妇女更可能感染艾滋病毒。例如，在卢旺达进行的一项研究显示，受到男性伴侣强迫的女性，艾滋病毒阳性率高达 89%。在坦桑尼亚联合共和国，经历过伴侣暴力的 30 岁以下妇女感染艾滋病毒的可能性比未受暴力的妇女高 10 倍；在对印度超过 28000 名已婚妇女的研究中，确定遭受暴力的妇女检测艾滋病毒呈阳性的可能性是未受暴力的妇女的三倍。年轻女孩尤其面临这种风险。根据联合国艾滋病规划署《世界艾滋病日报告》（2011 年），全球 15 岁以下青少年被强迫进行首次性行为的发生率从 11% 增加到 48%。"

披露自身艾滋病毒呈阳性状况的妇女还面临配偶或伴侣暴力风险的增加。一个针对欧洲和中亚女性的调查显示，对她们的伴侣袒露了艾滋病毒呈阳性状态的女性中有三分之一经历过家庭暴力的状况。[②] 对女性的暴力

① 联合国人权理事会：《基于人类免疫缺陷病毒（HIV）和获得性免疫缺陷综合征（AIDS）的人权保护》，第 30 ~ 34 段。

② 联合国人权理事会：《基于人类免疫缺陷病毒（HIV）和获得性免疫缺陷综合征（AIDS）的人权保护》，第 40 段

极大地增加了她们感染艾滋病毒的风险。

（六）获得医疗保健的障碍

在许多国家，妇女在接受医疗保健方面也面临障碍，包括性和生殖健康服务。在性别不平等程度高的地方，女性可能只有有限的机会甚或没有机会选择医疗保健，特别是她们的男性伴侣拒绝为她们寻求服务。这妨碍了她们寻求艾滋病毒检测，如果她们是艾滋病毒阳性，也妨碍了她们寻求必要的治疗措施以防止母婴传播。

即使她们确实有机会获得保健服务，艾滋病毒感染者也可能由于诬蔑的态度而被劝告不要生孩子或被迫进行绝育手术。① 这种态度在妇女寻求与艾滋病毒预防和治疗有关的必要信息和服务方面构成了极大阻碍。

国家：纳米比亚

纳米比亚最高法院，Government（政府）诉 LM，MI，NH，案件号 SA49／2012，2014 年 11 月 3 日判决。

法院审查了三名感染艾滋病毒的孕妇在签署程序同意书后进行了绝育的综合病例。该案最初由三个不同的起诉组成。（1）分娩过程中对她们进行了绝育手术，未经其知情同意；（2）这些绝育手术是根据她们的艾滋病毒状况，对她们进行歧视的错误做法的一部分。这些控诉涉及共同的事实和法律问题，因此被合并审理。最高法院驳回了被告关于歧视的主张，认为有充分的证据支持在这个问题上的判断（第 2 段）。

回顾《纳米比亚宪法》规定的权利，包括尊严权［第 8 条第（1）款］、人身完整权［第 8 条第（2）款第（b）项］、组建家庭的权利［第 14 条第（1）款］，法院指出："……是否消毒的决定是非常重要的……并且必须在知情同意的情况下做出，而不仅仅是书面同意。知情同意意味着理解自己的权利以及风险、后果和可行的选择。个人也必须能够自由和自愿地做出有关绝育的决定。"（第 3 段）

在审查所提供的证据时，法院认为，"……鉴于她们在签署同意书时面临的特殊情况，……确定受访者是否具备做出知情同意的智力和情感能力至关重要"（第 100 段）。

① 联合国人权理事会：《基于人类免疫缺陷病毒（HIV）和获得性免疫缺陷综合征（AIDS）的人权保护》，第 32 段。

> 法院指出，被询问者应该有机会决定是否在她们处于良好的精神状态，并且不受环境——如阵痛——的影响签署同意书。鉴于所提供的证据，法院得出结论认为，在分娩高度疼痛期间，要求妇女同意进行绝育手术，妇女不能被视为对绝育程序表示知情同意。该案被退回高等法院，以确定损害赔偿的问题。

三 国际劳工组织的行动：促进性别平等和赋予女性权利

国际劳工组织自成立以来，一直推行男女就业机会平等的原则。

> **国际劳工组织章程附件：《关于国际劳工组织的目标和宗旨的宣言》，1944 年 5 月 10 日在费城（费城宣言），第二部分：**
>
> "相信这一经验充分证明了国际劳工组织章程中所陈述的真相，即只有建立在社会正义的基础上才能建立持久和平，大会确认：
>
> （a）所有人，无论种族、信仰或性别，都有权在自由和尊严的条件下，在经济安全和机会平等的条件下追求其物质福利和精神发展；……"

国际劳工组织已经采取了促进这一原则落实的整体策略。两项核心公约已得到大多数国际劳工组织成员国的批准。1951 年《男女工人同工同酬公约》（第 100 号）规定男女职工应同工同酬。1958 年《消除就业和职业歧视公约》（第 111 号）禁止在性别等方面对就业和职业的歧视。此外，1981 年《有家庭责任的劳动者公约》（第 156 号）禁止歧视有家庭责任的男女劳动者。[①]

国际劳工组织的实践准则明确承认了性别平等和艾滋病毒之间的关系，以及性别平等和赋予女性权利以防止艾滋病毒传播的至关重要性。

> **国际劳工组织实践准则第 4.3 节规定如下：**
>
> "应该认识到艾滋病毒/艾滋病的性别维度。由于生物、社会文化和经济原因，妇女更容易感染艾滋病毒和艾滋病，而且往往受到男性的不利影响。社会上的性别歧视越大，女性地位越低，受艾滋病毒影响越大。因此，更平等的性别关系和赋予女性权利对于成功预防艾滋病毒传播和使妇女能够应对艾滋病毒和艾滋病至关重要。"

---

① 国际劳工组织：《给全球化一张人性化的面孔：关于国际劳工组织〈关于实现社会公正以推动公平的全球化的宣言〉中的工作权利的核心公约的一般调查》，报告 3（1B 部分），国际劳工大会第 101 次会议，日内瓦，2012，第 786 段。

第200号建议书以实践准则为基础，强调在艾滋病毒应对的背景下认识和处理艾滋病毒和艾滋病的性别维度的重要性。

> **国际劳工组织第200号建议书的前言：**
> “艾滋病毒同时影响到男性和女性，尽管妇女和女童面临着更大的风险，更容易受到艾滋病毒感染的影响，并且由于性别不平等，受到艾滋病疫情的影响比较严重，因此赋予妇女权利是全球应对艾滋病毒和艾滋病的关键因素。”

该建议书第14段具体地规定，应采取措施防止艾滋病毒传播，并减少其影响。

1. 确保性别平等和赋予女性权利。
2. 防止和禁止工作中的骚扰和暴力。
3. 艾滋病应对工作应同时包含男女劳动者。
4. 维护性和生殖健康权利。
5. 确保个人医疗资料的保密性。

通过有针对性的工作场所行动处理艾滋病疫情在性别维度的问题，有助于制定有效的战略，满足男女的关切和需求，以减少其易感染性，防止病毒传播。

四 法院的作用

法院在确保适用保护妇女和女童人权的国家法和国际法方面发挥着至关重要的作用。它们经常被要求审查涉及就业、继承、财产权、离婚和监护权方面的歧视，以及家庭暴力和与性别平等有关的其他问题。他们的决定有助于解决对妇女和女童的系统性歧视和暴力，并遵循机会平等和待遇平等以及法律平等保护的原则。正如下面这些例子所体现的那样，承认基本平等权利的司法决定有助于消除工作场所和其他许多环境中的歧视。[①]

（一）法庭上的平等

证据显示，与男性证人相比，女性证人提供的证词证明力更弱，这使

① 另见国际女法官协会（IAWJ）《艾滋病毒/艾滋病的性别和法律维度：妇女获得司法的机会和司法的作用》，华盛顿特区，2005。

得妇女和女童处于明显的不利地位，特别是在性侵犯案件中增加了她们的艾滋病毒的易感染性。国家法院支持妇女在司法程序中享有平等待遇的权利，避免歧视的发生。

国家：纳米比亚

纳米比亚高等法院，S. 诉 D. And Another，1992（1）SA 517，1991 年 10 月 4 日判决。

本案涉及两名上诉人的上诉，他们分别被判犯有强奸罪，并被地方治安法官判处三年监禁。下级法院依据的是两名原告的证词，她们作证说，她们被上诉人带进了被烧毁的大楼，并遭到强奸。每一个原告都被两个上诉人之一强奸，但在不同的地点。因此，每一个原告都是与被控强奸罪名有关的一名证人。在审查是否有证据支持下级法院在合理怀疑的情况下发现有罪的证据时，法院考虑了在性侵犯案件中传统的警示性规则。警示性规则是基于这样一种假设，即指控性侵犯行为的证人不像目击其他罪行的证人那样真实，比如偷窃。法院注意到判例法规定的规则，并呼吁"对所有女性声称遭受性侵犯的案件"保持谨慎［援引 R. 诉 J.，1966（1）SA 88（SR）at 92A－C］。在 S. 诉 D. 案中，法院拒绝适用警示性规则，指出现有的证据并不支持这一论点，即在性侵犯案件中提出的虚假指控比其他种类的犯罪要多。此外，法院指出，虽然警示规则适用于所有性侵犯案件，但无论原告的性别如何，这些案件中绝大多数的原告是女性。法院的结论是，在强奸案中演变出的警示规则的存在并没有合理的依据，而且事实上，"所谓的警示规则没有其他目的，就是歧视女性。这条规则违反了《纳米比亚宪法》第 10 条，它规定所有人在法律面前一律平等，不分性别"。

国家：乌干达

乌干达坎帕拉高等法院，Uganda（乌干达）诉 Peter Matovu，刑事诉讼案，案件号 No. 146 of 2001，2002 年 10 月 21 日判决。

被告 Peter Matovu 被指控犯有猥亵罪。法院拒绝适用普通法的规定，即如果受害人声称被告对她实施性侵犯，法院必须牢记，根据受害人未经证实的证据采取行动是危险的。法院认为，这一规则歧视妇女，因为她们是性犯罪最常见的受害者。因此，这与《乌干达宪法》和国际法义务，特别是《消除对妇女一切形式歧视公约》第 1 条不一致。法院还指出，"根据宪法第 21 条，法律规定人人平等，法律平等保护所有人，禁止基于性别的歧视，乌干达有义务落实这些国际文书的内容”。因此，法院认为歧视性规则是违宪的，因此是无效的。法院指出，这是一个非常严重的犯罪，这增加了年轻女孩感染性传播疾病，特别是艾滋的可能性。

（二）财产权平等——继承权

国家：博茨瓦纳

博茨瓦纳哈博罗内高等法院，Mmusi and Others 诉 Ramantele and Others，案件号 No. MAHLB－000836－10，2012年10月12日判决。

法院审查了习惯法规定的继承权问题，据称，只有最后出生的人才能继承家庭财产。案件由四名原告（四位老人姐妹）提出。她们的父亲比母亲早30年去世，母亲去世时没有遗嘱。姐妹们争辩说，应该允许她们继承家庭宅基地，而不是把它交给一个侄子（她们同父异母的兄弟的儿子）。高等法院认为，适用习惯法规则将违反《博茨瓦纳宪法》第3条，该条款规定了依法享有平等保护的权利。法院在其裁决中考虑了国内法，审查了其他非洲司法管辖区的对照判决，引用了博茨瓦纳签署或批准的国际文书，包括《世界人权宣言》和《消除对妇女一切形式歧视公约》。

在上诉中，博茨瓦纳上诉法院裁定，该宅基地属于所有已故父母的子女，确认姐妹们继承其宅基地的权利。法院进一步命令姐妹们确定谁将代其他人照料宅基地。这一判决的效果是，撤销了高等法院的裁定，恢复了高级习惯法院的较早的裁定（见 Ramantele 诉 Mmusi and Others，案件号 CACGB－104－12，2013年9月3日判决）。

国家法院使用了国际法来维护妇女的平等继承权，在这一案件中法院既考察了习惯法又考虑了宪法。

（三）确认婚姻权利平等

国家法院驳斥了基于习惯法的关于男女平等婚姻权利的争论。

国家：乌干达

乌干达马萨卡高等法院，Uganda（乌干达）诉 Yiga Hamidu，刑事诉讼案，案件号 No. 0055 of 2002，2004年判决（未报告）。

在此刑事案件中，法院驳回了基于习惯法的论点来证明强奸罪是正当的主张。

原告声称，由于了解到被告的前妻可能是由于艾滋病而死亡，她解除了与被告的婚约，并且约定他们在结婚前都要接受艾滋病毒检测。她声称被告雇用两名男子绑架了她，把她锁在房间里，按倒在地板上，压在她身上然后强奸了她。被告否认了这一指控，并根据《乌干达刑法》第9条第1款规定的事实错误或诚实信仰原则进行了自我辩护。他声称他确信原告是他的妻子，因为他向其父母送彩礼，并且习惯上的婚姻已经存在了，因此他已经娶了原告，原告已经默许了性行为。而根据乌干达法律，丈夫不能强奸自己的妻子。法院没有发现证据证明婚姻已经发生，也没有证据证明原告同意了性交。在宣判被告犯有强奸罪时，法院裁定，即使这对夫妇已经结婚，案件的事实也足以证明强奸是存在的。法院指出，关于强奸案的刑法规定对已婚人士并不构成例外。它认为，鉴于1995年宪法的规定，合法婚姻的存在或对合法婚姻的诚实信念，已不再是对强奸的辩护，该宪法规定了平等的婚姻权利和人格完全平等的尊严。法院指出，原告被视为“仅仅是性器官”，而且“人的尊严被践踏”。因此，法院拒绝了被告的辩护并判决强奸罪成立。

（四）平等分割婚姻财产的权利

国家：肯尼亚

肯尼亚上诉法院，Midwa 诉 Midwa，案件号 No. 197/200，2001年7月31日判决［（2000）2EA453（CAK）］。

一名丈夫向感染艾滋病毒的妻子提出离婚请求，声称她正在危及他的生命，他不能再与她同住。下级法院下令将妻子从家中驱逐，寄养在仆人居所，在案件审理前给予丈夫对孩子的监护权。妻子向上诉法院提出上诉，称她的部分工资是用来支付房屋的抵押贷款，并对她被限制在仆人居所提出异议。她争辩说，没有任何例外的情况证明把孩子的监护权交给他们的父亲是理所当然的。

上诉法院审议了下级法院的判决，将其定性为麻木不仁、让人痛苦和非人性化的。法院判决将妻子送回婚姻居所。

国家法院也审查了艾滋病毒背景下婚姻财产权的平等问题。[①]

① 有关这个案件及其他案件的摘要请参阅坦桑尼亚女法官协会（TAWJA）《案例手册》，达累斯萨拉姆，2013。

国家：坦桑尼亚联合共和国

坦桑尼亚多多马高等法院，Elizabeth Mtawa 诉 Hassan Mfaume Risasi（PC）民事诉讼案 No. 12 of 2001［1］。

上诉人 Elizabeth Mtawa 和 Mwinjuma Mfaume Risasi 一起生活了九年，并照顾他直到他去世。死者还被两名非婚生子女照顾过。被告人，死者的兄弟，声称上诉人不是死者的妻子，而只是一个情妇，因此无权分享死者的遗产。死者的另一名兄弟作证说，上诉人不配留在家中，应在葬礼后离开。

下级法院认定，在国家法定的婚姻状况下，上诉人在某些情况下可以在有争议的房屋内居住，包括如果她结婚，她应该离开房屋，并且不应该把另一名男子带进屋内。死者的兄弟提出抗诉，认为上诉人不应该从房屋中受益，因为她没有为买房子出过钱。上诉法院认为，上诉人仅仅是一个情妇，她不可能有权在家中分一杯羹，因为房屋并非上诉人与死者共同建造。

高等法院推翻了上诉法院的判决，转而支持上诉人。高等法院认定有充分的证据证明上诉人和死者一起以夫妻身份生活，根据国家法律推定婚姻存在。法院拒绝对案件适用伊斯兰法或习惯法。它指出，习惯法排除了在世女性配偶对不动产拥有所有权，使她只能拥有使用权。法院认定，这一规定违反了《世界人权宣言》第2条和第17条以及国内法的基本人权原则。

法院指出，上诉人已经对死者进行了照顾，直至其死亡，还抚养了他的两个孩子，没有证据表明被告或其他兄弟提供过任何帮助。法院将被告的主张定性为“不公平的”和“显失公正的”，认为上诉人对死者及其子女的照顾是获得家庭财产的理由。法院判决上诉人分得房屋的一半，另一半分给两名作为合法继承人的子女。

五　消除就业和职业方面的性别歧视

在就业方面对妇女的歧视依然存在，可能是基于其他考虑，例如民事状况和婚姻状况、怀孕和家庭照顾责任，而限制她们获得或继续就业的机会。①

（一）基于怀孕的歧视

许多妇女遇到过基于性别和怀孕的工作歧视。如肯尼亚工业法院的下

① 国际劳工组织：《平等就业与职业：基于111号公约的平等就业与职业的特别调查》，报告3（4B），国际劳工大会第83次会议，日内瓦，1996，第35～36段。

列判例所示，性与怀孕的歧视可能与艾滋病毒阳性的诊断相结合。

国家：肯尼亚

肯尼亚内罗毕工业法院，Veronica Muthio Kioka 诉 Catholic University of Eastern Africa（东非天主教大学），案件号 No. 1161 of 2010，2013 年 11 月 8 日判决。

原告 K 女士被雇用为临时电话接线员，而与她职位相同的两名男性雇员则是长期雇用的。由于没有获得永久合同，她没有得到男性同事享有的交通和住房津贴，也没有获得健康保险或其他福利。在被雇用三年后，她申请了一个不同的职位。在申请过程结束时，她被告知，为了得到合同，她需要先接受体检。

雇主的医生对其进行了检查，其中包括艾滋病毒检测。他没有通知其将接受艾滋病毒检测，她也没有接受任何事前或事后的咨询。检测两周后，医生告诉她，她的艾滋病毒检查呈阳性。在诊断后，她没有收到有关新职位的进一步信息。此后，K 女士继续正常工作。法院在判决中指出，在她第一次被雇用三年之后，K 女士的收入比男同事少了 42%。随后，她问雇主她没有收到永久合同的原因，其被告知由于艾滋状况被排除在永久性就业和福利之外。她继续工作也不会享有医疗或其他福利。

在受雇六年后，K 女士怀孕了。她没有得到肯尼亚法律要求的与其产假相应的工资和返岗后与之前相同的待遇。她回到工作岗位后，收到雇主的解雇通知书，通知她的雇佣合同在六个月前已到期且未续约。

法院认为，K 女士因性别而受到歧视，被剥夺了同工同酬的权利以及生育津贴。法院还发现，K 女士因其艾滋感染状态而受到歧视。雇主实施的歧视行为包括：因艾滋病毒感染状况而拒绝永久性聘用她，未经本人同意进行艾滋病毒检测，不提供事前或事后的咨询，以及侵害她的隐私权，披露她的艾滋感染状态。法院认为，雇员或潜在雇员不能仅仅根据他们的艾滋病毒状况而被认为是不健康的。法院认为，雇主违反了国内法，并引用了国际劳工组织第 100 号和第 111 号公约以及第 200 号建议书的原则。法院判给 K 女士赔偿，包括对非法和不公平的解雇的赔偿，以及歧视和严重侵犯她的尊严的惩罚性赔偿。

（二）家庭责任

由于她们的照料责任，妇女可能面临歧视。在下面这个例子中，一名女雇员因为缺勤照顾她生病的儿子而被解雇。

国家：莱索托

莱索托劳动法院，Palesa Peko 诉 The National University of Lesotho（莱索托国立大学），案件号 No. LC/95，1995 年 8 月 1 日判决。

一名女性员工因照顾正在康复的儿子而两周没有上班。她曾经告诉雇主她病了，以便能照顾儿子。雇主解雇了她，并从她的薪水中扣除了她缺勤期间相应的数额。

劳动法院引用了劳动法第 4 条，指出相关国家法律存在缺陷，其中规定如下："在不明确的情况下，对法典的规定以及根据其制定的任何规则和条例的解释应更符合国际会议通过的各项公约的规定以及劳工组织和大会通过的建议书。"

法院依据 1981 年国际劳工组织《有家庭责任的劳动者公约》（第 156 号）填补国内法的空白，认为根据公约第 9 条有权实施其条款。在此基础上，法院直接适用第 156 号公约的规定，下令停止执行（解雇），并指示雇主支付她在工作期间因照顾儿子而旷工时的工资。

（三）同等报酬

确保男女在就业方面的经济平等，能够降低妇女对疫情的易感染性。包含国际劳工组织原始章程的《凡尔赛条约》做出规定，"男女同工同酬"原则是"具有特别和紧迫重要性的"九项原则之一，并规定"各国在劳动条件方面制定的规范应当适当考虑到劳动者的公平经济待遇……"[①]。

国际劳工组织 1951 年《男女工人同工同酬公约》（第 100 号）呼吁国际劳工组织成员国在法律和实践中适用同工同酬原则。

国家：印度

印度高等法院，MacKinnon MacKenzie & Co. Ltd 诉 Audrey D' Costa & Anr，案件号 No. 1987 AIR 1281 1987 SCR（2）659，1987 年 3 月 26 日判决。

一位女性速记打字员对公司实行的薪资制度提出异议，认为男女之间存在歧视。这种歧视在下级法院得到承认。该公司向最高法院提起上诉，要求撤销有利于打字员的判决。该公司辩称，这位打字员拥有稳定的工作，没有男人从事类似的工作。然而，人们已经认识到，一个男性速记打字员在此工作中会得到更高的薪水。

法院认为劳工组织第 100 号公约适用于这一事项，指出："《印度宪法》第 39

---

① 《凡尔赛条约》第十三部分，1919，第 427 条。

（d）条规定，国家应特别关注其政策，以确保男女同工同酬。劳工组织大会于1951年6月29日通过了《男女工人同工同酬公约》。印度是上述公约的缔约国之一。”

在提到第100号公约和欧洲国家在同工同酬方面所采取的做法时，印度法院发现，原告收到的报酬比从事同等价值工作的男同事低得多。这与没有人在公司的同一职位上工作的事实是不相关的，因为同工同酬原则不仅适用于从事相同工作的人，而且适用于虽然工作不同但被认为是价值相同的男女劳动者。

六　性骚扰

性骚扰和性暴力增加了妇女感染艾滋病毒的可能性。国家法院制定了关于工作场所性骚扰的一般原则和准则，更好地保证性别平等。

国家：印度

印度高等法院，Vishaka & ORS诉State of Rajasthan & ORS，案件号No. 6 SCC 241，1997年8月13日判决。

高等法院审查了一组请愿人根据《印度宪法》第32条提出的集体诉讼。这一行动起因于对帮派强奸的指控。请愿人要求法院为执行《宪法》中的基本权利发出指示，因为据称妇女在工作场所被性骚扰行为侵犯。法院注意到国内法没有处理性骚扰问题的先例，因此决定就这一主题制定一般性原则和准则。在这样做时，参考了《消除对妇女一切形式歧视公约》和负责监督公约实施的监管机构的意见。

法院指出：“性别平等包括保护不受性骚扰和有尊严地工作的权利，这是公认的人权……因此，这些国际公约和准则，在制定指导方针以达到这一目的方面具有重大意义。”

七　其他有关国际文书的司法适用

除了国际劳工组织的文书外，还有其他国际和区域文书保障妇女的平等权利，例如《消除对妇女一切形式歧视公约》、《非洲人权和民族权宪章》、《美洲人权公约》、《反对一切形式的歧视和不容忍行为美洲公约》和《欧洲人权公约》。这些文书可能有助于审查涉及国家内部的性别歧视指控的案件，特别是在国家立法不涉及所出现的问题的情况下。

八　讨论要点

1. 贵国是否批准了关于性别平等的国际公约和标准？如果批准了，

是否已适用于国家司法判决中？贵国采取了哪些立法保护措施，以防止在就业方面的性别歧视？

2. 这些措施是否提供了国际劳工组织第 111 号公约和第 200 号建议书所设想的与就业有关的保护？

3. 贵国或地区在性别平等方面存在哪些挑战？法院可以做些什么来帮助应对这些挑战？

模块 9：关键群体

艾滋病疫情倾向于沿着社会的断层线运行。在许多国家，由于先前存在的污名化，某些关键群体的艾滋病流行率明显较高。这些群体包括与男性发生性行为的男性（MSM）、性工作者、跨性别者、囚犯和注射吸毒者（IDUs）。例如，联合国艾滋病规划署《2012 年世界艾滋病日报告》指出，艾滋病毒不成比例地影响性工作者、MSM 和注射吸毒者。[①]

> **《联合国艾滋病规划署术语指南》（2011 年 10 月修订），第 18 页：**
>
> "'关键人群'或'艾滋病毒感染风险较高的关键人群'是指那些最有可能感染艾滋病毒或将其传播的人——他们的参与对成功应对艾滋病毒是至关重要的，即他们是疫情的关键，也是应对疫情的关键。在所有国家，关键人群包括艾滋病毒感染者。在大多数情况下，与男性发生性行为的男性、跨性别者、注射毒品的人、性工作者和他们的客户、血清不一致的夫妇中的阴性血清者都比其他人更容易感染艾滋病毒。由于流动性以及人们脱离社会环境和规范的程度，各种流动性和艾滋病毒暴露风险的增加之间存在密切的联系。每个国家都应根据流行病学和社会背景来确定对疫情及其应对至关重要的特定人口。"

某些关键群体，如与男性发生性行为的男性、性工作者或注射吸毒者，被视为"正在遭受危险"的人群，他们的行为或生活方式使他们有更高的暴露在艾滋病毒中的风险。还有其他群体由于社会经济和文化因素，可能比其他团体更易感染艾滋病毒，其中包括儿童和青少年、妇女、移徙

① 联合国艾滋病规划署：《2012 年世界艾滋病日报告》，日内瓦，2012，第 42 页。

工人、残疾人、难民和国内流离失所者。[①]

关键群体的成员经常遭受多重污名化，而且往往比其他人遭受更严重的歧视，尤其是当他们艾滋病毒检测呈阳性的时候。[②] 因此，他们经常在获得健康服务、教育和就业机会方面遇到障碍。

联合国大会：《〈关于艾滋病毒/艾滋病问题的承诺宣言〉和〈关于艾滋病毒/艾滋病问题的政治宣言〉的执行：联合起来终结艾滋病：实现2011政治宣言的目标》，秘书长报告，A/66/757，2012年4月2日，第58段：

“2010年，46%的国家报告称，有法律、法规或政策阻碍了感染艾滋病毒的高危人群接受预防、治疗、护理和支持服务。七十六个国家将成人同意的同性性关系定为犯罪，大多数国家将性工作的某些方面犯罪化，对依赖毒品的人处以刑事惩罚。这些法律不仅使关键群体的成员遭受暴力、刑事制裁和监禁，而且还导致这些群体被排除在国家经济、卫生和社会支持方案之外。”

一　关键的弱势群体和高危人群

这一单元将针对工作人口中的一系列关键受影响的群体，或与劳动世界有互动关系的人，这些人特别容易感染艾滋病毒或有可能使他们有更高感染风险的行为。这些关键群体不一定是唯一的相关群体，但在这里提到他们有两个原因：他们在第200号建议书中被特别提到，或他们被确定为全国性疫情中艾滋病毒感染率较高的群体。各国间的关键群体及其危险因素也各不相同，这取决于国家艾滋病疫情的特点及演变。

（一）性工作者

自艾滋病疫情开始以来，艾滋病毒在全国女性、男性和跨性别的性工作者中的感染率明显高于大多数的其他人群。[③] 根据联合国艾滋病规划署

---

① 另见联合国艾滋病规划署《联合国艾滋病规划署术语指南》（修订版），2011，第30页。可见：http://www.unaids.org/sites/default/files/media_asset/JC2118_terminology-guidelines_en_0.pdf。

② 见联合国艾滋病规划署/方案协调委员会第三十一次会议，PCB（31）/12.25，日内瓦，2012，第15段。可见 http://www.unaids.org/en/media/unaids/contentassets/documents/pcb/2012/20121111_PCB%2031_Non%20Discrimination_final_newcoverpage_en.pdf。

③ 联合国艾滋病规划署：《性工作和艾滋病毒/艾滋病：艾滋病规划署技术更新，艾滋病最佳实践汇编》，日内瓦，2002。

《2012 年世界艾滋病日报告》，最近对来自 50 个国家的现有数据的审查，得出的结论是，女性性工作者比未从事性工作的妇女感染艾滋病毒的概率高 13.5 倍。[①]

重要的是，性工作者的人口包括男性和跨性别者，他们感染艾滋病毒的概率比许多国家的普通人口高很多。

> **世界卫生组织/联合国艾滋病规划署/联合国儿童基金会，《全球艾滋病毒/艾滋病对策：疫情更新和卫生部门实现普及的进展》，2011 年进度报告，日内瓦，2011 年，第 31 页：**
>
> “男性性工作者和跨性别者的数据非常稀少，但显示出非常高的艾滋病毒感染率：在中国（102）、印度尼西亚和泰国有 9% 到 25% 的男性性工作者艾滋病毒检测呈阳性，例如，在雅加达（印度尼西亚）有 34%、孟买（印度）有 16% 的跨性别性工作者，在曼谷（泰国）有 14% 的变性人艾滋病毒检测呈阳性。”

联合国艾滋病规划署《2012 年世界艾滋病日报告》指出，由于在世界范围内有大约 1500 万跨性别者面临高污名化和歧视，他们往往依赖性工作作为他们唯一的收入和生存来源，跨性别者的性工作参与率估计多达 44%。[②]

> **国家：哥伦比亚**
>
> **哥伦比亚宪法法院，Lais 诉 PANDEMO，案件号 No. T－629/10，2010 年 8 月 13 日判决。**
>
> 在这项判决中，宪法法院审查了性工作领域中的不公正解雇。原告是在酒吧/迪斯科舞厅就业的女性性工作者。雇主得知她怀孕后立即解雇了原告。为审判此案，宪法法院参考了国际法和其他国家的判例对性工作采取的做法。法院根据哥伦比亚劳工法典第 236 条和第 239 条，认为原告是一个单身户主，她有权根据哥伦比亚法律获得与任何其他劳动者相同的生育保护。法院认为，性工作者，无论他们是男性或女性，有与其他工作者相同的权利。法院判给原告赔偿。

---

① 联合国艾滋病规划署：《2012 年世界艾滋病日报告》，日内瓦，2012，第 21 页。

② 联合国艾滋病规划署：《2012 年世界艾滋病日报告》，日内瓦，2012，第 76 页。

一些国家法院在性工作领域中处理与就业有关的争议。

国家：南非

南非劳工上诉法院，Kylie 诉 Commission for Conciliation Mediation and Arbitration and Others（调解和仲裁委员会及其他），案件号 No. CA 10/08，2010 年 5 月 26 日判决【（CA10/08）［2010］ZALAC 8；2010（4）SA】。

南非劳工上诉法院审查了一个不公正解雇一名性工作者的案件，据称她未经事先询问就被终止了工作。下级法院驳回索赔，认为它没有案件的管辖权。下级法院在其决定中指出，南非立法规定性工作是非法的，原告的雇佣合同因此无效。它认为，南非宪法第 23 条规定的公平的劳动保护不适用于一个从事非法工作的人。原告提起上诉。

上诉法院对宪法第 23 条的范围进行了审查，该条第（1）款规定，“人人享有公平劳动的权利”。上诉法院注意到宪法法院对这一条款进行了广义解释，认为人人享有公平劳动的宪法权利，不仅包括就业合同的当事人，而且还包括就业关系中的当事人。上诉法院指出，“性工作者的非法活动本身并不妨碍她享有一系列宪法权利”。

考虑到所有情况，法庭认为：“重要的是要强调这一判决的准确结果，以及它理由相对不充分的地方。判决不能也不会批准性工作。这是立法机关的事。……然而，卖淫被定为非法的这一事实并不……破坏如果上诉人不是性工作者可能享有的所有宪法保护。”（第 54 段）。

因此，法院得出结论，《劳动关系法》第 193 条规定的保护仍适用于上诉人，尽管其工作是非法的（第 55 段）。

国家：孟加拉国

孟加拉国最高法院，Bangladesh Society for the Enforcement of Human Rights 诉 Government of Bangladesh（孟加拉国人权执行协会诉孟加拉国政府），2000 年 4 月 14 日判决［公布于 DhakaLawReport，VolumeLIII，2001（53D. L. R. 1）］。

最高法院审查了一个由 54 个非营利组织组成的团体，代表一群女性性工作者及其子女所提出的指控。请愿者还包括孟加拉国全国女律师协会和孟加拉国人权执行协会，声称一批性工作者和她们的孩子已经从她们 Tanzabar 和 Nimtali 街区的住宅中被非法强行驱逐。

原告声称，政府经常采取措施打击卖淫的女人及其孩子，“驱赶她们离开合法承租的房子”。他们指称，妇女和儿童凌晨就被当地警察从床上带走，在身体上和言语上受到虐待，被带到流浪者之家，这违反了孟加拉国宪法和国家立法规定的生命权和生存权。

法院注意到孟加拉国宪法第31条规定的生命权包括了生存权。它得出结论，性工作者“在她们被驱逐时……也被剥夺了她们的生存权，也就等于剥夺了生命权，这些行动是违宪和违法的”。

2013年，加拿大最高法院认定，加拿大刑法禁止性工作，这违反了《加拿大权利和自由宪章》。①

国家：加拿大

加拿大最高法院，Canada（Attorney General）［加拿大（司法部部长）］诉Bedford，案件号No. 34788 No. 34788，2013年12月20日判决（2013SCC72，［2013］3. S. C. R. 1101）。

三名被告，B.、L. 和S. 是或曾经是性工作者，她们主张，加拿大刑法的三个条文的规定，即与性工作相关的犯罪活动的规定，侵犯了她们在《加拿大权利和自由宪章》第7条下的权利，因此违宪。虽然性工作是不被禁止的，但加拿大刑法禁止的是：持续在一个“妓院”里（第210节）靠性工作为生［第202（1）节］和在公共场合进行以卖淫为目的的活动［第213（1）节］。被告认为，这些限制使她们失去了可以实施免受暴力侵害的安全措施的权利，从而使得性工作者的安全和生活受到威胁。他们还声称，《刑法》第213（1）节侵犯了根据宪章保障的言论自由权。尽管它因无效而被宣告暂停实施一年，以允许议会制定一种新的解决方法，但最高法院一致认为这些规定是违宪的。

（二）女同性恋，男同性恋，双性恋，跨性别者和双性人群（LGBTI）

据估计，截至2013年5月，超过70个国家仍然对同性关系处以严厉的

① 另见Agency for International Development et al.（国际开发署等）诉Alliance for Open Society International（开放社会国际联盟），Inc. et al.，133 S. Ct. 398（2013），2013年6月20日公布的判决书。在这个案件中，美国最高法院推翻了一项联邦法律，为非政府组织获得政府资助以资助艾滋病和艾滋病防治工作提供了条件。该立法规定，资金不能用于“促进或主张卖淫的立法或实践活动”，没有资金可以被“没有明文禁止卖淫”的组织所利用，从而有效地要求资助对象谴责性工作作为获得性资助的条件。最高法院认为，第二种情况，俗称“反卖淫承诺”，侵犯了言论自由的宪法权利。

惩罚，包括监禁甚至死刑。[①] 双性人群容易遭受身体和心理攻击，包括谋杀、殴打和性攻击。[②] 女同性恋、双性恋以及跨性别的妇女由于她们的性别取向或性别身份，往往是暴力犯罪特别是抢劫的目标。联合国人权事务高级专员办事处对某些国家的“矫正强奸”做法表示关注。[③] 在就业方面，基于性取向的污名化和歧视普遍存在，LGBTI 人群可能因其性取向或者其实际或推定的感染艾滋病毒而受到歧视。这些情况阻碍 LGBTI 人群向保健服务提供者透露其身份，使得他们更容易感染艾滋病毒，并助长艾滋病毒的传播。[④]

一些国家已通过立法，明文保护免受性取向歧视的权利。例如，南非、厄瓜多尔和葡萄牙的宪法禁止这种歧视。[⑤]

免受性取向歧视的权利包括隐私权。

国家：英国

欧洲人权法院，Smith and Grady 诉 United Kingdom（英国），案件号 Nos 33985/96 and 33986/96，1999 年 9 月 27 日判决。

因为当时有政策反对雇用同性恋者，因此皇家空军做了关于女性和男性雇员的同性恋情况的调查。这些同性恋者都被开除了，他们声称他们因性取向而被解雇，这侵犯了《欧洲人权公约》第 8 条规定的私生活权。法院认为，调查是对私生活权的侵犯。

---

① 联合国人权事务高级专员办事处：《生而自由平等：国际人权法中的性取向和性别认同》，日内瓦，2012，第 30 页。参见国际女同性恋男同性恋双性恋跨性别和双性人协会（ILGA）《国家支持的同性恋恐惧症：一项关于法律的世界调查：对同性爱情的犯罪化、保护和承认》，布鲁塞尔，2013。

② 联合国人权事务高级专员办事处：《生而自由平等：国际人权法中的性取向和性别认同》，日内瓦，2012，第 15 页。

③ 联合国人权事务高级专员办事处：《生而自由平等：国际人权法中的性取向和性别认同》，日内瓦，2012，第 18 页。

④ 男男性接触者和艾滋病全球论坛（MSMGF）：《对与男性发生性关系的男性（MSM）的社会歧视：对艾滋病毒政策和项目的影响》，奥克兰，加利福尼亚州，2010，第 9 页。

⑤ 见《南非共和国宪法》第 9 条第 3 款，1996 年第 108 号修正版；《厄瓜多尔共和国宪法》第 11 条第 2 款，2008 年版；另见《葡萄牙宪法》第 13 条，2005 年 8 月 12 日第 1/2005 号修正版。另外，参见 ILGA。

在各个国家，与男性有性关系的男性[①]的艾滋病毒感染率一直是最高的。在世界各地首都城市中做的调查发现 MSM 人群感染艾滋病的概率比一般人群高 13 倍。[②] 越遭受严重歧视的人越容易有高风险的行为，这又反过来增加了他们感染艾滋病毒的可能性。[③]

（三）跨性别人群

跨性别人群，特别是男跨女，面临特别高的艾滋风险，极易感染艾滋病毒。因为他们表达其性别认同的方式与常人不同，因此他们往往是最恶劣的歧视和污名化的受害者。根据国际艾滋病毒/艾滋病联盟的相关调查，跨性别者经常面临虐待和暴力；事实上，在 2008 年和 2009 年，有 200 多名跨性别者因与其性别认同有关的原因被杀害。[④] 在就业和职业中，基于性倾向和性别认同的歧视普遍存在。跨性别者感染艾滋病毒的风险特别高，在某些地区感染率高达 68%。[⑤]

国家：南非

南非劳工法庭，Christine Ehlers 诉 Bohler Uddeholm Africa（PTY）Ltd.，案件号 No. JS296/09，2010 年 8 月 13 日判决。

原告是跨性别者，提出了对雇主不公平解雇的指控，声称她因为性别身份而被解雇。劳工法庭在审议案件的事实时指出："此案显示了受歧视的人每天在工作场所的经历。对我们的社会来说，这是一个可悲的控诉，尽管我们有歧视性的历史，且我们已经制定了非歧视性的法律，但工作场所的歧视依然猖獗。原告就是这样的受害者之一。她不仅在家庭中受到歧视和排斥，而且还受到一些同事的嘲弄。一些

① 《联合国艾滋病规划署术语指南》，提供 MSM 定义，第 19 页："这一术语描述了与男性有性关系的男性，不论他们是否与女性有性关系，或是否有个人或社会同性恋或双性恋的身份。这个概念是有用的，因为它也包括那些把自我作为异性，但与其他男人发生性行为的男性。"

② 联合国艾滋病规划署：《全球报告：联合国艾滋病规划署关于 2012 年全球艾滋病疫情的报告》，日内瓦，2012，第 25 页。

③ 联合国艾滋病规划署：《全球报告：联合国艾滋病规划署关于 2012 年全球艾滋病疫情的报告》，日内瓦，2012。

④ 联合国人权理事会：《基于人类免疫缺陷病毒（HIV）和获得性免疫缺陷综合征（AIDS）的人权保护》。

⑤ 联合国艾滋病规划署：《全球报告：联合国艾滋病规划署关于 2012 年全球艾滋病疫情的报告》，日内瓦，2012，第 76 页。

人认为，他们有权咒骂她，仅仅因为她与常人不同。这是一个相当可悲的事。她在工作中表现出色。她是最棒的。我不明白为什么她改变性别会影响她的表现。”法院对原告表示支持，认为雇主因其性别（生理性别和社会性别）而不公平地歧视她，这违反了《南非宪法》第9条和《劳动关系法》第51条第2款。法院下令恢复原告的职务，并要求雇主采取措施，防止今后再次出现类似的歧视，并向原告提供书面道歉。

国家：南非

南非劳工法院，Quinton Atkins 诉 Datacentrix（Pty）Ltd.，案件号 No. JS02/07，2009 年 12 月 2 日判决。

被告在一次成功的面试后录用了原告。随后，原告通知他的雇主，他打算性别重置，将性别从男性转变为女性。被告随后以不当行为为由终止了原告的工作，并指出原告在面试期间没有披露实质性事实。法院驳回了答辩人关于原告不诚实的论点，指出，原告没有法律义务通知被告他打算性别重置。法庭注意到该项索赔提出了性别重置和性别歧视问题，因此得出结论：原告受到歧视，被告违反了《南非宪法》第9条的平等条款、1998年《就业平等法》的第55条、1995年《劳动关系法》的第66条，判令其对不公平解雇行为给予赔偿。

一些国家通过了建立性别认同权的立法。在2012年5月23日，阿根廷通过了26.743号关于性别身份认同的法律。2009年，乌拉圭通过了18.620号关于性别身份权利和在身份证件上更改姓名和性别的法律。2011年3月15日，葡萄牙通过了7/2011号法律，规定有权进行性别认同和姓名改变。[①]

（四）囚犯

艾滋病毒感染者的人数因国家而异，但通常来说，被监禁人群的艾滋流行率高于整个人口的感染率。监狱中获得艾滋预防和保健（包括艾滋治疗）的机会很少或根本不存在。

---

① 参见：http://www. ilo. org/aids/legislation/lang - en/index. htm。

R. Jürgens，M. Nowak 和 M. Day 在《国际艾滋病协会杂志》（2011 年第 26 期第 14 卷）上发表的《艾滋病和监禁：监狱和拘留》：

"在押犯和审前拘留者艾滋病毒的高感染率，以及过度拥挤的、不合标准的生活条件……使监狱和拘留中心成为艾滋病毒传播的高风险场所。最终，这将影响在押犯获释返回社区后的当地社区的艾滋疫情。"

一些国家在其艾滋立法中强调保护在押犯的人权并且通过提供预防措施处理上述监狱问题。

国家：刚果共和国

刚果共和国于 2011 年 6 月 3 日通过的第 30 号法令《与艾滋病毒和艾滋病作斗争并保护艾滋病毒感染者的权利》第 13 条第 1 款：

"司法部门应向在押犯提供安全套和其他无风险的涉及性关系的用具，并提供充分的资料说明它们在预防艾滋病毒感染和其他性传播疾病方面的用途和重要性。"

监狱也是工作场所，监狱工作人员可以从旨在减少与艾滋相关的歧视的艾滋病毒政策和项目中受益，并且便于从中获得预防、治疗、关怀和支持服务。例如，2010 年，加纳监狱服务处通过了一项既保护其工作人员又保护在押犯的艾滋病毒和结核病工作场所政策。[1]

与艾滋病毒相关的污名化和歧视现象在监狱中很常见，而且世界各地的许多监狱都对艾滋病毒呈阳性的在押犯实施隔离政策。

国家：美国

美国人权观察/美国公民自由联盟（ACLU）2010 年将亚拉巴马州和南卡罗来纳州对艾滋病毒检测呈阳性的在押犯实施的隔离政策认定为侮辱性、歧视性政策。

亚拉巴马州和南卡罗来纳州的在押犯进入该州监狱系统时都必须接受艾滋病毒检测。那些检测结果呈阳性或者已知为阳性的人会被安置在单独的监狱中，并且监狱要求大多数检测为阳性的在押犯佩戴袖章或徽章来表示他们的艾滋病毒阳性状态。

---

① 该政策包含了第 200 号建议书的关键原则，http://www.ilo.org/aids。

亚拉巴马州联邦地区法院审查了亚拉巴马州惩教署将艾滋病毒阳性在押犯从一般在押犯中分离出来的政策，认为该政策基于残疾状况（艾滋病毒状况）歧视在押犯，这违反了《美国残疾人法案》。①

国家法院也认为各州有义务对感染艾滋病毒的在押犯进行抗逆转录病毒治疗。

国家：尼日利亚

尼日利亚联邦高等法院，Festus Odafe & Ors 诉 Attorney General of the Federal Republic of Nigeria（尼日利亚联邦共和国司法部部长），案件号 No. FHC/PH/CS680/2003，2004 年 2 月 23 日判决［公布于 AHRLR 205（NgHC 2004）］。

高等法院认为，拒绝为艾滋病毒呈阳性的预审在押犯提供治疗，侵犯了他们享有的《非洲人权与民族权宪章》保障的最高标准的身心健康的权利。在案件有争议的情况下，一些等待审判的在押犯在拘留期间可能被确诊患有艾滋病，但是他们被隔离并被拒绝治疗。虽然尼日利亚宪法没有规定医疗保健的权利，但是法院仍然认为尼日利亚有义务根据其批准的《非洲人权与民族权宪章》提供适当的医疗。法院提到了医疗涉及的经济成本，但认为不论在押犯被指控何种罪行，国家都有义务提供抗逆转录病毒治疗。

（五）其他的关键群体

1. 儿童和青少年

儿童和青少年是所有感染艾滋病毒和艾滋病患者中最脆弱的群体，因此第 200 号建议书中第 35、36、40 条要求采取特别措施保护儿童和青少年劳动者。

（1）童工

艾滋疫情最悲惨的一个方面是使因患有艾滋相关疾病而丧失行为能力或死于艾滋病的患者的子女面临特殊的风险。这些孩子失去家人和照顾他们的人。在许多情况下，尤其是在艾滋流行率高的国家和地区，当地社区

---

① 亚拉巴马州地方法院，北区分部，2012 年 12 月 21 日判决的 Henderson et al. 诉 Alabama Department of Corrections（亨德森等人诉亚拉巴马州惩教署案），案件号 2：11 – cv – 00224 – MHT – WC。

因受到艾滋病毒和艾滋病的严重破坏，没有人愿意接受这些孤儿和被遗弃的儿童，导致儿童很可能被迫以最恶劣的形式工作，甚至包括出卖他们的身体以求生存。

（2）青少年劳动者

考虑到青少年劳动者可能处于较高风险的情况，第 200 号建议书第 36 条要求采取措施为年轻人提供“客观的性健康和生殖健康教育，特别是在青年就业服务方案和职业培训上传授有关艾滋病毒和艾滋病的信息”。虽然该措施在某些文化中可能会引起一些争议，但是它确实解决了可能是首次远离家庭环境的年轻工作者的需求，并且更有可能降低进行不管自愿的还是被强制的无保护的性行为带来的感染风险。

在审查涉及童工或青少年工作的情况时，法官应了解第 200 号建议书的特殊规定，并认识到艾滋病毒和艾滋病可能的影响。

2. 残障人士

社会和经济不平等加剧了残障人士应对艾滋的脆弱性。残障人士比非残障人士更容易失业。残障人士就业收入也往往少于非残障同事的收入，而且更有可能从事非正规工作。他们也可能由于残障承担额外费用，例如护理或辅助器具。因此，相较于非残障人士，他们需要更多的资源来达到同样的结果。

> **世界卫生组织/世界银行，《世界残疾报告》，日内瓦，2011 年，第 27 页：**
>
> “目前全球大约有 6.5 亿残疾人，约占世界人口总数的 15%。几乎每个人在生命的某个阶段都会暂时或永久受损，那些年老的人在身体某些功能方面会遇到越来越大的困难。许多残疾人没有平等的医疗服务、教育机会和就业机会，并且被排除在许多日常生活活动之外。”

虽然目前研究很少，但人们普遍认为残障人士在生殖和性健康权利方面有很多未被满足的需求。例如，残障青少年和成年人可能被排除在性教育项目之外，残障妇女在全科医生检查时被问及避孕措施的可能性较低。

国际劳工组织 1983 年通过的第 159 号国际劳工公约《（残疾人）职业康复和就业公约》要求在国际和国家层面采取有效措施，促进残疾人“充分参与”社会生活。联合国2006年通过的《残疾人权利公约》是概述残疾人的公民、文化、政治、社会和经济权利的最新的、最全面的公约。

3. 家政工人

近年来，对家务劳动工作者的需求增加，主要有以下几个因素：妇女越来越多地参与劳动，日益增长的护理服务需求，国际移民的女性化以及社会人口老龄化。尽管如此，家庭工作仍然被低估并且管理不善，住在雇主家中的移徙女工甚至可能会受到虐待。性骚扰和虐待的普遍存在，增加了家政工人感染艾滋病毒的风险。①

在许多国家主要是由女童从事家务劳动，这就增加了女童的健康风险。许多国家劳动法框架中都不包括家庭工作关系，导致家政工人极易受到雇主不公平、不公正的对待和虐待。国际劳工大会认识到改善家政工人生活和工作条件的必要性，于2011年通过了第189号《家政工体面劳动公约》及其所附的第201号建议书。

国际劳工组织第201号《家政工人建议书》第3段：

“成员国应该按照国际劳工标准，采取措施消除就业和职业方面的歧视，包括以下事项：

……

（c）确保不要求家政工人进行艾滋病毒或怀孕检测，或者披露艾滋病或怀孕状况。”

4. 移徙工人

移徙工人远离家庭和文化，工作和生活条件往往非常恶劣。所以需要特别关注移徙工人以保护他们免受羞辱和歧视，并确保他们获得与艾滋病有关的服务。因此，第200号建议书第3、25、27、28、40和47条明确提到移徙工人的保护规定。

国际劳工标准和联合国公约确定移徙工人应享有与其他劳动者一样的基本保护。虽然他们在东道国的工作和居留条件可能受到某些限制，例

① 国际劳工组织：《家政工人的体面工作》，报告四（1），国际劳工大会第99届会议，日内瓦，2010，第5~8页。

如，对于没有身份证件的移徙工人[①]，他们仍然有权享有与其他劳动者相同的基本权利，包括健康权和免于受歧视的权利。

即使有关国家尚未批准国际劳工组织1949年通过的第97号《移民就业公约》、第143号《1975年移徙工人公约（补充规定）》以及联合国《保护所有移徙工人及其家庭成员权利国际公约》，但根据广泛批准的《经济、社会及文化权利国际公约》，移徙工人的权利仍要受到保护。

联合国艾滋病规划署，《与艾滋病相关的入境、居留和居住限制》，联合国艾滋病规划署人权和法律小组，日内瓦，2012年，2013年1月更新。

根据联合国艾滋病规划署的数据，尽管一些国家正在废除艾滋病毒检测程序，但是截至2013年1月1日，仍有44个国家要求对无论是作为劳动者还是以其他身份进入其领土的人都要进行艾滋病毒检测。

许多国家要求移徙工人接受艾滋病毒检测。虽然国家的要求不一定明确说明，但是对移徙工人强制性的检测通常会导致艾滋病毒阳性的移徙工人被剥夺与其他工人相同的工作权。在许多情况下，如果他们的祖国正遭受着高贫困率和失业率的困扰，移民就业就是劳动者赚取收入的唯一机会。移民往往是穷人的生存战略，如果艾滋病毒感染者无法合法移民，他们可能会试图非法移民。

此外，预防、护理、治疗和支持服务往往只有在工作场所或通过工作场所才能获得。因此，否认移徙工人有工作机会意味着他们很难或根本无法获得这些服务。这使移徙劳动者更容易感染艾滋病毒，出现艾滋病及相关症状，并被剥夺获得收入和生计的机会。这些因素已经得到一些国家的承认，这些国家明确不再做移民就业测试或者取消了以前的限制。

国家：俄罗斯联邦

欧洲人权法院，Kiyutin诉Russia（俄罗斯），案件号No. 2700/10，2011年3月10日判决。

法院一致认为，俄罗斯当局根据他的艾滋病毒阳性状况，拒绝向乌兹别克斯坦

① 也被称为“非法的”移徙工人。

的国民颁发居住许可证是武断的和具有歧视性的。法院认为，该拒绝违反了《欧洲人权公约》第 14 条关于禁止歧视的规定（以及保护家庭和家庭生活的第 8 条规定）。

原告是乌兹别克斯坦人，自 2003 年以来一直居住在俄罗斯，他与一个俄罗斯人结婚，并育有一个孩子。他申请居留许可证，但体检显示艾滋病毒呈阳性。而国内法规定拒绝将居留许可证发放给艾滋病毒阳性的非本国国民，因此他的申请被拒绝。

法院在其裁决中指出，艾滋病毒感染者过去在很多方面受到歧视，无疑是一个弱势群体。法院指出，对游客、短期游客或俄罗斯公民没有实施与艾滋病毒有关的旅行限制。它指出，仅仅存在个别艾滋病毒阳性个体对公共卫生没有构成威胁。而且艾滋病相关的旅行限制有选择地针对外国人寻求住所时施加是不合理的。法院认定原告是违反第 14 条和第 8 条规定的基于其健康状况的歧视的受害者。

移徙工人也会遇到与艾滋病毒或艾滋病有关的其他困难。他们在出发国和接受国都可能被剥夺与艾滋病毒有关的预防和教育服务。他们可能不熟悉接受国的语言、文化和程序，这使他们更难获取艾滋相关的信息和服务。此外，无证件的移徙劳动者一般不能在他们工作的国家获得公共卫生服务。

5. 风险较高的经济部门

许多劳动者也从事艾滋病毒感染风险较高的职业。例如，医务人员可能接触到带有感染血液的针头。其他劳动者可能有工作要求他们在孤立和封闭的情况下工作，或远离家人，独自居住在雇主提供的住房中，如海员或采矿和建筑行业的劳动者。像长途卡车司机这样的流动工作人员也很容易受到伤害，因为他们经常离家很久，可能会与临时性伴侣进行无保护的性行为，或者寻求性工作者的服务。

二　讨论要点

1. 你认为贵国哪些群体特别容易感染艾滋病毒？这些群体有什么特点？你会从法律和社会实践层面上提出什么样的建议以解决他们的需求？

2. 移民进入贵国是否需要进行艾滋病毒强制检测？如果一个未来的移民被确定携带着艾滋病毒，那将会发生什么？

3. 贵国是否制定了反对基于性取向或性别认同歧视的法律或政策?

模块 10：法官和法律专业人员的角色

司法当局和法律专业人员在保护艾滋病毒感染者和受艾滋影响人群的基本人权（包括劳工权利）方面发挥着至关重要的作用。国家法院的职责是切实执行现有的法律保护规定，而法律专业人员则可以在倡导遵守现有的法律框架方面发挥重要作用。

他们也应该明白促进尊重人权的法律和政策框架的执行是有效应对艾滋病毒的重要组成部分。另外，法官和法律专业人员对与艾滋病毒有关的就业问题的解决方法越熟悉，在其他情况下包括在其他司法管辖区遇到类似问题时就能越有效地处理。

> **许多国家的劳工法官和法律专业人员：**
>
> 越来越多地被要求对就业和职业中与艾滋相关的污名化和歧视以及涉嫌侵犯相关权利（包括侵犯隐私权和与就业有关的福利）的指控进行审查和裁决；
>
> 确保在反歧视立法的制定和适用方面发挥关键作用；
>
> 支持建立有利于加强预防工作和尊重艾滋病毒感染者和受艾滋影响人群的工作场所权利的法律环境；
>
> 致力于呼吁进行法律改革，保护人们免受基于艾滋的污名化和歧视；
>
> 确保法律保护规定在国内得到有效实施。

《世界人权宣言》承认有必要确保有效的机制和补救措施来保障基本人权。

> **《世界人权宣言》第 8 条规定：**
>
> 任何人当宪法或法律所赋予他的基本权利遭受侵害时，有权由合格的国家法庭对这种侵害行为作有效的救济。

立法可以支持或阻碍国家艾滋防治工作。当法院适用法律保护艾滋病毒感染者的权利时，它可以帮助在就业环境中创造积极的、非歧视性的环境。这样的环境鼓励艾滋病毒感染者和受艾滋影响人群继续成为社区有生产能力的成员，并保障他们获得收入以及与艾滋相关的服务和福利，包括抗逆转录病毒治疗。反之，法院处理与艾滋病毒有关的就业歧视案件的方式有时会形成先例，从而延续或加剧与艾滋病毒有关的歧视。

国家：葡萄牙

葡萄牙最高法院，Mário Pereira 诉 Sociedade Hoteleira de BB，SA，案件号 No. SJ20080924037934，2008 年 9 月 24 日判决。

法院审查了关于不公正解雇的指控。原告多年来一直被一家四星级酒店雇用为餐厅的厨师。但是当他艾滋病毒检测呈现阳性时，他被解雇了。法院的结论是，原告不能在厨房工作，因为他可能对他的同事或酒店的客户构成威胁。因此解雇并不构成歧视，而且原告的艾滋病毒状况使得雇佣合同无法履行，因此解雇是合理的。

国家：希腊

希腊最高法院，Spyridoula Georgiou Karyotou 诉 X.，案件号 No. 676/2009，2009 年 2 月 24 日判决（2009 年 3 月 17 日公布）。

法院审理了原告提出的不公正解雇指控，原告因为艾滋病毒检测呈阳性而被解雇。原告的同事刚获悉他的艾滋病毒阳性状况，就要求管理层将其调离工作场所。一些同事在请愿书上签名，要求解雇原告。最终，雇主基于雇员给她的压力，解雇了原告。法院认为，这一行为不构成歧视，鉴于雇主面临的压力和原告继续存在给企业顺利运作带来的危险，在这种情况下解雇是合理的。

希腊最高法院的裁决被上诉至欧洲人权法院，欧洲人权法院于 2013 年 10 月 3 日在 I. B. 诉希腊（案件号 No. 552/10）一案中推翻了原裁决（参见模块 6）。

一　法庭上的行为

在某些情况下，不熟悉艾滋病毒传播方式的法官在庭审过程中以污名化的方式处理艾滋问题。例如，法院在审判涉嫌以艾滋病毒感染者身份终止雇佣的指控时，命令原告在作证之前，提供一份医疗报告，保证她不会将病毒传染给律师、法官和其他人。[①]

二 感染艾滋病毒的劳动者及其家属的工作中的人权保障实施

自从首例艾滋病确诊的三十多年来，很多国家要么颁布立法保护艾滋病毒感染者和受艾滋影响人群的人权，要么将现行立法解释为将真实或疑似的艾滋病毒状况作为禁止歧视的理由。虽然2012年有61%的国家报告说存在保护艾滋病毒感染者的反歧视法律[②]，但是这些法律并没有得到有效执行。

第200号建议书呼吁各国建立并确保机制和程序得到有效运行。

> **第200号建议书第12条指出：**
>
> "当现有的针对工作场所歧视的措施不足以有效地防止与艾滋病毒和艾滋病有关的歧视时，成员国应调整这些措施或采取新措施，并规定其有效和透明的实施。"

一些艾滋病毒流行率高的国家存在大量与艾滋病毒有关的判例法。这些国家为应对艾滋病毒流行制定了详细的法律和管理制度，有利于通过法院寻求救济。例如，南非在艾滋病毒和艾滋病方面的立法和政策高度发达，并将人权原则，包括第200号建议书的关键原则纳入法律（例如，南非2012年修订的《南非艾滋病毒和艾滋病与劳动世界的良好实践守则》）。

此外，民间社会组织的存在促进了通过司法制度进行补救，而这些组织已经将诉讼作为一种影响法律或政策的方法。[③] 例如，工会作为民间社会组织一直在积极游说为受艾滋病毒影响的工作者提供就业保护，向劳动者宣传劳动权利并支持他们寻求这些权利的实现。

---

① J. Oziegbe, "Litigating HIV/AIDS - related cases - Festus Odafe & Ors v. Attorney General of the Federal Republic of Nigeria and Ors (2005)"（《艾滋病或艾滋病毒诉讼案件——费斯图斯和奥伦赛诉尼日利亚联邦共和国司法部部长案》），*Interights Bulletin* 2 (2005), pp. 89 - 91，详情参见网址 http://www.interights.org/document/47/index.html。

② 联合国艾滋病规划署：《全球报告：联合国艾滋病规划署关于2012年全球艾滋病毒疫情的报告》，日内瓦，2012，第80页。

③ 例如，Bangladesh Society for the Enforcement of Human Rights 诉 Government of Bangladesh（孟加拉国人权执行协会诉孟加拉国政府案），该案由54个非政府组织代表一群被强行驱赶出家园的女性性工作者提起，2001年3月14日判决，载《达卡法律报告》第53卷，2001，第1~19页。

三　有效执法的挑战

仅仅制定和通过立法是不够的，还必须执行法律。国际劳工标准规定，考虑到每个成员国的情况，可以通过一些不同的手段来执行。

> **国际劳工组织第 200 号建议书第 37 条指出：**
>
> “关于艾滋病毒/艾滋病与劳动世界的国家政策和项目应当：
>
> （a）与雇主组织、劳动者组织及其他最有代表性的组织，包括相关公共和私人职业健康组织协商后生效，由下列一种或多种组合构成：
>
> （1）国家法律法规；
>
> （2）集体协议；
>
> （3）国家关于工作场所的政策和行动方案；
>
> （4）部门战略，特别关注本建议书提及的面临最大风险的部门。”

艾滋病毒感染者和受艾滋影响人群的人权保障的执法面临诸多制度性挑战。其中可能包括：政府执行保障人权的法律条款的能力下降；法律规定不足以满足在法律制度中寻求申诉者的诉求；对违规行为的制裁力度小；冗长的诉讼程序；公众尤其是妇女对其权利以及在权利受到侵犯时能够寻求的补救措施缺乏认识。

在法律能够有效执行之前，公众必须了解国内现行的反歧视立法。国家还必须规定建立易于获得的和负担得起的机制和程序，以执行关于就业机会和待遇平等的法律，以便那些认为自己的权利受到侵犯的人可以采取行动，对所指控的违法行为寻求补救。为了促进人权保护法律的有效实施，国家劳动行政管理部门和司法机关也必须意识到所涉及的基本因素，包括对艾滋的常见误解，以及这些误解在工作场所引起的歧视和污名化。

国际劳工组织从良好的劳动管理实践的角度审查了各种执法机构在性别和移徙工作领域的利弊。[①] 已经为劳动行政管理部门提供了有关艾滋病

① 例如，C. Thomas 和 R. Taylor《女工平等条款的执行，跨部门项目》，第 20 号工作文件，国际劳工组织，日内瓦，1994；I. McClure 和 M. Reischle《打击歧视移徙工人的法律和实践》，国际移民处工作文件，国际劳工组织，日内瓦，2002；B. Lust 主编《劳工行政：就业和职业方面性别平等政策的强有力代表》，劳动行政部门第 55－1 号工作文件，国际劳工组织，日内瓦，1999。

毒/艾滋病的信息，从而对这个问题提供详细的指导。[①] 国际劳工组织的监管机构也审查了各种非歧视的监测制度，并注意到了这些机构的准司法职能的趋势。[②] 尽管在国家层面上可以向民事法庭起诉，但大多数国家监管平等法的机构不是民事法庭。然而，它们的结构以及调查和决策权可能会给予它们类似于法院的地位。这些平等机构往往与劳动法庭有所不同，后者对任何有关劳资关系的争议具有更广泛的管辖权。

四 参与制定关于艾滋病与劳动世界的国家政策

法官和法律专业人员可以洞悉国家法律和政策的优缺点，特别是在适用于艾滋疫情等不断变化的情况时。然而，法律改革往往是一个漫长而反复的过程。当艾滋疫情迅速发展时，法律可能在满足受害者的需求方面落后。

国家：肯尼亚

肯尼亚高等法院，P. A. O. & 2 Others 诉 Attorney General（司法部部长），案件号 No. 409 of 2009，2009 年 4 月 20 日。

原告认为，肯尼亚 2008 年通过的第 13 号《反假冒法》可能会限制其获得负担得起的基本药品，包括治疗艾滋病毒和艾滋病的仿制药品，因而其权利受到威胁。

法院裁定，该法“含糊不清，没有明确区分假药和仿制药，可能会损害其获得负担得起的非专利药品”。法院呼吁肯尼亚议会审查该法案，消除可能以打击假药为借口而任意缉获仿制药的含糊之处。判决书还指出，知识产权不应该凌驾于生命权和健康权之上。

在艾滋病疫情的早期阶段，错误信息和恐惧导致许多人以保护其他工作人员和与他们接触的公众为借口而被解雇。随着有关艾滋传播途径的正确信息广泛传播，许多国家的法院能够根据事实而不是误解作出决定，从而抵制这种恐惧的后果。这使公众对艾滋病毒和艾滋病的认识提高，并帮助公共决策者和立法机构更好地决定如何应对艾滋病。

现行立法并不总是把真实或疑似艾滋感染状态当作禁止歧视的理由。

① 参阅国际劳工组织网站 http://www. ilo. org/labadmin/。

② 国际劳工组织：《就业和职业平等》，第 225～234 段。

只要法律措辞允许，法官就可以将现行法律适用于新的情况，或者可以明确指出，现行法律不允许他们对新类别的人进行保护。这反而凸显了法律的优点和缺点，因此改革势在必行。

五　改革的催化剂

法官和法律专业人员可以成为改革的推动者，司法先例对社会和政策的变化可以产生深远的影响。例如，博茨瓦纳高等法院在其具有里程碑意义的判决中承认妇女在财产权利方面的平等权，就体现了这一积极主动的作用。法院摒弃下级法院适用习惯法禁止妇女继承家庭财产的决定，并适用了《博茨瓦纳宪法》的平等条款，表明它可以成为推动社会变革的催化剂。

国家：博茨瓦纳

博茨瓦纳高等法院，Mmusi and Others 诉 Ramantele and Others，案件号 No. MAHLB－000836－10，2012 年 10 月 12 日判决。

法院在其裁决中强调了国家司法当局负有“保持法律的活力，使其不断运转，并使其进步，以便为所有人伸张正义”的基本职能。

六　对当地社区的影响

法官和法律专业人员是他们自己社区的杰出人物。他们可能是教育机构的董事会成员，也可能是慈善事业的赞助人，或者只需要进行公开演讲。公开宣传艾滋病毒的传播和治疗的可能性等发展情况，可以对公众态度产生积极的影响。

七　同伴教育者

了解艾滋领域进展的法官和法律专业人员可以在教育尚未在职业生涯中接触疫情的同事或者不愿意采取人权方式处理与之相关的诉讼的同事中发挥重要作用。

大多数国家都有培训机构，可以对新任法官和法律专业人员进行培训，也可以为法官和法律专业人员提供继续培训。参加这样的培训可以让他们分享自己在国内外学习到的艾滋相关知识。

八　讨论要点

1. 贵国司法当局或法律专业人员在制定法律和政策方面发挥着什么

作用？

2. 你如何通过自己的专业角色为贵国应对艾滋病毒的挑战做出贡献？

3. 无论是在法庭上还是在律师事务所，如何通过同伴教育促进劳动世界的变化？

模块11：诉诸司法：机制、程序和救济措施

为歧视或其他侵犯工作场所权利的行为寻求救济的人经常遇到一系列结构性和程序性的障碍。潜在的原告遇到的第一个障碍可能就是在国家法律框架下缺乏救济措施。

联合国大会：《〈关于艾滋病毒/艾滋病问题的承诺宣言〉和〈关于艾滋病毒/艾滋病问题的政治宣言〉的执行：联合起来终结艾滋病：实现2011政治宣言的目标》，秘书长报告，A/66/757，纽约，2012年4月2日。

第57段：

“……2010年，每三个国家中就有一个报告说没有制定禁止歧视艾滋病毒感染者的法律。越来越多的国家颁布了不健全和适得其反的法律，将不披露、暴露或传播艾滋病毒定为犯罪，高收入国家在此类法律的实际起诉中处于领先地位。”

第59段：

“根据2011年《关于艾滋病毒/艾滋病问题的政治宣言》所作的承诺，各国应立即审查国家法律和政策框架，并在必要时制定强有力的反歧视条款，废除或修改阻碍妥善应对艾滋病毒的其他法律。由于2010年仅有51%的国家建立了针对艾滋病毒相关案例的法律援助系统，各国应努力为艾滋病毒感染者和关键人群提供法律援助，并投资法律权利扫盲计划。同时还需要努力提高司法和执法人员的觉悟。”

尽管有救济方法，但是公众可能并不了解。这与劳动者对他们的劳动权利认识水平有关。如果原告没有向法院提出艾滋病毒相关歧视的控诉，并不意味着没有歧视。这可能只是表明劳动者对自己的劳动权利受到侵犯并且索赔的意识不强。控诉数量稀少——甚至完全没有——可能表明投诉程序没有得到充分利用，或由于其他有待查明的因素而未能利用。

第二个障碍在于是否可以实际得到现行的救济措施。法官和法律专业

人员应考虑是否有易于获得的机制和程序来审查与艾滋病毒相关的就业歧视控诉。

第 200 号建议书规定，成员国应建立有效、透明的机制以对反歧视提供保护。这些机制可能采取不同的形式，各国可能有不止一个救济渠道。无论现有的具体程序和机制如何，法院都应该考虑这些程序在实践中是否可行，是否能够满足其服务对象的需求。

可用于审查艾滋病毒相关歧视案件的机制各不相同，一些国家已经提供了针对艾滋病毒的申诉机制和程序。例如，肯尼亚《艾滋病毒/艾滋病预防和控制法》（2006 年第 14 号）第 25 条建立了一个侧重于艾滋病毒相关问题的机制：艾滋病毒和艾滋病法庭。瑞典等一些国家已经设立了“平等监察员”，以确保执行现有的法律保护（见 2008 年 6 月 5 日关于平等监察员的第 568 号法律）。其他国家建立了不同的机构来审查有关艾滋歧视的申诉。例如，埃塞俄比亚国家人权委员会有权审查包括基于艾滋病毒状况在内的歧视案件。

第 200 号建议书第 29 段还设想建立非正式机制和程序，呼吁成员国制定容易获得的争端解决程序，以确保在发生侵权时劳动者得到救济。

专家委员会在 2012 年综合调查中指出，促进建立便利寻求解决就业歧视的机制和程序仍然是一个挑战。阻止艾滋病毒携带者或艾滋病患者提出正式歧视申诉的障碍包括：费用，长期拖延，难以承担举证责任以及害怕受到迫害。①

另外，结构性障碍，例如实际上难以获得现有机制救济，可能构成重大障碍。一些国家就是这种情况，被授权审查艾滋相关歧视案件的争端解决机构只存在于首都城市，它们远离农村地区。②

提出歧视申诉所涉及的费用往往是劳动者的主要困难。如果艾滋相关

① 国际劳工组织：《给全球化一张人性化的面孔：关于国际劳工组织〈关于实现社会公正以推动公平的全球化的宣言〉中的工作权利的核心公约的一般调查》，报告 3（1B 部分），国际劳工大会第 101 次会议，日内瓦，2012，第 884 段。

② 国际劳工组织：《给全球化一张人性化的面孔：关于国际劳工组织〈关于实现社会公正以推动公平的全球化的宣言〉中的工作权利的核心公约的一般调查》，报告 3（1B 部分），国际劳工大会第 101 次会议，日内瓦，2012。

的歧视导致劳动者失业，那么提起诉讼的成本可能会令人望而却步。此外，正如已经指出的那样，属于重点受影响的人群也是最容易感染艾滋病毒的人群，并且最有可能因多重理由而受到歧视。这也意味着，他们可能没有足够的财力采取法律行动。因此，向可能遭受艾滋病毒相关歧视的人提供免费或廉价的法律援助以便利他们诉诸司法是公共政策的一个重要问题。

艾滋病毒呈阳性的原告的另一个障碍可能是，正式起诉可能需要很长时间才能通过司法系统，这一过程可能需要几年的时间。① 如果一个人由于其艾滋病毒状况而遭受歧视，并且已经患上了包括艾滋病在内的与艾滋病毒有关的疾病，那么漫长的延误可能意味着受害者无法在活着的时候看到案件的最终结果。

国家：法国

欧洲人权法院，X. 诉 France（法国），案件号 No. 18020/91，1992 年 3 月 31 日判决。

原告是血友病患者，1984 年 9 月至 1985 年 1 月间经历了几次输血。1985 年 6 月 21 日，他被发现艾滋病毒呈阳性。原告与许多其他受影响的血友病患者一起要求国家赔偿。诉讼期间提交的诉状中，他根据自身的艾滋病毒状况强调了该案件的紧迫性。1991 年 2 月 19 日，他向欧盟委员会提出了申请，声称其案件没有在《欧洲人权公约》第 6 条第 1 款规定的合理时间内得到处理。原告于 1992 年 2 月 2 日去世。

委员会已经将申诉提交了欧洲人权法院，法院注意到紧急情况以及“任何延误都可能导致无法由法院解决问题的风险”。法院的结论是，在这种情况下需要特别的努力，并认为存有违反公约第 6 条第 1 款的行为。

国家：萨尔瓦多

美洲人权委员会，Jorge Odir Miranda Cortez and Others 诉 El Salvador，案件号 No. 12.249，2009 年 3 月 20 日第 27/09 号报告。

在艾滋病毒呈阳性的原告提出的关于他本人和同样情况的人的医疗权的请愿书

① 例如，在南非劳工法院的案件 Gary Shane Allpass 诉 Mooikloof Estates（Pty）Ltd.（案件号 No. JS178/09）中，原告于 2008 年 11 月被解雇，法院经过两年多才在 2011 年 2 月 16 日做出终止歧视的判决。

中，委员会指出，简单迅速求助的基本权利不仅是《美洲人权公约》而且也是民主社会的法治本身的基本支柱之一。

考虑到原告的健康状况和要求获得治疗的情况，委员会得出结论认为，补救措施的有效性“与及时性密不可分”。

因此，法院应酌情考虑在艾滋病毒和艾滋病相关程序中实施特别的快速程序。

一　举证责任

举证在与艾滋病毒有关的就业诉讼方面尤其困难。在就业歧视案件中由劳动者承担举证责任可能会造成难以克服的障碍，特别是当初步确定歧视案件所需的信息和文件掌握在雇主手中时，如拒绝就业的情况。①

认识到这一困难，国际劳工标准将有关终止雇用、保护工人代表和保护产假的举证责任归于雇主承担。

1982 年《终止就业公约》（第 158 号）第 9 条第 2 款规定：

“（2）雇员不应独自承担证明解雇不合理的责任，本公约第 1 条所述的实施办法，应包括下列任何一种或两种可能性：

（a）本公约第 4 条规定的证明解雇合理理由的责任由雇主承担；

（b）本公约第 8 条所指的机构应有权根据当事方提供的证据并根据国家法律和惯例规定的程序就解雇理由作出结论。”

1971 年《工人代表建议书》（第 143 号），第 6 条：

“（1）对工人没有足够相关普遍保护措施的，应当采取具体措施有效保护工人代表。

（2）其中可能包括以下措施：

……

（e）在任何歧视性的情况下，工人代表遭到解雇或雇用条件发生不利变化的

① 国际劳工组织：《给全球化一张人性化的面孔：关于国际劳工组织〈关于实现社会公正以推动公平的全球化的宣言〉中的工作权利的核心公约的一般调查》，报告 3（1B 部分），国际劳工大会第 101 次会议，日内瓦，2012，第 885 段；另见 J. Hodges《通过就业和劳动法律应对劳动世界中的艾滋的指南》，第 50～51 页。

合理理由的证明责任都由雇主承担；……”

2000年通过的第183号《生育保障公约》第8条规定：

“（1）雇主在第四条或第五条所述的怀孕或休假期间，或国家法律法规规定的返回工作岗位后的一段时间内终止雇用妇女是非法的，除非与怀孕或分娩及其后果或护理无关。证明被解雇的理由与怀孕或分娩及其后果或护理无关的责任由雇主承担。”

例如，个人可以提出正式的歧视申诉，指称他或她因为艾滋病毒呈阳性或与艾滋病毒呈阳性的配偶或家属有关而没有被雇用或被解雇。但是原告可能无法确定是否存在歧视，因为他或她无法获得由雇主控制的信息。在许多国家，最初由原告承担举证责任，以初步确定歧视案件；被告（雇主）可能不需要为其行为提出证据，证明自己没有歧视的动机。将举证责任放在其他类型的案件中也会产生类似的困难，如下例所示。

国家：纳米比亚

纳米比亚高等法院，LM，MI，NH诉the Government（政府），案件号Nos I 1603/2008，I 3518/2008 and I 3007/2008，2012年7月30日判决。

第83段：

“关于第二项索赔，原告声称由于他们的艾滋病毒状况，她们被实施了绝育手术，导致她们受到了非法的不被允许的歧视。由于原告声称因为艾滋病毒呈阳性而被强制绝育，我认为其有责任证明这种情况发生的概率很大。”

第84段：

“我认为没有可信和有说服力的证据表明是艾滋病毒呈阳性导致对原告进行绝育手术。第二项索赔据此被驳回。”

考虑到这些困难，一些国家已经规定了举证责任的转移。例如，在声称歧视性拒绝雇用的案件中，一旦原告提出了可能的或初步的歧视证据，举证责任将转移由雇主承担，由雇主证明拒绝原告有其他理由。在瑞士，1996年生效的《男女平等联邦法》第6条规定，所谓歧视的推定“只要诉诸程序的人提出合理的理由即可”。专家委员会指出，以这种方式分配举证责任是纠正可能导致不平等的情况的有用举措。[①]

法国、德国和意大利等许多欧洲国家已经根据欧盟指令，在雇佣歧视案件中采取了将举证责任转移给雇主的规定。

欧洲联盟

欧盟理事会，2000 年 6 月 29 日第 43 号理事会指令，实施不论种族或族裔血统的平等待遇原则（官方杂志 L 180，19/07/2000 P. 0022－0026），第 8 条：

“举证责任

1. 会员国应根据本国的司法制度，采取必要的措施，确保如果因为平等待遇原则未被适用，人们认为受到歧视，法院或其他主管当局可以推定存在直接或间接歧视的事实，应当由被告证明没有违反同等待遇原则。

2. 第 1 款不妨碍会员国提出更有利于原告的证据规则。”

欧洲联盟

欧洲议会，2006 年第 54 号指令，欧洲理事会 2006 年 7 月 5 日关于在就业和职业问题上执行男女机会均等和平等待遇原则，第 19 条：

“1. 会员国应根据本国的司法制度，采取必要的措施，确保如果因为平等待遇原则未被适用，他们认为受到歧视，法院或其他主管当局可以推定存在直接或间接歧视的事实，应当由被告证明不存在违反同等待遇原则的行为。

2. 第 1 款不妨碍会员国提出更有利于原告的证据规则。”

美国最高法院于 1973 年就有关举证责任的问题作出了具有里程碑意义的裁决，并根据联邦法律在就业歧视案件中提出证据提交的顺序。[②] 麦克唐纳·道格拉斯（McDonnell Douglas）案涉及 1964 年《民权法案》第七章提出的种族歧视，该裁决确立了一个转移举证责任的框架，用于裁定

① 国际劳工组织：《就业和职业平等》，第 231 段；另见国际劳工组织《给全球化一张人性化的面孔：关于国际劳工组织〈关于实现社会公正以推动公平的全球化的宣言〉中的工作权利的核心公约的一般调查》，报告 3（1B 部分），国际劳工大会第 101 次会议，日内瓦，2012，第 885 段。

② 1964 年《民权法案》第七章是美国禁止基于种族、肤色、宗教、性别和国籍等特定的事由对就业进行歧视的联邦法律。在麦克唐纳·道格拉斯案裁决之后，1991 年的《民权法案》修改了第七章。

基于歧视性意图的间接或情况证据的就业歧视。

> **国家：美国**
>
> **美国最高法院，McDonnell Douglas Corp. 诉 Green（麦克唐纳·道格拉斯公司诉格林案），案件号 No. 72－490，1973 年 5 月 14 日判决［411 U. S. 792（1973）］。**
>
> 《民权法案》第七章审判中的原告必须根据种族歧视案件规定承担证实歧视的最初责任，主要包括：
>
> （1）其属于少数族裔；
>
> （2）其申请工作并有符合雇主招聘的职位的资格；
>
> （3）尽管有资格，但被拒绝；
>
> （4）在被拒绝后，职位仍然开放，雇主继续寻找雇员（原告有同样的资质）。
>
> 本案中，我们同意上诉法院的意见，被告证明了一个初步的事实。（463 F. 2d 337，363.）原告寻找机械师并且在拒绝了被告的工作申请后继续寻找。此外，原告并没有对被告的工作资格提出异议，并承认他过去在工作中的表现“令人满意”。
>
> 那么之后举证责任就必须转由雇主承担，由雇主证明拒绝聘用的合理的、非歧视的理由。我们不必在本案中试图详细公布可被公认为拒绝聘用合理基础的所有事宜，雇主只要指出被告参与违法行为就可以作为其被拒绝的原因。我们认为这样做足以在现阶段履行雇主的举证责任，并能够满足被告初步的歧视案件证明责任。

国家法院就涉及与艾滋相关的就业歧视案件有关的举证责任问题作出裁决。巴西联邦高级劳动法院认为，如果雇主知道劳动者的艾滋病毒状况，则雇主承担的责任是表明其解雇劳动者的决定是非歧视性的。

> **国家：巴西**
>
> **巴西联邦高级劳动法院，Adriana Ricardo da Rosa 诉 Sociedade de Ònibus Porto Alegrense LTDA－SOPAL，案件号 No. TST－RR－104900－64. 2002. 5. 04. 0022，2011 年 8 月 3 日判决，2011 年 9 月 2 日公布。**
>
> 2011 年，巴西联邦高级劳动法院以国际劳工组织第 111 号公约和专家委员会的相关意见为依据，认为被告雇主——而不是原告——有义务证明解雇不是基于原告的艾滋病毒感染状况。

二　防止报复

由于担心产生负面影响，原告可能会被阻止提出就业歧视申诉。例如，工作人员可能害怕公开他或她的艾滋病毒状况，特别是可能在媒体上公开的情况。工作人员也可能担心信息披露引起家庭、朋友和社区的负面宣传或负面反应。害怕雇主对劳动者和证人进行报复是另一个重大的威慑。这些可能有充分根据的恐惧必须由国家法院和其他争端解决机构有效和透明地处理，以免妨碍反歧视立法的有效实施。

法官可以通过确保处理指控的方式来解决这些问题，以保护当事人的隐私利益。而且应当提醒所有当事人和证人尊重诉讼的保密性。法院也可以采取措施，例如发出禁止令来保护当事人的隐私，并在非公开程序中审查某些证据。

一些国家还在保障获得法律援助权利的国家立法以及司法机制和程序中纳入了明确的规定，以确保艾滋病毒感染者和受艾滋影响人群获得司法救助。

国家：莫桑比克

2009 年 3 月 12 日，第 12 号法确立了艾滋病毒感染者和受艾滋影响人群的权利和义务，并采取必要措施进行预防、保护和治疗。参阅第 44 条：

“（1）国家保障艾滋病毒感染者和受艾滋影响人群及其代表获得法律援助和司法程序的权利。

（2）从事艾滋防治工作的非政府组织和其他类似社会实体，可以为艾滋病毒感染者和受艾滋影响人群及其代表提供法律支持。”

除了法律制度保护外，立法还要适应艾滋病毒感染者和受艾滋影响人群可能在法庭上出庭作证的具体需要。肯尼亚的国家法律提供了一个例子。

国家：肯尼亚

2006 年第 14 号《艾滋病毒和艾滋病预防和控制法》

第 27 条：法庭职权

“（1）在聆讯根据第 26 条提出的申诉或上诉时，法庭应拥有下级法院的所有权力，即有权召集证人，经宣誓作证，并要求出示书证和其他文件。

（2）为了尽量减少开支或避免延误或任何其他特殊理由，法院认为适当的话，可以收集证词并执行审讯，要求被审讯人员在法庭指定的时间内对疑问作出全面和真实的答复。

（3）在裁决任何事项时，法院可考虑其认为与其面前的事项有关的任何证据，尽管根据《证据法》某些证据可能不会被接纳。”

三　保护隐私权的特殊措施

如果原告提起一起基于艾滋病毒感染状况的歧视案件，则原告可能会非常担心不必要的宣传。如果可能受到自己的同事、家庭成员或当地社区的批评或侮辱，许多人会害怕寻求自己的权利。因此，应制定特别程序帮助保护艾滋病毒呈阳性的原告的隐私权，例如禁止原告全名出现在法庭记录上的禁止令。

此外，应当告知案件当事方以及可能被要求出庭的与案件任何一方有关的证人坚持诉讼的保密性，并保证原告或证人不受报复。

国家：南非

南非高等法院，South African Security Forces Union（SASFU）诉 Surgeon General（南非安全部队联盟诉苏贞将军），案件号 No. 18683/07，2008 年 5 月 16 日判决，第 4 页：

“上述 a）段所述人士的姓名，不得被书记员、被告或任何其他人或实体以任何方式或形式予以披露或公布。”

四　有效的补救措施和惩罚

专家委员会一贯强调确保对就业歧视的适当救济和惩罚的重要性。遭受歧视的受害者应受益于适当的补救措施，这些措施对那些可能考虑实施歧视性做法的人也应有威慑作用。应该注意，实施这样的程序时劳动者可能承担的物质和道德风险。例如，立法可能包括保护性条款，但是如果只要雇主支付赔偿金就允许其在实践中解雇受歧视的劳动者，就不能称为足够的保障。此外，为确保歧视的上诉程序有效，同样重要的是迅速处理此事，以防止可能的非法情况继续下去而产生无法弥补的消极后果。专家委员会指出，在防止报复的前提下，如果一名工作人员因提出申诉而被解雇，适当的补救措施应包括恢复工作。

然而，在与艾滋相关的歧视的情况下，恢复工作可能不是一个适当的补救措施，在这种情况下劳动者可能不愿意返回或者根本无法返回敌对工作环境中的岗位。在拒绝雇用或不合理解雇的情况下，适当的补救办法可能包括法律规定的赔偿损失，包括收入损失以及道德或惩罚性赔偿。

在与艾滋病毒有关的就业歧视案件中，国家法院的补救措施包括指示雇主制定和实施工作场所的艾滋病毒和艾滋病政策，以提高劳动者的意识，消除污名化和歧视。[①] 此外，在侵犯职工隐私权的情况下，法院应采取行动提供补救，阻止雇主和第三方违反保密规定。例如，在哥伦比亚宪法法院的一个案件中（XX 诉 Gun Club Corporation et al.，案件号 No. SU－256/96，1996 年 5 月 30 日判决），法院指出雇主的医生披露员工的艾滋病状况，导致员工被解雇。法院认为解雇是歧视性的，并命令将判决书的一份副本送交医学伦理法院，供其考虑医生的行为。

五　讨论要点

1. 如果法律禁止歧视艾滋病毒阳性者：（1）由于艾滋病毒感染而被解雇的人可以采取哪些适当的救济措施？（2）拒绝聘用艾滋病毒阳性者应受到哪些适当的处罚？

2. 你认为贵国存在哪些可能妨碍艾滋病毒感染者和受艾滋影响人群诉诸司法的结构性或程序性障碍？

3. 贵国的司法系统是否有特殊的便于艾滋病毒感染者因被歧视而诉诸司法的做法或程序？

模块 12：培训议程和学习活动示例

本部分和附带的光盘汇集了学习活动和练习，可以用来组织不同时长

① 参见加拿大人权法院 Fontaine 诉 Canadian Pacific Ltd.，案件号 TD 14/89，1989 年 9 月 26 日判决。

的讲习班或研讨会。其中有一为期3天的示例方案，可以作为培训人员方案或短期展示的基础。这仅仅是一些例子，鼓励主持人根据现有的时间以及目标受众的需求和兴趣调整这些计划。

一 对主持人/培训人员的一般说明

如果你是一个提供部分或全部示例模块的主持人，一定要记住一些一般性原则。

1. 学习者通常在既定对话中仅对有限数量的资料进行记忆，因此，简短、有重点、明确的发言将产生更持久的影响，并可由手册和附录中所载的资源材料作为辅助。

2. 成人学习的重要原则就是参与。鼓励更多的参与者提出问题，寻求详细解释并分享他们的经验，积极参与小组活动，提出小组工作的讨论结果和结论，他们将会更多地内化并保留培训的基本要素。

3. 在展开模块的过程中保持开放和灵活是有帮助的，这样参与者的例子和经历就可以被包括进来。有些与会者可能在所述领域有大量经验。通过鼓励这些参与者分享他们的经验，最大限度地利用这种经验。准备好调整课程的某些方面，以满足参与者在课程进展中表达的需求和兴趣。

4. 较大的团体和全体会议也有积极学习的空间。准备好问题并定期询问，停止并检查参与者是否跟得上所展示的信息，并邀请他们发表意见。

5. 全体会议可以分解为小组工作会议。简单地将参与者分成小组可以非常有效地保持整个团队的参与。如果可以，将参与者分成六至八组，安排他们围坐在一张桌子周围，即使是在全体会议期间，这也有利于非正式小组的工作。

二 为期三天的研讨会议程的建议

所附的光盘上提供了下面建议的学习活动和练习。可以将这些资料打印出来，并作为个人的讲义使用。

第一天：艾滋病毒和艾滋病——法官和法律专业人员的一个问题。

1. 开幕：致欢迎辞

可从国家司法当局，国家艾滋管理局，劳工、卫生或司法部门，总检察长办公室，其他国家人权和/或平等机会机构，雇主和劳动者组织以及联合国机构（国际劳工组织、艾滋病规划署）中选出适当的会议开幕发言者。在会议开幕式上或在介绍艾滋病毒传播方式之后，介绍艾滋病毒感染者的相关情况。

2. 介绍研讨会目标

解释研讨会的目标，其中包括以下三方面。

（1）使法官和法律专业人员熟悉艾滋的现状和传播方式。

（2）审阅与艾滋病毒和艾滋病有关的国际和区域人权文书。

（3）探讨法院如何利用国际法来处理与艾滋相关的案件。

（介绍练习：练习 1）

（休息）

（测试你对艾滋病毒和艾滋病的认识：活动 2）

3. 介绍艾滋病毒传播途径

本演示文稿可以参考手册的模块 1，还可以酌情邀请来自卫生部门或国家艾滋部门的专家对疫情状况进行概述。模块 1 末尾的问题可以用来促进小组讨论。

4. 一般性讨论

（午餐）

5. 小组活动：案例研究 1

这个案例研究可以用来鼓励围绕劳动世界歧视的小组讨论，并为下午的展示和活动做好准备。

（休息）

6. 介绍对艾滋病毒感染者的歧视

本届会议将举例说明艾滋病毒感染者和受艾滋影响人群在不同环境中遭受的污名化和歧视，包括获得保健服务、教育和住房方面的机会，重点是就业和职业方面的歧视。

就举例来说，主持人可以选择模块 6 到模块 8 中总结的一些法庭案例来说明就业和职业歧视的不同方面。

7. 小组活动：案例研究 2 或活动 3

第二天：关键的人权原则——法律和政策框架。

1. 第一天的回顾和第二天的目标（10 ~ 15 分钟）

请两三名参与者总结第一天的主要内容。然后，培训人员可以简要介绍研讨会第二天的目标。

2. 介绍与艾滋病有关的国际和区域人权文件

概括介绍艾滋病毒的国际和区域人权文件以及国家法院如何使用这些文件。可以基于手册的模块 2、3，并使用每个模块末尾的问题来促进小组讨论。

3. 一般性讨论

4. 介绍国际劳工组织和国际劳工标准

概述国际劳工组织的结构、国际劳工标准和监管机制。可根据手册模块 4 进行，并使用模块末尾的问题以便小组讨论。

5. 一般性讨论

（休息）

6. 介绍第 200 号建议书的关键原则

概述第 200 号建议书的主要原则。该建议书也可以被当作国际劳工组织的实践准则。但建议书作为国际劳工标准应与三方专家制定的自愿准则加以区别。其他公约可酌情在本介绍中讨论，但至少应包括国际劳工组织第 111 号、第 156 号和第 158 号公约（请参阅所附光盘附件 2 中国际劳工组织的相关文书清单）。本次会议可以以本手册的模块 4、5 为基础，并使用模块末尾的问题。

7. 一般性讨论如何根据国家法律和政策保护真实或疑似艾滋感染状态

（午餐）

8. 介绍性别平等

有关性别平等问题及其与艾滋病毒相关性的介绍可以基于模块 8 中提供的示例以及模块末尾的问题并以此促进小组讨论。还可以举行关于性别平等的小组会议活动作为替代方案。如果可能的话，预先挑选一个由两到四名参与者组成的小组，争取使小组中男性和女性的人数相等。要求每个小组成员准备一个简短的（5 ~ 10 分钟）发言介绍该国依据国内法和国际法采取的促进就业和其他环境中性别平等的措施。

9. 小组活动：案例研究 3 或活动 4

（休息）

10. 介绍关键群体

可以根据模块 9 中提供的材料和实例，对易受艾滋病毒感染或高危的关键群体进行介绍。培训人员可能希望通过提供确定参与者所在国家的关键群体的文件摘录，促进围绕有关国家艾滋疫情关键群体的讨论。例如，可以在各国根据联合国《关于艾滋病毒/艾滋病问题的承诺宣言》（2001 年）提交的定期报告和国家艾滋战略中找到相关信息。讨论可以基于模块 9 末尾的问题。

11. 一般性讨论

第三天：艾滋病毒应对措施的法律支持

1. 第二天的回顾和第三天的目标（10 ~ 15 分钟）

请两三名参与者总结第二天的主要内容，然后培训人员可以简要介绍培训会第三天的目标。

2. 介绍程序问题：法庭保障

根据模块 10 提供的材料和实例，可以展示关于保护艾滋病毒感染者和受艾滋影响人群权利的程序性措施。

3. 小组讨论

（休息）

4. 小组活动：案例研究 4

（午餐）

5. 介绍法官和法律专业人员在艾滋应对工作中的作用

法官和法律专业人员的作用介绍可以根据模块 10 提供的材料和实例展开，然后可以就行动计划开展小型的小组活动。

6. 小组活动：活动 3（讲义）

（休息）

7. 会议总结与评论

研讨会结束。

禁止艾滋歧视的全球经验：概念、法律、实践及其对中国的启示[*]

李子瑾[**]

摘要：艾滋歧视的广泛存在深刻影响全世界艾滋病毒携带者/艾滋病人在多个领域平等享有基本权利。本文从全球视角出发，运用理论分析、规范分析、比较方法等手段，探讨艾滋歧视的基本含义和构成条件的完整性与严谨性，梳理、比较并评价国际法和多国国内法中禁止艾滋歧视的重要法律和实践的有效性，并在此基础上建议中国吸取有益的全球经验，扩展现有的艾滋歧视概念，完善禁止艾滋歧视立法，推行禁止艾滋歧视措施，促使相关案例获得胜诉，以更好地履行国际法和国内法中禁止艾滋歧视的国家义务。

关键词：艾滋歧视　健康状况歧视　残疾歧视　反歧视法

引　言

艾滋歧视在世界范围内广泛存在，不仅影响了全球约 3790 万艾滋病

---

* 本文得到以下项目资助：浙江理工大学人文社科学术专著出版资金资助（2017 年度）“应对基于健康状况的歧视：理论、经验和挑战”（17106135 - Y）；浙江理工大学科研业务费专项资金资助“推进我国人类胚胎基因编辑立法研究”（2019Q096）；浙江理工大学人文社科科研繁荣计划一般预研项目资助“推进我国人类胚胎基因编辑立法研究”（19106119 - Y）；浙江理工大学 2018 年度课程建设提升计划校级全英文授课课程建设项目资助“国际公法”（QYKC1812）；浙江理工大学 2019 年教育教学改革研究项目资助“卓越法治人才教育培养计划 2.0 时代全面打造《国际法》一流课程研究”（jgyb201920）。

** 李子瑾，浙江理工大学讲师，英国华威大学法学博士，研究方向为健康歧视、国际人权法。

毒携带者和艾滋病患者本人及其家属平等地享有就业、教育、医疗、公共服务等领域的基本权利，而且影响了整个社会的公平和稳定。[①] 新时代，人们更为理性地看待艾滋歧视问题，并在国际法和国内法中发展出了一些具有初步回应性的禁止歧视法律和实践，这些经验值得总结推广。与此同时，中国禁止艾滋歧视的道路也并非一帆风顺，应当在充分参考国际经验的基础上，更加深入探索适合自己的反歧视路径。

一　禁止艾滋歧视的概念思考

（一）艾滋歧视的定义探究：仅仅是患艾滋病引起的歧视吗？

艾滋歧视实际上是“基于艾滋的歧视”的简称，而究竟何为“基于艾滋的歧视”，是对艾滋歧视问题进行分析时首先需要予以澄清的问题。

首先，“基于艾滋的歧视”针对与“艾滋”这种特定疾病有关的身体状况，既包括携带艾滋病毒而尚未发病甚至毫无外在症状的较轻微状况，也包括已经患有艾滋病甚至濒临死亡的较严重状况。由于前后两种状况的外在表现形式存在较大差异，携带艾滋病毒的人和患有艾滋病的人可能在不同领域或在不同程度上受到不平等对待。不过总体来说，这两种人都是“基于艾滋的歧视”的直接针对对象。

其次，“基于艾滋的歧视”大多时候是基于事实状况而发生，有时也可以基于主观认识甚至是错误的认识而产生。这意味着，歧视的依据不仅包括已经确定携带艾滋病毒或患有艾滋病的事实情况，而且包括被假定甚至是错认为携带艾滋病毒或患有艾滋病的情况。很多时候，一些没有被确诊为携带艾滋病毒或患有艾滋病的人也因为被怀疑与这种疾病有关而受到歧视，典型的例子有：某人因有吸毒史被认为患有艾滋病因而被公司强迫在隔离的环境中工作。

再次，“基于艾滋的歧视”可以是针对本人的歧视，也可以是针对家

---

① 参见联合国艾滋病规划署《2019 全球艾滋病最新情况》，http://hkb980dd.pic44.websiteonline.cn/upload/0ezt.pdf，最后访问时间：2019 年 9 月 30 日。

人、共同生活者等的歧视。针对家人、共同生活者等的歧视常以一种伴生歧视的形式出现，即除了携带艾滋病毒或患有艾滋病的人以外，与其有亲密关系的人也在工作、生活中受到排斥，尽管这些有亲密关系的人自身并没有携带艾滋病毒或患有艾滋病的情况。

最后，“基于艾滋的歧视”不仅包括明目张胆的公开歧视的举动，也包括各种私下不公开的歧视行动，只要其行为构成了缺乏合理、适当或合法原因的不利对待。针对国际法和各国反歧视法中越来越严格的禁止艾滋歧视规定，一些雇主、学校等发展出了形式更为隐蔽的歧视，例如将不必要的身体健康检查作为入职、入学的必要前置条件。这些行为虽未被冠以“歧视”的名义，有时甚至还以“福利”“关爱”的面目出现，但其实质都是基于艾滋的歧视。

对“艾滋歧视”设定较为宽泛的定义，目的在于尽可能赋予更多艾滋歧视的潜在受害者寻求救济的机会，从而扩展反歧视法的保护范围。

（二）艾滋歧视的构成考察：认定歧视存在是容易的吗？

宽泛定义“艾滋歧视”容易使人产生以下错觉：艾滋歧视很容易构成，只要存在一点儿不利对待的行为即可认定。事实上，认定构成“艾滋歧视”需要考察多个因素，且有一些例外情形。

第一，构成“艾滋歧视”需要符合构成歧视的一般要件，即存在区别对待和不利后果，并且两者之间存在因果关系。区别对待包括做出区别、排斥、限制或优待，而且不具有合理的、适当的或合法的理由。不利后果包括在物质或精神方面受到损害，丧失平等的待遇或机会。两者之间因果关系的确立关键在于以事实上或想象中携带艾滋病毒或患有艾滋病的状况为实际理由做出区别对待。如果证实确有其他因素是做出区别对待的理由，则不构成艾滋歧视。例如，航空公司招聘飞行员时，如果应聘者在笔试和面试中成绩靠后，同时又在体检中测出患有艾滋病的情况，则航空公司根据笔试面试成绩将其淘汰不构成艾滋歧视。

第二，构成“艾滋歧视”需要排除具有合法、合理性的区别对待。这类区别对待多发生在以下两种情形中：一是基于特定工作、教育等的内在需要而实施的区别对待，主要指特定工作、教育等的内在需要使携带艾滋病毒或患有艾滋病的人不能胜任工作，例如患有晚期艾滋病的人不适于从事要求持续高强度运动的特警等工作；二是基于国家安全、公共健康、公共秩序或公共利益等而实施的区别对待，主要指携带艾滋病毒或患有艾滋病的人可能对国家安全、公共健康、公共秩序或公共利益等带来一定威胁，例如艾滋病毒携带者不适于在具有高暴露风险的手术室担任临床医生。当然，上述两种情形自身也有严格限制，即内在需要必须是真实的，对国家安全、公共健康、公共秩序或公共利益等带来的威胁必须是显著的，否则这些区别对待亦会越过合法、合理的边界。

上述艾滋歧视的认定标准较为严格和细致，集中体现了反歧视法的严谨和审慎。尽管禁止歧视本身是不证自明的价值追求，但实现这一价值追求的道路需要不偏不倚，令人信服。

二　禁止艾滋歧视的法律梳理

（一）禁止艾滋歧视的国际法：将艾滋作为一种健康状况的反歧视立法模式

国际法中，较早注意到艾滋歧视这一问题并通过法律文件予以规制的机构是联合国人权委员会。1995 年，在联合国人权委员会通过的第 1995/44 号决议“艾滋病毒和艾滋病情形下的人权保护”中，第 1 条就明确规定：“国际人权文本的非歧视条款中的术语‘或其他身份’可被解释为包含健康状况，包括患艾滋病/携带艾滋病毒。”[①] 这一条中所提及的“国际人权文本的非歧视条款中的术语‘或其他身份’”是指《世界人权宣言》第 2 条、《公民权利及政治权利国际公约》第 2 条和第 26 条、《经济、社会及文化权利国际公约》第 2 条等条款中所规定的未曾完全列举的非歧视

① “Commission on Human Rights: Protection of Human Rights in the Context of HIV and AIDS”, http://ap.ohchr.org/Documents/E/CHR/resolutions/E - CN_4 - RES - 1995 - 44.doc, Last visited Sep. 30, 2019.

理由。例如，《世界人权宣言》第 2 条规定，人人有资格享有本宣言所载的一切权利和自由，不分种族、肤色、性别、语言、宗教、政治或其他见解、国籍或社会出身、财产、出生或其他身份等任何区别。第 1995/44 号决议还在国际法中首次明确指出“或其他身份”中可包含的事项“包含健康状况，包括患艾滋病/携带艾滋病毒”。尽管第 1995/44 号决议不是严格意义上具有法律约束力的国际文件，但它是由联合国人权委员会这一官方机构所通过的，在处理国际人权问题上具有很高的权威性。因此，即使该决议还没有被认为是完全取得了习惯国际法的地位，它在实践中已经像国际习惯法一样被广泛遵循。在决议通过后的数年里，联合国人权委员会、联合国难民事务高级专员办事处、联合国艾滋病规划署等机构在发布涉及艾滋议题的各项文件中基本都延续了这一决议中的说法。

2009 年，经济、社会和文化权利委员会也通过发布第 20 号一般性意见“经济、社会和文化权利方面不歧视”对艾滋歧视属于健康状况歧视这一说法进行了确认。第 20 号一般性意见写道：“健康状况是指一个人的身体和精神健康情况。缔约国应确保，一个人的实际或认为的健康状况不妨碍《公约》权利的实现。一些国家往往借口保护公众健康而以一个人的健康为由限制人权。然而，许多这种限制具有歧视性，例如，艾滋病毒感染状况被用来作为在各方面实现差别待遇的根据，如教育、就业、保健、旅行、社会保障、住房和庇护等。”① 与联合国人权委员会发布的文件类似，经济、社会和文化权利委员会发布的一般性意见是否具有法律约束力在国际法上是一个不完全明确的问题，但是它至少是对《经济、社会及文化权利国际公约》比较权威和有说服力的意见，并且也在实践中得到了广泛的遵循。此后公约各缔约国提交报告时，许多已将本国禁止艾滋歧视的努力作为禁止健康状况歧视方面国家积极履行义务的表现。

根据上述国际文件的规定，可以认为艾滋歧视已经受到了反歧视国际

① Committee on Economic, “Social and Cultural Rights: General Comment No. 20 – Non – discrimination in Economic, Social and Cultural Rights (art. 2, para. 2, of the International Covenant on Economic, Social and Cultural Rights)”, http://www2. ohchr. org/english/bodies/cescr/comments. htm, Last visited Sep. 30, 2019.

法的规制。这种规制的主要形式是将艾滋作为一种健康状况对待，并在国际文件中禁止基于健康状况的歧视。

（二）禁止艾滋歧视的国内法：健康状况立法模式与残疾立法模式

在各国和地区法律中，禁止艾滋歧视的立法比国际立法更为多样，其中最主要的两种立法模式是：将艾滋作为健康状况的反歧视立法模式和将艾滋作为残疾的反歧视立法模式。

1. 将艾滋作为健康状况的反歧视立法模式：以匈牙利法、荷兰法为例

有些国家效仿了上述国际文件的规定，将艾滋作为一种健康状况对待，并在立法中禁止基于健康状况的歧视，从而规定了禁止艾滋歧视。不过在提出艾滋是一种健康状况时，不同国家选取了不同的“健康状况”定义范围。例如，2003 年匈牙利通过的《平等待遇和机会平等促进法》中规定的健康状况比较广泛：“由于他/她的……健康的情况……而使某人或某个团体相较他人或其他团体在可比照的情形下受到或可能受到不利对待的所有安排被认为是直接歧视。”[①] 这里提到的“健康的情况”定义宽泛，约略等同于上述国际文件中的“健康状况”。而荷兰同样于 2003 年通过了《残疾或慢性疾病平等待遇法》，该法中却只提到了“慢性疾病”，除慢性疾病以外的健康状况如果没有构成残疾则不纳入该法的管辖范围。

在荷兰法中，艾滋实际上被当作一种慢性疾病进入反歧视法的规制视野，不过这种归类并不是通过 2003 年《残疾或慢性疾病平等待遇法》本身完成的。足以令人惊奇的是，《残疾或慢性疾病平等待遇法》本身没有包含任何关于“残疾”或“慢性疾病”的定义。有关“慢性疾病”的定义由荷兰健康、福利和体育部在实施该法的过程中专门通过制定一项解释性的政策予以澄清。该项政策中提到，“慢性疾病”被定义为“包括长期或经常发作的健康问题的疾病”，“艾滋病毒/艾滋病可能被归为‘慢性疾

① “Hungarian Act on Equal Treatment and Promotion of Equal Opportunities: Act CXXV on Equal Treatment and on Fostering Equal Opportunities”, http://www2.ohchr.org/english/bodies/cescr/docs/E.C.12.HUN.3 - Annex3.pdf, Last visited Sep. 30, 2019.

病'，因为它们通常也具有长期性和缓慢发作的性质，发病时期会相对较长，并且在当前的医疗水平下基本没有完全治愈的前景"。[①] 根据这一解释，艾滋作为一种慢性疾病受到反歧视法的规制。尽管"慢性疾病"包含的范围比"健康状况"更窄，至少禁止艾滋歧视仍是属于禁止健康状况歧视的立法管辖的范畴。

2. 将艾滋作为残疾的反歧视立法模式：以英国法、美国法为例

许多国家和地区采取了将艾滋作为残疾的反歧视立法模式，例如美国、英国、澳大利亚、中国香港地区等，其中最为典型的是英国法和美国法。英国法和美国法相关规定的主要区别是：英国法直接在立法中将艾滋定义为残疾的一种；而美国法则与荷兰法类似，是通过法律实施机构对立法的解释间接认定艾滋为残疾的。具体而言，英国在2010年通过的《平等法》中，集中规定了"残疾歧视"及其相关定义："某人在具备以下情形时构成'残疾'：1）某人具有某种身体或精神上的损害，并且2）这种损害对某人进行普通日常活动的能力构成实质性的长期的不利影响"，"一些健康状况可被直接认定为'残疾'，这些健康状况包括癌症，感染艾滋病毒和多发性硬化症"。[②] 直接认定艾滋为残疾，使携带艾滋病毒或患有艾滋病的人不用证明他们的普通日常活动受到了长期实质性的不利影响即可享有平等权利，对实现禁止艾滋歧视的立法目的非常有利。

相较而言，美国法禁止艾滋歧视的立法不是那么直截了当。1990年通过的《美国残疾人法案》中，"残疾歧视"被定义为："当雇主或其他实体因合格雇员具有残疾或申请者的残疾而对其进行不利对待，或因其有残疾的历史而对其进行不利对待，或因其被相信有身体或精神上的非短期和轻微的损害而对其进行不利对待，构成残疾歧视。"这里的术语"残疾"可以有以下三种理解："第一，实质性地限制其一项或多项主要生命活动的身体或精神损害；第二，具有该种损害的既往史；第三，被相信具

① See Dutch Ministry of Health, "Welfare and Sport: The Netherlands' Policy for the Chronically Ill", http://english.minvws.nl/en/folders/zzoude_directies/gzb/the_netherlands_policy_for_the_chronically_ill.asp, Last visited Sep. 30, 2019.

② See Legislation.gov.uk, "Equality Act 2010", http://www.legislation.gov.uk/ukpga/2010/15/contents, Last visited Sep. 30, 2019.

有该种非短期或轻微的身体或精神损害。”2009 年，美国平等就业机会委员会进一步解释了此处使用的“残疾”的定义，澄清了该定义中的“损害”要求可包括“健康事项”，并宣称《美国残疾人法案》的立法历史“明确指出感染艾滋病毒在该法保护下”。[①] 由此，《美国残疾人法案》迂回曲折地将艾滋视作一种残疾，并纳入反歧视法的保护范围。

除了上述两种最主要的禁止艾滋歧视立法模式外，也有国家在两种模式之间举棋不定，最终形成了两种模式并行的反歧视立法。例如，在德国法中，既可以通过 2002 年的《德国残疾人机会均等法》将艾滋视为一种残疾，也可以通过 2006 年的《一般同等对待法》将艾滋视为一种慢性疾病，两部法律最终都能为禁止艾滋歧视提供适当的立法依据。[②] 这从侧面反映了一个事实：也许上述两种禁止艾滋歧视的立法模式并不存在实质意义上的巨大区别。在一国存在相应反歧视立法的前提下，无论是将艾滋视为某种残疾还是某种健康状况，只要能够通过直接或间接的方式将携带艾滋病毒或患有艾滋病纳入反歧视立法的适用范围，即可得到禁止艾滋歧视的法律依据。

三 禁止艾滋歧视的实践总结

（一）禁止艾滋歧视的国际法实践：履行禁止艾滋歧视义务有进展但还不尽如人意

在国际法上，禁止艾滋歧视的实践主要表现为各公约缔约国或宣言/国际组织参与国履行含有相关禁止艾滋歧视规定的国际文件，包括上述所提到的联合国人权委员会第 1995/44 号决议等文件，以及联合国艾滋病规划署发布的《艾滋病与人权问题国际准则》《关于艾滋病毒/艾滋病问题的承诺宣言》《关于艾滋病毒/艾滋病问题的政治宣言》等。然而，根据

① See U. S. Equal Employment Opportunity Commission, “Section 902 Definition of the Term Disability: Notice Concerning the Americans With Disabilities Act Amendments Act Of 2008”, http://www.eeoc.gov/policy/docs/902cm.html, Last visited Sep. 30, 2019.

② 参见 Astrid Lipinsky《德国法中针对艾滋病病毒感染者的反歧视禁令》，刘小楠主编《反歧视评论》（第 1 辑），法律出版社，2014，第 99 ~ 111 页。

联合国艾滋病规划署的统计数据，各国履行国际法的状况仍然不容乐观。在2019年发布的报告中，联合国艾滋病规划署指出：“许多国家在清除艾滋病污名和歧视方面已经有所进步，但对艾滋病感染者的歧视态度仍旧极其严重。造成艾滋病预防和治疗方面出现不平等和障碍的潜在结构性成因迫切需要解决，特别是有害的社会规范和法律、污名和歧视以及性别相关的暴力等。刑罚、强力执法、骚扰和暴力行为不断地将关键人群推向社会边缘，并且剥夺了他们获得基本卫生和社会服务的机会。在许多国家，人们对感染者的歧视态度仍然极其严重。26个国家中有超过一半的受访者都表达了对感染者的歧视态度。”①

特别地，在2019年6月，联合国艾滋病规划署针对与艾滋病毒相关的旅行限制开展了全球范围的广泛调查。自2016年起，联合国成员国同意取缔与艾滋病毒相关的旅行限制，因为“基于艾滋病毒感染情况而施加的强制性艾滋病毒检测以及入境、停留和居住的禁令，不仅不能保卫公众健康，反而会破坏艾滋病预防和治疗工作。对全球数百万艾滋病毒感染者来说，这类政策是对其隐私权、平等权和不受歧视权的反复侵犯，同时也时刻提醒着我们与艾滋病相关的污名仍旧存在”。然而到2019年，全世界仍有大约48个国家和地区保留了某种形式的与艾滋病毒相关的旅行限制。其中，“18个国家、领地和地区针对某些类型的入境、学习、工作和/或居住许可会要求进行艾滋病毒检测或披露。11个国家、领地和地区基于艾滋病毒感染情况禁止短期和/或长期停留。19个国家将非本国公民的艾滋病毒感染者驱逐出境”②。这些联合国成员国因而违反了它们在国际法下做出的禁止艾滋歧视的承诺和义务，应当承担相应的国际责任。

（二）禁止艾滋歧视的国内法实践：通过禁止艾滋歧视案例发展甚至突破反歧视法

在各国国内法实践中，禁止艾滋歧视的案例屡见不鲜，推动了各国反

① 联合国艾滋病规划署：《2019全球艾滋病最新情况》，http://hkb980dd.pic44.websiteonline.cn/upload/0ezt.pdf，最后访问时间：2019年9月30日。

② 联合国艾滋病规划署：《仍然不欢迎？与艾滋病毒相关的旅行限制》，http://hkb980dd.pic44.websiteonline.cn/upload/ipyl.pdf，最后访问时间：2019年9月30日。

歧视法中禁止艾滋歧视条款的发展。例如，早在美国平等就业机会委员会对《美国残疾人法案》做出解释之前，美国联邦最高法院就已经通过一系列案件认定了艾滋歧视属于歧视的一种。在1998年的*Bragdon v. Abbott*等案件中，美国联邦最高法院决定，无症状的艾滋病毒感染者应当属于具有身体损害的人，因为他们的主要生命活动——生殖活动——受到实质性的限制。由于术语“残疾”在《美国残疾人法案》中可以有三种理解：一是实质性地限制其一项或多项主要生命活动的身体或精神损害，二是具有该种损害的既往史，三是被相信具有该种非短期或轻微的身体或精神损害。因此“无症状的艾滋病毒感染者”也就能够被视为“残疾人”。①

在有些情况下，各国法中关于禁止艾滋歧视的案例甚至突破了本国立法的最初规定，促使艾滋歧视的法律认定标准更加明晰，禁止歧视的法律要求更加严格。在2013年的*I. B. v. Greece*案件中，希腊一家珠宝厂的工人I. B.确诊为艾滋病毒携带者，引起了同事的恐慌和投诉。珠宝厂主本人了解艾滋病毒的传播途径，不仅请来了职业医生向同事解释，而且承诺保证将维护工作场所安全。然而I. B.的同事依然持续向珠宝厂主施压，最终迫使他将I. B.解雇。在希腊国内法院的审理中，雅典一审法院、雅典上诉法院和最高上诉法院均驳回了I. B.的复职请求。最高上诉法院的判决中认定，根据希腊国内反歧视法的要求，雇主解雇I. B.的决定“符合维持工作场所和谐关系和商业正常运行的需要”。如果I. B.继续工作将是“危险的”，雇主解雇I. B.是基于他患有“极端严重和传染性的”疾病。在用尽了国内救济之后，本案被提交给欧洲人权委员会处理。欧洲人权委员会认定，希腊国内法没有达到欧盟法所设定的更高的反歧视标准，侵害了I. B.的平等工作权，还批评了希腊最高上诉法院的判决和理由，认为将携带艾滋病毒和一般的传染病相提并论是不恰当的。② 本案以后，希腊随即修改了国内立法，去除了法律中残留的一些对艾滋病毒携带者和患有艾滋病的人具有歧视性的规定。

① 参见*Bragdon v. Abbott*, 524 U. S. 624 (1998)。

② 参见*I. B. v. Greece*, European Court of Human Rights, Application 552/10, October 3, 2013。

四 禁止艾滋歧视的全球经验对中国的启示

（一）中国法中艾滋歧视的基本定义和构成要件

1. 中国法中艾滋歧视的基本定义：没有官方定义而有学者解读

在中国法中，没有对艾滋歧视做出明确的定义。不过，由于中国签署、批准或加入了前文所提到的各种包含禁止艾滋歧视规定的国际公约或国际组织，至少可以认为在没有明确提出保留或反对的情况下，中国接受国际公约或国际组织中关于艾滋歧视的定义。上述国际公约或国际组织中常被引用的一个定义是由联合国艾滋病规划署2000年发布的《识别HIV/AIDS相关歧视草案》提供的。该草案将“HIV/AIDS相关的歧视”定义为“根据确定或可疑的HIV血清学或健康状况，在同样的情况下给予不公平的区别对待”。据此，有学者认为，“艾滋病相关羞辱和歧视”可界定为“对HIV感染者从个体和群体水平上的偏见、排斥、羞辱和歧视等”。[①] 从定义内容来看，这里使用的术语“艾滋病相关羞辱和歧视”不仅包括患有艾滋病的情形，也包括携带艾滋病毒的情形。不过，比照前文所探讨的更宽泛的艾滋歧视定义，这一定义还可以从增加艾滋歧视的显隐类型、扩展艾滋歧视的认识基础等方面入手加以充实。

2. 中国法中艾滋歧视的构成要件：构成要件模糊，法院自行裁量

中国法认定艾滋歧视的构成要件似乎比较模糊。在缺乏统一规定的艾滋歧视定义的情况下，认定标准基本上由法院在案件中自行裁量。在21世纪初期的一系列艾滋歧视案件中，法院认定构成艾滋歧视的审查尺度很严，携带艾滋病毒的原告即使证明自己的解雇、不予录用等侵权后果是由艾滋歧视直接造成的，也不能得到法院的支持。在艾滋歧视案件出现后的最初5年时间里，没有任何案件获得胜诉。而到了2015年后，随着反歧视法整体发展水平的提高，法院逐渐放宽了审查尺度。2016年，贵州省

① 李现红、何国平、王红红：《艾滋病羞辱和歧视的概念及研究工具发展状况》，《心理科学进展》2009年第2期，第414～420页。

出现了全国第一个胜诉的艾滋歧视案件，因携带艾滋病毒而失去工作岗位的原告获得了9800元经济补偿。[①] 不过，在这一案件后，因相似情况起诉的艾滋歧视案件仍然时有败诉。

（二）中国法中禁止艾滋歧视的立法模式和具体规定

1. 中国法中禁止艾滋歧视的立法模式：基本采用健康状况立法模式

中国法中既存在针对某些健康状况的禁止歧视规定，也存在针对残疾的禁止歧视规定。前者主要参见《传染病防治法》，而后者主要参见《残疾人保障法》。《传染病防治法》第16条规定："任何单位和个人不得歧视传染病病人、病原携带者和疑似传染病病人。传染病病人、病原携带者和疑似传染病病人，在治愈前或者在排除传染病嫌疑前，不得从事法律、行政法规和国务院卫生行政部门规定禁止从事的易使该传染病扩散的工作。"由于艾滋病属于法定的传染病类型，因而可以直接适用这一条的规定。同时，《残疾人保障法》第3条规定："残疾人在政治、经济、文化、社会和家庭生活等方面享有同其他公民平等的权利。残疾人的公民权利和人格尊严受法律保护。禁止基于残疾的歧视。禁止侮辱、侵害残疾人。禁止通过大众传播媒介或者其他方式贬低损害残疾人人格。"中国法上的"残疾人"是指"在心理、生理、人体结构上，某种组织、功能丧失或者不正常，全部或者部分丧失以正常方式从事某种活动能力的人"，包括"视力残疾、听力残疾、言语残疾、肢体残疾、智力残疾、精神残疾、多重残疾和其他残疾的人"。然而，根据中国残疾人联合会的统计，中国目前有8500万残疾人。其中并未包括74万艾滋病毒携带者和艾滋病患者。[②] 因此，中国法中禁止艾滋歧视的立法模式总体来说是采用"健康状况立法模式"而非"残疾立法模式"。

---

① 于子茹：《国内首例艾滋病就业歧视案胜诉的启示》，新华网，http://www.xinhuanet.com//politics/2016－05/13/c_128979915.htm，最后访问时间：2019年9月30日。

② 参见国务院新闻办公室《平等、参与、共享：新中国残疾人权益保障70年》，中国残疾人联合会，http://www.cdpf.org.cn/ztzl/2019zt/bps/bpsqw/201907/t20190725_657997.html，最后访问时间：2019年9月30日。

2. **中国法中禁止艾滋歧视的具体规定：有直接规制但过于笼统**

具体而言，中国法中也有针对艾滋歧视的直接规制规定。例如，《艾滋病防治条例》第3条规定："任何单位和个人不得歧视艾滋病病毒感染者、艾滋病病人及其家属。艾滋病病毒感染者、艾滋病病人及其家属享有的婚姻、就业、就医、入学等合法权益受法律保护。"这一条款专门保护艾滋病病毒感染者、艾滋病病人及其家属的婚姻、就业、就医、入学等权利。其主要进步之处有二：一是把禁止歧视的适用人群扩展到感染者和病人本人之外，只要是患艾滋病或感染艾滋病毒引起的歧视，其家属也受法律保护；二是指明了重点所涉权利，包括婚姻、就业、就医、入学等。而其不足之处在于：法律条文规定得比较笼统，没有提出明确的惩戒歧视行为的措施。因此，尽管存在上述条款，禁止艾滋歧视的规定在现实中往往还是执行不力。

（三）中国法中禁止艾滋歧视的政府措施和司法案例

1. **中国法中禁止艾滋歧视的政府措施：政府承诺推进艾滋零歧视**

为了履行禁止艾滋歧视的国家义务，中国政府采取了一系列措施推进实现"艾滋零歧视"的目标。2009年，中央党校社会发展研究所等单位与联合国艾滋病规划署开展了合作研究，发布了《中国艾滋病病毒感染者歧视状况调查报告》，其中提及了政府设立的疾控中心、卫生系统与禁止艾滋歧视关系密切。[①] 2019年，在与联合国艾滋病规划署执行主任米歇尔·西迪贝的会谈中，李克强总理强调，"三个零"——联合国艾滋病规划署在全世界范围内呼吁零艾滋病新发感染、零歧视、零艾滋病相关死亡的战略——构成了中国国家一级艾滋病防治战略的指导性愿景。李克强总理指出，"三个零"是能够实现的，中国正在动员一场运动去实现这一目标。中国政府承诺将努力推动这一愿景的实现。其中，社区组织在艾滋病防治以及消除相关歧视的工作中扮演着不可替代的角色，政府将为这些组织提

---

① 参见联合国艾滋病规划署及其合作伙伴《中国艾滋病病毒感染者歧视状况调查报告》，http://hkb980dd.pic44.websiteonline.cn/upload/13_f8oq.pdf，最后访问时间：2019年9月30日。

供强有力的支持。[①] 当然，上述承诺的落地还需要政府在加强防治艾滋病的同时进一步落实反歧视措施。

2. 中国法中禁止艾滋歧视的司法案例：10 年曲折前进历程

有关禁止艾滋歧视的司法案件在短短 10 年里经历了曲折前进的过程。2010 年，“艾滋歧视第一案”在安徽省发生。艾滋病毒携带者小吴在教师招聘中被拒绝录用，他将安庆市人社局和教育局诉至安庆市迎江区人民法院。在迎江区人民法院驳回了他的诉讼请求后，小吴向安庆市中级人民法院继续提起上诉。然而，安庆市中级人民法院驳回了他的上诉，维持了原判。小吴又向安徽省人民检察院申请了再审，但其再审申请最终未被接受。2014 年，艾滋病毒携带者陈杰等三人购买了春秋航空公司的机票，因主动披露了艾滋病毒携带的情况而被拒绝乘机。陈杰等将春秋航空公司诉至法院。这一案件最终也以败诉告终。一直到 2016 年，前文提及的贵州省黎平县李成案成为国内艾滋歧视胜诉的第一案。不过，李成虽然在名义上胜诉并获得了 9800 元经济补偿，但还是失去了工作。而到了 2018 年，四川内江疑似艾滋病感染者谢鹏诉某公司劳动争议案在内江市市中区人民法院主持下进行了调解，原被告双方达成调解协议：双方现场签署了一份为期两年的劳动合同，被告内江某公司支付原告谢鹏 6.3 万元人民币作为补发此前的工资（两倍计算）。加上此前劳动仲裁委裁决被告支付的工资，调解协议总价值逾 17 万元。[②] 与 10 年前相比，四川内江案件已经获得了很大进步，具体表现在：第一，案件在劳动仲裁委员会和法院都得到了受理；第二，都获得了对申请者有利的裁决结果；第三，申请者同时获得了赔偿和工作机会。不过，由于前文所述的中国国内法在应对艾滋歧视方面的种种不足，法院仍然需要更加灵活和积极地适用反歧视法，才能在今后各类相关案件中更好地禁止艾滋歧视。

---

① 参见联合国艾滋病规划署《中国承诺实现联合国艾滋病规划署愿景——零艾滋病新发感染、零歧视、零艾滋病相关死亡》，联合国艾滋病规划署，http://www.unaids.org.cn/page122?article_id=96，最后访问时间：2019 年 9 月 30 日。

② 参见王彬《消除对艾滋病人的歧视依然任重道远》，《中国青年报》2018 年 5 月 23 日，第 2 版。

结 语

艾滋歧视的广泛存在深刻影响全世界艾滋病毒携带者/艾滋病人在多个领域平等享有基本权利。本文从全球视角出发，运用理论分析、规范分析、比较方法等手段，探讨艾滋歧视的基本含义和构成条件的完整性与严谨性，梳理、比较并评价国际法以及多个国家和地区法律中禁止艾滋歧视的重要法律和实践的有效性。在此基础上，本文建议中国吸取有益的全球经验，扩展现有的艾滋歧视概念，完善禁止艾滋歧视立法，推行禁止艾滋歧视措施，促使相关案例获得胜诉，以更好地履行国际法和国内法中禁止艾滋歧视的国家义务。2016年，联合国通过了《关于艾滋病毒/艾滋病问题的政治宣言》。中国在其中承诺，将争取在2030年前终结艾滋疫情，包括致力于确保和促进艾滋病毒感染者和艾滋病患者的人权实现。禁止艾滋歧视正是确保和促进人权目标中的重要一环。加快推进在中国禁止艾滋歧视，将是中国对全球终结艾滋病这一整体目标做出的重要贡献。

学术专论

论社会组织参与平等就业立法的法治路径*

刘红春　李　舒**

摘要： 目前，已有诸多社会组织以立法建议、论证会、听证会等形式参与到平等就业的立法活动中。但“被动型”立法参与模式，面对不同群体诉求的不一致而导致立法建议的差异性在所难免。因此，立足全面推进依法治国框架下法治路径的更新和调整，社会组织创造出一种“主动型”立法参与模式，将“被动型”与“主动型”模式结合在一起，为突破当前平等就业立法的瓶颈提供了一种新的法治路径。

关键词： 社会组织　平等就业　立法参与　法治路径

受近年来全国各地层出不穷的就业歧视事件的直接影响，社会各界对这一问题的关注度不断升高，许多社会组织纷纷参与到平等就业立法中来。自 2013 年中国共产党十八届三中全会将“社会组织的发展”“平等就业的保障”提升到了国家战略的高度，社会组织参与平等就业立法进程呈现了迅猛发展的态势。为深入贯彻全会精神，加强社会组织建设，激发社会组织活力，中共中央办公厅、国务院办公厅于 2016 年 8 月出台《关于改革社会组织管理制度促进社会组织健康有序发展的意见》①；2018 年 8 月，民政部起草了《社会组织登记管理条例（草案征求意见稿）》，向社

---

* 本文为教育部人文社会科学研究青年基金项目“行政规范性文件审查机制研究”（18YJC820033）的阶段性成果。

** 刘红春，云南大学法学院副教授，法学博士，研究方向为人权保障；李舒，云南大学法学院在读研究生，研究方向为宪法。

① 参见《中办国办印发〈关于改革社会组织管理制度促进社会组织健康有序发展的意见〉》，中国共产党新闻网，http://cpc.people.com.cn/n1/2016/0822/c64387-28653324.html，最后访问时间：2019 年 6 月 5 日。

会各界征求意见[①]。但是整体而言，社会组织参与平等就业立法形势不容乐观。当前社会组织参与平等就业立法困境的一个重要症结在于对传统“被动型”立法模式的路径依赖，忽视了其自身潜在的强大动能和区别于其他主体的独特属性。对此，本文将在梳理和分析社会组织参与平等就业立法的现状及积极意义的基础上，将“被动型”与“主动型”参与模式相结合以寻求优化平等就业立法的新路向。

一 我国社会组织参与平等就业立法的现状

法律是公民基本权利的重要保障，没有法律作为支撑，权利的保障将举步维艰。平等就业权利亦是同理。改革开放至今，我国虽已建构起以宪法为基础，以《劳动法》《残疾人保障法》《妇女权益保障法》《残疾人就业条例》《就业促进法》等法律以及相关行政法规为主干，以地方性法规等地方立法为辅助的平等就业保障法律体系，然而由于社会的高度复杂性、社会分工日益细化、实践的发展以及立法稳定性等诸多因素的影响，立法开始显现出对于满足平等就业保障需求的乏力。中共十七大报告中的“社会协同”意味着社会组织发展的政策信号开始逐步释放[②]，中共十八届三中全会更是将其提升到了国家战略的高度。在大环境的驱使以及政策的支持下，一些社会组织开始寻求各种路径参与平等就业相关法律的制定与修改。

（一）社会组织参与平等就业立法的典范

1. 北京A组织[③]：乙肝、艾滋病等传染病病原携带者的反就业歧视立

---

① 参见《民政部关于〈社会组织登记管理条例（草案征求意见稿）〉公开征求意见的通知》，中华人民共和国民政部，http://www.mca.gov.cn/article/xw/tzgg/201808/20180800010466.shtml，最后访问时间：2019年6月5日。

② 中共十七大报告相关原文为：“要健全党委领导、政府负责、社会协同、公众参与的社会管理格局。”

③ 北京A组织是独立、非营利、反歧视的公益机构，成立注册于2006年12月19日，致力于通过法律途径，倡导多元文化与平等机会，促使社会更包容，每个人都享有个人尊严及宪法、法律赋予的平等权。项目领域涉及：消除乙肝歧视、消除残障歧视、消除性别歧视、消除地域歧视与食品药品安全等。

法建议

2007年3月，A组织公开呼吁关注《就业促进法（草案）》非歧视条款遗漏了乙肝、艾滋歧视的问题，乙肝携带者群体反应强烈并纷纷致信全国人大，建议加强对传染病病原携带者平等就业权的保护。最终，《就业促进法》不但增设专门条款明文规定不得歧视传染病病原携带者，还新设“公平就业”专章。同时，A组织还联合全国人大代表周某，提出反就业与职业歧视法的立法建议；联合北京地坛医院主任医师向全国人大提交“公民提案”，建议审查易导致乙肝歧视的十五部法律。同年6月，致信国务院法制办，提出了清理易导致乙肝歧视和艾滋歧视的19部法规及规章的建议。

在2008年至2011年期间，A组织先后致信人社部、人事部、公安部、国家公务员局等多部门，建议修改或删除《公安机关录用人民警察体检项目和标准》《食品安全法实施条例（草案）》《托儿所幼儿园卫生保健管理办法（草案）》《公务员录用体检特殊标准（试行）》等规范性法律文件中涉及乙肝携带者、有精神病史者就业歧视的条款，以及可能存在相貌、残障等歧视的条款。①

2. 南京B组织②：建议修改公务员录用标准中对艾滋病毒感染者、残障人士的歧视性条款

2011年11月，B组织协助三名艾滋病患者就业歧视案件的原告，致信时任总理温家宝及国务院法制办，要求修改《公务员录用体检通用标准（试行）》中涉及艾滋病毒感染者的歧视性条款。次月，温家宝总理在参加艾滋病日的活动时，公开要求各部门及时清理艾滋病歧视规定。③ 2012年10月，B组织致信国家公务员局、人社部及上海、安徽、江苏、浙江四省市公务员局、政府法制办、人大常委会等部门，提出国家机关应带头

---

① 依据北京A组织网站以及《人民日报》《法制周报》《法制日报》《新华每日电讯》等相关报道整理。

② 南京B组织于2011年7月25日注册，是一家政策倡导型公益机构，致力于食品药品安全，残障、性别、艾滋与乙肝反歧视的倡导。

③ 《天下公两周年报告》，南京B组织网站，http://www.tianxiagong.org/，最后访问时间：2019年6月5日。

招录残障人士、为残障人士预留岗位、设立残障人就业专门统计项等立法建议，并随信寄送了《华东（江浙沪皖）残障公务员招录状况调查报告》。

3. 全国妇联：反“就业性别歧视”

招聘录用中的性别歧视，对女性人力资源造成了难以估量的浪费。2013年3月，全国妇联从含义界定、细化规定、惩罚性赔偿、公益诉讼、政府职能强化、企业招录监管等方面，向全国政协会议提案建议进一步完善相关法律法规，提高法律条款可操作性。大体包括：明确界定“就业性别歧视”；细化“不适合妇女的工种或者岗位”的规定；增设惩罚性赔偿、就业性别歧视举证责任倒置、集团公益诉讼、强制证人作证义务与防止报复等规定；进一步明确各级政府及人社部门对女大学生的就业性别歧视监管的职责，建立平等就业监管机构，依法查处违法用人单位与中介机构；引导企业“平等雇佣”，实施“平等就业计划”；等等。同时，全国妇联提出，政府机关、事业单位、国有企业在招录工作中应做反就业歧视的表率，秉承“三公”原则带头平等招聘女性员工。[①] 次年3月，全国妇联副主席孟晓驷在全国政协会议上建议，“增加就业性别歧视案由，规定就业性别歧视案件举证责任倒置原则，明确对就业性别歧视的最低赔偿标准，更好地维护遭受就业性别歧视公民的合法权益，并为贫困女性提供相关法律援助或司法救助”[②]。直至2018年12月12日，最高人民法院发布《关于增加民事案件案由的通知》，在“一般人格权纠纷”项下增加了“平等就业权纠纷”。

（二）社会组织参与平等就业立法的特征与发展

“社会组织是社会权力的重要载体之一，其发展与变化内含着社会权力的生成和壮大，社会权力是社会组织的内驱力，社会组织为社会权力提供外在支撑。”[③] 在平等就业立法过程中，社会组织作为一个关键性的社

---

① 陈丽平：《全国妇联提案建议保障男女平等权利消除招录女大学生性别歧视》，《法制日报》2013年3月13日。

② 严铧：《妇联副主席批企业性别歧视：要武大郎弃穆桂英》，《南方都市报》2014年3月9日。

③ 马金芳：《社会组织多元社会治理中的自治与法治》，《法学》2014年第11期。

会权力载体将成为影响平等就业法律与法规制定、修改、废止与执行的力量。这也在一定程度上督促社会组织尽快参与到立法实践中，在平等就业立法过程中积极扮演“协助促进者”的法律角色。针对现行法律、行政法规及部分规章或是地方性规范性法律文件中所存在的就业歧视问题，社会组织在进行深入调查、研究与实际经验积累的基础上，全面收集、整理有关平等就业的法律依据及相关证据，通过立法建议稿、公开信、联合人大代表等方式，在恰当的时机向对应的权力主体提出立法建议。以北京A组织“关于清理19部易导致乙肝歧视和艾滋歧视的法规及规章的建议”的倡导为例。2007年6月，在国务院法制办就现行行政法规的废止、失效或者修改寻求公众建议这一背景下，该组织全面梳理涉及易导致乙肝携带者与艾滋病患者就业歧视的4部行政法规及9个部门规章①，在充分的理由及证据支撑下向国务院法制办提出了系统清理的建议。同时，对于正在制定的4个部门规章——《沐浴场所卫生规范（征求意见稿）》、《美容美发场所卫生规范（征求意见稿）》、《住宿业卫生规范（征求意见稿）》及《游泳场所卫生规范（征求意见稿）》，该组织以其不加区分地规定患有病毒性肝炎的公民，在治愈前不得从事直接为顾客服务的工作为由，依法提出了修改这类侵犯患有病毒性肝炎公民平等就业权条款的建议。②

综合以上事例以及中国社会组织研究材料积累，这些社会组织在参与平等就业立法实践中，展现出了若干特征。第一，领域多元化。从辐射领域来看，除了女性、乙肝、艾滋等这些热度居高不下的领域，近年来，残

① 例如，《公共场所卫生管理条例》第7条规定：公共场所直接为顾客服务的人员，持有“健康合格证”方能从事本职工作。患有痢疾、伤寒、病毒性肝炎、活动期肺结核、化脓性或者渗出性皮肤病以及其他有碍公共卫生的疾病的，治愈前不得从事直接为顾客服务的工作。该机构认为该法规笼统地对“病毒性肝炎”进行限制，而没有区分甲型肝炎、乙型肝炎、丙型肝炎，错误地将血液传染病乙肝（丙肝）与消化道传染病甲肝、戊肝同样来防范。《〈教师资格条例〉实施办法》第8条第3项规定，申请认定教师资格者的教育教学能力应当符合下列要求：具有良好的身体素质和心理素质，无传染性疾病，无精神病史，适应教育教学工作的需要，在教师资格认定机构指定的县级以上医院体检合格。该机构发现该条款笼统地对“传染性疾病”进行限制，而没有区分血液传染病、消化道传染病和呼吸道传染病。

② 依据《北京A组织2007年工作总结》总结整理，http://www.yirenping.org/，最后访问时间：2019年6月5日。

障、相貌、精神病等热度较低但歧视问题根深蒂固的领域也逐渐被囊括其中。第二，参与方式多样化。社会组织参与立法的方式，不仅有口头与书面建议、立法建议稿、公开信、谴责信、行为艺术等单一主体方式，还有联合人大代表、同类机构等多主体协同方式，此外，随着公众对司法裁判关注度的提升、平等就业司法救济援助制度的日趋完善，具体个案也成为一种重要的参与方式。第三，接受对象不断拓展。传统的立法建议对象多是立法机关、行政机关，但实际上仅从顶层设计入手是难以切实解决问题的，因此，社会组织的立法建议对象开始向司法机关、事业单位、企业等拓展，关注司法救济、招录及内部制度等方面的现实平等就业问题。第四，渐成模式。社会组织开始朝一个选定的目标与方向，有效整理与倡导经验，形成可以借鉴、推广的平等就业立法参与模式。此外，立法建议多有大量调查、研究、实际经验及证据支撑，这也是社会组织参与平等就业立法的一大特点。

随着更为宽松和鼓励发展宏观政策取向的逐步形成，社会组织参与平等就业立法的领域不断拓展，参与组织数量也在不断增加。从《2017 年社会服务发展统计公报》公布的数据来看，截至 2017 年年底，全国共有社会组织 76.2 万个，比上年增长 8.4%；全国共有社会团体 35.5 万个，比上年增长 5.6%，其中可能参与平等就业立法的社会团体有教育类 1.0 万个，卫生类 0.9 万个，社会服务类 4.8 万个，文化类 3.9 万个，法律类 0.3 万个，宗教类 0.5 万个，职业及从业组织类 2.0 万个；民办非企业单位中，教育类 21.7 万个，卫生类 2.7 万个，社会服务类 6.2 万个，文化类 2.1 万个，法律类 1197 个，宗教类 115 个。[①] 同时，修改后的《立法法》将拥有地方立法权的城市从 49 个扩大到全部设区的 287 个市。

二 法治路径对社会组织参与平等就业立法的意义

从法律角度出发，平等就业问题涉及多个法域和多个层次，其跨领域

① 参见民政部《2017 年社会服务发展统计公报》，中华人民共和国民政部，http://www.mca.gov.cn/article/sj/tjgb/，最后访问时间：2019 年 6 月 1 日。

性、主体复杂性极大地钳制了立法的效能。对此，社会组织参与平等就业的法治路径提供了一个新的突破点，以回应我国当前社会组织参与平等就业立法所面临现状的应然诉求与实然需要，从而推动全局性、综合性、基础性平等就业保障法律体系的建立与完善。

（一）社会组织通过法治路径将更好地激活参与立法的活力

社会组织的发展与平等就业的保障，是当下中国社会改革与发展的重要议题，中共十八届三中全会对此做出了战略部署。从社会组织的发展来看，在利益结构日益多元化的中国社会转型时期，政府职能的转变、立法参与制度的完善为社会组织的发展提供了“大环境”保障，中共十八届三中全会决定以及《关于改革社会组织管理制度促进社会组织健康有序发展的意见》等文件从政府与社会的关系、社会组织自治以及公共服务的角度提供政策保障①，基层政府也积极提供场地、资金等公共资源作为物质保障，以激发社会组织内在活力和发展动力，促进社会组织真正成为推动立法进程的重要力量。在平等就业保障方面，习近平在中共十八届三中全会上战略性地提出，“规范招人用人制度，消除城乡、行业、身份、性别等一切影响平等就业的制度障碍和就业歧视”②。这就意味着，社会组织通过参与平等就业立法来消除就业歧视获得了政策支持，并在今后一段时期内进入整体性建构阶段。而法治路径的科学性、专业性与合理性，正是社会组织通过参与平等就业立法实现歧视消除的应然诉求，恰当路径的选择对

① 中共十八届三中全会决定相关原文为：“激发社会组织活力。正确处理政府和社会关系，加快实施政社分开，推进社会组织明确权责、依法自治、发挥作用。适合由社会组织提供的公共服务和解决的事项，交由社会组织承担。支持和发展志愿服务组织。限期实现行业协会商会与行政机关真正脱钩，重点培育和优先发展行业协会商会类、科技类、公益慈善类、城乡社区服务类社会组织，成立时直接依法申请登记。加强对社会组织和在华境外非政府组织的管理，引导它们依法开展活动。”《关于改革社会组织管理制度促进社会组织健康有序发展的意见》（2016 年 8 月）相关原文：“改革社会组织管理制度，正确处理政府、市场、社会三者关系，改革制约社会组织发展的体制机制，激发社会组织内在活力和发展动力，促进社会组织真正成为提供服务、反映诉求、规范行为、促进和谐的重要力量。”

② 习近平：《中共中央关于全面深化改革若干重大问题的决定》，《人民日报》2013 年 11 月 16 日。

激发社会组织参与平等就业立法的活力所起到的推动作用是毋庸置疑的。

（二）社会组织通过法治路径可更好地建设立法社会智库

在高度分工的社会背景下，立法已然成为一项专业性活动，立法主体不仅要具备一定的法律素养，还需要有与立法领域各项活动相匹配的综合能力。诚如萨托利所言，“随着政治日趋复杂，知识——认知能力和控制力——也会越来越成为问题……我们正在陷入‘知识危机’”。[①] 平等就业立法，同样不可避免地面临“平等就业及其保障知识的危机”，而社会组织则因其辐射平等就业多元领域的特征对这一危机具有不可取代的化解功效。也正是基于社会组织的公益性、民间性等特殊属性，社会组织根植于社会平等就业的现实，能够更为充分、全面地反映社会平等就业保障诉求，在促进科学民主的平等就业立法活动中发挥其独特作用。进一步说，社会组织为中国特色社会主义智库体系的有机组成部分，作为立法社会智库支撑主体的社会组织，通过恰当的法治路径可以有效提高其立法智库的决策咨询能力，更好地为平等就业立法提供专业建议，从而为立法社会智库的建设提供专业性的路径保障。最终，推动立法社会智库服务平等就业的立法工作，释放立法社会智库在促进平等就业与消除就业歧视方面的正能量，有助于完善社会智库立法建议的“上达”机制和决策层的“兼听”机制，促进立法社会智库有关平等就业立法建言献策的渠道制度化与正规化，实现立法社会智库与立法主体沟通的常态化，规范与引导立法社会智库的健康有序发展。

（三）社会组织通过法治路径会更好地提高立法整体效能

平等就业立法整体效能的提升，包含了立法质量的提升、立法风险的规制以及立法共识的达成。详言之，法治路径嵌入社会组织参与平等就业立法所产生的积极效益，至少体现为以下三方面。第一，在立法质量提升层面，可以帮助有关立法主体吸纳广大社会组织的专业智慧与实践经验，

---

① 〔美〕乔·萨托利：《民主新论》，冯克利、阎克文译，东方出版社，1998，第135页。

使社会组织发挥各自专长及领域优势，在遵从平等就业立法规定的前提下推动立法新模式的建立，告别传统粗糙简单的平等就业立法模式，提升平等就业立法品质，形成平等就业立法的新常态。第二，在立法风险规制层面，社会组织的参与，有助于摆脱过去在平等就业领域的应急式、回应式立法，通过不断减少平等就业立法信息的不对称，来实现平等就业立法启动的自主控制，进而有效防控立法风险。这一法治路径的运用，还有助于改变既往立法主体在平等就业立法中被动、消极的局面，促进立法主体在平等就业领域立法能力的提高，同时也能更好地遏制、预防平等就业立法中的地方保护主义、本位保护主义以及部门利益法律化。第三，在立法共识达成层面，社会组织参与平等就业立法的实质，就是民主立法。详言之，通过社会组织的广泛参与，立法更好地汇集不同领域、不同类型就业群体的诉求与建议，给予公民表达就业意愿的渠道，保障平等就业基本人权。通过平等就业法治路径，充分听取社会组织的意见、建议，发挥其平等就业“弱势群体的利益代言人，帮助弱势群体表达其政策主张和利益诉求”[1] 的作用，听取对平等就业立法有分量、有价值与有见地的横向与纵向意见和建议，增进平等就业立法共识，并针对这些共识的科学性、合理性与可行性进行分析、采纳，最终按法定程序形成平等就业的法律规范。

三　社会组织参与平等就业立法的法治路径建构

在立法迈向“后体系时代”[2] 的大背景下，社会组织参与平等就业立法是一种必然趋势。法律虽未赋予社会组织立法权，但社会组织的参与在实践中能够对立法程序产生实际效果。这就意味着，发挥社会组织参与制定平等就业保障的良善之法、管用之法的主体作用，让平等就业法律能够顺应社会经济发展，满足公民平等就业保障的诉求，并成为增进社会公众福祉与社会认同的最大公约数，不仅要健全《立法法》等法律既定参与立

---

① 王名：《非营利组织的社会功能及其分类》，《学术月刊》2006 年第 9 期。

② 李亮、汪全胜：《论“后体系时代”立法学研究之嬗变——基于立法方法论的考察》，《江汉学术》2014 年第 1 期。

法的法治路径，还要不断吸纳社会组织参与实践所创新的合理模式并及时革新的法治路径。

（一）路径之一：完善法律既定的“被动型”参与模式

法律获得充分的规范意义，既非源于其形式本身，也非先天具有的道德内容所赋予，而是通过立法的程序产生了合法性。[①] 同样，社会组织作为一种立法力量，其地位、任务与作用的合法性基础源自2000年的《立法法》。该法在第5条、第34条、第35条及第58条中肯定了社会组织参与立法的主体资格，并对其法治路径予以明确，如“通过多种途径参与立法活动”“听取意见可以采取座谈会、论证会、听证会等多种形式”“将法律草案公布，征求意见”[②] 等。第58条还对社会组织参与行政立法的路径进行了规定，“行政法规在起草过程中，应当广泛听取有关机关、组织和公民的意见，听取意见可以采取座谈会、论证会、听证会等多种形式”[③]。随后，国务院部委及地方立法层面的立法规范进行了一些“本土化”的规定，截至2015年3月，8部部门规章、32部省级地方性法规、8部省级地方政府规章、1部自治州自治条例和单行条例、3部自治县自治条例和单行条例、20部较大市地方性法规、8部较大市地方政府规章等进行了规定。[④]

从中央立法到地方立法，社会组织参与包括平等就业领域在内各领域立法的法治路径确立，社会组织在立法参与中发挥了很好的作用。然而，现代社会是一个职业、功能高度分化的复杂性社会，平等就业立法供给的相对滞后以及社会组织参与立法的日趋多元，使立法所确立的原有路径已难以适应复杂的社会环境，社会组织在平等就业领域的新变化、新情况以及新期待要求立法必须发展出新的路径来应对。大势所趋之下，2015年

---

① 〔德〕哈贝马斯：《在事实与规范之间：关于法律和民主法治国的商谈理论》，童世骏译，三联书店，2003，第167页。

② 参见2000年《立法法》第5条、第34条、第35条、第58条的规定。

③ 参见2000年《立法法》第58条的规定。

④ 数据来源于全国人大法律法规数据库、北大法宝数据库、新法规速递及有关政府网站。具体的法律规范有《民政部立法工作规定》《浙江省地方立法条例》《广东省政府规章立法后评估规定》《湘西土家族苗族自治州人民代表大会立法程序条例》《鄂温克族自治旗立法条例》《贵阳市地方立法条例》《无锡市规章立法后评估办法》等。

修改的《立法法》给予了及时回应。该法第36条新增第2、3款规定，法律案“有关问题专业性较强，需要进行可行性评价的，应当召开论证会，听取有关专家、部门和全国人民代表大会代表等方面的意见”，同时如果该法案“有关问题存在重大意见分歧或者涉及利益关系重大调整，需要进行听证的，应当召开听证会，听取有关基层和群体代表、部门、人民团体、专家、全国人民代表大会代表和社会有关方面的意见”。[①] 至此，法律既定的社会组织参与平等就业法治路径形成了。这一路径因系立法主体的主动职权所发动，相较于社会组织参与而言，可称为“被动型”法治路径。

在全面推进依法治国的大环境下，这一革新的“被动型”法治路径应从立法程序的各环节对社会组织参与平等就业立法模式进行完善。首先，逐步确定诸如北京A组织、南京B组织、妇联等参与平等就业保障的社会组织作为平等就业立法的联系点，可聘请专业性强的社会组织作为立法顾问，定期、不定期地向涉及残障、性别或综合型的各类社会组织征集平等就业的立法项目。其次，必要时可委托这类组织起草相关草案或条款，在涉及重大平等就业利益立法调整时启动社会组织参与论证及咨询机制，严格从程序和实体上落实座谈会、论证会与听证会等方式。再次，完善社会组织对涉及平等就业草案公开征求意见和建议的采纳情况反馈机制，以及立法评估的参与方法。最后，通过以上方法的综合运用，建构起“被动型”法治路径下社会组织参与平等就业的沟通与协商模式，并逐步将其制度化、规范化、程序化，以程序合理、环节完整的法治路径促进社会组织参与对平等就业立法的结果产生专业性、实质性的影响。

（二）路径之二：吸纳实践创新的“主动型”参与模式

“社会组织的成长与社会权力的壮大是多方面因素综合作用的结果：在内在根据上源自于公民以及社会组织日益增长的权利意识，在外部环境上受现阶段社会民生需求的有力推动，在根本动力上则顺应了国家权力向

① 2015年《立法法》第36条第2、3款。

社会权力回归、国家向社会回归的历史进程。”① 如前例，以北京A组织、南京B组织为典型的社会组织参与平等就业立法的路径，并未局限于法律既定的“被动型”座谈会、论证会以及听证会等方式，而是在不断的实践经验积累中创造出一种“主动型”法治路径。这一参与立法的实践创造，恰如学者所言，我国法治“正在经历一种把解决中国实际问题、实现有效的社会控制与治理的要求渗透到法律及其运作的整个过程之中的‘自主型’进路”②。在充分实践与调研的基础上，这种“主动型”法治路径，能够有效衔接平等就业的经验性与科学性，实现平等就业保障法律体系的内部统一、协调。

北京A组织就曾在平等就业方面进行过一系列专项研究：《公民健康状况与就业权年度报告》（2008年6月）、《2008外企乙肝歧视调查报告》（2009年2月）、《北京市区体检中心入职体检服务中的乙肝检测状况调查报告》（2009年10月）、《禁止乙肝检测政策在29个省、市207家医院落实状况调查》（2010年6月）、《2010国企乙肝歧视调查报告》（2011年2月）、《行政机关残疾人就业状况调查报告》（2012年1月）、《航空公司就业歧视调查报告》（2012年5月）等。③ 在这些领域、行业、群体平等就业现状与需求专业调研与法律论证的基础上，A组织才针对性地通过立法建议、立法专家建议稿件、与人大代表沟通、与有关部门协商等方法参与平等就业立法。

这种“主动型”法治路径，也为我国台湾地区社会组织所运用。早在2002年，妇女新知基金会就曾专门召开“‘性别工作平等法’实施半年检视”记者会，制作、公布了“公私部门‘性别工作平等法’自我检视表”，并以此为据向相关部门提交了修正建议。④ 因此，借鉴有益的境外经验以及本土化的实践创新，逐步将这种“主动型”法治路径引入我国立法参与的法治体系中，鼓励与引导社会组织在各种平等就业实践调研基础

① 马金芳：《社会组织多元社会治理中的自治与法治》，《法学》2014年第11期。
② 顾培东：《中国法治的自主型进路》，《法学研究》2010年第1期。
③ 依据北京A组织网站整理，http://www.yirenping.org/，最后访问时间：2019年6月5日。
④ 刘小楠：《台湾就业平等中的性别平等制度》，蔡定剑、刘小楠主编《反就业歧视法专家建议稿及海外经验》，社会科学文献出版社，2010，第231页。

上，进行专业的法律论证，在法治框架下主动地提出平等就业立法的建设性意见。

四 结语

平等就业作为基本人权，立法是其得以实现的法治保障，而科学民主的法治路径则是前提性的基础。因此，在平等就业的立法过程中，通过构建“主动型”与“被动型”相结合的立法参与模式，完善社会组织参与立法的全局性、综合性、基础性平等就业保障法律体系，激活社会组织这一立法参与主体的活力，发挥平等就业立法社会智库作用，为平等就业保障的法律体系向法治体系转型提供良法支撑。

身份丛林中的被放逐者

——中国隐瞒性向婚姻的法理困境与出路

何　剑*

摘要： 同性恋者隐瞒性向缔结异性婚姻是当代中国的特殊社会问题。但法律对此保持了相当程度的缄默。"可撤销婚姻"的方案设计囿于理念和规则上的局限性，在法律效果和社会效果上都是明显的败笔。西方当代同性恋结合立法模式则与中国社会国情不无抵牾。中国固有的政治文明很难容得下对同性恋身份问题的"个别化"解决。在当代中国特色社会主义法治语境下，可以预见，"不说不做"的官方态度还将持续相当长时间。但是，由集体福祉所带动的个体文明程度的提升，仍然有望在未来开辟问题解决的新起点。

关键词： 同性恋　可撤销婚姻　同性婚姻

近年来，随着社会文化的日益多元，同性恋的话题日益褪去其光怪陆离的外壳而走进公众的视界和认知领域。然而，很显然，这种"熟稔"始终没有突破文化探讨和观念博弈的范畴。而从社会改良的实然层面来看，可谓始终停滞不前。现代社会治理已然越来越多地倚重于法律调控。反观法律领域，同样可谓沉寂无语。这种现象，显而易见与变化日新月异、改革与时俱进的大背景、大气候格格不入，显示了问题的复杂性和艰深，值得我们深入透视观察和思考。

* 何剑，法学硕士，毕业于中国政法大学，专业方向为法律史。曾执教河南科技学院法律系，现供职于陕西省汉中市人民检察院。

一　“可撤销婚姻”：一种失败的方案

2013 年 1 月 10 日，北京一中院发布《离婚案件中涉同性恋诉求裁处的调研报告》。在这份三千多字的报告中，就“同性恋婚姻是否可以请求撤销或者请求宣告无效”的问题进行了分析。通过比较“无效婚姻”和“可撤销婚姻”的法律适用，从“对性取向正常的配偶一方的权益保护的角度”出发，建议将该类婚姻归入可撤销婚姻。

“可撤销婚姻”的建言，体现了中国法律实务界试图紧紧围绕实体法，对“隐瞒性取向婚姻”这一社会问题进行的延展性思考。然而，既主张坚守实在法立场，又希望对问题的回应具有延展性，这本身就已经陷入了某种不可调和的矛盾境地。这是因为，我国现行《婚姻法》其实并未调整隐瞒性取向婚姻。无论是夫妻间“互相忠实，互相尊重”的法律义务，还是《婚姻法》第 32 条第 3 款中“其他导致夫妻感情破裂的情形”，都并不当然关涉“隐瞒性取向”这一情形。《婚姻法》第 11 条规定了可撤销婚姻，可也仅包括了“胁迫”这一种情形。至于“欺诈”，虽然构成广义合同法上的可撤销事由，却并未被《婚姻法》所吸纳。那这是不是立法者的疏忽呢？查阅立法背景资料可知情况并非如此。据悉，修改《婚姻法》时，有些人提出应当规定欺诈的婚姻为可撤销婚姻。他们举了一些事例，如欺骗对方，说自己很有钱，能带其出国，如伪造自己的学历、经历、职业、职务，如谎说自己家境显赫、富有，如隐瞒自己的疾病，隐瞒自己的前科，隐瞒自己有子女，隐瞒自己与他人发生过性关系，隐瞒自己的已婚史，等等。《婚姻法》没有采纳这个意见。上述事例虽属欺诈，却不能因此请求撤销婚姻关系。因为欺诈的情形非常复杂，有的欺诈，如隐瞒未到法定婚龄、禁止结婚的疾病，已婚的欺骗未婚的，该法第 10 条已规定为无效婚姻，其他欺诈导致夫妻感情破裂的，可以通过离婚解除婚姻关系。[①]

可见，现行《婚姻法》的立法者在创设“可撤销婚姻”条款时，着

① 《婚姻法》（2001 年修订）第 11 条。

意采取了严格限缩之立场。有“过错”已被立法者否决为可撤销婚姻之逻辑前提。这与北京一中院调研报告中之延展性思路特别是“保护无过错方”之理念显然背道而驰。换言之，所谓“紧紧围绕实在法”，不过是一种假象，其本质上已违背立法本意。那么，这种突破实在法规则与立法本意的做法，可否被合理化地解释为改良社会之必要呢？其实，在这一点上，“可撤销婚姻”的设想同样是失败的。当我们的思想突破“法言法语”、法律逻辑的限制而专注于社会效果时，我们会失望地发现，“可撤销婚姻”的设想是极其书呆子气的。因为一个很简单的生活经验是：一个所谓已在法律上被撤销婚姻的人——他或她——仍将被人们认为是个结过婚的人。人们不会视他（她）为未婚的单纯一族。如果他（她）自己因为法律上撤销婚姻的授权而理所当然地向另一半隐瞒自己的“婚史”，这将为其后来的婚姻生活带来极大的隐患。既如此，所谓的“法律保护”难道不是一些法律工作者的“主观臆断”吗？

考究“可撤销婚姻”无论在法律效果还是社会效果上都很失败之原因，不妨这样概括：这一方案试图在不废弃或重构某些带有根本性的婚姻理念之前提下，通过尽可能适用现行法律规则，去解决（或逐步解决）本质上相当复杂困难的问题，这无论如何都是有些异想天开了。这个结论的确当性，将在我们试图植入西方经验的下文阐释过程中，呈现得更加分明。

二　西方经验：观照、思辨与本土化障碍

与“可撤销婚姻”这一单薄、捉襟见肘乃至显见失败的司法者方案相比，西方国家对同性恋及其相关婚姻法律课题的探索则呈现视野的开阔性、思想的引领性、法理的多元性、方法的灵活性和实践的敏捷性。概括而言，西方国家的探索囊括了两大分支：①对自由、人权、平等、契约、宪政等现代价值从一般到特殊、从共性到个性的建构；②对承载固有偏好、生殖繁衍、社会交际和经济职能的传统婚姻理念的解构。两大分支彼此呼应，不破不立，在颠覆和重建中推动法律、社会的再造与重生。总体来看，西方经验对国际社会的启示表现为以下几种模式。

（一）同性婚姻模式

同性婚姻这种模式主张忽略或淡化“性别”这一要素在婚姻中的权重。换句话说，这种模式的倡导者认为：人和人可以因为彼此爱慕和长期共同生活的愿望而结合成一种稳定的共同体。个人间的爱慕和对稳定共同生活的共识与共建被认为构成婚姻之本质。至于这两个人是不是一男一女，于婚姻来说则被认为无关紧要。

以上观点，即使在西方国家，要获得充分的认同，亦是困难的。毕竟，人类几千年的婚姻都把“一男一女的结合”视为婚姻的常态。然而，与此同时，西方国家的婚姻观念毕竟具有鲜明的个人本位色彩，而这一点对于促进社会民众接受同性婚姻无疑是十分有利的。

反观中国，即使在文化态度已经相当宽容和多元化的今天，也很难说婚姻是个人本位的。个人的选择和幸福固然重要，婚姻在中国却并非单独为此而设。“性别”要素是繁衍子嗣所必需，而繁衍子嗣却不足以涵盖中国人对婚姻功能的全部情结，因为繁衍子嗣更与儿孙满堂，与“孝”的伦理价值息息相关。在这样的语境下，以爱情、个体选择界定婚姻的本质，几乎要成为“自私”的代名词。法律是向善的。如果法律允许了同性婚姻的存在，则国人对于正统道德的认知无疑要受到莫大冲击。

（二）衍生模式

对于同性婚姻以外的建构模式，学者的分类和命名不尽一致。不登记伴侣模式、登记伴侣模式是通常的提法，而各国的具体方案和立法规范又不尽一致。另有国外学者使用了准婚姻制度、半婚姻制度这样的概念，从而使得与同性婚姻模式的比照性更加突出。① 在本文以下的论述中，笔者采用不登记伴侣模式、登记伴侣模式这样的提法。

① 一般来说，准婚姻相当于登记伴侣模式，半婚姻相当于不登记伴侣模式。相关论述参见 Kees Waldijk《欧洲国家同性婚姻立法的发展趋势》，庄素娟译，《金陵法律评论》2006年春季卷。

1. **不登记伴侣模式**

这一模式容易给人以“放任自流”的错觉。然而，“不登记”这一定语其实在很大程度上误导了读者的理解。因为，在实行不登记伴侣模式的国家，法律确认和保护同居者之间达成的“同居协议”①。在这一模式下，“法律保护的只是同性恋者之间的契约，而且对于这种契约的保护要经过特别的形式：要在公证处签署一个私人合同并在法院予以登记”②。可见，不登记伴侣模式倒是以“登记”为必经程序，但又不同于婚姻登记。究其缘由，该模式只注意对“同居关系”这一事实状态的调整。“这类法律的关注点并不在于性伙伴关系或者他们之间的终身结合在一起的承诺，而是在于他们形成或已经形成了一种生活上稳定结合在一起的事实。”③

在我国，有学者的观点与不登记伴侣模式比较一致。在其看来，“我国当前所面临的主要问题应在于：对那些事实上已经共同生活在一起的同性恋者，法律如何将之纳入到法律规范中来，赋予他们相互间在生活互助问题上相应的权利和义务，从而便于生活互助在现实社会中的实现，并在他们出现纠纷时能够提供一种合理的法律解决途径。同时，对那些既未选择与同性伴侣共同生活，也未进入异性婚姻，而是维持着一种相对随意、松散且较为混乱的性关系的同性恋者，通过法律途径为他们提供一种选择，将他们吸引到一种健康稳定的共同生活关系上来，从而解决因性伴侣不稳定所产生的社会问题”④。就可行性而言，该学者通过对异性非婚同居社会现象的数据分析，认为“非婚姻同居现象在我国相当普遍”，且“与同性恋问题不同，非婚同居现象在我国已得到社会的普遍宽容和认同，具备立法的社会基础”。所以，“在规范异性同居关系的立法上，可以以一种准用性条款将同性关系纳入到这一法律规范中来”。⑤

笔者不赞成上述观点。

---

① 法国1999年颁布《民事结合契约》（Parte Civil de Solidarit，简称PACS），成为这一模式的典型代表国家。

② 李霞：《论同性婚姻合法化》，《河北法学》2008年第3期。

③ 〔德〕M. 克斯特尔：《欧洲同性恋立法动态的比较考察》，《比较法研究》2004年第2期。

④ 王森波：《同性婚姻法律问题研究》，博士学位论文，复旦大学，2011。

⑤ 王森波：《同性婚姻法律问题研究》，博士学位论文，复旦大学，2011。

首先，不登记伴侣模式在法律上的可操作性较差。这一点，在欧洲学者那里已经看得颇为清楚："制定这种同居关系法律的一个极大的阻碍是如何定义'同居者'。"[①] 换言之，现实的同居关系如要纳入法律关系，需要符合哪些要件呢？对于这个问题，要给出具有操作性的答案非常困难。中国《婚姻法》曾经一度通过赋予事实婚姻以部分法律效力来调整异性间的同居关系。事实婚姻的一个重要识别要件是公然以夫妻名义同居生活。但是，用"事实婚姻"作为确认同性同居关系的规则尺度显然太过狭隘——因为这就意味着鼓动同性恋者"出柜"[②]。虽然"出柜"在欧美发达国家可能正变得稀松平常，但我们仍然很难要求生活在中国的广大同性恋者进行如此选择。

其次，"同居"立法的针对性较差。对"那些事实上已经共同生活在一起的同性恋者"，该模式无法提供真正有力的保障，因为它无法消除已达婚龄的同性恋者的"身份焦虑"，无力化解来自家庭和社会对于个人强有力的结婚压力。[③] 事实上，在中国，一些共同生活多年的同性恋伴侣并未以这种所谓"健康稳定的共同生活关系"为最终归宿，而是迫于结婚压力不得不选择分道扬镳。对于那些依然处在"游离"状态的同性恋者，该模式同样未必有感召力。因为"不登记伴侣"模式下的"登记"只具有双务合同的效力，不能产生对世身份公示的效应，说得再通俗一点，它不能使"同志情谊"名正言顺。在这里，异性恋者对"非婚同居"的认可度不具有参考价值。一个"非婚同居"的异性恋者得到的来自本群体的宽容，是无法用以评估社会大多数对同性恋者生活方式的态度和意见的——这个道理显而易见。总之，无法满足其对"名正言顺"的热望，成为该模式最大的软肋。

2. **登记伴侣模式**

与不登记伴侣模式相对，还有登记伴侣模式。较之前者，登记伴侣模

---

① 〔德〕M. 克斯特尔：《欧洲同性恋立法动态的比较考察》，《比较法研究》2004 年第 2 期。

② 出柜（come out of the closet），通常被用来指同性恋者公开性取向。

③ 即使撇开婚姻而只考虑恋爱，问题仍然很明显。正如波斯纳说的那样，"否认同性恋者可以结婚，这会使同性恋伙伴无法向对方传递他们承诺的强度信号"。参见〔美〕波斯纳《性与理性》，苏力译，中国政法大学出版社，2002，第 312 页。

式的吸引力在于：这一模式为同性恋者创设了一种新型法律关系。这一新型法律关系更多体现为人身属性的权利义务得到法律确认。而相比较而言，民事契约的固有属性决定了不登记伴侣模式下的“同居协议”即使为立法所容许，也不可能过多染指人身权领域，何况其效力只及于签订契约的相对人。所以，经由立法确认一种新型法律关系的好处在于：它的对世效力、它的“身份公示”效果，可以很好地帮助同性恋者抵抗来自社会的身份压力。

但是，登记伴侣模式的设计在中国也存在“水土不服”的缺陷。事实上，其缺点就如其优点一样，在中国本土背景下得到格外的凸显。由于这一新的法律关系仍是参照婚姻模式产生的，是通过对婚姻关系下的权利义务进行权衡、取舍而形成的，因此，对它的评价也必然伴随着与婚姻制度的比较。那么，何谓婚姻关系，又何谓民事伴侣关系？对于法律专业人士而言或许不难区分，但在社会一般观念上区分此二者，对于普通民众显属不易。换言之，登记伴侣模式可能会让中国民众在接受上感到困惑，甚至视其为一种不痛不痒的事物，不可能上升到替换婚姻模式的高度。登记伴侣模式对于西方国家普通民众，也存在可否接受的疑问。但是，不可否认，登记伴侣模式仍然是以契约自治为核心理念的，不妨说，较之于不登记伴侣模式，登记伴侣模式的长处在于给予了当事人之间的契约以更优越的法律待遇。所以，契约观念的有无与强弱，直接决定了一国民众对登记伴侣模式接受程度的高低。著名法律史学家梅茵把人类社会的变迁极精炼地概括为“从身份到契约”。然而，“从身份到契约”之变迁，更多的是对西方文化模式下社会演进规律的一种概括。这里的“身份”和“契约”，之所以能够流变，是因为具备其不容忽视的内在规定性。西方契约理念的发达，固然伴随着近代启蒙运动和资本主义的兴起，但作为一种文化传统则是源远流长的，甚至可以追溯到前资本主义时代。比如，西欧中世纪的婚姻法中已然灌注了相当的契约精神；相反，中国人的婚姻观念与实践，始终缺乏契约理念的启蒙，这使得中国民众接受登记伴侣模式势必要克服更大的认知障碍。也许可以这样说：登记伴侣模式固然为同性恋者提供了一种法律上的“名分”，但在社会面上，这种名分基本是“不可知”的。因为其“不可知”，这种法律“名分”似有还无，“正名”之路将必然艰辛而漫长。①

（三）其余立法模式或建议

除了同性婚姻、不登记伴侣模式、登记伴侣模式之外，在某些西方国家的早期立法中，往往于某一传统民事法律关系中兼顾同性恋者的生活实际而做出局部调整。如承认同性伴侣的债务责任、继承权、共同承租权等，有西方学者称之为“零星地规制模式”。在我国，也有学者试图跳出“同性婚姻、不登记伴侣模式、登记伴侣模式”的既有框架，主张循序渐进地解决问题。例如，有学者提出先行制定行政法规调整同性伴侣关系的设想。② 有学者认为立法的关注点应放在涉外同性伴侣关系的调整上。③还有学者指出，“当务之急应该是引导公众科学地认识同性恋，在此基础上，立法应该立足于实现公民个人性取向的非歧视待遇，通过相关法律、法规保障同性恋者平等的人格权、人身权以及财产权……在实现了同性恋与异性恋的无差别对待以后，才是立法上考虑同性‘生活伴侣关系’乃至‘同性婚姻关系’的时候”④。

不难看出，所谓“零星地规制模式”，其关注的焦点在于局部，在于特定事项，在于财产权益调整。然而，这种“由小及大”的思维方式可能是成问题的。其一，中国法律的基本准则是下位法服从上位法。没有上位法授权，局部的、零星的、小的规则如何合法存在？其二，法律调整理应抓住社会主要矛盾，解决重点问题，而不是对“边角料”进行缝缝补补，或进行一些大而空洞的启蒙。中国的同性恋群体是一个沉默的地下群落，

---

① 当然，如果撇开社会效果不论，单从法律规则设计的微观层面考察，同性伴侣模式的立法也并非不可行。我国现行《婚姻法》50 个条文中，需要详加斟酌的只有 14 条左右——这些条文在身份调整上更直接地涉及性别，涵盖了诸如计划生育、父母与子女之间的权利义务、对女方权益的特殊照顾等事项。至于其余超过 70% 的条文却并不特别突出性别要素。

② 何东平：《欧洲地区对同性恋婚恋的立法沿革及启示——兼谈我国未来对同性婚恋立法的思路》，《福建论坛》（人文社会科学版）2009 年第 6 期。

③ 阎愚：《同性恋问题的道德探讨与法律应对》，《道德与文明》2010 年第 1 期。

④ 程胜清：《同性恋婚姻能合法化吗》，《检察日报》（法律生活版）2013 年 2 月 2 日。

在社会舆论的挤压下，事实上只有极少部分人结成了公开、稳定的事实上的同居关系。因此，那种侧重财产权益的“零星规制”，不过是针对“少数群体中的少数人”罢了。把“反歧视”作为当前法律建设的首要课题，在笔者看来，也是一种“走偏”的观点。这是因为，基于对同性恋刻意忽略的一贯态度，中国法律从未公然以性取向为标准创设权利义务之不平等条款；基于对“出柜”风险的绝对担心，中国同性恋者也极少暴露性取向并宣扬性权利，因而在社会层面并不存在普遍针对同性恋者的显性歧视（诸如西方国家发生过的对同性恋者的就业、服役排斥，甚至有迫害人身、剥夺性命的恶性事件，这在中国都比较罕见）。[①] 至于主流人群对同性恋者在道德、审美心理上的偏见，或许构成歧视的心态，但远远没有外化为亟待法律规制的普遍行为方式。实际上，即使在法律许可了“同性婚姻”的国家，也很难说已经“实现了同性恋与异性恋的无差别对待”。所以，“先消除歧视，再赋予身份”的立法逻辑思路颇有些无的放矢、本末倒置的味道。事实上，亟待立法去改变的最大歧视就是身份结合上的刻意忽略。而撇开同性恋者的身份结合这一关键去主张同性恋者人格权、人身权的平等保护，则会使后者在很大程度上成为空洞抽象的概念。甚至于财产权的保护，也很难期待在“法律身份悬置”的前提下得到有效落实。这也就是我国法院在应对同性恋者“解除‘婚姻’关系、分割共同财产”等诉求时，由于法律关系不明朗而难于“锁定”相关法律规则之根源所在了。[②]

（四）结论

在对同性恋者的身份结合提供法律保护方面，现代婚姻制度始终是创设规则的重要参照甚至是唯一参照。反对同性婚姻或许言之有据，但是，

---

① 显性的歧视和反歧视事件近年来也可见诸媒体。如2014年10月，深圳男子穆某与同性约会发生纠纷，被人拍成视频放到网上，造成性倾向曝光，而后被供职单位辞退。2014年11月底，穆某一纸诉状将单位告上法庭，诉其侵犯自己的平等就业权。2015年1月22日，深圳市南山区法院已经公开审理此案。该案被视为中国性倾向就业歧视第一案。作为“个案”，笔者在谨慎地认可其标志性意义之时，并不认为可以推导出具有普遍适用性的结论。

② 具体案例，可见林文彪《同性恋人分房产，买卖赠与巧分辨》，《法庭内外》2013年第9期。

只要肯定了“法律应当保护同性恋者之间的结合”这一前提，就不可能完全撇开现行婚姻制度去设计方案。对不登记伴侣模式、登记伴侣模式的评价，很大程度上取决于其与现行婚姻制度的相似度：越不相似，即意味着越难以替代婚姻发挥社会功能，从而显得无关痛痒。“无关痛痒”固然有助于打消社会大众的排斥心理，从而使方案比较容易获得落实①，却无法给同性恋者的生活带来实质性改变。

在中国，婚姻从来不是个人约定共同生活这样简单之事，这使得替代性方案的设计务必将重心放在异性婚姻的社会功能的代偿上。但是，如上所述，替代性越强的方案，社会民众往往抵制越激烈，最终也不可能在现实层面真正“替代”。在这样的悖论下，“同性婚姻”的倡议显得深刻而天真，陷入“欲说还休”的尴尬境地。至于不登记伴侣模式、登记伴侣模式，在小心翼翼地避免触动婚姻之正统性的同时，又难免隔靴搔痒，由于无法将同性恋者从社会舆论和传统习惯的重压下真正解放出来，在吸引力和必要性方面都将不尽如人意。

三 “不说不做”——对政治维度的一种考察

隐瞒性取向婚姻是一种很糟糕的事物，因为它让同性恋配偶和异性恋配偶的婚姻权益陷入“两败俱伤”的境地。以此种婚姻作为桥梁，在中国的社会环境中，同性恋者和异性恋者的婚姻权益往往呈现“你中有我，我中有你”的胶着状态。这一点似乎意味着，即使为维护广大异性恋者的婚姻权利起见，也有必要改善同性恋者的生存状况。在典型个案中，这一点也确乎获得了异性恋者一定程度上的认同。如四川“同妻”、高校女博士罗洪玲在死前发出“希望同性婚姻合法化在中国实施的日子指日可待”的呼吁，就体现出了这样一种宝贵的觉悟。然而，应该说，罗洪玲的觉悟在

① 例如法国在1999年通过PACS时，由于该法案刻意突出“民事结合契约”与正统婚姻制度的差异，且将新规则同时适用于同性恋者和异性恋者，以便淡化“保护少数”色彩。因此该法案通过前后国内可谓波澜不惊。然而，当2013年同性婚姻提案进入立法程序后，国内却爆发了大规模的游行示威运动。

异性恋者中并不具有代表性。在中国，从社会场域到国家政治领域，同性恋始终被视为一个“少数者”的话题，而“不说不做”在很大程度上反映了后者的态度。

一部西方列国同性恋立法史，可以说就是一部同性恋者为自身权利而战的抗争史。反观中国，尽管也有个别学者以权利为进路试图从学理上证成同性恋立法的正当性，但是，“思想本身根本不能实现什么东西。思想要得到实现，就要有使用实践力量的人”①。在中国，同性恋者群体自身并不掌握“实践力量”。事实上，迄今为止，“发声”者仍然以学者为主，而学者并不掌握“实践力量”。近年来，经由媒体报道，我们得知中国的同性恋者也确乎有一些“非常”之举，如在公共场合举办所谓同性婚礼，以及公然向民政部门要求结婚登记等。② 这些“非常”之举，表达了该群体某种“要说话”“要做事”的心声。2013年2月曾接连发生两起女同性恋者前往民政部门登记结婚被拒事件，这大概可算是向官方主张权利的最“出格”的举动了。美国历史上也发生过同类事件，后经由当事人起诉而进入司法程序，甚至于启动了违宪审查程序。但是，在西方国家并不鲜见的游行示威、议会论辩、违宪审查等事件在中国难以出现。个别同性恋者的“另类”之举，如昙花一现，被猎奇的媒体记者曝光后，被公众以同样的猎奇心理咀嚼后即销声匿迹。

耶林说过，“斗争中决定胜败的不是理由的强弱，而是相对抗势力的力量关系”③。在现代社会，这种力量的对抗主要不是采取武力冲突的方式，而是以政治斗争为常态。比较地看，关于西方国家同性恋合法化的主力动因，已有中国学者做出详尽的解释，简言之，即社会运动、政治博

① 〔德〕马克思、恩格斯：《神圣家族》，《马克思恩格斯文集》第1卷，人民出版社，2009，第320页。

② 如《福建首对男同性恋公开结婚引全城沸腾》，搜狐网，http://news.sohu.com/20121017/n355065362.shtml，最后访问时间：2013年2月21日；《成都举行首例同性恋“婚礼”》，搜狐视频，http://tv.sohu.com/20100115/n269607145.shtml，最后访问时间：2013年2月21日。

③ 〔德〕鲁道夫·冯·耶林：《为权利而斗争》，胡宝海译，中国法制出版社，2004，第8页。

弈、司法推动。[①] 而这三大动因何以在中国遁形，也有学者分别进行过解析。[②] 在笔者看来，三大动因在中西方存在与否背后整体性的根源是中西政治文明的差异。建立在议会民主、分权制衡、多党执政基础上的西方政治，说到底，是一种多元化、对抗型的政治。而我国自古至今承继的却是一种“大一统”的政治体制。近代以来，同性恋从一开始就是被国家法律所排斥的——这一点不分中西没有例外。西方的政治传统决定了，对同性恋的法律接纳，有可能从相对独立于政府意志的社会运动中积攒实力，再从某个政治分支（如总统竞选、议会党派之争、司法违宪审查）上率先打开缺口，先取得局部胜利，继而将战果扩大。反观中国，在相对集中的政治格局下，民间社会团体独立性不足、号召力微弱、行动力匮乏。[③] 国家政权的不同分支固然有职能分工上的差异，却服从于同一个“大局”，任何一个政治分支都不具备径行表达立场和付诸行动的自由。因此，关于同性恋问题的探讨，在中国可以说至今仍停留在理论探讨的层面。我们很难听到对这一问题较明确的官方表态，甚至于在官方媒体中也鲜有提及。[④]

---

① 详细论述，参见王森波《同性婚姻：无力的守护与尴尬的诉求》，《东方法学》2011 年第 2 期。

② 可参考贺卫方《同性恋的中国处境——在上海性与法律研讨会上的讲话》。贺卫方在会上的发言虽然简要，问题剖析却是深刻的。

③ 福柯指出，“性规范以及更为激进的，我们制定的与性有关的那些感知和其他认知的区分，都不是来自自然，而都是反映了有影响的社会群体（政治的、职业的或任何其他类型的群体）的价值；这些规范并不总是或在本质上就是道德的规范，而说到底，是一些政治的规范”（转引自〔美〕波斯纳《性与理性》，苏力译，中国政法大学出版社，2002，第 32 页）。就中国的情形来看，政治上的集中化倾向与团体本位的文化价值取向相结合，使得“少数派”独树一帜，与“多数派”分庭抗礼的期待基本没有现实的可能。在“同性恋”的主题下，中国当前固然出现了一些民间组织，但这些组织的宗旨基本限于传播知识和互助，而且将“防艾”视为自己义不容辞的使命，可以说在某种程度上内化了“多数派”的价值判断（艾滋病问题使同性恋者有被社会公众“污名化”的嫌疑）。借鉴福柯的观点，结论也许是：中国的同性恋者无法集合成有影响力的社会群体，难以催生出有利于自身权益的政治规范。

④ 也许有人会认为李银河是个反例。她作为全国政协委员曾在“两会”期间数度提交“同性婚姻”的提案，显得十分特立独行。然而这并不足以推翻笔者的论断。首先是因为，在中国，政协具有相对超脱的地位（中国人民政治协商会议制度在宪法序言中被确认，但未在正文中作任何具体规定）。这并不见之于宪法正文的国家机关在我国主要发挥参政议政、民主协商职能。况且，李银河提交提案的举动，是一种个人行为，更多地凸显其学者本色，不宜进行过多的政治话语式的阐释和解读。

中西政治文明均遵循其特定时空下的演进规律，在许多方面可以说各具千秋，任何“孰优孰劣”的简单评判都是不足取的。不过，疑问在于：对于同性恋者这样一个“少数人”群落，“全体一致”的行动倾向恐怕足以取消行动本身。① 而“不说不做”对于解决问题真的好吗？

四 迂回、共赢与新起点——关于“中国特色社会主义法治”

在中国，有部分学者（也许以李银河为代表）试图强调：中国的同性恋问题是重要的社会问题，要解决，而且有办法解决。笔者赞赏这些人士，也被他（她）们为弱势群体代言的精神所深深折服。然而，他（她）们的倡言、行动在很大程度上仍然是西方式的，而中国有自己的发展逻辑和道路选择，任何问题都不能成为例外，包括同性恋者的问题。

中国已经基本建立起一个相对完备的法律体系。官方也强调要“有法可依”，“科学立法”，国家领导人提出和谐社会应当是法治社会。在中共十八届四中全会通过的《关于全面推进依法治国若干重大问题的决定》中，依法治国被认为“是实现国家治理体系和治理能力现代化的必然要求”。中共十九大报告中，更是提出了“法治国家、法治政府、法治社会一体建设”的宏伟目标。所有这些，都是在强调法律的权威。而一个简单的事实是：法律的权威，最终一定是要落实在解决问题的覆盖面和效果方面。从这个意义上说，今天这个时代，一定是有更多的希望和机会的——即使是对于同性恋者这样边缘的人群也不例外。

固然，这样的陈词在说服力上势必不足。因为每一个中国“同志”都

① 从现有完成了同性恋立法的西方国家如加拿大、法国、英国以及美国的情形看，政争是一股重要的推动力量。但这种政争，在中国政治体制中是难以启动的。基于这种比较，对中国的同性恋立法前景，难做乐观预测。毕竟，同性恋者的权益保护和妇女、儿童、老人、农民工权益保护难以画等号——如果说对后者的保护具有道义上的不容置疑性的话，对前者的保护却必然伴随着争议和对立。以美国为例，联邦最高法院于2015年6月26日对奥博格菲尔诉州政府一案的裁决直接促成了同性婚姻在全美的合法化，但是，我们甚至于不能说这个裁决代表了联邦最高法院的意志，因为投票结果是5比4，支持派仅占微弱优势。

可以反驳：你说得再好听，“不说不做”仍然是不容否定的事实。的确如此，尽管“法治”在官方的宏大语境中受到空前的尊崇，尽管“法治”的进步在某些领域的确可圈可点，但是在同性恋的问题上，中国官方的态度和作为与以往一样，的确没有什么变化。然而，这种法治的“缄默”又绝非同性恋主题所独有。作为中国特色社会主义法治的另一面——可能相对而言不是那么光彩、体面的一面，我们会看到，有大量的社会关系也许应该被纳入法治而又没有被纳入法治，或者说与法治的精神背离太甚。比如地方政府对上访群众的做法，又比如官方对同性恋问题视若无睹的刻意“忽视”。

在“中国特色社会主义法治”下，以“同性婚姻”为标志的西方经验几近无稽之谈。因为，在中国有太多更重要的事情要做，要付诸法律，比如反腐、扶贫、环保等。同性恋群体的诉求，很难被证成为“最广大人民群众的根本利益”，很难说与“人民日益增长的美好生活需要”有什么直接关系。从这个意义上说，“不表态”也许已经表明了中国官方的态度。

“中国特色社会主义法治”不同于西方国家的法治，但中国官方亦并不将二者完全对立起来。与此相仿的还有“社会主义核心价值观”，虽被冠以社会主义，而其中的“民主、自由、平等、法治”等范畴，倘从思想史的学术角度爬梳，是不可能绕过西方国家的。当然中国官方也表示要“吸收外来”。这些现象启示我们：在中西分立的政治格局下，一种平和、通融、灵活的立场和方法，或许更能抓住时代的脉搏，更能找到解决问题的合理突破口。就中西价值观之差异而言，向来有一种看法，即中国自古以来是团体（或集体）本位的，而西方则是个人本位的。这种区分不无道理。具体到同性恋问题，可以说，中国官方之所以采取“不说不做”的态度，与默认同性恋问题是“一小部分人存在的问题”未尝没有关联。那么，这是否意味着中国同性恋者的婚姻问题将永远陷于“多数派”手织的罗网而无法指望法律假以援手？笔者认为倒也不必如此悲观。因为个体与团（集）体的关系究竟是辩证统一的。集体观念的革新、集体权利状况的改善，必将带动个体意识、个体待遇的改善。着眼于现实，近年来，中国政府在改善民生方面出台了一系列好政策。这些好政策的出台，固然是着眼于满足“人民群众”日益增长的美好生活需要，而最终的受益者未尝不是个人。从这个意义上讲，中国同性恋婚姻问题的法律解决，不可能在“国会辩论投票”“违宪司法审查”“民众及民间团体抗议示威”那样的西方语境下获得成功，而是恐怕要走一条“迂回—共赢—开辟新起点”的道路。具体来说，中国官方在对待同性恋者婚姻问题方面，可能“不说不做”还将持续相当长的时间。然而，在这个过程中，伴随着集体福祉的增进，个体的文明程度也将跟进提高，从而有望出现解决问题的不同于西方的新起点。对于这样的设想，或许有很多人不会满意，会认为它模棱两可，没有提供任何有实际内容的方案。然而，笔者认为，越是平庸的，有可能越是真实的。中国同性恋者的婚姻问题，注定将没有捷径可走。但是，我们仍然有理由相信，明天会更好，办法也总会有的。

案例研读

我国法院裁判就业中的生育歧视案例研究

陆安飞*

摘要：我国怀孕妇女在就业中普遍遭遇生育歧视的根源在于现有法律制度和国家社会保障政策对怀孕妇女的职业保障不足，而不仅仅是用人单位追求最大效益。我国禁止生育歧视的制度设计缺乏量化标准、可操作性，导致难以实现法律规制用人单位对怀孕妇女不当解雇的立法本意。禁止生育歧视，需要制定生育保护法等专门法律，立法明确生育歧视的判断标准，同时完善社保制度以建立生育友好型社会。

关键词：生育歧视　平等就业　生育保护　法律保障

生育歧视作为西方国家认定的歧视类型之一，在我国多将之归类于性别歧视的范围。我国法律规定中涉及禁止就业中生育歧视之立法始于1992年实施的《妇女权益保障法》。① 2005年，全国人大常委会修订《妇女权益保障法》并增加了合同婚育限制条款和因怀孕解雇或降薪的禁止规定。② 此后，2007年的《就业促进法》和《劳动合同法》再次强调了禁止合同婚育限制和因怀孕解雇或降薪。③ 与男性相比较，女性在就业中面临自身、家庭、社会等各方面的阻力更大，就业中生育歧视现象的存在已成为世界广泛的共识。国内有关生育歧视的法律规定对怀孕妇女的就业保障似乎面面俱到，但生育歧视引发的劳动争议仍常见于劳动仲裁和司法诉

---

* 陆安飞，四川大学法学院宪法学与行政法学专业硕士研究生，研究方向为宪法学、行政法学。

① 《妇女权益保障法》（1992年）第2、21、22、26条。

② 《妇女权益保障法》（2005年）第23、27条。

③ 《就业促进法》（2007年）第27条。《劳动合同法》（2007年）第42条。

讼之中。

一 数据与事实

本文以中国裁判文书网公布的女性在就业中存在生育歧视的部分典型案例为研究对象，运用数据统计与个案分析的方法，以“民事案例”“解除劳动合同”“怀孕”为关键词，选取2013年到2017年间的89个案例，对以婚育状况为标准侵犯女性就业相关权益的现象进行研究。①

（一）案件类型情况

生育歧视现象的大量存在，导致许多生育歧视案件的产生。由于案件数量太多，本文选取的89个就业领域的生育歧视案件，全部都是民事案例。而进一步对该89个生育歧视案例进行分类，可以分为“劳动争议纠纷”“劳动合同纠纷”“追索劳动报酬纠纷”②“经济补偿金纠纷”“劳动争议、人事争议纠纷”五类案件。其中，“劳动争议纠纷”67件，“劳动合同纠纷”15件，“追索劳动报酬纠纷”2件，“经济补偿金纠纷”4件，“劳动争议、人事争议纠纷”③1件，分别占总案件数的75.3%、16.9%、2.2%、4.5%、1.1%（表1）。这些数据一方面体现了大多数生育歧视案件是以劳动争议的形式进入司法诉讼程序，侧面反映出我国“生育歧视”

① 由于客观条件限制，2018年以前我国法律并未规定反歧视或者就业平等权纠纷的专项案由，没有案由统计的途径。另外，我国没有禁止生育歧视的专门法，对生育歧视案件的定性存在较大争议。同时，检索数据库的能力和工具也是影响数据统计的因素。因此，本文采用数据统计与个案分析结合的方式，选取2013—2017年的裁判文书中涉及就业中生育歧视的较为典型案例。

② “追索劳动报酬纠纷”案由的案例分别是“印金萍案”和“张豫案”，具体内容参见江苏省南京市雨花台区人民法院民事判决书（2013）雨民初字第202号、南京市中级人民法院民事判决书（2014）宁民终字第5305号、江苏省高级人民法院民事裁定书（2015）苏审三民申字第01055号以及上海市嘉定区人民法院民事判决书（2015）嘉民四（民）初字第960号。“印金萍案”经过两审终审和审判监督程序，故有两份判决书和一份裁定书。

③ 根据江苏省启东市人民法院民事判决书（2014）启民初字第00103号的表述，该案为原告徐春红与被告南通海鹰机电集团有限公司（以下简称海鹰公司）劳动争议、人事争议纠纷案，于是，笔者将其作为“劳动争议、人事争议纠纷”独立的案例类型列举。

专项案由的立法缺失；另一方面，“经济补偿金纠纷”以及“追索劳动报酬纠纷”的案例均为职场妇女因婚育状况被解雇或者降薪引发的案件，而占较多比例的“劳动合同纠纷”也体现出就业中女性因婚育状况遭受歧视而被违法解除劳动合同情况的常见。

表1　案件类型

单位：件，%

	劳动争议纠纷	劳动合同纠纷	追索劳动报酬纠纷	经济补偿金纠纷	劳动争议、人事争议纠纷	总计
案件数量	67	15	2	4	1	89
占总数比例	75.3	16.9	2.2	4.5	1.1	100

（二）歧视做法情况

根据本文选取的中国裁判文书网公布的89个生育歧视案件，可以将用人单位针对女性劳动者怀孕前后的歧视做法分为以下四类，包括“调岗降薪”“拒绝返岗”“违法解除劳动合同”“停发工资停缴社保”等（表2）。统计结果显示，这四类歧视做法的案件数量分别是8件、4件、70件、7件，分别占统计案件总数的9.0%、4.5%、78.6%、7.9%。其中，用人单位对怀孕女职工“违法解除劳动合同”的理由主要有“旷工”“试用期不合格”“公司解散”“不能胜任工作”“违规”“自动离职”“其他”等七种，其中以“旷工”为理由解除劳动合同的比例最大，占统计案例总数的34.3%。其次是“自动离职”，统计裁判文书内容和数据可以发现，用人单位在知晓女职工怀孕的情况下，大多采取要求员工主动离职或者拒绝安排工作后认定员工自行离职的手段解除劳动合同（表3）。值得注意的是，用人单位在对违法解除劳动合同进行抗辩时，通常采用的理由是上述理由中的一种或者多种。例如，“曲丹案”“邓会林案”“吴丽娥案”等，用人单位在答辩中都提到了女职工同时存在“旷工”和“违反公司规章制度”两种情形。而拒绝返岗的理由和违法解除劳动合同的理由大致相同，“旷工”“不能胜任工作岗位”“违法违纪”“自动离职”“违反公司管理规定”等。其中以“旷工”为理由解除劳动合同的比例最大，占统计案例总数的 34.3%。其次是“自动离职”，占统计案例总数的 17.1%。统计裁判文书内容和数据可以发现，用人单位在女职工怀孕生产过后，大多以女职工请假不合规定、产假休息时间过长等理由认为女职工已经自行离职而拒绝安排工作。

表 2 歧视做法

单位：件，%

	调岗降薪	拒绝返岗	违法解除劳动合同	停发工资停缴社保	总计
案件数量	8	4	70	7	89
占总数比例	9.0	4.5	78.6	7.9	100

表 3 违法解除劳动合同理由

单位：件，%

	旷工	违规	自动离职	试用期不合格	公司解散	不能胜任工作	其他①	总计
案件数量	24	9	12	5	4	3	13	70
占总数比例	34.3	12.9	17.1	7.1	5.7	4.3	18.6	100

注：①这里的其他包括计划外怀孕、配偶怀孕、合同届满不续签、用人单位否认知晓女职工怀孕等情况，由于每种情形只有个别案例就不做一一列举。分别是“黄晓琴案”“祝超案”“吕某某案”“诸葛靓芳案”等，详见安徽省合肥市蜀山区人民法院民事判决书（2014）蜀民一初字第 02040 号、上海市徐汇区人民法院民事判决书（2015）徐民五（民）初字第 11 号、大连市甘井子区人民法院民事判决书（2014）甘民初字第 4119 号、浙江省临安市人民法院民事判决书（2014）杭临民初字第 2563 号等。

（三）案件适用法律情况

整理归纳本文选取的 89 个生育歧视案例，可以发现：各级法院在审理女职工因怀孕生产与用人单位发生纠纷的案件中，多将此类案件定义为劳动争议纠纷。因而，大多依据《劳动法》《劳动合同法》《劳动合同法实施条例》《妇女权益保障法》《女职工劳动保护特别规定》《最高人民法院关于审理劳动争议案件适用法律若干问题的解释（三）》《最高人民法院关于审理劳动争议案件适用法律若干问题的解释（四）》等法律规定做出判决。除上述法律规定之外，各省市施行的劳动法领域的规章规定也属于各地法院在判决中适用法律法规的范围之内①（表 4）。如在“陈小艳案”中，江苏省无锡市北塘区人民法院在判决中适用法律部分就选择适用了《江苏省劳动合同条例》的相关规定。② 换言之，我国法院在审理生育歧视案件中，没有专门的反歧视法律可以适用，也未将生育歧视作为独立的案由类型，而是按照处理劳动争议的方式进行处理。法院在审理生育歧视案件时，可以选择适用的专门法律很少，《妇女权益保障法》的规定过于原则，只能选择劳动法领域的法律适用。

表 4　适用法律

单位：次

适用法律法规	《劳动法》	《劳动合同法》	《劳动合同法实施条例》	《妇女权益保障法》	《女职工劳动保护特别规定》	司法解释	地方法规
具体条文	2～3、17、44～45、48、50、58、62、72～73、78、79	2、4、7、10、14、29、30、38、39、40、42～48、51、62、82、85、87、98	6、7、21、25、27	27	2、5、6、7、8		
适用次数	31	88	8	2	13	24	4

（四）案件诉求与裁判结果情况

通过对本文选取的 89 个生育歧视案例的整理，女职工为被告的案件有 33 个，女职工既是原告又是被告的案例有 8 个，其他都是女职工作为原告参与诉讼的案例（表 5）。由此可以发现：女性在就业过程中因怀孕生产遭遇不合理对待时，超过 60% 的女性劳动者选择主动诉讼维护自身合

① 需要说明的是，《民事诉讼法》等有关诉讼程序的法律与本文讨论内容关联性较小，因而并未列举。其次，本文选取案例涉及地方法规的只有 4 例，分别是“杨蓉案”“陈小艳案”中适用了《江苏省劳动合同条例》第 31 条，“曾燕案”中适用了《广东省〈女职工劳动保护特别规定〉实施办法》第 5 条、第 6 条、第 8 条，“沈明英案”中适用了《广东省工资支付条例》第 10 条、第 14 条、第 15 条、第 44 条。具体参见南京市六合区人民法院民事判决书（2013）六民初字第 1218 号、江苏省无锡市北塘区人民法院民事判决书（2016）苏 0204 民初 371 号、广东省广州市白云区人民法院民事判决书（2015）穗云法民一初字第 3346 号等。

② 详情参见江苏省无锡市北塘区人民法院民事判决书（2016）苏 0204 民初 371 号。

法权益。进一步的统计数据表明，这些作为原告的女职工在诉讼中，原告诉求明确具体，可以分为以下几个方面：要求“恢复劳动关系，继续履行劳动合同”“给付拖欠扣发工资和奖金”“经济补偿金”“违法解除劳动合同赔偿金”“补缴社保”“给付生育津贴差额、医疗费”等。需要说明的是，女职工在提出这些诉求时，既有单一地选择其中一类，也有同时要求两项或者几项的。① 而这些具体的诉求，在判决文书中，有的被认定为需要仲裁前置或者非劳动争议的审理范围不予处理，有的得到法院“支持”，有的则被法院“驳回”。但可以发现，在女职工为被告的案例中，2/3 的案件是被告一方的诉讼请求获得法院裁判支持（表 6、表 7②）。究其根源，这些怀孕歧视案件大都经过仲裁前置程序，女职工认可仲裁结果，自然不会再提起诉讼，因此作为被告的女职工在诉讼中的诉求大多是“认可仲裁结果，要求驳回原告的诉讼请求”。法院在审理过程中，大多会支持仲裁结果，因此，在女职工为被告的案件中，被告一方诉讼请求获得法院支持的比例更高。

表 5　女职工为原被告比例

单位：件，%

	原告	被告	既是原告又是被告	总计
案件数量	48	33	8	89
占总案件的比例	53.9	37.1	9.0	100

① 例如在“陈雅丽案”中，当事人的诉讼请求中既要求用人单位支付违法解除劳动合同赔偿金，又要求支付工资和年终奖金。参见广东省广州市南沙区人民法院民事判决书（2015）穗南法东民初字第 97、108 号。而在“邓会林案”中，当事人的诉讼请求要求用人单位支付克扣拖欠的工资、克扣的生育保险待遇、拖欠工资经济补偿金以及违法解除合同赔偿金。参见江苏省海门市人民法院民事判决书（2016）苏 0684 民初 4189 号。

② 本文统计的是女职工为原告的怀孕歧视案件中，原告提出的诉求分类的总和，裁决结果是这部分案件中所有结果的总和。可以看到有的诉求类型法院支持的数量超过本数，有的是因为原告在诉讼过程中追加了诉讼请求，有的属于法院在审理过程中认为需要作出调整判决的情形。另外，根据裁判文书中判决主文部分，只有两种裁判结果，一是判决支持诉讼请求，二是驳回诉讼请求，判决文书中提到“不予处理”的诉讼请求最终都包含在驳回的范围内。如在“张前平案”中，判决文书中“关于补交社会保险费的问题，依法不属于人民法院劳动争议案件的审理范围，本院不予理涉”。在判决时，法院驳回了该项诉讼请求。具体参见南京市秦淮区人民法院民事判决书（2013）秦民初字第 4605 号。

表 6　裁决结果

单位：件，%

		支持诉讼请求	驳回诉讼请求	部分支持部分驳回	总计
原告	数量	13	1	42	56
	占比	23.2	1.8	75	100
被告	数量	22	0	11	33
	占比	66.7	0	33.3	100

注：本表中的诉讼请求都是女职工一方作为原告或者被告提出的。

表 7　诉求与裁决结果

单位：件

原告诉求	继续履行劳动合同	给付拖欠扣发工资奖金	解除合同	经济补偿金	违法解除劳动合同赔偿金	补缴社保	给付生育津贴差额、医疗费	确认劳动关系	其他①
数量	10	39	2	15	22	9	14	3	2
支持	10	37	2	11	21	4	11	3	1

注：①这里的“其他”包含两种诉求，一是竞业禁止赔偿金，二是交通费。由于只有个别案例中提出这类诉讼请求，不具有代表性和普遍性，就不单独列举。在“徐春红案”中，原告徐春红提出来了竞业禁止补偿金 50000 元的诉讼请求，最终得到了法院的判决支持。而在“诸葛靓芳案”中，原告诸葛靓芳提出要求用人单位支付交通费用 900 元，法院审理中认为“因原告主张的交通费非法院受理劳动争议案件范围，故对该项请求本院不予支持”。具体参见江苏省启东市人民法院民事判决书（2014）启民初字第 00103 号、浙江省临安市人民法院民事判决书（2014）杭临民初字第 2563 号。

（五）就业中生育歧视案件的特点

从法院裁判文书中的生育歧视案件来看，用人单位基于婚育状况对妇女采用不同录用标准或者在就业过程中给女职工的薪资待遇低于男职工的案例数量较多。从生育歧视案件进入司法程序的时间来看，相较于其他民事纠纷诉讼时间较短。从统计案例的审判结果来看，受歧视妇女作为原告的案例胜诉多，而用人单位作为原告时则败诉结果多。从法院裁判文书来看，许多生育歧视案例中有社会组织的身影，如“郭晶案”和“曹菊案”。在“郭晶案”中，被歧视大学生郭晶在“性别平等工作组”的鼓励和帮助下最终取得案件的胜诉，不仅捍卫了自身合法权益，也获得了物质上的补偿。另外，随着国家对妇女权益的重视，相关法律文件和政策规定的出台，主流媒体对生育歧视案件的关注越来越多，各大媒体对“曹菊案”“郭晶案”的大量报道，对关注怀孕妇女权益、保障妇女平等就业的文化普及起到重要作用。因此，可以总结发现生育歧视案件具有如下特点。

1. **诉讼时间短**

“曹菊案”被称为“我国首例就业性别歧视案”，“郭晶案”被视为“我国首例就业性别歧视获赔案”，尽管这两起案件都未谈及女性婚育状况，但对妇女的性别歧视从某种意义上说就是基于妇女因怀孕生产哺乳休产假而暂时脱离工作岗位。尽管目前并未有在全国范围内引发讨论的生育歧视案件，但进入诉讼程序的生育歧视案件已经成百上千。从法院裁判文书来看，许多案件虽然是以劳动争议、人事争议、劳动合同纠纷等其他案由立案受理的，但案件争议的焦点就有关于是否构成生育歧视的争论。因而对生育歧视案件的分析不能简单地以立案案由归类，要以案件具体内容为分类标准。中国裁判文书网的数据显示，生育歧视案件进入诉讼程序的时间是 2005 年，当时的案件数量寥寥无几，因此，可以认为生育歧视案件能够用诉讼程序解决的时间较短，法院在审理中缺少必要的审判经验和法律支持。①

通过对本文选取的 89 个生育歧视案件进入审判程序归纳整理，可以发现：将生育歧视案件归类于劳动争议纠纷之后，经过仲裁前置程序之后的此类案件大多一审结案，仅有极少数的案件会进入二审程序和审判监督程序。统计结果显示，进入一审程序的有 84 件，占统计案例总数的 94.4%；进入二审程序的仅 5 件，占统计案例总数的 5.6%；而提起审判监督程序的仅 3 件，占统计案例总数的 3.4%（表 8）。

表 8　审判程序

单位：件，%

审判程序	一审	二审	审判监督程序
数量	84	5	3
占总案例数量比例	94.4	5.6	3.4

① 根据 2018 年 12 月 25 日在中国裁判文书网检索的结果来看，以“劳动争议”“怀孕”为关键词检索到 5529 条结果，而 2005 年的结果只有两条。

2. 案例数量多

从中国裁判文书网的数据检索来看，生育歧视案件的数量呈递增趋势。[①] 不管是在就业前还是就业后，因婚育状况受到歧视引发的案件数量都在增加。究其根源，一是社会进步，妇女的权利意识提升，越来越多的女性接受高等教育，懂得通过法律维权。二是法律的进步，我国的反歧视立法逐渐完善，立法对生育歧视行为的禁止和处罚让更多在就职过程中受到生育歧视的女性选择主动维权。《2017 中国女性职场现状调查报告》显示，在女性就业中，学历程度与感受到的就业性别歧视的程度呈正比。在硕士学历群体中，认为就业中存在严重的性别歧视的男女比例是 18%、43%；本科学历群体中，这一比例分别是 14% 和 28%；大专学历群体中的比例是 13% 和 18%；而大专以下学历的情况则刚好相反，男女比例是 14% 和 12%（图 1）。[②] 由此可见，受教育程度越高的女性，感知歧视的能力越强，因而认为受到歧视待遇的情况就越多，引发的生育歧视诉讼维权案件数量也就随之增加。

3. 媒体关注多

随着网络媒体的发达，越来越多的就业领域生育歧视案件得到社会舆论的关注，各大主流媒体在传播国家倡导的生育政策时，也加大了对育龄妇女就业问题的关注。国家对妇女权益的保护越来越重视，相关法律文件和政策规定的出台，主流媒体对生育歧视案件的关注越来越多，各大媒体

---

① 根据 2018 年 12 月 25 日在中国裁判文书网检索的结果来看，以“劳动争议”“怀孕”为关键词检索到 5529 条结果，2005 年 2 条，2008 年 4 条，2009 年 12 条，2010 年 17 条，2011 年 16 条，2012 年 51 条，2013 年 216 条，2014 年 969 条，2015 年 725 条，2016 年 1134 条，2017 年 1246 条。其中最早的案件文书是 2005 年的宋阿利诉嘉里粮油商务拓展（深圳）有限公司西安办事处、嘉里粮油商务拓展（深圳）有限公司案和郑建美诉诸暨市质量技术监督局案，参见西安市新城区人民法院民事判决书（2005）新民初字第 306 号、浙江省绍兴市中级人民法院二审民事判决书（2005）绍中民一终字第 573 号。以“劳动合同纠纷”“怀孕”为关键词检索到 1189 条结果，2008 年 1 条，2009 年 3 条，2010 年 5 条，2011 年 1 条，2012 年 10 条，2013 年 35 条，2014 年 281 条，2015 年 192 条，2016 年 227 条，2017 年 225 条，其中最早的判决文书是 2008 年朱少英诉艾西复合材料公司案，详细内容参见浙江省嘉善县人民法院民事判决书（2008）善民一初字第 290 号。

② 智联招聘发布《2017 中国女性职场现状调查报告》，http://www.360doc.com/content/17/0309/15/535749_635281281.shtml，最后访问时间：2019 年 2 月 28 日。

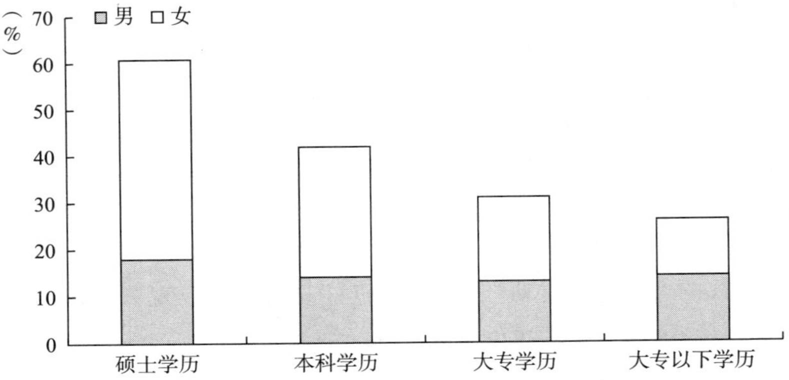

图1 学历程度与感受到就业性别歧视程度

对“曹菊案”“郭晶案”的大量报道，对关注怀孕妇女权益、保障妇女平等就业的文化普及起到了重要作用。智联招聘发布关于女大学生就业的调查报告，百度、搜狗等搜索引擎也纷纷将各种“首例”歧视案件放到主页。在“全国首例孕妇歧视集体维权案”开庭期间，各大媒体都积极关注该案的最新进展，新浪网、搜狐新闻等纷纷发文支持怀孕妇女通过法律途径维护正当权益，爱奇艺等视频网站也将开庭过程的视频推上主页。[①]《人民日报》《中国新闻周刊》等也都积极关注禁止生育歧视的相关法律规定的最新进展。如前段时间出台《关于进一步规范招聘行为促进妇女就业的通知》，各大报刊纷纷报道，对禁止生育歧视法律观念的宣传起到了重要作用。[②]

二 就业中生育歧视广泛存在的原因分析

（一）立法对生育歧视的禁止性规定不完善

从立法上来看，我国涉及生育歧视的立法已经涵盖了妇女就业的方方

① 笔者通过百度、搜狗等检索“全国首例孕妇歧视集体维权案”，得到的结果几十万条，在各大视频网站页都能检索到生育歧视的相关案例信息。

② 2019年2月21日，人社部、教育部等九部门印发《关于进一步规范招聘行为促进妇女就业的通知》，对招聘中的生育歧视现象进行了法律的明确禁止，对就业中的生育歧视行为加大惩处力度。

面面，然而实践中却存在无法可依的情况。如有的生育歧视案件在诉讼过程中，法院认为不符合民事案由，不予受理的案件比比皆是。现行有关禁止生育歧视的法律规定中存在监督盲区和立法空白。我国虽然已有《劳动法》《劳动合同法》《妇女权益保障法》《就业促进法》《女职工劳动保护特别规定》等多部法律法规涉及禁止生育歧视的内容，但有关禁止生育歧视的基础法律理论研究不足，导致现行禁止生育歧视立法缺乏强有力的理论支撑，没有禁止就业性别歧视的相关法律，而劳动领域禁止生育歧视的法律规定也亟待进一步完善。

1. 劳动规章制定权为企业不当解雇提供便利

《劳动法》赋予了用人单位制定劳动规章的权利，同时要求劳动者应当遵守劳动纪律。[①] 在有关的劳动争议仲裁中，劳动规章也作为处理劳动合同纠纷的依据之一。但对于劳动规章的制定程序、权利限制、审查机制等都没有规定，导致劳动规章成为用人单位在女职工怀孕生产期间合法解除劳动合同的依据。例如，在“李佩懿案”中，被告深圳怡亚通芜湖分公司在原告李佩懿怀孕请假几天后就“以原告李佩懿违反公司规章制度为由，单方面解除与原告李佩懿的劳动关系”。[②]

2. 我国没有禁止就业中生育歧视的专门立法

在现有法律规定中，有关禁止生育歧视的立法并不鲜见，但实践中法院在裁决生育歧视案件时又于法无据。究其根源，我国没有禁止生育歧视的专门立法，在2018年以前，民事案由规定中没有规定“就业平等权纠纷”，更没有规定生育歧视的案由。生育歧视专项案由的缺失致使因怀孕生产被歧视的女性劳动者在进入诉讼程序后只能经过仲裁前置程序以“劳动合同纠纷”或者“劳动争议纠纷”等劳动法领域的案由进入审理程序，最终按劳动法的相关规定获得救济。专项案由的缺失，导致部分生育歧视案件救济无门。例如前文提到央视网报道的“图雅案”，尽管图雅确实因为生育歧视未能被录用，该案通过官方媒体的舆论监督，但有关部门仍以

---

① 《劳动法》第3条和第4条。

② 参见李佩懿诉深圳怡亚通芜湖分公司劳动争议一案，安徽省芜湖市弋江区人民法院一审民事判决书（2013）弋民一初字第00929号。

没有相关法律规定为由不予受理，最终不了了之。① 即使最终进入司法诉讼程序，② 受歧视女性所获得的赔偿和救济并非基于受到歧视，而是劳动合同的不当解除等其他原因。一方面，劳动法的相关规定并未涉及赔礼道歉、精神损害赔偿等专门针对怀孕歧视做法的惩治措施，不能抚慰受歧视怀孕女性的心理伤害；另一方面，劳动法领域规定的赔偿或补偿标准太低，对用人单位起不到震慑作用，无法避免生育歧视案件的再度发生，对用人单位而言，歧视做法所获得的经济利益远远高于歧视成本。

3. 现有立法对就业中生育歧视的法律规制不足

由于立法中对生育歧视的救济制度不够完善，现有救济赔偿法律制度无法保障受歧视女性获得合理的法律救济。当前我国基于生育歧视的诉讼案件中，即使认定企业具有歧视行为，判决企业赔偿的范围也仅限于《劳动法》《劳动合同法》等规定的工资、加班工资等。法院在判决中，对精神损害赔偿的适用有非常严格的限制，对于被划入“劳动争议”的生育歧视案件尚未适用精神损害赔偿，③ 更没有引入惩罚性赔偿制度。在本文选取的89个案例中，法院最后判定的赔偿与救济措施有“继续履行”“工资支付”“支付经济补偿金”“支付赔偿金”“平等享受生育保险待遇”五种类型。尽管有五种救济选择，但依然不能阻止用人单位在就业过程中歧视育龄女性。究其根源，在选择经济效益还是歧视女性的做法时，用人单位歧视女性的违法成本远远低于其获得的经济效益，现有法律规定无法实现对用人单位不当解雇怀孕妇女等歧视做法的有效法律制裁。换言之，法律对怀孕妇女的职业保障和赔偿救济制度需要进一步完善。

① 央视网视频《新闻再观察》之“20160525 怀孕妇女就业碰壁维权难找依据”，具体案情如下：呼和浩特市图雅女士应聘了一家国有企业城发投资经营有限公司的客运站播音员岗位，应聘笔试面试均为第一名，在体检时发现怀孕后被告知不用查妇科，之后城发投资经营有限公司以“身体条件不合格”为由没有录用图雅。图雅向人社局纪检监察处、人事考试中心、劳动监察部门投诉都以没有立法规定为由未被受理。http://tv.cntv.cn/video/VSET100223398329/b189eaa4e2c83de0d490706a0a4e5c44，最后访问时间：2019年2月28日。

② 本文选取的89个生育歧视案件都是经过司法程序的。

③ 笔者选取的89个生育歧视案件中，没有一例适用了精神损害赔偿。

（二）职业管理中怀孕偏见盛行，用人单位的法律意识不强

职业管理中的怀孕偏见是用人单位歧视怀孕女性的社会原因。本文选取的89个生育歧视案例中，以婚育情况作为标准对怀孕女职工进行不当解雇，是目前生育歧视案中用人单位歧视怀孕女性的普遍做法。尽管许多女大学生、研究生、博士等接受了高等教育，具有学历上的优势，但在就业中仍然会因为怀孕生产受到歧视性的不合理对待。

劳动力市场供大于求的局面加剧了怀孕女性的就业弱势地位。随着男女平等基本国策的提出，中国文化中“男主外，女主内”的传统思想渐渐被取代，家庭妇女的形象渐渐被职场女性的出现所改变。但是，国家有关保障妇女平等就业的法律中并未有禁止用人单位对女职工生育歧视的具体规定。用人单位在管理职工的晋升、解雇等方面拥有较大的自主决策的权利，从而强化了对就业过程中对要怀孕或已经怀孕女性的排斥。各地招聘广告中以性别为标准的职位要求绝非个案现象，它是和企业用工管理中的自主决策权相伴相生的。在企业管理改革中，一些企业打着“照顾”怀孕生产女性身体健康的旗号，以调岗降薪等手段逼迫怀孕女职工自行离职。从1980年开始的延长生育期女性法定假期变相导致女职工下岗或待业，发展到现今对怀孕生产女性的拒绝请假、拒绝返岗、调岗降薪、扣发工资、停缴保险等，歧视行为五花八门，歧视做法越发常态化、普遍化。[①] 如2016年，呼和浩特市的图雅女士参加一个国有企业客运站播音员岗位的应聘考试，笔试面试都是第一名，最后却因为怀孕没有被录取。[②]

2014年度教育部人文社会科学研究规划基金项目（14YJA880043）调查显示，听说或遇到过“招聘单位堂而皇之地拒绝女生”“招聘单位抬高女生就业条件”“招聘单位招用女生时添加合同期间不许结婚生子等附加

① 参见周伟《中国城镇就业中的性别歧视研究——以1995年至2005年上海市和成都市30万份报刊招聘广告条件为例》，《政治与法律》2008年第4期。

② 央视网视频《新闻再观察》之“20160525怀孕妇女就业碰壁维权难找依据”，http://tv.cntv.cn/video/VSET100223398329/b189eaa4e2c83de0d490706a0a4e5c44，最后访问时间：2019年2月28日。

条件”的女研究生分别占调查对象总数的 23.19%、14.08%、22.72%。① 《2017 中国女性职场现状调查报告》显示，在女性就业中，学历程度与感受到的就业性别歧视的程度呈正比。在硕士学历群体中，认为就业中存在严重的性别歧视的男女比重是 18%、43%；本科学历群体中，这一比例分别是 14% 和 28%；大专学历群体中的比例是 13% 和 18%；而大专以下学历的情况刚好相反，男女比例是 14% 和 12%。② 高额教育成本的支出并未给女性就业带来对等的回报，相反，高学历女性由于受教育时间和生育时间较长挤占了工作时间，反而成为企业不愿招录的对象。

（三）公众对生育价值认识不够，禁止生育歧视的社会观念尚未形成

尽管在中国现行立法中，直接或间接禁止怀孕歧视的法律广泛存在于劳动领域，但这些法定权利背后的法律文化、权利观念尚未深入人心。立法虽然确认女性为生育事业做出的贡献和价值，但相关的托幼事业、儿童福利等制度尚未完善，致使企业被迫承担理应由社会承担的生育成本。人口老龄化社会的到来，我国出生人口数量的减少，促使我国实施全面二孩政策。根据国家统计局发布的数据，2017 年我国人口出生率为 12.43‰，比上一年降低了 0.5 个千分点，新生婴儿数减少了 63 万人。③ 为缓解人口老龄化带来的养老问题、年轻劳动力缺乏问题，全面放开计划生育刻不容缓。但是，二孩政策的全面实施，使得怀孕女性在求职就业中的弱势越加凸显。女性选择生育的可能性，导致企业不愿招录女性；女性生育二孩的产假等休假，让企业收回给女职工的升迁培训机会；女性照顾家庭的大量时间和精力，使企业不愿继续雇用女职工。因此，妇女一旦怀孕，不管是在原单位继续就职还是另找单位就业，与男性甚至已婚未育女性相比都是

① 参见廖和平、王克喜、邓淇中《社会性别视角下的高校女研究生“成长”问题及成因分析——基于 6 省（市）的 18 所高校的调查数据》，《湖南科技大学学报》（社会科学版）2016 年第 3 期。

② 智联招聘发布《2017 中国女性职场现状调查报告》，http://www.360doc.com/content/17/0309/15/535749_635281281.shtml，最后访问时间：2019 年 2 月 28 日。

③ 参见周天勇《全面开放生育刻不容缓》，《中国人力资源社会保障》2018 年第 6 期。

比较困难的一方。全国妇联妇女研究所的调查数据显示，怀孕生产的妇女失去职业晋升机会的概率比已婚未育女性多14.3个百分点。[①]

中国传统文化中几乎没有生育保护、妇女平等就业等方面的基础理论，“女子无才便是德”等传统思想对女性就业发展的影响深远。从封建王朝到现在，仍有不少传统人士将女性作为生育工具，忽视女性就业的机会和权利。用人单位以女职工怀孕生产为由而将妇女拒于求职就业的大门之外，女性所在家庭成员以妻子怀孕生产且照顾家庭为由限制妇女的就业发展。生育本是整个国家繁衍后代的大事，尤其是我国当下的低生育率导致劳动力不足等社会问题愈加严重，怀孕生产却成为妇女职业发展的最大障碍。

三 完善禁止生育歧视的法律政策支持体系

（一）完善禁止生育歧视立法，为法院裁判提供法律依据

1. 制定禁止生育歧视专门法

制定生育保护法等禁止生育歧视的专门法律，将生育歧视作为就业歧视的类型之一，立法保障怀孕女性的就业机会和权利。借鉴域外国家和地区的有关禁止性别歧视的立法和经验，在立法中明确性别歧视的相关概念，从而进一步明确生育歧视的概念界定、行为特征以及构成生育歧视的法律责任等。如德国制定了《尊重妇女产前和产后就业法》《生育保护法》等专项法律加强对妇女的生育保护。美国实行《怀孕歧视法》对雇主的生育歧视行为进行法律规制。英国制定《法定妊娠工资条例》对妇女在怀孕期间的工资做了专门规定；制定《工作及家庭法》明确要求给予需要兼顾家庭和职业的女性更多保护。尽管我国的具体国情与西方国家不

---

① “全面二孩”政策下保障女性就业，《全面二孩对女性就业权利保障影响研究（2016）》调查数据显示，已生育女性培训/进修的机会（23.8%）明显低于已婚未育女性（38.1%）。中国社会科学网，http://www.cssn.cn/shx/201703/t20170308_3443900.shtml，最后访问时间：2019年2月28日。

同，但在制定生育保护相关法律时可以参考借鉴上述法律，制定适合我国实际情况的生育保护法。通过立法禁止用人单位对怀孕妇女的不当解雇，保障怀孕女职工享有平等的就业机会和权利，禁止用人单位逼迫怀孕妇女自行离职，立法规定禁止用人单位对怀孕妇女采取调岗降薪、扣发工资、停缴保险等违法行为，其不当解雇行为侵害怀孕妇女正当权益的以生育歧视论。明确用人单位对特别岗位可以提出怀孕情况的特殊要求，即身体素质与工作岗位具有某种关联性时，规定用人单位针对怀孕妇女不当解雇行为构成生育歧视做法的具体法律责任形式。

增加生育歧视的赔偿与救济机制，构建对构成生育歧视的用人单位惩罚性赔偿制度，保障怀孕妇女的就业晋升机会和权利。通过禁止生育歧视的专项立法明确由歧视方承担被歧视怀孕妇女权利救济的费用；区分"拒绝录用""职业发展机会损失"以及"歧视性解雇"等不同情形的赔偿或补偿的计算方式和裁量区间；适当提高生育歧视案件精神抚慰金的赔偿基准，推进以地区为单位的定额化或表格化赔偿机制；[①] 在合理限制赔偿数额范围的基础上[②]，引入惩罚性赔偿制度，通过立法明确规定一旦认定用人单位构成生育歧视，就要求其支付高额的惩罚性赔偿金，增加用人单位的违法成本，促使用人单位不敢歧视怀孕女性，为怀孕妇女就业发展提供畅通的渠道。

2. 明确生育歧视的司法认定标准

生育歧视现象的大量存在引发大量的生育歧视案件进入诉讼程序，如何认定生育歧视是值得研究的问题。通过对大量裁判文书的整理分析，可以总结法院对生育歧视的司法认定的方式和标准。参考学术界关于歧视的构成要件，生育歧视有三个构成要件，分别是主观意图、不合理的区别对待和不利后果。

---

① 参见吴万群《论雇主实施就业歧视的赔偿责任》，《法学杂志》2014年第2期。

② 美国《1991年民权法》第102条"（b）补偿性和惩罚性损害赔偿金……（3）赔偿限额……补偿性损害赔偿金的金额，以及……惩罚性损害赔偿金的金额，对于每个起诉人，不应超过：（A）如果被告人在当前或者上一个历年内的每20个或者20个以上历周内拥有14名以上不到101名受雇人，50000美元……"，该条款以上诉人的雇佣人数的规模设定了补偿性赔偿金与惩罚性赔偿金的金额。

（1）主观意图是认定生育歧视的主观要件

主观意图是认定生育歧视的第一要件。认定是否构成生育歧视需要判断雇主是否具有主观故意性，但主观故意并非认定生育歧视的必要条件。在法院裁判中，在认定被告用人单位的不公平待遇是否违法时，要求原告女职工提供两个方面的证据：一是基于婚育状况受到了拒绝、排斥或者限制的事实；二是其他女职工也会因婚育状况受到同样的不公平待遇，这表示该用人单位对女性具有偏见，如认为怀孕生产后的女职工不能完成之前的工作。有的对怀孕妇女的排斥很直接，如招聘广告中直接说明只招男性；有的则出于对孕期或哺乳期妇女的保护，如将孕期妇女本来较繁忙的工作调整为较为轻松的工作。

当然，在拒绝怀孕妇女产后复职时，用人单位会以“不能胜任工作”“无故旷工”“违反单位规章制度”等理由拒绝，有的用人单位直接以上述理由将女职工调职降薪，甚至解雇。尽管上述情形中用人单位没有直接表明因为怀孕生产而拒绝复职、调岗降薪或者解雇，只是基于其他的因素做出工作调整，但也都应该认定为对妇女的生育歧视。

（2）不合理的区别对待是认定生育歧视的行为要件

不合理的区别对待是认定生育歧视的第二要件。区别对待是指《消除对妇女一切形式歧视公约》中对“歧视”界定中提到的“区别、限制或排斥”。[①] 区别、排斥等的立法、标准、措施、行为，都是区别对待的具体表现。对于生育歧视来说，区别对待主要是妇女在就业过程中受到的区别、限制或排斥。具体来说，区别是指由于女性怀孕生产等而作出的不同对待，如相同的职位，对女性应聘者提高录用标准，对女职工支付较低的酬劳等；限制是指基于女性怀孕生育等理由限制其职业晋升；排斥是指雇佣者在招聘职工时，只要求某一性别（通常为男性）或者否定女性平等享受相同待遇的行为，如只招男性或者给女性职工的工资中不含有社会保险等。

在本文统计的 89 个生育歧视案例中，用人单位对怀孕妇女的区别对

① 《消除对妇女一切形式歧视公约》第 1 条。

待主要有违法调岗降薪、违法拒绝返岗、违法解除劳动合同、违法停发工资停缴社保等。而根据前文的统计结果，基于妇女怀孕生产休假而将其违法解雇的案件数量占统计案件总数的3/4。[①] 在法院裁判中，认定用人单位的区别对待是否违法，主要依据《劳动法》《劳动合同法》等法律规定。除上述法律规定之外，各省市施行的劳动法领域的规章规定也属于各地法院判决中适用法律法规的范围。如在“陈小艳案”中，江苏省无锡市北塘区人民法院在判决中适用法律部分就选择适用了《江苏省劳动合同条例》的相关规定。[②]

（3）不利后果是认定生育歧视的结果要件

不利后果是认定生育歧视的第三要件。早在1979年加拿大人权法庭就对司法实践中关于不利后果的歧视做出总结。首先，歧视的主观意图不是认定生育歧视的先决条件，如果适用中性的立法，则会造成对怀孕妇女的限制；其次，如果雇主能够证明产生不利后果的中性就业措施是善意的，且具有合理必要性，则该行为就是有效的；最后，由雇主承担证明其行为合理必要的责任。由此可知，法院在裁判生育歧视案件时，并没有将不利后果作为认定生育歧视的唯一条件，而是将其与区别对待和主观故意结合起来判断。以不利后果认定生育歧视的前提是雇主的不公平待遇有主观故意。在“金华丽案”中，上海轩皇国际贸易有限公司在知晓金华丽怀孕之后，以“公司提前解散”为由终止与金华丽的劳动合同。如果该公司确实解散，已无工作岗位提供，那么该公司终止劳动合同的行为就不构成歧视。但在该案中，上海轩皇国际贸易有限公司与金华丽终止劳动合同之后，不仅没有提前解散，还继续发布招聘信息招录新员工，就不能证明该终止劳动合同行为是符合法律规定的。因此，法院在审理后认定该用人单位以“公司提前解散”为由终止与怀孕女职工金华丽的劳动合同是违法的，最后判决双方恢复劳动关系。[③]

---

① 参见前文表2歧视做法。

② 详情参见江苏军威保安服务有限公司与陈小艳经济补偿金纠纷一案，江苏省无锡市北塘区人民法院民事判决书（2016）苏0204民初371号。

③ 详情参见上海轩皇国际贸易有限公司与金华丽劳动合同纠纷一案，上海市浦东新区人民法院民事判决书（2015）浦民一（民）初字第36582号

（二）完善产假和社保制度，为法院裁判提供政策支持

1. 适当延长陪产假，增加“弹性工作制度”，为法院认定生育歧视提供参考依据

目前，我国的产假只针对母亲，父亲只有15天的陪产假，如果孩子没有按计划出生，父亲连陪护妻儿的假期都没有。适当延长陪产假，让父亲能够享有假期陪护妻儿，能够在很大程度上改善家庭关系，增进社会和谐。可参照欧盟做法，引入育婴假，即在小孩三岁之前，父母可短期无薪休假照顾孩子。这样，既能照顾家庭，也不会增加企业的用人成本，互利双赢。陪产假不同于产假，产假是用人单位对怀孕女职工的法定义务，具有强制性。而陪产假是男性职工配偶怀孕生产期间选择休假照顾妻儿的权利，具有选择性。可以通过立法明确，在法定的15天陪产假之外，丈夫可以选择短期无薪休假照顾家庭。在立法层面规定陪产假，既强调了男性的家庭育儿责任，又可抵消用人单位招录女职工的生育成本，促进妇女平等就业。①

尽管2016年国务院施行的《关于实施全面两孩政策改革完善计划生育服务管理的决定》（以下简称《决定》）已经要求依法保障妇女就业和休假的权利，鼓励用人单位制定有利于职工平衡工作与家庭关系的措施。由于该《决定》仅是行政规章，立法层级较低，无法为法院裁判就业中的生育歧视案件提供立法层面的依据。而实践中，用人单位针对怀孕女职工制定“弹性工作制度”仍然少见。在没有立法明确弹性工作制度的法律地位的情况下，许多追求利益至上的企业打着“弹性工作制度”的旗号迫使怀孕女职工自动离职，在本文统计的生育歧视案件中以各种为怀孕女职工“好”的理由让女职工主动离开岗位的案件并不少见。② 通过立法规范设

---

① 吕春娟、马璇：《全面二孩政策下我国适龄女性反就业性别歧视制度设计》，刘小楠主编《反歧视评论》（第6辑），法律出版社，2018，第68～72页。

② 在本文统计的89个案例中，用人单位在女职工怀孕生产期间，以“调岗降薪”手段使女职工主动离职的案件有8件，占案件总数的9%；以“不能胜任工作”等为由解除劳动合同的案件有3件。这仅是中国裁判文书网上选取的部分案例，实践生活中没有进入诉讼程序的类似案例更多。

计“弹性工作制度”，包括弹性工作时间、弹性工作安排、弹性工作地点等，在不损害用人单位工作效率的基础上，推广远程办公模式，确保职场妇女怀孕生产造成的工作与家庭的冲突得以缓解。

通过立法明确陪产假制度和弹性工作制度的具体模式，法院在裁判生育歧视案件，认定用人单位采用的“弹性工作制度”是否构成生育歧视时，能够参照相关的政策制度进行判断。

2. 完善生育保险制度，为法院认定用人单位责任大小提供参考依据

在笔者统计的生育歧视案件中，用人单位对怀孕女职工产后复职时扣发工资、停缴社保的案件有7件。目前，我国的生育保险制度为女职工提供特殊保护的同时，也被用人单位视为雇佣女职工的经济成本。尽管2011年施行的《社会保险法》已规定企业必须为单位职工购买生育保险①，但在实践中，也存在地方生育保险政策与国家的法律规定脱节的问题。例如，北京市将外地户籍的女性排除在该市的生育保险对象范围之外，用人单位在支付女职工工资的同时，还要负担女职工的生育保险费用，导致用人单位拒绝招录女性（尤其是外地女性和怀孕女性）的现象频繁发生。②

立法虽然确认女性为生育事业做出的贡献和价值，但相关的托幼事业、儿童福利等制度尚未完善，致使企业被迫承担理应由社会承担的生育成本。人类社会的进步需要人才，而人才数量的增加需要人口，人口数量的增长则需要生育，因此，生育问题不仅仅是一个家庭的问题，更是国家发展进步的大事。将妇女的生育问题纳入公共政策的范围，由国家财政承担妇女怀孕生产期间的福利待遇，企业和政府共同承担生育和养育的责任，有利于减少企业的用工成本。生育不仅是家庭的责任，也应该是社会的责任。由政府和企业分担生育成本，各自承担部分生育责任，有助于社会稳定和谐发展。进一步完善生育保险制度，为全国范围内的女性提供生育保护，促进中国生育事业的发展进步。可考虑将生育保险和基本医疗保

① 《社会保险法》（2011年）第53条。
② 《北京市企业职工生育保险规定》（2005年）第2条。

险合并，既能让女职工享受生育补助，也能让没有职业的农村妇女和待业女性获得生育补贴。

另外，社保制度的完善，在减轻用人单位用工成本的同时，也能为法院裁判就业中的生育歧视案件时，认定用人单位责任大小提供参考依据。如在“卢仲珠案”中，被告江门市冠京制衣有限公司未为怀孕妇女卢仲珠购买社会保险，在卢仲珠生产过后，拒绝为其提供生育保险待遇。法院在裁判该案时，就根据“用人单位未按规定期限到当地社会保险经办机构为其参保职工申办生育保险待遇的，该职工的生育保险待遇由用人单位按照所在统筹地区的待遇项目和标准支付”的规定，[①] 认定原告怀孕女职工的生育保险待遇应由被告用人单位支付，支付的数额依据社保政策的规定。因此，完善社保制度，为法院裁判提供依据十分必要。

（三）建立生育友好型社会，为法院裁判提供社会支持

人口数量是人类社会一切的基础，人才数量与人口数量是正相关的，只有足够的人口数量才能保证人才数量。生育是人口数量增加的最直接的方式，民众只有积极响应生育政策，才能为国家带来新生人口。而生育政策的施行，需要国家为育龄女性解决产后就业等后顾之忧。重视生育事业的发展，重视生育对人口、对社会和国家的价值，建立生育友好型社会是人类社会发展的必然要求。弘扬生育的价值和意义，禁止就业中的生育歧视现象，需主流媒体传播反生育歧视理念，专家学者智力支持反生育歧视，同时，努力开展反生育歧视政策倡导，向社会普及生育对家庭和国家的重要性，使全社会形成尊重女性、重视妇女生育的观念。国家在涉及妇女权益的重大决策中，充分考虑女性对国家生育事业的贡献，立法保障女性平等就业的法定权利。

1. 增强公众尤其是法官对禁止生育歧视的法律认识

要改变大量存在的生育歧视现象，需要普及禁止就业中生育歧视的法律观念。在本文统计的 89 个生育歧视案例中，受歧视的怀孕妇女作为被

① 《广东省职工生育保险规定》第 17 条。

告的比例达46%。[①] 这反映了部分妇女对自身权利意识不到位，反生育歧视的观念薄弱。作为被告方的用人单位在答辩过程中，也大多认为自己并未歧视原告怀孕妇女。究其根源，企业和应聘者都没有生育歧视概念，一方不知道遭受生育歧视是可以维权的，而另一方不认为生育歧视行为是违法的。从法院裁判文书中“本院认为”部分来看，法官基本没有提及“歧视”的字眼，而更多以“违法”来认定用人单位对怀孕妇女的歧视行为。这里的“法”，不是反歧视法意义上的“法”，而是劳动法、劳动合同法等劳动法领域的“法”。[②] 由此可见，在司法领域，法院内部系统的反生育歧视法律观念薄弱。因此，不仅需要向广大群众普及反生育歧视法律观念，还需要在法院内部向审理生育歧视案件的法官以及从事法律工作的仲裁人员、律师等普及禁止生育歧视的法律观念。

2. 增强公众尤其是被告企业对法院裁判结果的认可度

生育歧视案件的大量存在有两个方面的原因，一是用人单位对反生育歧视法的相关立法了解不多，二是妇女对自身权利的维护意识不够。而要改变这两方面的状况，需要为用人单位和受歧视妇女提供反生育歧视的法律指引，帮助受歧视妇女寻求法律救济，以获得就业机会和平等的就业待遇。可以成立专门审查生育歧视的机构，专门负责监督和处理求职就业前后有关生育歧视的争议纠纷，避免类似“图雅案”的被歧视怀孕女性投诉无门事情再次发生。国务院、全国妇联、中华全国总工会等机构联合设立一个保障怀孕妇女权利的协调机构，以《劳动法》、《妇女权益保障法》以及将要制定的生育保护相关法律赋予的职责为权限，专门负责受歧视女

---

① 参见前文表5中的数据，其中有9%的怀孕妇女既是原告也是被告，但是，即使将8个案例去掉，怀孕妇女作为被告进入诉讼程序的案例也有33个，占本文统计案例总数的1/3。

② 在本文统计的裁判文书中，法院判决适用法律基本都是劳动法领域的相关法，仅有少数判决适用了《妇女权益保障法》，详细数据统计参见前文表4适用法律。另外，本文选取案例涉及地方法规的只有4例，分别是“杨蓉案”“陈小艳案”中适用了《江苏省劳动合同条例》第31条，“曾燕案”中适用了《广东省〈女职工劳动保护特别规定〉实施办法》第5条、第6条、第8条，“沈明英案”中适用了《广东省工资支付条例》第10条、第14条、第15条、第44条。具体参见南京市六合区人民法院民事判决书（2013）六民初字第1218号、江苏省无锡市北塘区人民法院民事判决书（2016）苏0204民初371号、广东省广州市白云区人民法院民事判决书（2015）穗云法民一初字第3346号等。

性的各类咨询和维权工作，监督、协助各执法部门开展工作，共同帮助受歧视妇女获得法律救济。从国家层面帮助受生育歧视妇女正当维权，从社会层面设立针对妇女就业歧视的救助机构，向社会公众普及生育对人口对国家的重要价值，共同建设生育友好型社会。社会舆论在一定程度上能够影响法官的判断思维，法院在做出判决时也会考虑社会公众的认可度。向社会公众明确生育的价值和意义，让更多普通人了解生育歧视的相关法律规定，有助于增强用人单位和普通民众对法院裁判结果的认可度，从而有利于法院判决结果的顺利执行。

四　结论

通过以上对禁止生育歧视的法律规定与生育文化、社会现状的关系的分析讨论，可以发现，《劳动法》《劳动合同法》《妇女权益保障法》等多部法律虽然直接或间接提到了禁止生育歧视，但相关法律出台后并未改变女性的求职状况，妇女在求职就业过程中因怀孕生产受到不合理待遇的案件数量仍在不断增加。① 这不能简单地归因于就业市场中求职者供大于求的社会现状，而是有着深厚的文化背景和制度因素等多方面的原因。就业中的生育歧视既有国家对妇女法定权利的职业保障相关立法过于原则，缺乏可操作性的因素，也有用人单位规避法律的原因。现有的以立法倡导为主的保障怀孕妇女法定权利的机制，不但难以满足被歧视女性获得合理救济的需要，而且随着“二孩政策”的全面实施，用人单位为女性求职者设置的门槛越来越高，妇女在求职就业中将会面临更大的竞争和更多的歧视。

保障怀孕妇女平等的就业机会和法定权利，有效预防和减少就业领域的生育歧视现象，需要国家在法律层面明确怀孕妇女的就业权与用人单位的解雇权之间的界限，同时在全社会营造生育保护文化氛围，为禁止生育歧视的立法提供理论支撑和文化支持。

① 从中国裁判文书网的数据来看，从 2013 年到 2017 年，涉及“民事案例”“劳动合同”“怀孕”等关键词的记录分别是 321 条、1422 条、1018 条、1392 条、396 条。中国裁判文书网，http://wenshu.court.gov.cn，最后访问时间：2017 年 8 月 28 日。

调研报告

生育、照顾与工作

——“二孩”或“多孩”政策背景下西安职业女性生育与照顾责任调研报告*

李亚娟　杨云霞　刘咏芳**

摘要： 工作与家庭的冲突是职业女性遭遇就业与工作不平等待遇的根本原因，中国的生育政策也将直接影响职业女性的工作机会与权利。在当前生育责任、儿童照顾责任、老人照顾责任家庭化、女性化的现实下，调研数据也显示：生育政策的变化会导致女性面临很大的生育压力与家庭照顾责任。有效政策的基本出发点应秉持“女性友好型”与“家庭友好型”立场，改变家庭照顾责任的现状——家庭化、女性化，使家庭照顾责任社会化、去性别化、公益化，从减轻职业女性的家庭照顾责任出发化解家庭照顾责任与工作的冲突，从而促进女性就业与工作权利保护。

关键词： 性别分工　生育　家庭照顾　就业平等权

一　调研背景

工作与家庭的冲突是职业女性遭遇就业与工作不平等待遇的根本原因，在中国，职业女性的工作权利与生育政策有密切的关系，任何单纯从

* 本研究得到西安市妇联资助：“二孩政策”对女性就业权利的影响与法律应对（2018ME130015）。

** 李亚娟，西北工业大学人文与经法学院副教授，法学博士，研究方向为就业性别歧视、社会性别与劳动法；杨云霞，西北工业大学马克思主义学院教授，博士，研究方向为劳动法；刘咏芳，西北工业大学人文与经法学院副教授，法学博士，研究方向为社会性别与劳动经济学。

工作出发讨论职业女性工作权利保护的尝试都不能真正解决女性的困扰，必须将工作与家庭结合才能全面考虑女性的工作权利问题。此次调研是在国家“全面二孩”政策背景下进行的，关注“全面二孩”政策实施后职业女性的工作权利保障。

（一）从控制生育到鼓励生育：国家计划生育政策的变化

计划生育自20世纪80年代全面实施，鼓励一对夫妻只生育一个孩子，并在《婚姻法》中将其规定为“夫妻双方都有实行计划生育的义务”，1982年出台农村第一个是女孩的还可以生第二个孩子的“一胎半”政策；之后6个省相继出台农村普遍二孩政策；2000年出台夫妻双方均为独生子女的可以生育第二个孩子的政策，称为“双独二孩”政策；2013年实施夫妻双方有一方为独生子女的可以生育第二个孩子政策，称为“单独二孩”政策；2015年10月29日，中共十八届五中全会公报决定，实施“普遍二孩”政策。中国从1980年开始，推行了35年的城镇人口独生子女政策真正宣告终结。

到目前为止，中国出台“二孩政策”已有两年多，但国家统计局数据显示，2017年，全年出生人口1723万人，出生率12.43‰；2016年全年出生人口1786万人，出生率12.95‰，也就是说2017年比2016年减少了63万人，人口出生率同比下降了0.52个千分点。2018年中国人口出生率为10.94‰，为1949年以来最低。[①] 其中2017年二孩出生数高于一孩出生数，这也说明即便推行“全面二孩”政策，但生育意愿不足已是现实问题。补偿性生育高峰并没有出现，从“单独二孩”到“全面二孩”的政策转变，是在三年时间里完成的，说明随着出生率下降，青壮年劳动力减少，老年人口持续增加，控制人口出生的计划生育政策很可能调整为鼓励生育的人口政策。

2018年3月，“国家卫生与计划生育委员会”撤销；2018年6月以来，新疆、辽宁、陕西、湖北等地纷纷出台鼓励生育政策；2018年6月

---

① 国家统计局，http://www.stats.gov.cn/，最后访问时间：2019年6月15日。

29 日陕西省统计局发布了《陕西省 2017 年人口发展报告》，提出“适时全面放开计划生育，出台鼓励生育措施”的建议。2018 年 8 月 6 日，《人民日报》发表文章《生娃是家事也是国事》，呼吁以生育政策的落地和社会保障的健全来切实促进生育。

（二）从“只生一个”到生育“二孩”或“多孩”：职业女性的生育压力与儿童照顾责任变化

生育可以说是私事，但是在中国，生育从来也不是私事。中国传统文化里多子多福、传宗接代、养儿防老等观念让女性很难自己决定生育，如果是私事，那也是家庭乃至家族的私事，女性成为家族繁衍传承的工具。1949 年以后，在国家政策与男女平等理念的倡导下，中国女性开始大规模进入职场，并在工作领域中发挥积极而重要的作用。但同时女性依然承担着生育责任与家庭照顾责任，在“人多力量大”的政策指引下，生育多孩的英雄母亲也是社会讴歌的典型。但是生育责任与家庭照顾责任的性别分工没有变化，因此走出家庭的女性挑上了工作责任与家庭责任的重担前行。在计划经济体制下，部分儿童照顾责任通过单位的公共福利制度以公立托儿所、幼儿园的形式分担而化解；而市场经济实施后，单位公共福利向社会化与市场化转型，育儿与家庭照顾责任又重新成为女性的家庭责任。育儿与家庭照顾责任的市场化意味着：只有有足够经济能力的家庭才能通过市场化来分担家庭中女性的儿童照顾责任。对于绝大多数普通家庭来说，女性依然是工作与家庭责任双肩挑，而独生子女政策的实施，也使得育儿质量成为家庭关注的焦点，育儿内容不再仅仅是吃饱穿暖有人看护，而是更关注教育与培优，这也使得儿童照顾责任更加繁重，这种繁重表现在体力、心理与经济上，特别是在经济上，儿童照顾与养育已是现代家庭的重要支出内容。

因此当“二孩”或“多孩”政策实施后，多子女家庭的儿童照顾责任会成为巨大的负担，也成为目前不愿生育二孩的重要原因之一。

（三）老龄化与少子化：家庭照顾责任的结构变化

计划生育政策实施以来，中国逐渐进入少子化家庭模式，2018 年中国总抚养比（非劳动年龄人口与劳动年龄人口之比）为 40.4%，同比增长 1.2 个百分点。其中少儿抚养比（0～14 岁人口与劳动年龄人口之比）是 23.7%，老年抚养比（65 岁及以上人口与劳动年龄人口之比）是 16.8%（表 1、图 1），按照中国老龄化的速度与医疗健康事业的发展，老龄人口会不断增加，并且平均寿命会延长。而计生政策的放松与鼓励多孩政策的实施，使儿童人口会进一步增加。目前承担照顾老人与儿童责任的恰好是计划生育政策下的独生子女一代，在少儿抚养比与老年抚养比同时上升的情况下，这意味着儿童照顾责任与老人照顾责任会越来越重。无论城镇还是农村，大部分家庭都需要夫妻双方通过有酬劳动获取报酬以维持家庭开支，也就是说在独生子女一代已成家立业的双薪家庭中，夫妻二人既要抚育幼子，又肩负着照顾双方老人的责任，而按照传统的家务劳动性别分工，日益繁重的家庭照顾责任大多依然由家庭中的女性来承担。

表 1　2012～2018 年中国家庭抚养比

单位：%

指标	2018 年	2017 年	2016 年	2015 年	2014 年	2013 年	2012 年
总抚养比	40.4	39.2	37.9	37.0	36.1	35.3	34.9
少儿抚养比	23.7	23.4	22.9	22.6	22.5	22.2	22.2
老年抚养比	16.8	15.9	15.0	14.3	13.7	13.1	12.7

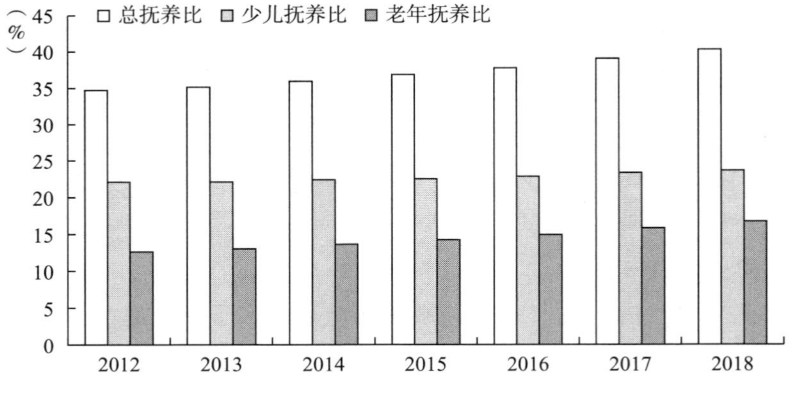

图 1　2012～2018 年中国家庭抚养比

资料来源：国家统计局，http://data.stats.gov.cn/easyquery.htm? cn = C01&zb = A0302&sj = 2018，最后访问时间：2019 年 7 月 2 日。其中少儿指 0～14 岁人口，老年指 65 岁及以上人口。

2017 年西安市常住人口总抚养比为 32.97%，其中，少儿抚养比为 18.12%，老年抚养比为 14.85%。与 2010 年人口普查相比，总抚养比提高 5.82 个百分点，其中，少儿抚养比提高 1.73 个百分点，老年抚养比提高 4.09 个百分点（表 2、表 3）。①

表 2　1990～2017 年西安市人口年龄构成和抚养比

单位：%

年份	各年龄段人口比重			抚养比		
	0～14 岁	15～64 岁	65 岁及以上	总抚养比	少儿抚养比	老年抚养比
1990	25.71	69.08	5.21	44.76	37.21	7.55
2000	22.27	71.26	6.47	40.33	31.25	9.08
2010	12.89	78.65	8.46	27.15	16.39	10.76
2011	12.57	78.33	9.10	27.66	16.04	11.62
2012	12.54	78.02	9.44	28.17	16.07	12.10
2013	12.46	77.88	9.66	28.40	16.00	12.40
2014	12.52	77.46	10.02	29.10	16.16	12.94
2015	12.56	76.94	10.50	29.98	16.33	13.65
2016	12.76	76.35	10.89	30.97	16.71	14.26
2017	13.63	75.20	11.17	32.97	18.12	14.85

资料来源：《西安统计年鉴 2018》，西安市统计局，http://tjj.xa.gov.cn/ptl/def/def/2018/zk/indexch.htm，最后访问时间：2019 年 7 月 5 日。

表 3　西安市 1990～2016 年人口年龄结构

单位：万人

指标	1990 年	2000 年	2010 年	2016 年
0～14 岁	158.85	165.03	109.23	112.7
15～64 岁	426.88	528.14	666.49	674.33
65 岁以上	426.88	528.14	666.49	674.33

资料来源：《西安市人口变动对经济发展的影响研究（2017－12－04）》，陕西省统计局，http://www.shaanxitj.gov.cn/site/1/html/126/131/139/16930.htm，最后访问时间：2018 年 8 月 22 日。

因为计划生育政策的实施，少儿抚养比从 1982 年开始逐渐下降，直至 2012 年生育政策调整后，少儿抚养比开始缓慢上升。同时老年抚养比则自

① 《西安统计年鉴 2018》，西安市统计局，http://tjj.xa.gov.cn/ptl/def/def/2018/zk/index-ch.htm，最后访问时间：2019 年 7 月 5 日。

1982年开始一直稳步上升，从2000年至今，老年抚养比增速加快，至2018年已上升至16.8%。“从未来发展趋势看，由于劳动年龄人口加速减少和老年人口加速增长，人口抚养比将会持续提高。此外，政策调整后的生育率回升会在一定程度上提高少儿抚养比，因此人口抚养比提高的幅度将会进一步加大。根据联合国中方案预测结果，未来的40年里，少儿抚养比基本上是在22~25窄幅波动，而老年抚养比在2060年之前一直保持上升状态，并在2028年左右超过少儿抚养比，成为决定总抚养比变化趋势的主导因素。2032年中国人口抚养比将回升到51%左右。”① 西安的少儿抚养比和老年抚养比与全国数据在走向上保持一致，目前都呈上升趋势。

而承担上有老下有小责任的正是20世纪80年代后出生的“80后”“90后”以及“00后”，他们也是计划生育政策下的出生人口，大部分为独子，可以想象在家庭照顾责任家庭化的情况下，双薪家庭的照顾责任到那时将是巨大的工作量；而同时家庭照顾责任的女性化又使得家庭中的带薪女性承担大量的家务劳动。

2017年西安市统计局针对“西安市老年人养老服务需求”的调查显示：从养老方式看，58.1%的受访老人选择家庭养老，22.7%选择社区（居家）养老，18.7%选择机构养老，还有0.5%的受访老人选择其他养老方式（图2）。家庭养老是受访老人首选的养老方式。

（四）“二孩”或“多孩”政策实施后，女性面对的就业性别歧视加重

由于社会公共服务与设施不够健全与发达，比如养老照顾、托幼服务等机构、设施都不够完善，质量与安全都难以保证，养老与儿童照顾都体现为家庭的责任，毫无疑问这部分责任会由家庭中的女性来承担，因此而产生的成本包括时间、精力、减少工作投入及放弃就业的机会等。而另一方面职业女性因为生育及家庭责任的增加，又会增加用人单位的生育费

① 张车伟主编《中国人口与劳动问题报告（No.19）》，社会科学文献出版社，2018，第126~127页。

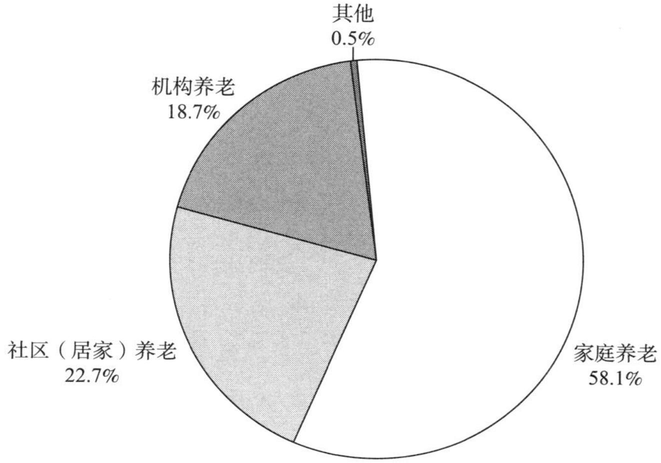

图 2　西安受访老人对养老方式的选择

资料来源：《西安市统计局：民意调查结果显示：家庭养老是西安市民首选的养老方式》，2017 年 10 月 26 日，http://tjj.xa.gov.cn/ptl/def/def/index_923_6225_ci_trid_2610335.html，最后访问时间：2018 年 8 月 31 日。

用、津贴方面的直接支出，以及产假、哺乳假等照顾责任产生的岗位空缺后的替岗成本，工作投入减少导致的劳动生产率降低等间接成本。当这些成本全部由用人单位承担时，用人单位作为一个利益主体，从成本核算的角度比较雇佣男女两性的成本，在招聘时基于利益选择自然更偏好男性。“二孩”政策实施后，部分企业制定出生育时间表，诸如“女子没按单位时间表生二胎被罚”“生二胎公司告知无带薪产假”等新闻也反映出用人单位对生育成本的规避。案例与研究也表明：对女性劳动权益的保护如果依然是延长产假等增加企业负担的思路，在就业市场上女性将处于更不利的地位。

二　调研目的

职业女性在职场面临的歧视与其性别相关，承担着生育责任与家庭照顾责任的职业女性，既要协调家庭责任与工作的矛盾，又要通过有酬工作来维持家庭开支、抚育子女，并在工作中实现自我价值。而在当前的人口形势下，在“全面二孩”甚或“全面放开生育”的背景下，鼓励生育政策反映出育龄女性生育意愿不足，但同时也意味着在就业领域，女性可能又会面临更严峻的性别歧视与就业压力。腾讯网 2016 年在“全面二孩”政策实施后的一份基于 10 万份有效问卷的调查报告显示：男性不想生二孩的最大理由是经济状况不允许，而女性不想生二孩的最大理由则是再抚育一个孩子时间精力不足。和男性相比，女性不想生二孩的原因中对求职或职业发展有不利影响和身体状况不允许所占比例较大。[①]其中生育二孩精力不足、对职业发展不利均暗含着女性承担生育责任与较多的儿童照顾责任。

“全面二孩”政策实施后，女性会承担更多的抚育责任，在就业与工作中面对更多的歧视与不平等待遇。在目前家庭照顾责任家庭化、女性化的背景下，女性不仅承担生育责任，还要担负起家庭主要照顾责任，很多职业女性因为担心对求职或职业发展有不利影响，或因工作责任与抚育责任冲突而不考虑生育二孩。二孩带来的生育成本不仅影响女性自身，也会导致雇佣女性的企业成本上升，在利润驱使下企业会采取对女性不友好的用工政策，导致就业与职业的性别歧视进一步加剧。

本次调研针对西安市范围内（包括所辖区县）的育龄职业女性与用人单位展开，希望具体了解职业女性的二孩生育需求与其就业和职业发展之间的冲突；同时也希望了解职业女性的家庭照顾责任状况，以及配偶对家庭照顾责任的承担情况，“二孩”政策下职业女性实现平等就业权可能不仅仅从职场考虑，必须将生育责任与家庭照顾责任都涵盖进来；针对用人单位展开的访谈，则希望了解用人单位雇佣女性的动力机制以及政策需求。

三　调研基础

前期的文献梳理与相关统计结果显示，对女性工作权利的关注必须考虑

① 《中国人“二孩”生育意愿调查报告》，腾讯网，http://news.qq.com/zt2016/2children/index.htm，最后访问时间：2018 年 6 月 24 日。

到其家庭责任的承担，一些研究文献与调查报告已经在这方面做了工作。

第一，在有酬的经济生产劳动上，两性的工作时间接近。从工作日的工作时间看，2010 年男性每天为 492 分钟，女性为 473 分钟，男性每日工作时间比女性多约 19 分钟，女性的工作时间只比男性少约 4%。[①]

智联招聘在全国 31 个省区市采用抽样调查方式，对不同行业、不同年龄层次就业者进行了问卷调查，发布了《2018 中国女性职场现状调查报告》，数据显示："平均而言，女性投入家庭的时间比男性高 15%，而投入工作的时间比男性少 9%。在步入婚姻后，女性相较男性而言，工作时间并未改变，但是投入家庭的时间却在不断增加。"[②]

第二，在无酬的家务劳动上，两性间的性别分工并没有大的格局变化。1990 年男性工作日每天家务劳动时间为 128.2 分钟，女性为 258.6 分钟，女性家务劳动时间是男性的 2 倍；2000 年男性工作日每天家务劳动时间为 88.1 分钟，女性为 214.2 分钟，女性家务劳动时间是男性的 2.4 倍；2010 年男性工作日每天家务劳动时间为 45.1 分钟，女性为 106.9 分钟，女性家务劳动时间依然是男性的 2.4 倍。从自我认定的家务劳动量状况看，2010 年男性承担的家务劳动量也远低于女性承担的家务劳动量，女性回答承担绝大部分或全部家务劳动的比例分别为：做饭 61%，洗碗 63.3%，洗衣服、做卫生 72.6%，日常家庭采购 65%，照料孩子 56.2%，辅导孩子功课 36.6%，照料老人 24.7%。[③]

也就是说：在夫妻双方每日工作时间相当的情形下，女性依然是家务劳动的主要承担者（表 4）。女性负担更多的家务劳动以及生育责任，使其在就业市场上处于不利境地，遭受更多就业与工作领域的不平等对待。而两性在劳动力市场中的经济地位与社会文化对于两性的期待共同交互作用，进一步塑造了家务劳动的不平等承担。

---

① 刘爱玉、佟新、付伟：《双薪家庭的家务性别分工：经济依赖、性别观念或情感表达》，《社会》2015 年第 2 期。

② 《2018 中国女性职场现状调查报告》，http://jsnews.jschina.com.cn/nt/a/201803/t20180320_1466670.shtml，最后访问时间：2018 年 6 月 28 日。

③ 刘爱玉、佟新、付伟：《双薪家庭的家务性别分工：经济依赖、性别观念或情感表达》，《社会》2015 年第 2 期。

表 4 工作时长和投入家庭时长比较

	女性	男性	差距（男性高于女性比例）
每周工作时长	47.0	51.3	9%
每天投入家庭时长	2.0	1.7	-15%
	未婚女性	未婚男性	差距（男性高于女性比例）
每周工作时长	47.6	52.0	9%
每天投入家庭时长	1.7	1.5	-11%
	已婚女性	已婚男性	差距（男性高于女性比例）
每周工作时长	46.1	50.4	9%
每天投入家庭时长	2.6	2.0	-22%

资料来源：《2018 中国女性职场现状调查报告》，http://jsnews.jschina.com.cn/nt/a/201803/t20180320_1466670.shtml，最后访问时间：2018 年 6 月 28 日。

第三，女性的生育率与劳动参加率之间存在关联。现有研究表明："生育与妇女就业之间通常表现为负相关关系，如子女数量的增加会显著降低城镇已婚女性的劳动供给；家中有婴幼儿或学龄前子女会降低已婚妇女的就业率，且儿童照料服务费用越高，这种消极影响就越强烈。"① 现阶段女大学生遭遇的就业歧视、职业女性在工作与家庭之间的煎熬甚至催生出"干得好不如嫁得好"的论调。"二孩"或全面放开生育政策希望能提升女性生育率，但如果女性劳动率因此而降低的话，对女性整体而言，之前"一孩"政策中女性生育率降低而取得的职业成就很可能会再次降低，劳动力市场已有的性别歧视，甚至是社会性别偏见会被再次强化。

第四，生育或者多次生育会使女性的职业生涯产生一次中断或者多次中断，同时产后返岗因照顾孩子，劳动投入会减少。即便两性在教育投资与受教育水平上已无差异，但生育后女性职业中断、劳动投入减少，与男性相比，劳动投资产生的差异导致的"工资惩罚"、向下的职业发展流动、女性的人力资本贬值甚至性别歧视等问题，又进一步阻碍了女性在劳动力市场的发展。

① 宋健、周宇香：《中国已婚妇女生育状况对就业的影响——兼论经济支持和照料支持的调节作用》，《妇女研究论丛》2015 年第 7 期。

四 调研方法与过程

本次调研分为两部分，一部分以问卷方式进行，一部分以访谈方式进行。在问卷问题设计部分，基于前期文献研究结果，问题设计涵盖基本情况、生育待遇、生育对工作的影响、生育意愿与影响因素、家庭照顾责任承担、父亲参与育儿、育婴托幼政策等部分。目的在于将家庭照顾责任与工作权利关联进行统计分析，而不是只从职场出发探讨工作权利保护。

问卷计划发放1000份，实际发放1258份，有效回收1258份。初期计划暑期与研究生共同完成，确定具体区域与具体单位进行问卷发放回收，补充部分街头随机发放。但在问卷设计过程中，因学院购买了电子问卷系统，调研小组对电子问卷系统进行了了解与熟悉，针对问卷进行了修改，并在电子问卷系统中进行了试验发放，效果很好。最后问卷使用西北工业大学人文与经法学院社会仿真实验室的“调查宝—在线调查系统”进行发放。具体问卷发放过程如下：

1. 在问卷系统中输入问卷，设计答题顺序与跳题规则，限定一部手机只能填写一次问卷，生成二维码。

2. 通过手机转发二维码，识别二维码后即可答题，答完提交后系统自动回收问卷，即时显示问卷结果。

3. 委托企业、事业单位、政府、工会工作的同事朋友发放问卷，限定在西安区域发放，同时也在西咸新区、高陵、蓝田分别进行委托。

4. 系统实时显示问卷回收结果与数据，因二维码转发问卷答题比较高效，因此超计划完成问卷，截至问卷系统停止运行时有效问卷共计1258份（问卷未完成即不能提交，因此系统显示的问卷结果都是全部答完的有效问卷）。

质性访谈问卷分别以职业女性与单位人力资源负责人为对象进行，分别进行了10人次访谈，共计20人次。

五 调研主要发现

（一）调研基本数据

共计1258人填写了调研问卷，其中性别比、年龄段、教育程度、工作单位性质、家庭月收入、婚姻状况、生育状况分别如下面图表所示。

性别：1258人中274位男性，984位女性，符合问卷发放目标（表5，图3、4）。“二孩”政策、家庭照顾责任、工作权利不是只与职业女性相关，也需要男性的关注与参与，因此基本要求按照2∶8的性别比例转发问卷填写。

表5 性别分布

单位：人，%

选项	小计	比例
女	984	78.22
男	274	21.78
本题有效填写人数：1258		

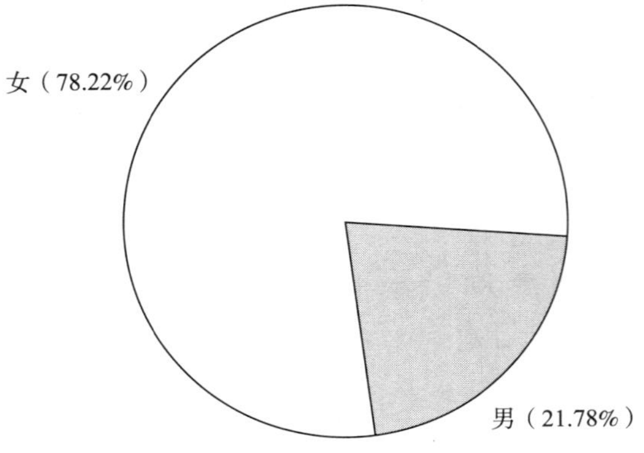

图3 性别分布

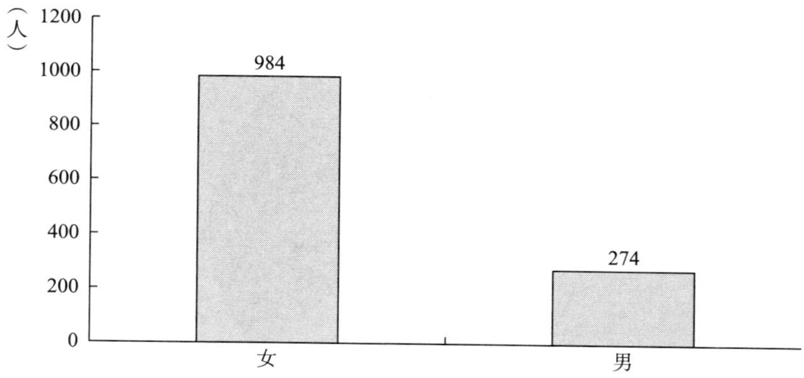

图 4　性别分布

年龄：问卷主要针对育龄人群展开，因此 20～49 岁分为六个年龄段，其中 30～34 岁年龄段占比最多，达到 31.32%；其次是 25～29 岁年龄段和 35～39 岁年龄段，占比分别为 19.95%、18.68%；基本上 25～39 岁是生育行为集中年龄，40～44 岁占比 16.38%，往往是二孩或多孩生育年龄（表 6，图 5、6）。

表 6　年龄分布

单位：人，%

选项	小计	比例
20～24 岁	56	4.45
25～29 岁	251	19.95
30～34 岁	394	31.32
35～39 岁	235	18.68
40～44 岁	206	16.38
45～49 岁	116	9.22
本题有效填写人数：1258		

受教育程度：局限于问卷发放方式是借助熟人、朋友限定区域发放，因此问卷对象中本科学历人数最多，占比 48.57%，接近一半；其次是大专学历人数，占比 28.22%；研究生及以上人数占比 13.91%；高中学历占比 7.55%；初中及以下学历仅 22 人，占比 1.75%（表 7，图 7、8）。

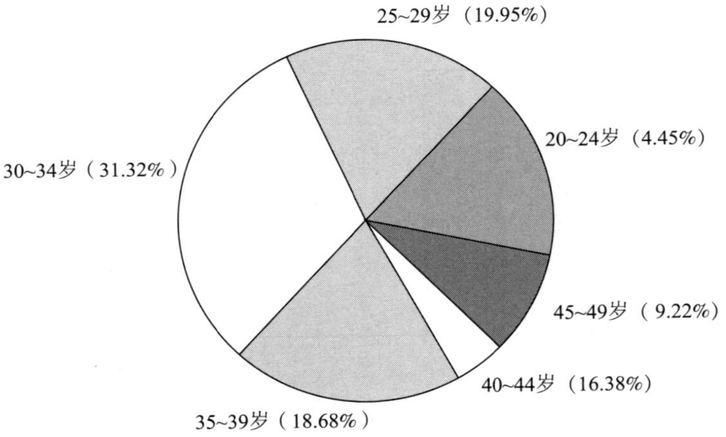

图5 年龄分布

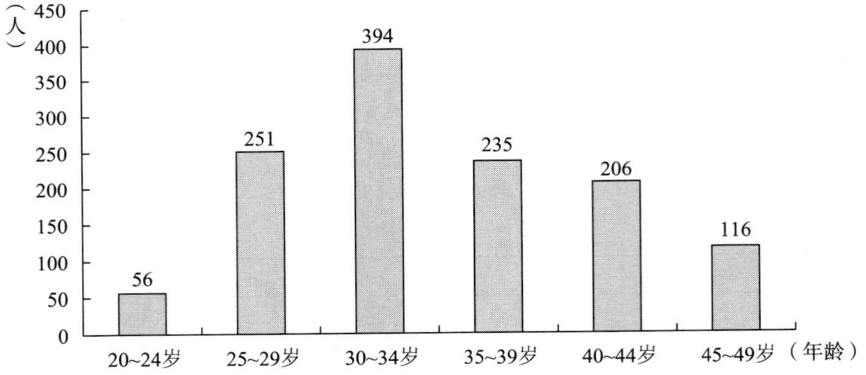

图6 年龄分布

表7 学历分布

单位：人，%

选项	小计	比例
初中及以下	22	1.75
高中	95	7.55
大专	355	28.22
本科	611	48.57
研究生及以上	175	13.91
本题有效填写人数：1258		

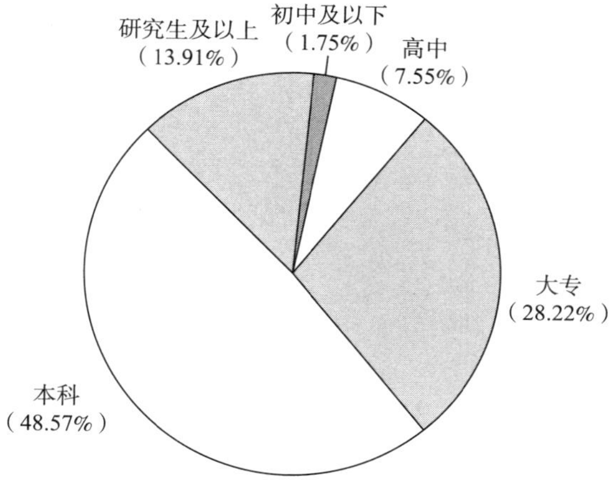

图 7　学历分布

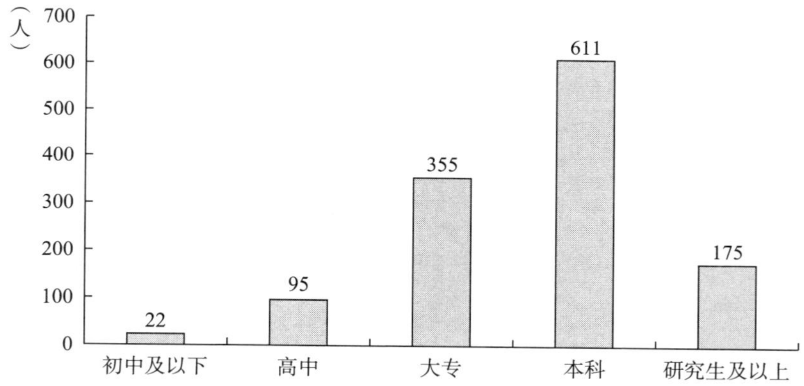

图 8　学历分布

工作单位性质：因为针对职业人群发放，工作单位统计时并未分行业，而是按照传统用人单位性质进行划分，由于通过工会发放了部分问卷，因此国企员工人数最多，占 50.87%；其次是事业单位员工，占比 16.53%；私企与外企员工占比分别为 13.35% 和 2.62%，外企本质上也属于私企，因此合计为 15.97%；其余则为党政机关公务人员 6.12%、个体户 1.67%、自由职业者 2.94%、学生 0.56% 以及其他人员 5.33%（表 8，图 9、10）。

表 8 工作单位性质

单位：人，%

选项	小计	比例
党政机关公务人员	77	6.12
事业单位	208	16.53
外资企业员工	33	2.62
私营企业员工	168	13.35
国企员工	640	50.87
个体户	21	1.67
自由职业者	37	2.94
学生	7	0.56
其他人员	67	5.33
本题有效填写人数：1258		

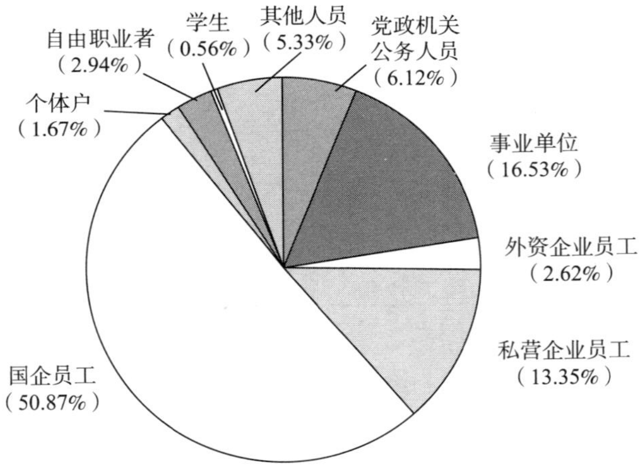

图 9 工作单位性质

家庭月收入：基于养育孩子基本以家庭为单位，因此选择以家庭月收入而不是个人月收入进行调查，但是结合工作单位性质、受教育程度多为大专以上、部分问卷对象为未婚，因此对答案进行综合分析后，占比最多达 32.67% 的是 3000～5000 元，这应该是个人月收入而不是家庭月收入；但是收入情况主要是基本数据统计中的一项，对问卷关键问题以及之间关联无影响（表 9，图 11、12）。

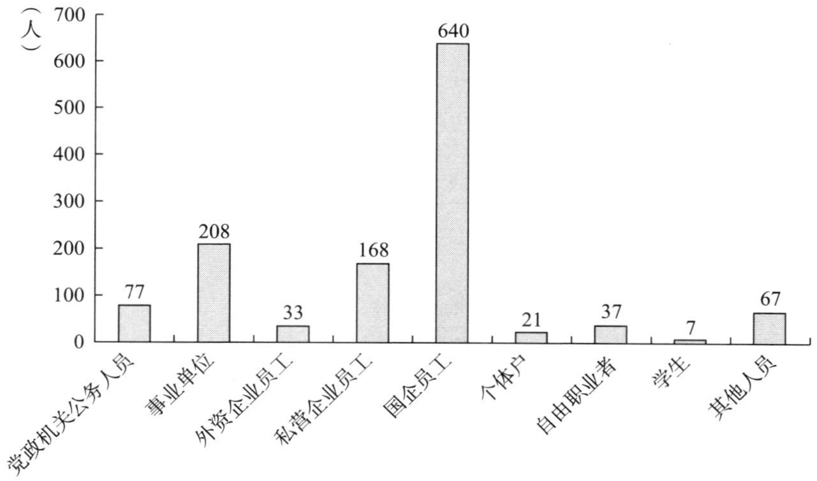

图 10　工作单位性质

表 9　家庭月收入

单位：人，%

选项	小计	比例
3000 元以下	156	12.40
3000～5000 元	411	32.67
5000～8000 元	250	19.87
8000～10000 元	194	15.42
10000～20000 元	195	15.50
20000～30000 元	33	2.62
30000 元以上	19	1.51
本题有效填写人数：1258		

婚姻状况：在 1258 位参与调研人中，已婚率为 85.93%，未婚率为 11.84%，其他人群 2.23%，大部分问卷对象已婚，都对家庭照顾责任与工作责任的冲突有认识与体会（表 10，图 13）。

表 10　婚姻状况

单位：人，%

选项	小计	比例
已婚	1081	85.93

续表

选项	小计	比例
未婚	149	11.84
其他	28	2.23
本题有效填写人数：1258		

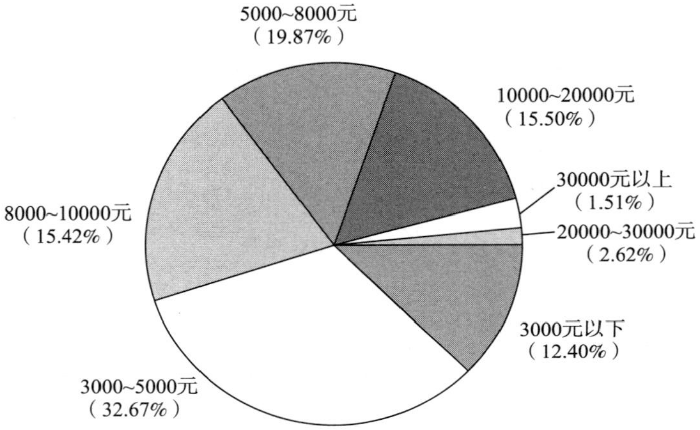

图11 家庭月收入

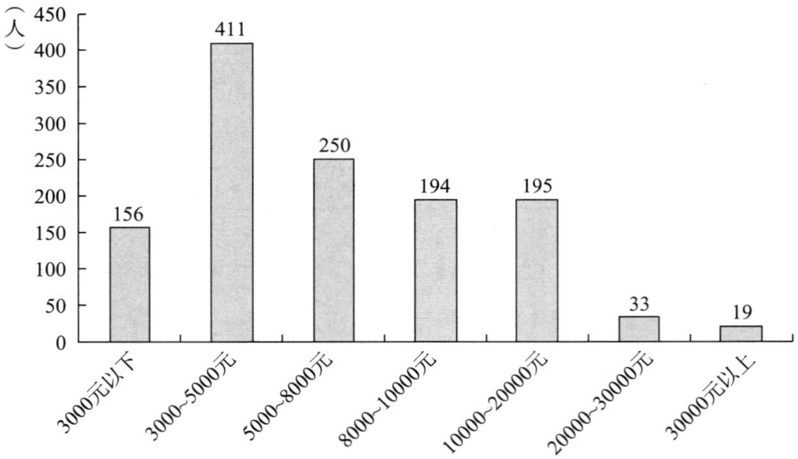

图12 家庭月收入

生育状况：67.17%的人是一孩家庭，二孩家庭只占10.49%，22.18%的人未生育，还有两个三孩及以上家庭，占比0.16%（表11，图14、15）。

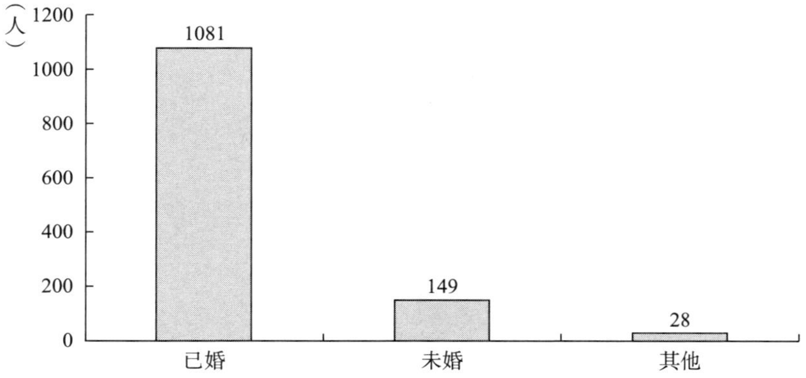

表 13　婚姻状况

表 11　生育状况

单位：人，%

选项	小计	比例
未生育	279	22.18
已生一个孩子	845	67.17
已生两个孩子	132	10.49
已生三个或以上	2	0.16
本题有效填写人数：1258		

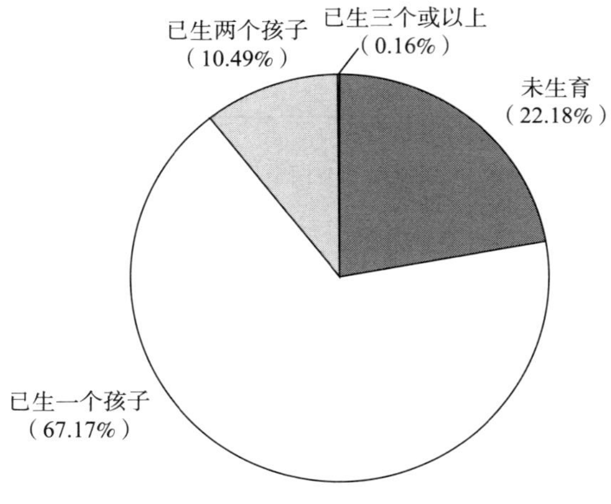

图 14　生育状况

分年龄的生育状况显示：在 30～49 岁年龄段大部分家庭已生育一个

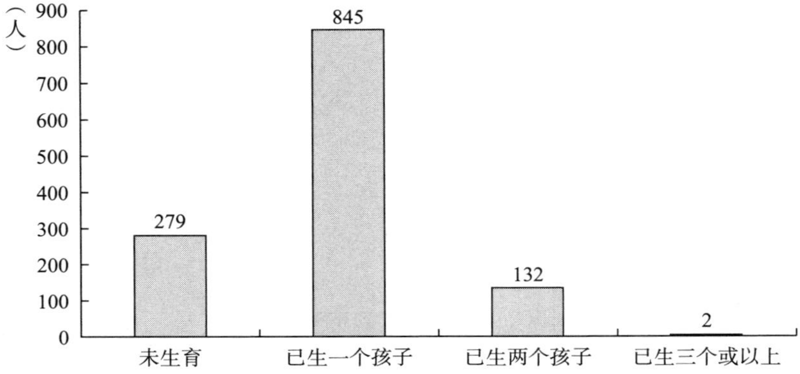

图15 生育状况

孩子，二孩家庭无论在哪个年龄段所占比例都不高，三孩以上家庭只有两个（表12、图16）。

表12 分年龄的生育状况

年龄	未生育		已生一个孩子		已生两个孩子		已生三个或以上		小计
	人数	比例/%	人数	比例/%	人数	比例/%	人数	比例/%	
20~24岁	53	94.64	3	5.36	0	0	0	0	56
25~29岁	152	60.56	90	35.86	9	3.59	0	0	251
30~34岁	62	15.74	287	72.84	45	11.42	0	0	394
35~39岁	10	4.26	183	77.87	41	17.45	1	0.43	235
40~44岁	1	0.49	178	86.41	27	13.11	0	0	206
45~49岁	1	0.86	104	89.66	10	8.62	1	0.86	116

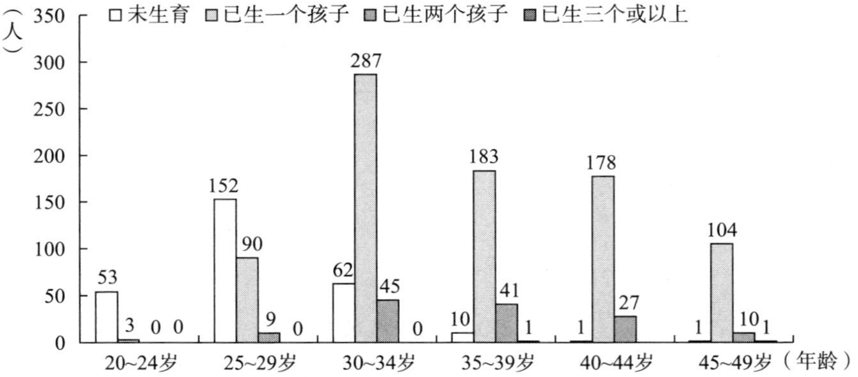

图16 分年龄的生育状况

（二）关于生育待遇与育儿政策

对于已婚已育家庭，生育及育儿期间享受的待遇情况见以下图表，其中75.28%的家庭享受了产假，43.11%的家庭得到了产假工资或津贴，41.47%的家庭享受了哺乳假。

问题：生育及育儿期间，您享受到了哪些待遇（可多选）（表13、图17）？

表13　生育及育儿期间享受的待遇

单位：人，%

选项	小计	比例
产假	737	75.28
产假工资或津贴	422	43.11
孩子生病及计划免疫照顾假	40	4.09
哺乳假	406	41.47
婴幼儿补贴（如奶粉尿不湿等）	12	1.23
公立托幼服务	43	4.39
婴幼儿医疗社保	156	15.93
其他，请注明	128	13.07
本题有效填写人数：979　跳过人数：279		

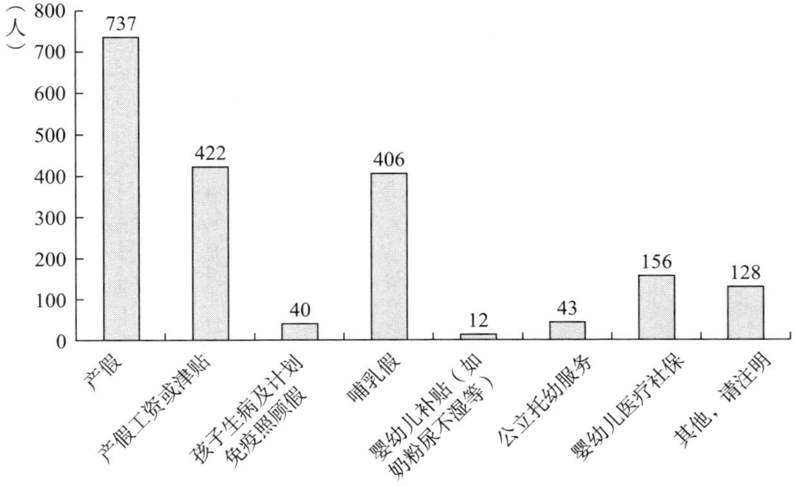

图17　生育及育儿期间享受的待遇

在“您希望获得的生育待遇”选项中，带薪产假、陪产假、生育补贴是绝大多数人（分别为 89.11%、80.29% 和 84.66%）的选择；其次婴幼儿医疗社保需求也较大（70.75%）；考虑到育婴成本逐年上涨，婴幼儿奶粉与尿不湿补贴这类基本需求也是超过半数（分别为 58.35% 和 50.32%）家庭的选择；对很多新手父母来说，育婴不是本能，而是需要学习的功课，因此非营利性的育儿课程也同样是很多父母（52.94%）的需求。

问题：生育期间您希望获得的生育待遇包括（可多选）（表 14、图 18）？

表 14　生育期间希望获得的生育待遇

单位：人，%

选项	小计	比例
合理的带薪产假	1121	89.11
爸爸带薪陪产假	1010	80.29
生育补贴	1065	84.66
婴儿奶粉补贴	734	58.35
婴幼儿尿不湿补贴	633	50.32
婴幼儿医疗社保	890	70.75
非营利性育儿课程	666	52.94
其他，请注明	44	3.5
本题有效填写人数：1258		

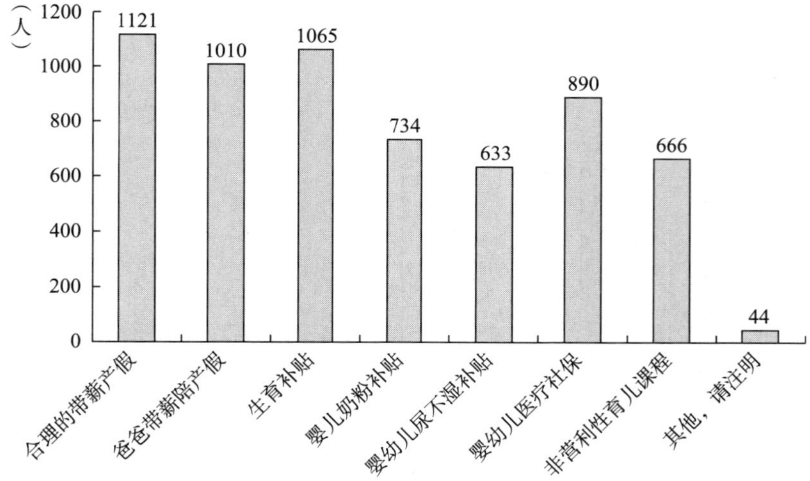

图 18　生育期间希望获得的生育待遇

此外，在选项给出的一些育婴托幼等养育措施与公共政策中，交通便利的公立托幼机构是 85.93% 的家庭的首选；其次孩子生病与计划免疫的育儿假是 77.5% 的家庭的选择；便捷优惠的母婴医院、社区提供育儿照顾服务、母婴友好的公共设施也是半数以上（分别为 62.88%、61.92% 和 56.6%）家庭的育儿需求。61.92% 的受访对象支持出台鼓励社区提供育儿照顾服务的公共政策，47.30% 的受访对象支持出台鼓励单位雇佣女性的公共政策（表 15、图 19）。

表 15　希望获得的养育措施与公共政策

单位：人，%

选项	小计	比例
交通便利的公立托幼机构	1081	85.93
交通便利的私立托幼机构	294	23.37
孩子生病与计划免疫的育儿假	975	77.5
便捷优惠的母婴医院	791	62.88
母婴友好的公共设施（母婴洗手间、哺乳室、公共场所家庭用洗手间等）	712	56.6
出台鼓励社区提供育儿照顾服务的公共政策	779	61.92
出台鼓励单位雇佣女性的公共政策	595	47.3
其他，请说明	21	1.67
本题有效填写人数：1258		

受访谈者提到孩子教育的问题，认为能“先把孩子的教育和升学压力解决了”，养育责任会轻一些；还有受访者“希望家庭收入能有大幅度提升，经济宽裕；社区能提供入托前的集中看护；单位能执行国家有关生育的假期规定”。即便是现有的生育待遇在一些企业也未能完全落实，入托前儿童的看护与照顾是儿童照顾责任中亟须通过社会解决的问题。

（三）生育期间的陪产假

在生育期间，已生育家庭中 45.86% 的爸爸休过陪产假，54.14% 的爸爸没有休过陪产假。

问题：生育期间，爸爸是否休过陪产假（表 16、图 20、21）？

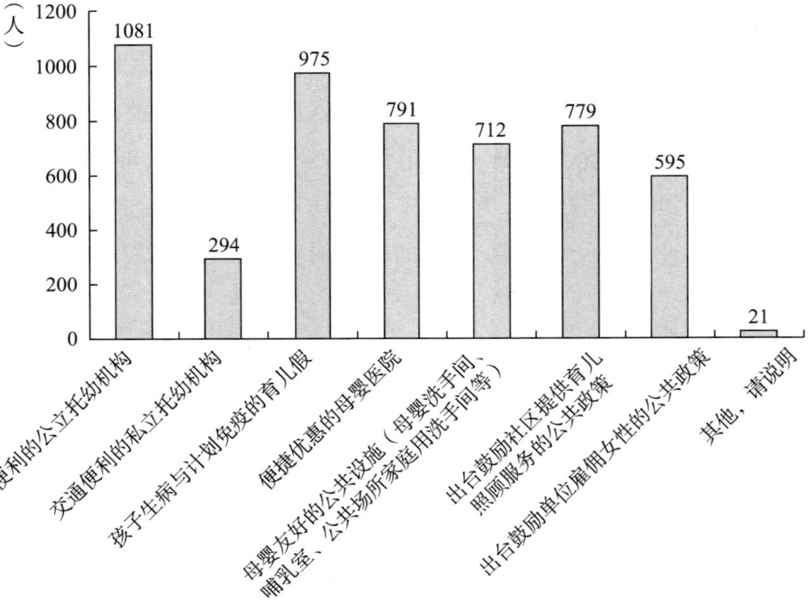

图19 希望获得的养育措施与公共政策

表16 生育期间爸爸是否休过陪产假

单位：人，%

选项	小计	比例
是	449	45.86
否	530	54.14
本题有效填写人数：979 跳过人数：279		

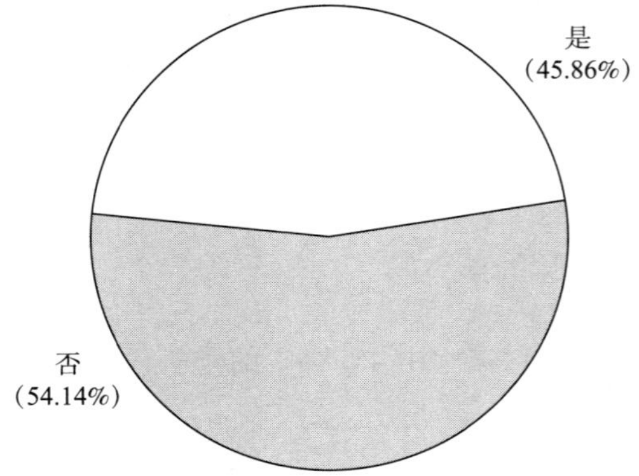

图20 生育期间爸爸是否休过陪产假

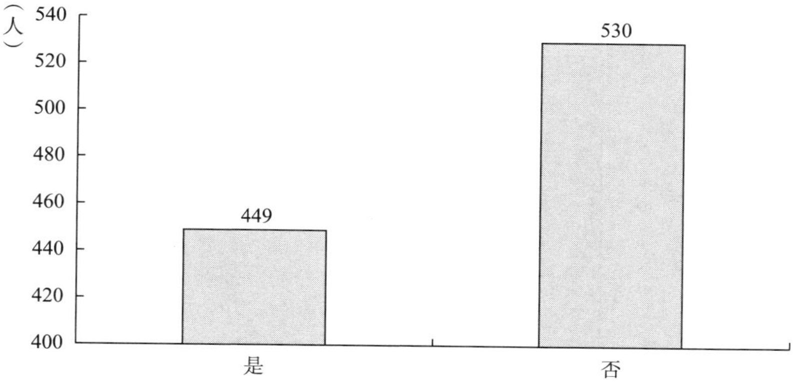

图 21　生育期间爸爸是否休过陪产假

而当问到爸爸是否应当休陪产假或育儿假时，98.33% 的人支持爸爸享有陪产假或育儿假。

问题：您觉得爸爸是否应享有陪产假或育儿假（表 17，图 22、23）？

表 17　爸爸是否应享有陪产假或育儿假

单位：人，%

选项	小计	比例
是	1237	98.33
否	21	1.67
本题有效填写人数：1258		

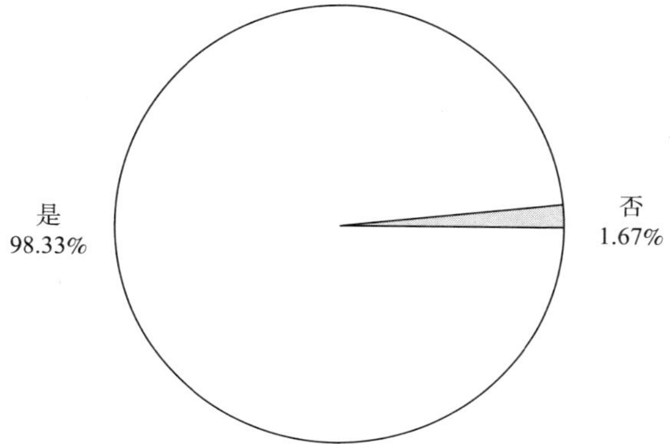

图 22　爸爸是否应享有陪产假或育儿假

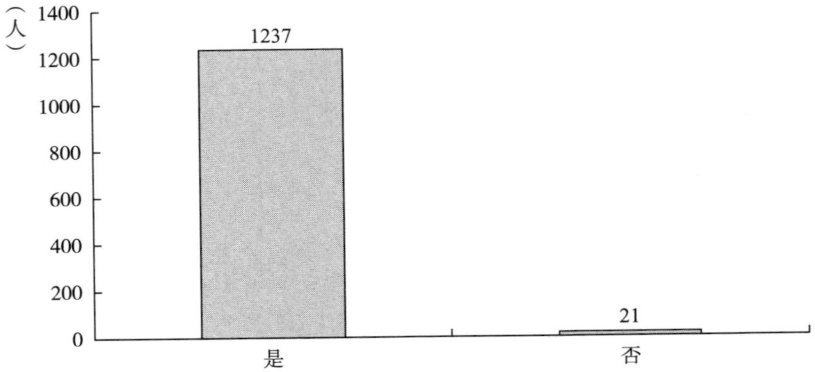

图 23　爸爸是否应享有陪产假或育儿假

37.75% 的人支持爸爸的育儿假应该为 30～45 天，30.8% 的人支持爸爸的育儿假应当和妈妈一样。

问题：您觉得爸爸的育儿假应该多长时间（表 18，图 24、25）？

表 18　爸爸的育儿假应该多长时间

单位：人，%

选项	小计	比例
7 天	36	2.91
15 天	156	12.61
30～45 天	467	37.75
60 天	86	6.95
90 天	104	8.41
和妈妈育儿假一样天数	381	30.8
其他，请注明	7	0.57
本题有效填写人数：1237　跳过人数：21		

对于爸爸休育儿假的方式，42.12% 的人认为必须休，但可以在法定天数内自己选择时间与天数弹性休假；42.12% 的人认为在不影响工资收入的情况下，愿意休满法定育儿假；14.15% 的人认为爸爸的育儿假必须休，且应休满天数；只有 1.62% 的人认为可休可不休。

问题：如果爸爸有育儿假，您觉得应该怎么休（表 19，图 26、27）？

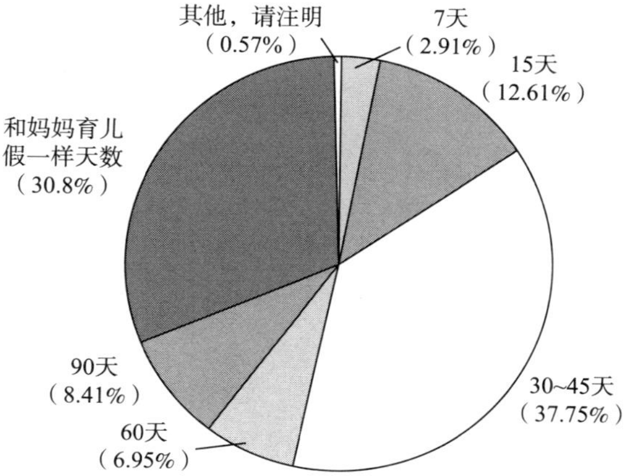

图 24　爸爸的育儿假应该多长时间

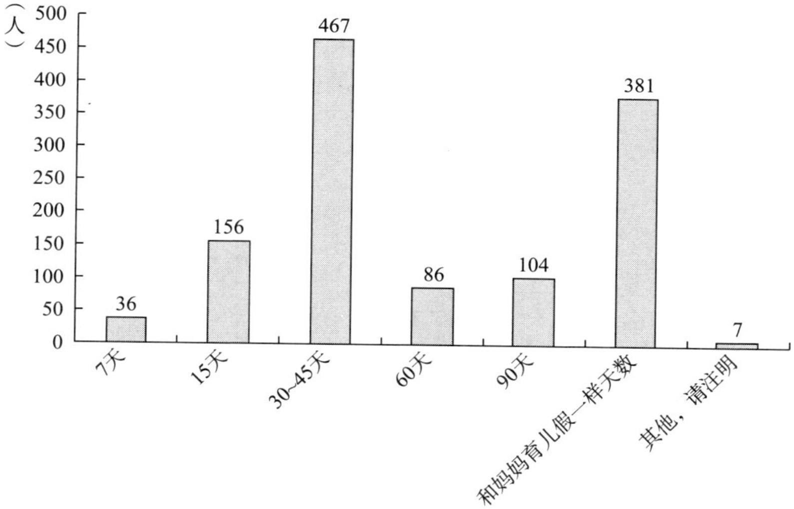

图 25　爸爸的育儿假应该多长时间

表 19　爸爸休育儿假的方式

单位：人，%

选项	小计	比例
可休可不休	20	1.62
必须休，并且休满天数	175	14.15
必须休，但可以在法定天数内自己选择时间与天数弹性休假	521	42.12
在不影响工资收入的情况下，愿意休满法定育儿假	521	42.12
本题有效填写人数：1237　跳过人数：21		

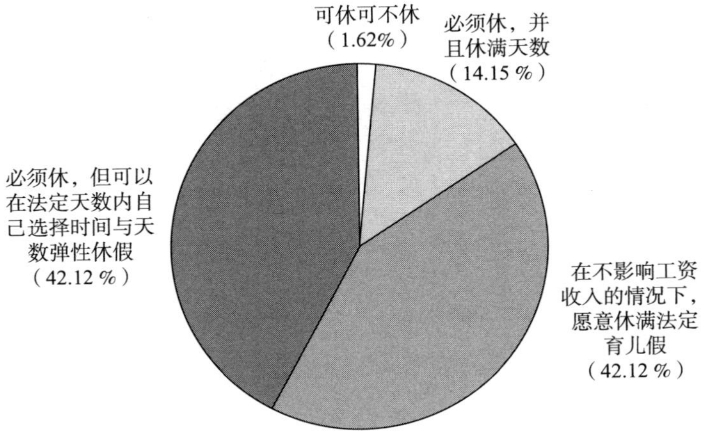

图26 爸爸休育儿假的方式

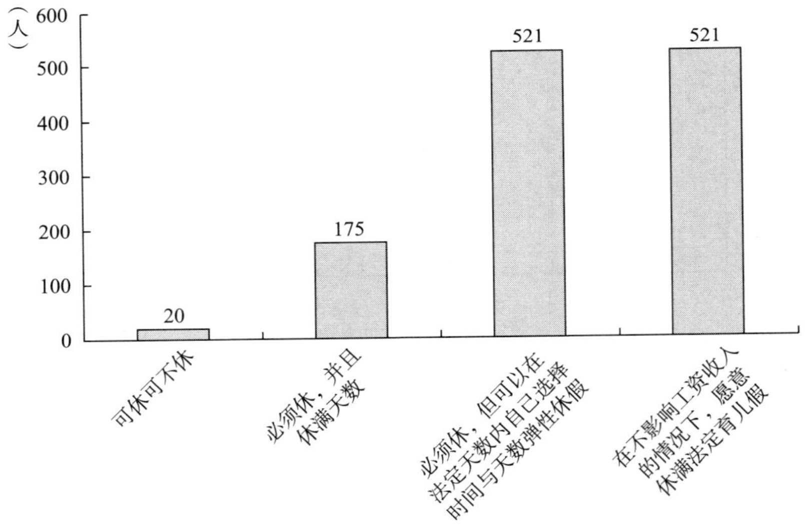

图27 爸爸休育儿假的方式

实际上，如果爸爸不休育儿假的话，43.64%的人认为是因为工作太忙，没有时间休；40.46%的人认为单位领导不愿意大家休育儿假；另外6.68%的人认为别人都不休，自己休有压力；3.58%的人认为爸爸即使休育儿假，也帮不上什么忙；3.1%的人则认为爸爸自己不想休育儿假。

问题：如果爸爸不休育儿假是因为什么（表20，图28、29）？

表 20　爸爸不休育儿假的原因

单位：人，%

选项	小计	比例
自己不想休	39	3.1
休假也帮不上什么忙	45	3.58
别人都不休，自己休有压力	84	6.68
工作太忙，没有时间休	549	43.64
单位领导不愿意大家休育儿假	509	40.46
其他，请注明	32	2.54
本题有效填写人数：1258		

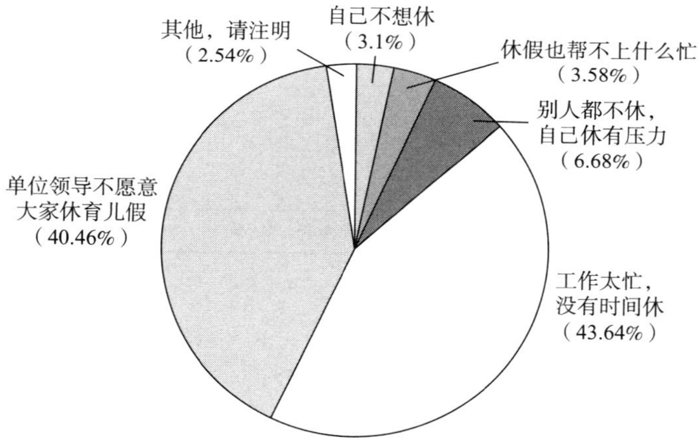

图 28　爸爸不休育儿假的原因

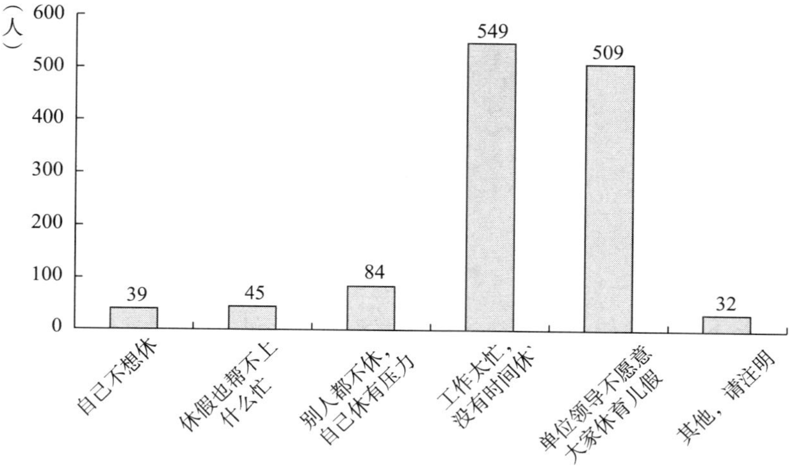

图 29　爸爸不休育儿假的原因

（四）生育意愿与影响因素

在生育意愿的选项中，56.6%的人选择生育一孩，30.68%的人选择生育二孩，2.23%的人选择生育三孩及以上，但同时有10.49%的人选择不生育。

问题：您的生育意愿是（表21，图30、31）？

表21 生育意愿

单位：人，%

选项	小计	比例
不生育	132	10.49
生育一孩	712	56.60
生育二孩	386	30.68
生育多孩（三孩及以上）	28	2.23
本题有效填写人数：1258		

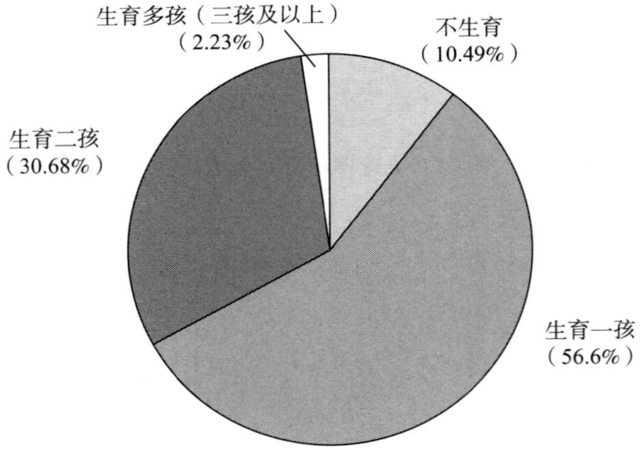

图30 生育意愿

对生育意愿进行分性别统计时，并没有显示出明显的性别差异，可见男女在生育意愿上有较为一致的选择（表22、图32）。

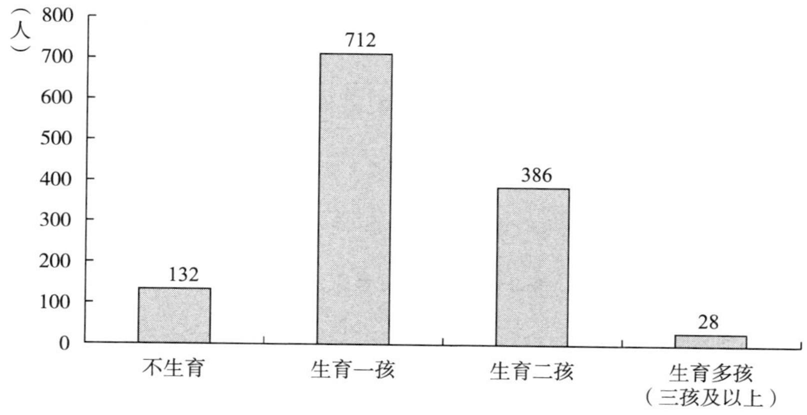

图 31　生育意愿

表 22　生育意愿性别差异

性别	不生育		生育一孩		生育二孩		生育多孩（三孩及以上）		小计
	人数	比例/%	人数	比例/%	人数	比例/%	人数	比例/%	
女	100	10.16	564	57.32	301	30.59	19	1.93	984
男	32	11.68	148	54.01	85	31.02	9	3.28	274

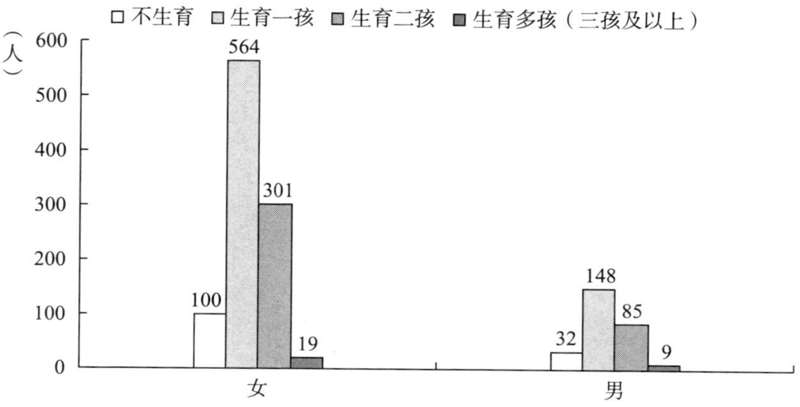

图 32　生育意愿性别差异

在影响生育意愿的因素中，80.52%的人认为经济压力太大，让他们不太想生孩子；62.80%的人认为基础教育压力太大，让他们不太想生孩子；同时因为育儿责任太大不能承受，42.61%的人表示不太想生孩子；44.52%的人因为医疗社保不完善不太想生育；30.76%的人认为空气污染等环境因素也会影响其生育意愿；此外身体状况（29.17%）与年龄（34.10%）也是人们不想生育的影响因素。而29.25%的人担心生育影响工作而不太想生孩子，18.44%的人认为工作情况不允许生育孩子。

问题：哪些因素会影响您，让您不太想生孩子呢？（可多选）（表23、图33）

表23 影响生育意愿的因素

单位：人，%

选项	小计	比例
身体状况不允许	367	29.17
年龄大	429	34.10
担心工作受到影响	368	29.25
工作不允许	232	18.44
经济压力大	1013	80.52
育儿责任太大不能承受	536	42.61
基础教育压力太大	790	62.80
医疗社保不完善	560	44.52
空气污染等环境因素	387	30.76
其他，请注明	72	5.72
本题有效填写人数：1258		

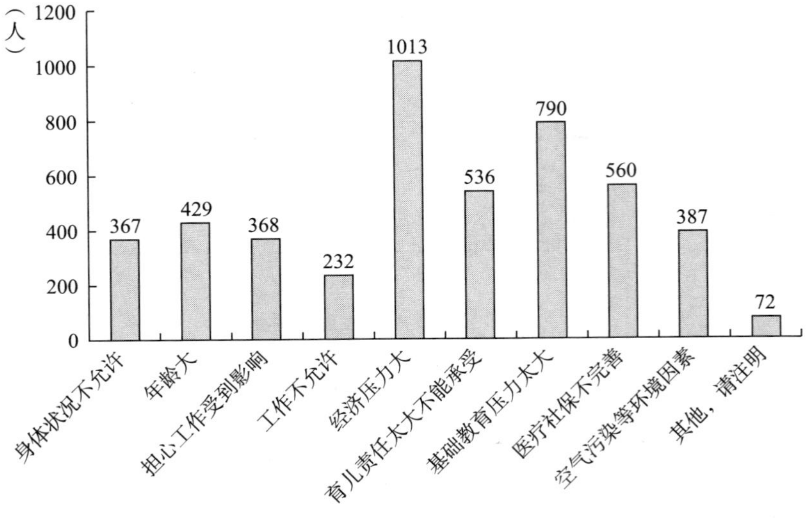

图33 影响生育意愿的因素

在影响生育意愿的因素中，分性别的统计同样未能显示出较大差异，但相比较男性，更多女性因为身体状况不允许（37.91%）和年龄大（37.8%）而不太想生育，虽然题目中未给出生育二孩选项，但通常身体状况与年龄多是针对生育二孩及以上情况考虑的因素（表24、图34）。

表24 影响生育意愿因素男女差别

性别	身体状况不允许		年龄大		担心工作受到影响		工作不允许		经济压力大	
	人数	比例/%	人数	比例/%	人数	比例/%	人数	比例/%	人数	比例/%
女	373	37.91	372	37.8	305	31	188	19.11	794	80.69
男	50	18.25	57	20.8	64	23.36	44	16.06	219	79.93

性别	育儿责任太大不能承受		基础教育压力太大		医疗社保不完善		空气污染等环境因素		其他，请注明		小计
	人数	比例/%	人数	比例/%	人数	比例/%	人数	比例/%	人数	比例/%	
女	440	44.72	637	64.74	455	46.24	313	31.81	54	5.49	984
男	96	35.04	154	56.2	105	38.32	74	27.01	18	6.57	274

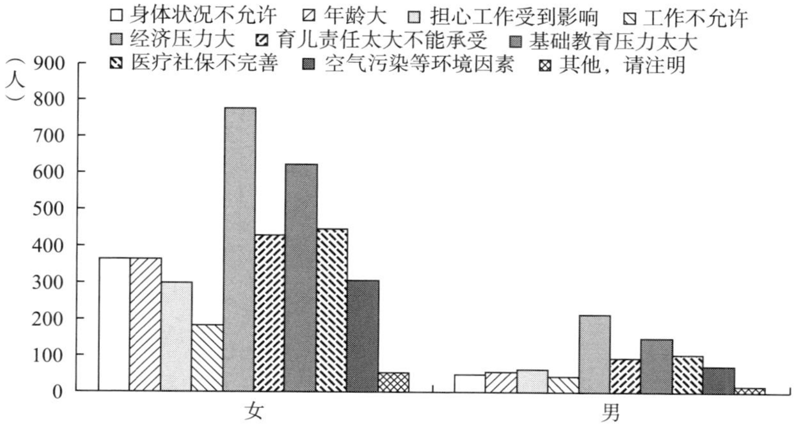

图34 影响生育意愿因素男女差别

分年龄统计的生育意愿显示：有生育一孩意愿的人居多，在25～49岁年龄段中都超过50%；而有生育二孩意愿的人占比为20%～35%；多孩生育意愿相对较低，不愿生育的意愿高于多孩生育意愿。多子多福不再是绝大部分中国人的想法，丁克家庭可能会越来越多，20～24岁人群中

26.79% 的人表示不愿生育，且没有生育多孩的想法，虽然他们不是目前生育的主力，他们的想法也会改变，但少生不愿生已是趋势（表 25、图 35）。

表 25　分年龄生育意愿

年龄	不生育		生育一孩		生育二孩		生育多孩（三孩及以上）		小计
	人数	比例/%	人数	比例/%	人数	比例/%	人数	比例/%	
20~24 岁	15	26.79	25	44.64	16	28.57	0	0	56
25~29 岁	22	8.76	138	54.98	84	33.47	7	2.79	251
30~34 岁	24	6.09	224	56.85	136	34.52	10	2.54	394
35~39 岁	24	10.21	134	57.02	75	31.91	2	0.85	235
40~44 岁	29	14.08	121	58.74	50	24.27	6	2.91	206
45~49 岁	18	15.52	70	60.34	25	21.55	3	2.59	116

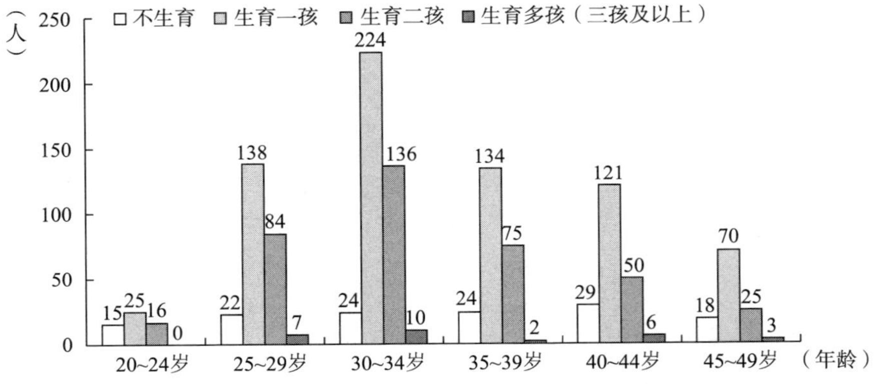

图 35　分年龄生育意愿

在访谈中有女性表示："我更愿意选择只生一胎。孩子在当今社会所需要花费的时间、金钱超过了我本身想要为自己的人生花费的时间与精力。""经济上负担不起，年龄上不允许，精力上顾不过来。"访谈中发现经济与精力是制约二孩生育的重要因素。有受访者明确表示，在"个人收入较为稳定，家庭收入较高，而且还得有老人能够帮忙看护"的情况下，才会考虑生育二孩。

（五）性别、生育、儿童照顾孩子与就业工作的关系

当问到性别、生育、照顾孩子与工作就业的关系时，41.26%的人因为性别、生育与照顾孩子遭遇过就业与工作中的不公平对待。

问题：您在就业与工作中是否因为性别、生育与照顾孩子面临不公平对待（表26，图36、37）？

表26　是否因为性别、生育与照顾孩子面临不公平对待

单位：人，%

选项	小计	比例
我遇到过	519	41.26
我没有遇到过	739	58.74
本题有效填写人数：1258		

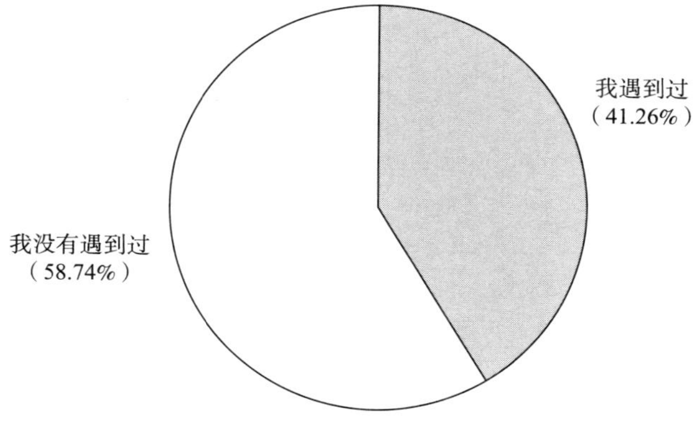

图36　是否因为性别、生育与照顾孩子面临不公平对待

而当进行分性别统计时，44.51%的女性因为性别、生育、照顾孩子面临就业与工作中的不公平对待；而让人意外的是有29.56%的男性也因此而遭遇过不公平对待（表27、图38）。

表27　因性别、生育、照顾孩子面临就业与工作中的不公平对待男女差异

性别	我遇到过		我没有遇到过		小计
	人数	比例/%	人数	比例/%	
女	438	44.51	546	55.49	984
男	81	29.56	193	70.44	274

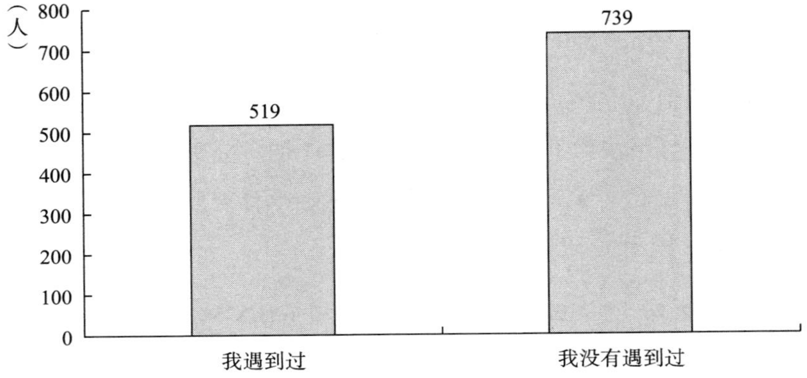

图37 是否因为性别、生育与照顾孩子面临不公平对待

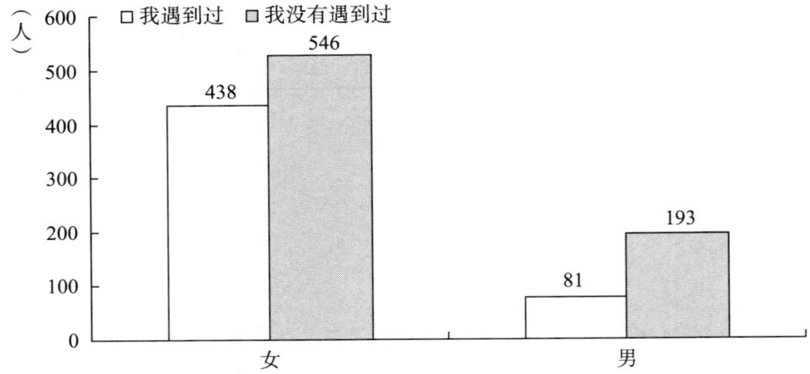

图38 因性别、生育、照顾孩子面临就业与工作中的不公平对待男女差异

对于已生育群体，生育及照顾孩子给职业与工作带来的影响中，44.94%的人认为有孩子后工作投入减少；同时41.57%的人认同收入减少；19.51%的人同意晋升晋级受影响；12.46%的人被迫离职、被辞退或失业；但也有19.20%的人认为生育及照顾孩子不影响职业与工作。

问题：生育及照顾孩子给您的职业与工作带来的影响是什么（已生育群体，可多选）（表28、图39）？

表28 生育及照顾孩子给职业与工作带来的影响

单位：人，%

选项	小计	比例
无影响	188	19.20

续表

选项	小计	比例
工作投入减少	440	44.94
职业中断（离职、被辞退、失业）	122	12.46
收入减少	407	41.57
停薪留职	38	3.88
岗位降低	88	8.99
晋升晋级受影响	191	19.51
其他，请注明	43	4.39
本题有效填写人数：979　跳过人数：279		

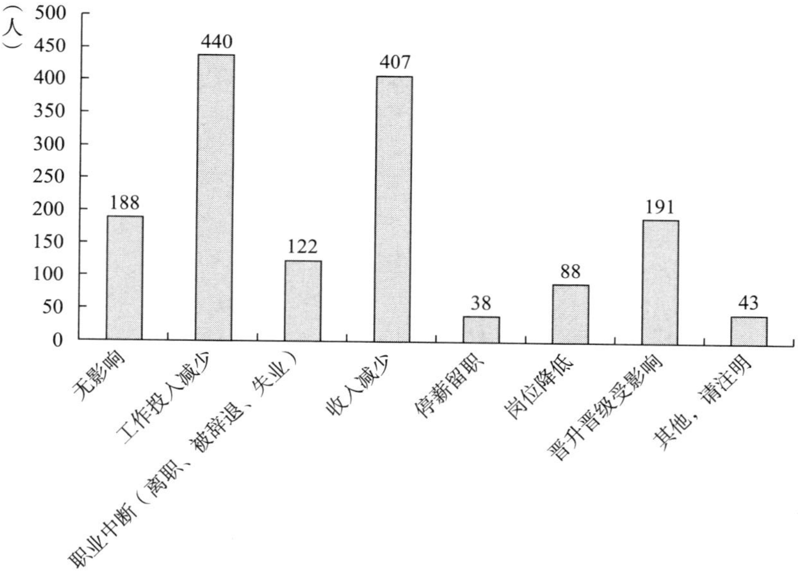

图 39　生育及照顾孩子给职业与工作带来的影响

对此问题进行分性别统计后显示：除了生育及照顾孩子对职业与工作无影响的选项上，女性为 13.72%，低于男性 19.34% 外，其余选项如工作投入减少、职业中断、收入减少、停薪留职、岗位降低、晋升晋级受影响方面，女性的数据均高于男性，反映出女性更多因为生育及照顾孩子而影响工作与职业发展。从数据看，有孩子后男女两性的工作投入减少是较普遍现象，数据也较为接近，男为 33.94%，女为 35.37%，但现实是不利影响更多体现在女性身上（表 29、图 40）。

表 29　生育及照顾孩子给职业与工作带来影响的男女差异

性别	无影响		工作投入减少		职业中断（离职、被辞退、失业）		收入减少		停薪留职	
	人数	比例/%	人数	比例/%	人数	比例/%	人数	比例/%	人数	比例/%
女	135	13.72	348	35.37	111	11.28	346	35.16	33	3.35
男	53	19.34	93	33.94	11	4.01	61	22.26	5	1.82

性别	岗位降低		晋升晋级受影响		其他，请注明		（跳过）		小计
	人数	比例/%	人数	比例/%	人数	比例/%	人数	比例/%	
女	79	8.03	161	16.36	33	3.35	0	0	984
男	9	3.28	30	10.95	10	3.65	0	0	274

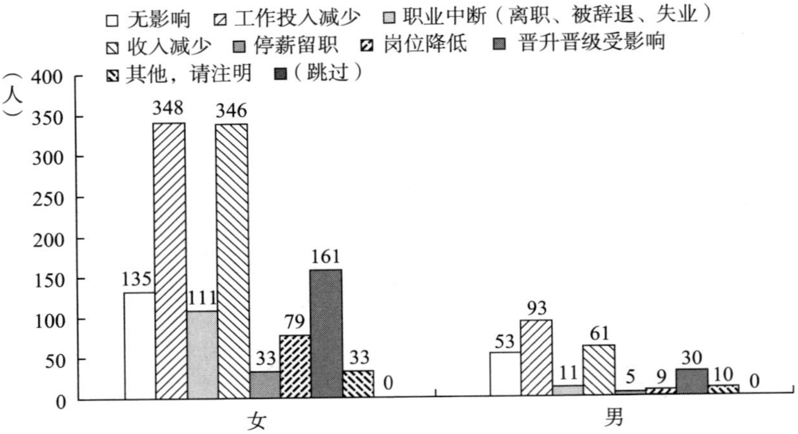

图 40　生育及照顾孩子给职业与工作带来影响的男女差异

当把此问题与年龄关联时，可以看到除了 20～24 岁大部分人因未生育不太影响或无影响外，25 岁及以上的人群都因生育和照顾孩子而工作投入减少，其中 30～39 岁人群占比达到 42% 以上，40～49 岁人群占比达到 37% 以上。25～49 岁的人群是生育及养育的主力，最能体会到生育、照顾责任及其与工作的冲突，也因此在生育及照顾责任上投入较多，工作投入相应减少，同时收入减少；因为生育与照顾责任，25 到 39 岁年龄段中 7%～10% 的人遭遇过职业中断，40～49 岁年龄段中 12%～15% 的人遭遇过职业中断；30～39 岁年龄段中约有 20% 的人晋升晋级受到影响；40～49岁年龄段中有 10%～13% 的人晋升晋级受到影响。数据表明生育及照顾责任对25～49岁人群影响较大，作为生育及照顾责任的主要力量，其职业生涯发展和工作机会、工作待遇都因此而有不同程度的降低（表30，图41）。

表30　生育及照顾孩子给职业与工作带来影响的年龄差异

年龄	无影响		工作投入减少		职业中断（离职、被辞退、失业）		收入减少		停薪留职	
	人数	比例/%	人数	比例/%	人数	比例/%	人数	比例/%	人数	比例/%
20～24岁	3	5.36	0	0	0	0	0	0	0	0
25～29岁	16	6.37	48	19.12	19	7.57	46	18.33	3	1.2
30～34岁	55	13.96	166	42.13	38	9.64	143	36.29	12	3.05
35～39岁	44	18.72	103	43.83	23	9.79	72	30.64	8	3.4
40～44岁	46	22.33	80	38.83	25	12.14	99	48.06	8	3.88
45～49岁	24	20.69	44	37.93	17	14.66	47	40.52	7	6.03

年龄	岗位降低		晋升晋级受影响		其他，请注明		（跳过）		小计
	人数	比例/%	人数	比例/%	人数	比例/%	人数	比例/%	
20～24岁	1	1.79	0	0	0	0	0	0	56
25～29岁	8	3.19	20	7.97	3	1.2	0	0	251
30～34岁	39	9.9	89	22.59	17	4.31	0	0	394
35～39岁	17	4.31	45	19.15	11	4.68	0	0	235
40～44岁	16	7.77	25	12.14	7	3.4	0	0	206
45～49岁	7	6.03	12	10.34	5	4.31	0	0	116

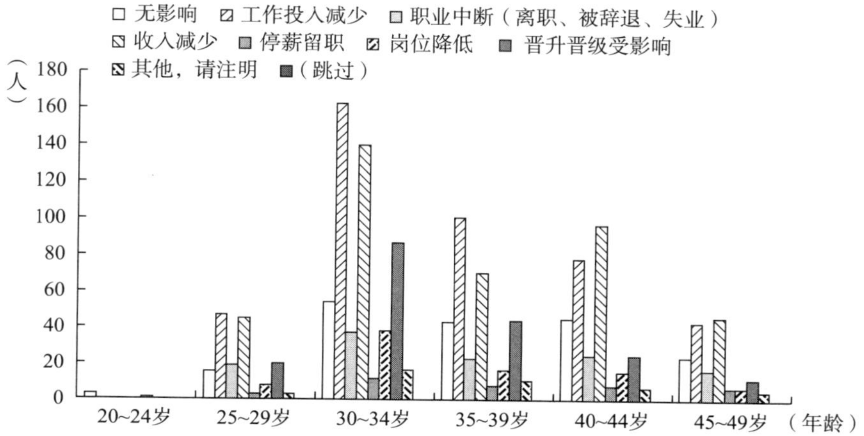

图41　生育及照顾孩子给职业与工作带来影响的年龄差异

受访谈的职业女性都在努力平衡工作与家庭，但她们也明确表示："生育和照顾孩子、家庭对工作的影响就是不能全身心投入工作，照顾孩子过度透支精力。"虽然都尝试努力平衡，但很多时候"只能舍弃一头"，"精力很难做到平衡，顾此失彼"。

（六）生育二孩对工作的影响

对很多家庭而言，生育也许是一个必选项，因此半数以上（67.17%）的人选择生育一孩，但生育二孩就需要考虑更多因素，生育与工作之间的关系可以在生育二孩的问题中更明确地反映出来。78.3%的人认为生育二孩会给其工作带来不利的影响。

问题：生育二孩是否会给您的工作带来不利的影响（表31，图42、43）？

表31　生育二孩是否会给工作带来不利影响

单位：人，%

选项	小计	比例
是	985	78.3
否	273	21.7
本题有效填写人数：1258		

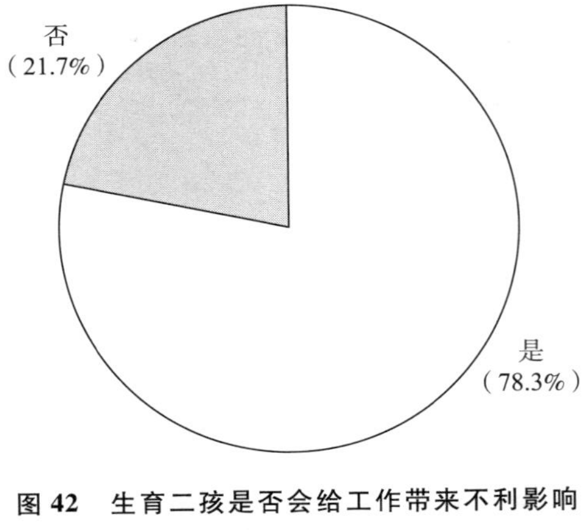

图42　生育二孩是否会给工作带来不利影响

当分性别统计生育二孩对工作是否有不利影响时，81%的女性认同生

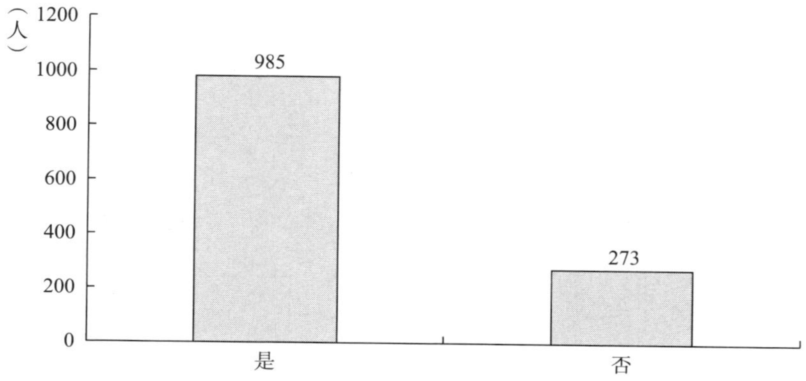

图 43　生育二孩是否会给工作带来不利影响

育二孩对其工作会有不利影响；而 68.61% 的男性也认同这一点。数据显示出有家庭责任的男女两性生育二孩都会对工作产生不利影响，无论这种不利是带给工作不便还是工作权益因此受影响，这可能说明越来越多的父亲也在逐渐参与到儿童与家庭照顾中（表 32、图 44）。

表 32　生育二孩是否会给工作带来不利影响男女差异

性别	是		否		小计
	人数	比例/%	人数	比例/%	
女	797	81.00	187	19.00	984
男	188	68.61	86	31.39	274

（七）儿童照顾责任分担

家务劳动分工可能有三种典型的模式：第一是传统型，主要由妻子做；第二是转型型或变化型，女性多做，男性辅助；第三是现代型，即相互支持型。既有研究数据表明在目前中国的大部分家庭里依然是传统型和转型型的家务劳动分工模式，本次调研数据也得出一致结论，在孩子的照顾责任承担上，64.02% 的女性认为是妈妈在承担该责任，62.04% 的男性同样认为是妈妈承担该责任。还有相当数量的爷爷奶奶或者姥姥姥爷帮助照顾孩子，分担部分责任。

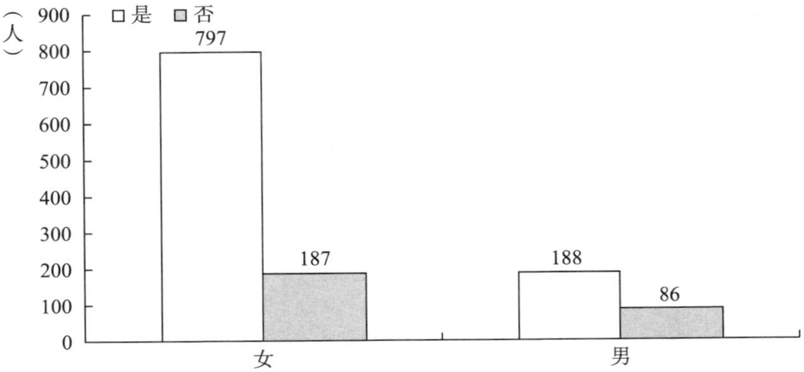

图 44　生育二孩是否会给工作带来不利影响男女差异

问题：如果生育孩子，您家里谁承担孩子的照顾责任（可多选）（表33、图 45）？

表 33　谁承担孩子的照顾责任

性别	妈妈		爸爸		爷爷奶奶或姥姥姥爷来我家里照顾孩子		放在爷爷奶奶或姥姥姥爷家里		育儿嫂或保姆		其他，请注明		小计
	人数	比例/%	人数	比例/%	人数	比例/%	人数	比例/%	人数	比例/%	人数	比例/%	
女	630	64.02	220	22.36	401	40.75	205	20.83	138	14.02	39	3.96	984
男	170	62.04	107	39.05	126	45.99	47	17.15	33	12.04	16	5.84	274

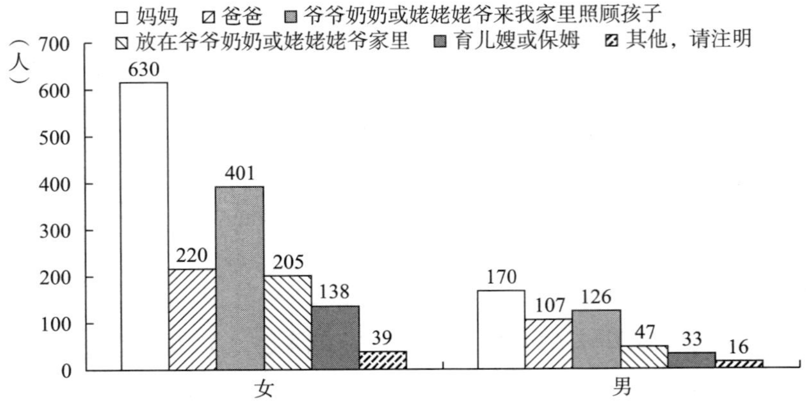

图 45　谁承担孩子的照顾责任

如果按照年龄段进行统计，各个年龄段均是妈妈承担最主要的儿童照顾责任，且基本随着年龄增长，认同妈妈承担该责任的比例也同样增长；此外祖父母、外祖父母也是儿童照顾责任的主要承担者，在25~34岁年龄段，一半以上的家庭主要由祖父母、外祖父母照看孩子，当然其前提也是这一年龄段的夫妻双方，其父母年龄与精力能够胜任照顾孩子的工作；40~49岁年龄段的人则将更多育儿责任扛在自己肩上，很大原因在于双方父母年纪已大，如果有一孩的话也已经入学，自己也能腾开时间精力照顾孩子。

问题：如果生育孩子，您家里谁承担孩子的照顾责任（可多选）（表34、图46）？

表34　谁承担孩子的照顾责任各年龄段差异

年龄	妈妈		爸爸		爷爷奶奶或姥姥姥爷来我家里照顾孩子		放在爷爷奶奶或姥姥姥爷家里		育儿嫂或保姆		其他，请注明		小计
	人数	比例/%	人数	比例/%	人数	比例/%	人数	比例/%	人数	比例/%	人数	比例/%	
20~24岁	29	51.79	22	39.29	21	37.5	12	21.43	14	25	4	7.14	56
25~29岁	151	60.16	82	32.67	131	52.19	63	25.1	42	16.73	8	3.19	251
30~34岁	238	60.41	90	22.84	212	53.81	97	24.62	42	10.66	17	4.31	394
35~39岁	150	63.83	54	22.98	95	40.43	48	20.43	24	10.21	6	2.55	235
40~44岁	142	68.93	54	26.21	49	23.79	21	10.19	32	15.53	15	7.28	206
45~49岁	90	77.59	25	21.55	19	16.38	11	9.48	17	14.66	5	4.31	116

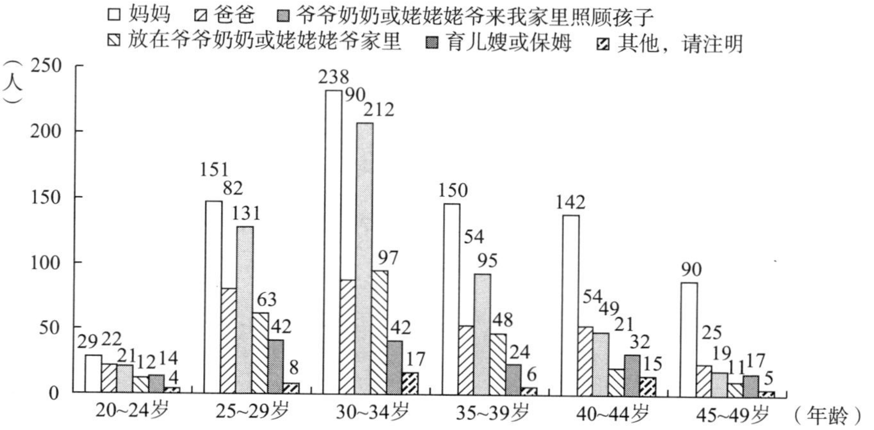

图46　谁承担孩子的照顾责任各年龄段差异

但在被问到“您希望由谁来承担孩子的照顾责任”时，选择“自己承担”与“配偶分担”的比例都相当高，分别为65.74%和71.38%。

问题：您希望由谁来承担孩子的照顾责任（可多选）（表35、图47）？

表35　您希望由谁来承担孩子的照顾责任

单位：人，%

选项	小计	比例
自己承担	827	65.74
配偶分担	898	71.38
双方父母帮忙	480	38.16
育儿嫂或保姆	128	10.17
公立托幼机构	376	29.89
私立托幼机构	67	5.33
本题有效填写人数：1258		

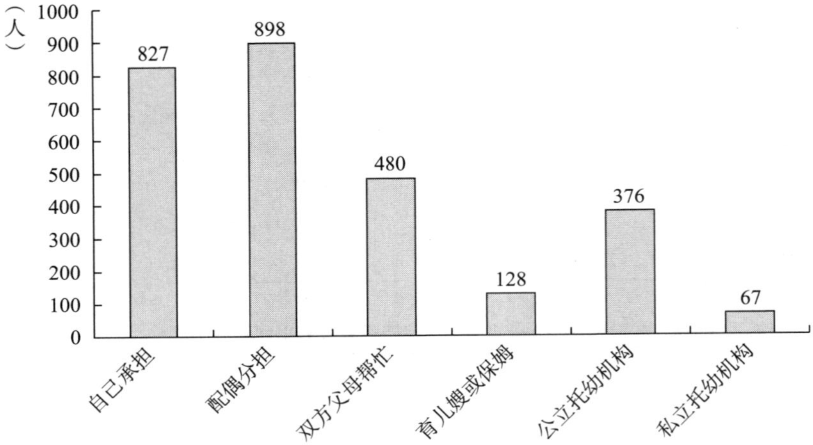

图47　您希望由谁来承担孩子的照顾责任

就这一问题关联到性别进行统计时，结果显示无论男性还是女性，都希望由自己与配偶分担孩子的照顾责任；其次是双方父母帮忙；分别有32.62%的女性与20.07%的男性希望能有公立的托幼机构帮助承担孩子的照顾责任。

问题：您希望由谁来承担孩子的照顾责任（可多选）（表36、图48）？

表 36 您希望由谁来承担孩子的照顾责任性别差异

性别	自己承担		配偶分担		双方父母帮忙		育儿嫂或保姆		公立托幼机构		私立托幼机构		小计
	人数	比例/%	人数	比例/%	人数	比例/%	人数	比例/%	人数	比例/%	人数	比例/%	
女	641	65.14	716	72.76	368	37.4	116	11.79	321	32.62	59	6	984
男	186	67.88	182	66.42	112	40.88	12	4.38	55	20.07	8	2.92	274

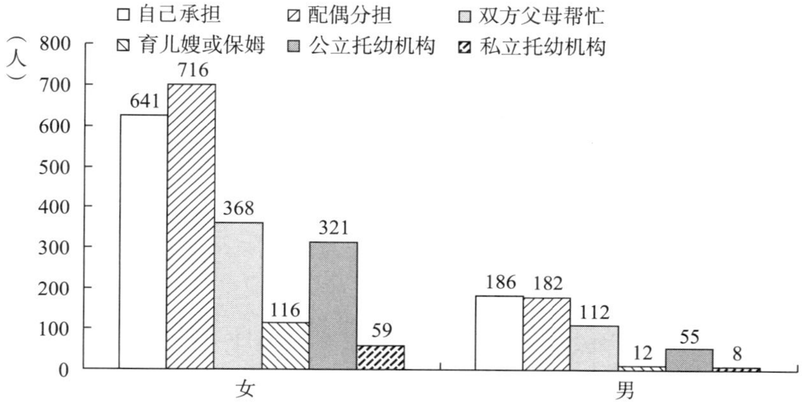

图 48 您希望由谁来承担孩子的照顾责任性别差异

按年龄段统计儿童照顾责任分担愿望时，自己承担与配偶分担依然是大部分人的选择；但是在双方父母帮忙与公立托幼机构照顾的选择上，20～34岁年龄段与35～49岁年龄段恰好相反，34岁及以下的夫妻更希望双方父母能帮忙照顾，而35岁及以上夫妻则更多寄希望于公立托幼机构能帮忙分担照顾儿童的责任；虽然育儿嫂与私立托幼机构都不是父母们的首选，但是对于育儿嫂的需求大过对于私立托幼机构的需求，可能的原因在于0～3岁婴幼儿的抚育与照料大多依然在家庭里进行，如果没有值得信赖的公立托幼机构提供相关服务，那么对育儿嫂或保姆的需求必然大过对于私立托幼机构的需求。

问题：您希望由谁来承担孩子的照顾责任（可多选）（表37、图49）？

表 37 您希望由谁来承担孩子的照顾责任年龄差异

年龄	自己承担		配偶分担		双方父母帮忙		育儿嫂或保姆		公立托幼机构		私立托幼机构		小计
	人数	比例/%	人数	比例/%	人数	比例/%	人数	比例/%	人数	比例/%	人数	比例/%	
20～24 岁	39	69.64	39	69.64	24	42.86	10	17.86	11	19.64	6	10.71	56
25～29 岁	163	64.94	197	78.49	121	48.21	23	9.16	51	20.32	19	7.57	251
30～34 岁	260	65.99	286	72.59	185	46.95	41	10.41	123	31.22	30	7.61	394
35～39 岁	153	65.11	160	68.09	65	27.66	22	9.36	70	29.79	6	2.55	235
40～44 岁	129	62.62	139	67.48	56	27.18	15	7.28	80	38.83	3	1.46	206
45～49 岁	83	71.55	77	66.38	29	25	17	14.66	41	35.34	3	2.59	116

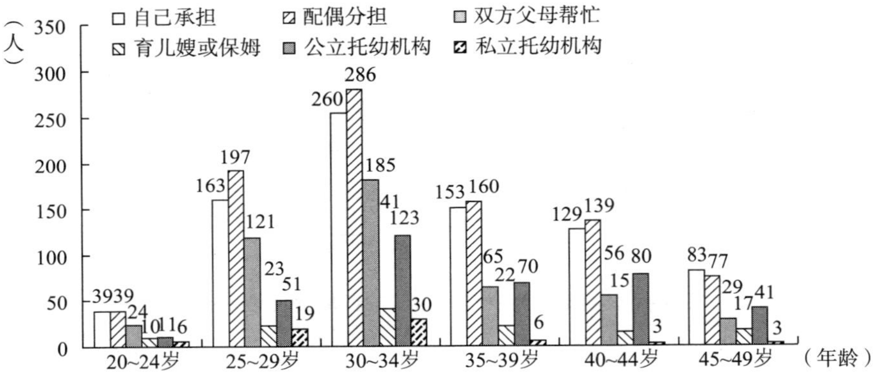

图 49 您希望由谁来承担孩子的照顾责任年龄差异

（八）爸爸参与儿童照顾

除了陪产假及育儿假之外，对于爸爸如何参与及需要何种政策支持，也进行了问卷调研。

在爸爸如何承担孩子的照顾责任上，85.61%的人认为日常参与孩子的照料工作最重要；84.98%的人同时认为爸爸应该在家里承担家务劳动，分担妈妈的家务责任；68.44%的人认为休育儿假照顾陪伴儿童是参与照顾儿童的方式之一；更有10.81%的人接受全职爸爸在家里照顾孩子，由妈妈负责挣钱养家。

问题：您觉得爸爸应当如何承担照顾孩子的责任（可多选）（表 38、图 50）？

表 38　爸爸应当如何承担照顾孩子的责任

单位：人，%

选项	小计	比例
休育儿假照顾陪伴儿童	861	68.44
日常参与孩子的照料工作	1077	85.61
在家里承担家务劳动，分担妈妈责任	1069	84.98
爸爸可以全职在家照顾孩子，妈妈负责挣钱养家	136	10.81
其他，请注明	9	0.72
本题有效填写人数：1258		

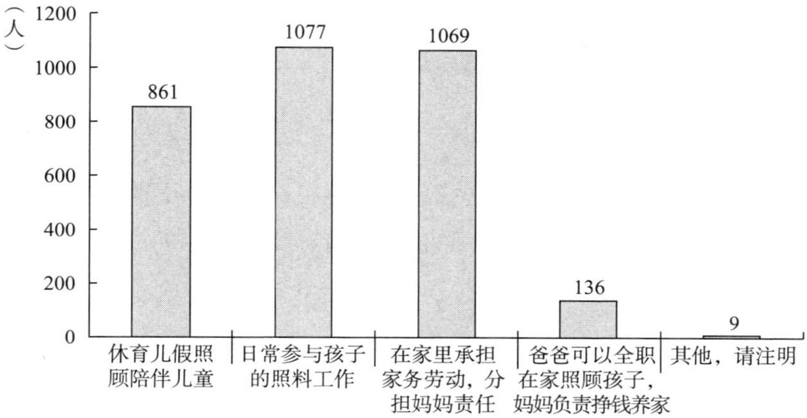

图 50　爸爸应当如何承担照顾孩子的责任

对该问题分性别统计的数据显示：大部分男性普遍认同通过育儿假、日常照顾孩子、分担妻子家务来参与照顾儿童；但在日常参与照料孩子与分担妻子家务上，女性对丈夫的需求普遍高于男性对自己的要求；同时愿意全职在家照顾孩子的男性（13.14%）多于接受全职爸爸的女性（10.16%）（表39、图 51）。

表 39　爸爸应当如何承担照顾孩子的责任男女差异

性别	休育儿假照顾陪伴儿童		日常参与孩子的照料工作		在家里承担家务劳动，分担妈妈责任		爸爸可以全职在家照顾孩子，妈妈负责挣钱养家		其他，请注明		小计
	人数	比例/%	人数	比例/%	人数	比例/%	人数	比例/%	人数	比例/%	
女	671	68.19	859	87.3	855	86.89	100	10.16	5	0.51	984
男	190	69.34	218	79.56	214	78.1	36	13.14	4	1.46	274

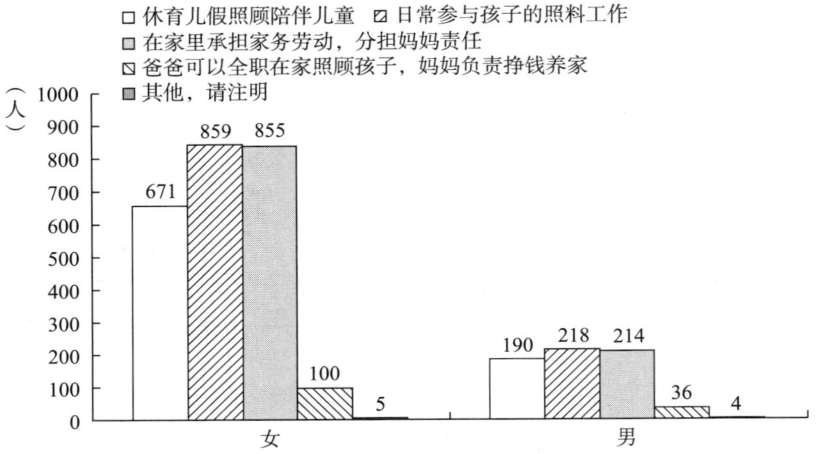

图 51　爸爸应当如何承担照顾孩子的责任男女差异

在鼓励爸爸承担更多育儿责任时，不能只是倡议，要改变家庭照顾责任的性别文化与性别分工，用人单位与政府都要有相应的鼓励措施，要承认男女两性都是有家庭责任的员工，并特别给予男性员工承担家庭照顾责任的政策支持。79.41% 的人希望单位鼓励男性员工休陪产假；80.37% 的人希望单位鼓励男性员工休育儿假照顾陪伴孩子；57.71% 的人希望单位能按照有孩子的员工数量及需求提供便利就近的托幼服务机会。

问题：您希望单位给爸爸们照顾孩子提供哪些支持（可多选）（表 40、图 52）？

表 40　单位给爸爸们照顾孩子提供的支持

单位：人，%

选项	小计	比例
鼓励男性员工休陪产假	999	79.41
鼓励男性员工休育儿假照顾陪伴孩子	1011	80.37
依据有孩子的员工数量及需求提供便利就近的托幼服务机会	726	57.71
其他，请注明	9	0.72
本题有效填写人数：1258		

同时 79.41% 的人希望立法规定带薪陪产假；71.38% 的人希望立法规定带薪育儿假；66.22% 的人支持由父母共享带薪育儿假。考虑到立法规

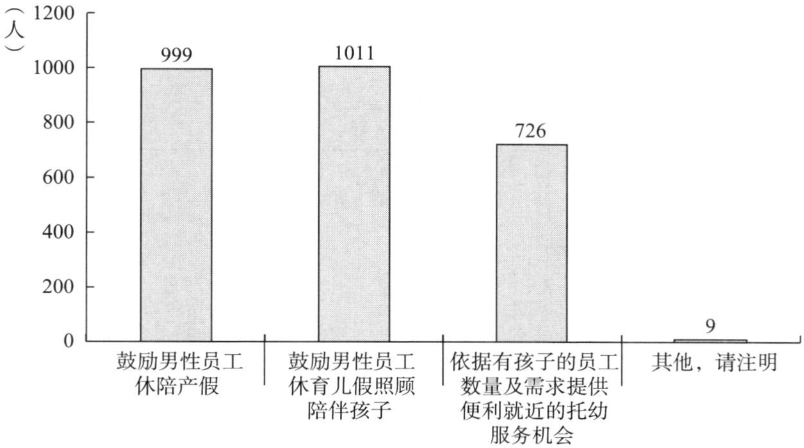

图 52　单位给爸爸们照顾孩子提供的支持

定的假期在现实中未必能实现，诸如用工成本等原因导致单位不鼓励、不支持等因素，64.23% 的人希望能制定鼓励爸爸休陪产假及育儿假参与育儿的政策；65.10% 的人希望能给单位切实的政策支持，以鼓励单位能积极落实支持爸爸参与育儿的政策法规。很多时候也许不是爸爸们不愿参与儿童照顾，而是社会的政策支持不足，如果有足够的政策鼓励爸爸参与育儿，承认有家庭责任的男女工人能够在就业条件、公共服务、社会保障方面得到政府的支持与鼓励，儿童与家庭照顾责任的社会性别分工也许会被改变，基于家庭照顾责任产生的就业与职业歧视有望减轻。

问题：您希望政府给爸爸们照顾孩子提供哪些支持（可多选）（表 41、图 53）？

表 41　希望政府给爸爸们照顾孩子提供的支持

单位：人，%

选项	小计	比例
立法规定带薪陪产假	999	79.41
立法规定带薪育儿假（照顾婴幼儿）	898	71.38
父母共享带薪育儿假	833	66.22
出台鼓励爸爸休陪产假及育儿假的政策	808	64.23
出台鼓励单位实施带薪陪产假与育儿假制度的政策	819	65.10

续表

选项	小计	比例
其他，请注明	19	1.51
本题有效填写人数：1258		

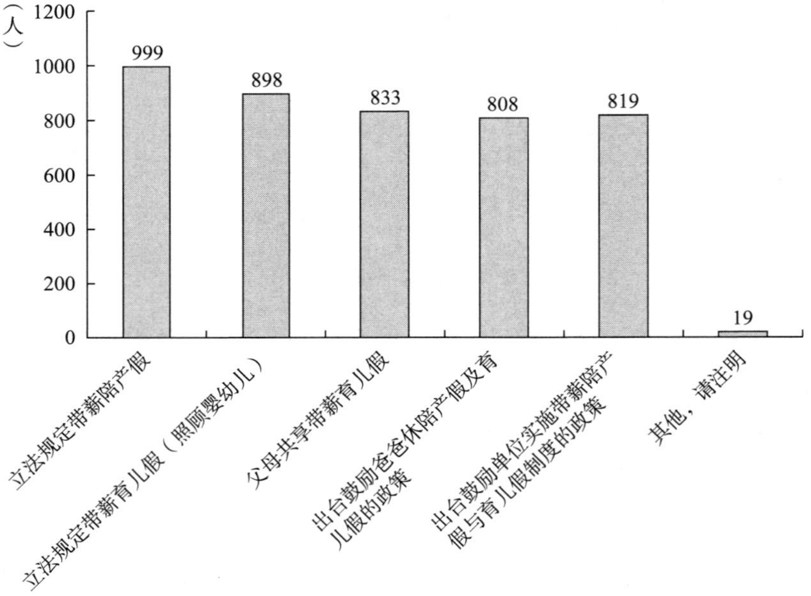

图 53　希望政府给爸爸们照顾孩子提供的支持

在为爸爸参与育儿提供社会支持与政策支持方面，男女两性并无太大差异。

问题：您希望单位给爸爸们照顾孩子提供哪些支持（可多选）（表 42）？

表 42　单位给爸爸们照顾孩子提供的支持

性别	鼓励男性员工休陪产假		鼓励男性员工休育儿假照顾陪伴孩子		依据有孩子的员工数量及需求提供便利就近的托幼服务机会		其他，请注明		小计
	人数	比例/%	人数	比例/%	人数	比例/%	人数	比例/%	
女	782	79.47	802	81.5	573	58.23	5	0.51	984
男	217	79.2	209	76.28	153	55.84	4	1.46	274

问题：您希望政府给爸爸们照顾孩子提供哪些支持（可多选）（表 43）？

表 43　政府给爸爸们照顾孩子提供的支持

性别	立法规定带薪陪产假		立法规定带薪育儿假（照顾婴幼儿）		父母共享带薪育儿假		出台鼓励爸爸休陪产假及育儿假的政策		出台鼓励单位实施带薪陪产假与育儿假制度的政策		其他，请注明		小计
	人数	比例/%	人数	比例/%	人数	比例/%	人数	比例/%	人数	比例/%	人数	比例/%	
女	781	79.37	704	71.54	685	69.61	625	63.52	647	65.75	12	1.22	984
男	218	79.56	194	70.8	148	54.01	183	66.79	172	62.77	7	2.55	274

有受访者也明确提出，在生育上希望所有产检和生孩子都能免费，保障优生优育；希望产假能有 1～3 年，且爸爸共同享有此假期，只有这样才能减少丧偶式教育和就业歧视。一受访者表示希望家庭收入能有大幅度提升，经济宽裕，那样的话才会考虑生育二孩；同时希望社区能提供入托前的集中看护；单位能执行国家有关生育的假期规定。

（九）用人单位的观点

对于职业女性的工作与家庭冲突，用人单位的看法也很重要，目前劳动法律中对职业女性工作权益的保护，大多需要用人单位承担。因此用人单位的态度与需求也应当考虑。对用人单位的人事、人力资源部门，单位负责人进行访谈后总结出以下几方面观点。

1. 招聘中的性别偏好

访谈中多数单位明确承认招聘时存在性别偏好，性别上较偏重于男性。原因是女性从生理、生育、精力等因素考虑，不如男性占有优势。从怀孕到生产哺乳，多少都是会影响工作开展的。

具体原因一是产假产生替岗，增加了企业的运行成本、人力风险、新老员工交接磨合；二是产假时间太长，产假后员工的关注点不在工作上，新知识的学习、团队的配合、工作技能的熟悉与更新都会受到较大影响，对企业正常业务开展产生较大影响。

有的单位虽然明确表示不存在招聘中的性别偏好，但是招聘时根据不同岗位的性质和工作内容会考虑哪个性别更适合。这也隐含着某些岗位是女性岗位，某些岗位是男性岗位的职业性别隔离。

2. **员工在岗位上的性别差异**

虽然有用人单位认为在岗位上不存在性别差异，有子女的员工稳定性较好，但是遇到家务事较多时，会频繁请假，这个时候往往是女性在处理家务事。

也有用人单位很含蓄地承认女性在工作上的时间精力相对男性有差异，而且性别的特征会带到职场中，虽然程度不同，但一定会有。

受访用人单位也提到，岗位本身存在差异，比如体力劳动或常驻外地的岗位女性明显不如男性。有子女的员工在岗位上两极分化，要么心在家庭上求稳定，对工作不能专心去干；要么心在工作上求发展，可又照顾不了家。

有企业负责人提到，目前中国家庭男女分工还是比较明显的，女性员工明显在家庭中照顾家人的责任会更多一点，在工作时间上的保障与投入要比男性稍差一点。部分女性还有家庭退路，一旦工作不顺利或遇到其他事情，她们会主动放弃当前的工作，退回到有男性支撑的家庭当中，稳定性稍差。

3. **工作与家庭责任之间的关系**

有受访单位承认，家庭和工作之间关系很难平衡，只能顾一头，要求更好发展必须在工作上下功夫，否则图个安稳，把家庭照顾好。家庭经济条件许可，也可回家做全职，不过和社会就脱节了，再就业难度会很大。

同样有受访单位认为，女性应尽量保持自己在社会岗位上继续拼搏的状态。真正健康状态的企业应当能够理解，并且接受女性在家庭与职业中的角色平衡。除了纯粹的企业商业利益，应有合理的企业文化。这样的企业方能长久，也能收服人心。

有家庭责任感的员工一般工作稳定度较好，某种程度上不容易跳来跳去，单位也需要。而关于工作与家庭责任的平衡，要看个人能力、家庭情况、公司是不是够人性化等，比较开明和人性化的公司，愿意站在员工的立场上考虑问题。

也有单位认为对员工的要求就是称职完成岗位职责即可，单位还是需要有家庭责任的员工的。实际上每个员工都想处理好家庭与工作的关系，员工是否能处理好家庭与工作的关系很多时候要看企业是否能够和愿意向员工提供帮助，而不是员工应该如何处理的问题，所以如何处理要视企业的情况而定。

4. 二孩或多孩政策实施后企业承担的生育及照顾责任

有企业认为，多孩政策后，产假、哺乳假及照顾假企业实施起来非常有难度，严重影响正常工作。建议设立专门的替岗代理机构，解决临时岗位短缺问题，同时劳动合同法对该人员的约束不要过于严格，以降低企业的风险和人力成本。

有国有企业承认，作为国企，对产假和照顾假，肯定会按照国家相关法规执行；但是国家的各类政策旨在为女性、独生女子等提供更多优惠政策，可是几乎所有对员工利益保护产生的责任都由企业承担。有企业负责人提到：企业现在的社保也即将成为更大的负担，实际具体经营管理一个制造企业，深入了解后，才会知道，企业非常艰难。

一家服务企业以女性员工居多，其负责人谈到：对于目前的政策，企业方面还是较为担忧，在员工休产假期间再招人顶岗，产假结束后就存在人员编制超出，没有岗位提供的尴尬情况。工作必须以保障公司正常运作为前提，进行人员补给，对于假期结束的人员，采取再分配或者待岗待分配的处理方式。企业认为在岗位上一个萝卜一个坑，活总得有人干，企业要效益，不是福利机构，因此对于产假等情况只能调整岗位或者劝退，或者只招已婚已育的女性。在企业人工成本很高的情况下，给员工很多假，企业会有很大的负担，希望国家给予企业政策支持。

5. 男性员工的陪产假与育儿假

用人单位表示：支持男性员工休陪产假，只要是法律法规都必须执行，这也能体现企业的人性化关怀。但是不支持带薪产假和育儿假，企业的权利与责任不匹配，要么由受益人自行承担，要么纳入国家福利中由财政承担。有单位提出：会按国家要求允许男性员工休陪产假，但是没有育儿假（法律目前没有规定育儿假）。企业负责人认为：孩子在 1 岁以内，对妈妈的需要远超过爸爸，所以育儿假对于大多数的男性，意义并不大。国企也承认一般都会按照国家法规让员工休陪产假，但是要是私企的话执行起来就会有困难。大多数企业承认并不鼓励男性员工休陪产假与育儿假，但是如果有国家法规也会执行；如果国家出资补贴的话，企业支持男性员工的带薪产假与育儿假。

6. 用人单位对有家庭照顾责任员工的支持政策

用人单位虽说很多时候会依法依规照章办理产假等事项，但是总体上并没有动力对有家庭照顾责任的员工提供其他支持政策，就是“政策咋规定咋执行，不去创设新的东西”“如果有，最多是批假”，对于陪产假、育儿假，“员工不休，单位也愿意；员工要休，单位也没意见”。有负责人直言：“疏忽了，不够体贴员工。”也有单位会“从工会的角度给予一定经济上的帮助，但企业没有能力和义务做其他更多的”；有单位“为当月生产的女员工给予 1000 元红包；若女员工休完产假按期返回，公司将分三个月，每月给予 500 元的哺乳补贴”；一些公司“提供哺乳室、母婴室，提供舒适的环境及设备，哺乳期的女性每天可以有 1 小时的哺乳假自由支配，在早中晚使用”。有企业表态：“对于非常优秀敬业的员工，企业会在特殊时期给予员工一定人性化的支持，但不是长期的。”

7. 用人单位的政策需求

用人单位必然会以产假、津贴等形式承担员工部分生育与家庭照顾责任，但是大多数时候单位本身并无动力与能力去承担，这些责任客观上确实增加了用人单位的用工成本，因此用人单位提出：对于保障生育和有家庭照顾责任的员工权利，应出台相应的经济补贴政策给用人单位，以减少替岗产生的人力成本；劳动部门可以建立替岗服务中心，解决用人单位在产假替岗时的人员需求问题；还可以考虑建立具有社会福利性质的育儿中心，减轻部分无法休产假人员的育儿压力，同时解决企业人员岗位长期短缺问题，保持工作有效延续。政府积极的生育等支持政策不仅仅针对员工，应更多考虑如何为企业减负，让企业明显觉得，招聘一位女员工，甚至未婚未育的女员工，并不会有什么损失。只有在这种情况下才能促进国家政策、女员工、企业和谐地发展。

生育机构目前所提供的生育津贴只限于基础产假，但员工实际享受的产假远超过基础产假的98天，那剩余产假期间的待遇需要由企业承担，无形中增加了企业的用工成本，希望政府可以将生育津贴补助的时间与员工实际所享受的产假期统一，为企业减少一定的用工成本；对于因产假替岗单位岗位超编，没有岗位的员工，政府能够提供再就业的帮扶。实际上减税降费让企业得到实惠，或者出台补贴政策，让企业获得实实在在的经济利益，才能真心去执行政策。

政府鼓励生育，对企业来说必然会产生劳动力短缺（产假）与过剩（替岗超编）同时存在的情况，政府给予企业财政补贴是目前最好的办法，用补贴来弥补企业因产假等而产生的用工成本，以鼓励企业雇佣有家庭照顾责任的员工。

六　调研结论

整体调研除了问卷与访谈，还包括对现有的生育及家庭照顾责任设施与政策的梳理与分析，因此本部分涵盖三个方面。

（一）生育及儿童照顾责任的国际现状及国内背景

一份来自64个国家、代表全球三分之二劳动适龄人口的数据表明，每天有164亿小时的工作用于无偿看护，相当于20亿人每天无偿工作8小时。如果按照每小时最低工资标准来估价这些服务，相当于全球GDP的9%或11万亿美元（按2011年购买力平价计算）。根据报告，女性承担了无偿护理工作所花费的总时间中的76.2%，3倍于男性所花费的时间。在亚太地区，这一比例更是攀升到了80%。无偿看护工作成为女性进入劳动力市场，并保持继续就业的主要障碍。2018年，6.06亿劳动适龄女性表示她们由于要承担无偿看护工作而无法就业，与此同时，只有4100万男性受此影响。6岁以下儿童的妈妈遭受最严重的“就业惩罚”，就业率仅为47.6%；2015年，全球范围内3岁以下儿童使用幼儿服务的比例只有18.3%，3~6岁儿童的比例约为57%。①

1949年后中国政府基于解放妇女的目的，大规模地动员和组织妇女参加有酬劳动，同时大力发展托幼事业、公共服务和福利事业，实现家务劳动社会化，以减轻女性劳动者的家庭负担。如当时企业的哺乳室和托儿所可以接纳56天以上的小孩入托，解决了妇女产假结束后工作与婴儿照顾之间的矛盾。同时政策规定了母亲哺乳时间，单位还设有哺乳室；托儿所、幼儿园有日托及全托等多种形式，其服务时间往往超过女性的工作时间，并取消寒暑假制度。托儿的费用低廉，幼儿生病由看护人员护理，母亲不必请假而影响工作。② 在当时计划体制国家供给制下的托幼事业以企业福利的形式表现，较为完善的托儿所体系有效地化解了城市中母亲在家庭与工作之间的矛盾，但随着市场改革的深入推进，企业剥离了其对员工托育的社会责任（或人的再生产的责任），街道也无力再承办托儿事业，单位体制下的托儿所体系全面瓦解，而既不发达也不成熟的“社会服务功能”未能实现有效承接，儿童照顾责任及成本完全回归家庭。

教育部统计数据显示：2016年全国共有幼儿园23.98万所，比上年增加1.61万所，入园儿童1922.09万人，比上年减少86.76万人。在园儿童（包括附设班）4413.86万人，比上年增加149.03万人。幼儿园园长和教师共249.88万人，比上年增加19.56万人。2016年学前教育毛入园率达到77.4%，比上年提高2.4个百分点。③ 2017年全国共有幼儿园25.50万所，比上年增加1.51万所，增长6.31%。学前教育入园儿童1937.95万人，比上年增加15.87万人，增长0.83%；在园儿童4600.14万人，比上年增加186.28万人，增长4.22%。幼儿园教职工419.29万人，比上年增加37.50万人，增长9.82%；专任教师243.21万人，比上年增加20.01万

① ILO, “Care Work and Care Jobs Fore the Future of Decent Work”, https://www.ilo.org/beijing/information-resources/public-information/press-releases/WCMS_633413/lang--zh/index.htm, Last visited 28 Jun. 2018.

② 联合国：《工作和家庭的平衡：中国的问题与政策研究报告》，http://www.ilo.org/beijing/what-we-do/publications/WCMS_141723/lang—zh/index.htm，最后访问时间：2018年6月28日。

③ 《2016年全国教育事业发展统计公报》，教育部，http://www.moe.gov.cn/jyb_sjzl/sjzl_fztjgb/201707/t20170710_309042.html，最后访问时间：2018年6月28日。

人，增长 8.96%。学前教育毛入园率①达到 79.6%，比上年提高 2.2 个百分点（图 54）。②

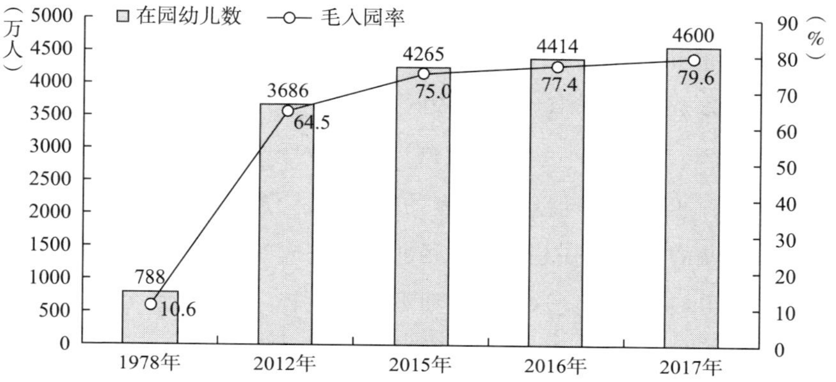

图 54　1978 年、2012 年、2015～2017 年学前教育在园幼儿数和毛入园率

资料来源：《2017 年全国教育事业发展统计公报》，教育部，http://www.moe.gov.cn/jyb_sjzl/sjzl_fztjgb/201807/t20180719_343508.html，最后访问时间：2019 年 3 月 22 日。

（二）现有生育及儿童照顾责任的支持设施

现有的生育及 0～3 岁儿童的照顾都以家庭照顾为主，且延续了传统的性别分工，由女性即母亲照顾幼儿及家庭。生育期间的照顾主要由祖父母、外祖父母来帮忙完成；在城市，部分家庭雇用月嫂来照顾生育期间的产妇及婴儿，城市里的月子中心也颇受欢迎，但月嫂及月子中心都要价不菲。月子结束后，一些家庭继续雇用育儿嫂照顾婴幼儿，另一些家庭则由祖父母、外祖父母参与照顾婴幼儿，也有部分家庭没有长辈参与照顾，要么将孩子放在老家由祖父母、外祖父母照顾，要么夫妻二人独自照顾幼儿，在这种情况下，母亲往往会辞去工作，成为全职妈妈。

0～3 岁托幼机构在城乡似乎都是一片空白区域，即便遍地开花的早教机构，也只是从事儿童早期教育的市场培训机构，并非分担儿童照顾责

① 毛入园率，是指某一级教育不分年龄的在校学生总数占该级教育国家规定年龄组人口数的百分比。由于包含非正规年龄组（低龄或超龄）学生，毛入园率可能会超过 100%。

② 《2017 年全国教育事业发展统计公报》，教育部，http://www.moe.gov.cn/jyb_sjzl/sjzl_fztjgb/201807/t20180719_343508.html.，最后访问时间：2019 年 3 月 22 日。

任的社会组织。教育部等四部门《关于实施第三期学前教育行动计划的意见》(2017)中也只是“鼓励有条件的幼儿园面向家长和社区开展公益性0~3岁早期教育指导”。

3~6岁的儿童通常由家庭和幼儿园共同承担照顾责任，西安市2017年共有幼儿园1605所，其中公办606所，民办999所；原西安地区1477所，咸阳地区128所。小学学龄人口入学率99.99%；初中学龄人口入学率99.98%[①]；但是统计信息中没有幼儿园的入学率。从民办公办的比例看，部分幼儿的照顾责任是由私立幼儿园来完成的。现阶段学前儿童教育依然是非义务教育，因此这部分的照顾成本也较大。

6岁以上儿童同样是由家庭及学校共同承担照顾责任，通常6岁以上儿童自我照顾能力提高，家庭照顾责任会减轻。但“基于教育的社会分化”产生的压力与焦虑，家庭对儿童教育进行投资，希望通过教育竞争为孩子获取好的未来。这一竞争表现在家庭里，辅导与指导孩子做作业就成了家庭照顾责任中的新内容，也使中小学生家长，特别是母亲的责任更重，除了在家里力所能及地辅导孩子作业，还要带孩子转战于各种培训机构，也因此产生了儿童教育中的“拼妈”现象，这是除了传统儿童照顾责任之外的新的母职，“儿童教育的失败会被认为是母亲的失败”。[②] 因此本次调研中也有受访者直言：这一时期的家庭教育责任太重，希望儿童教育的家庭压力能得到缓解。

(三) 主要观点

从中国的人口形势出发，鼓励生育势在必行；同时老龄社会的来临也意味着家庭中的老人照顾责任增多。在当前生育责任、儿童照顾责任、老人照顾责任家庭化、女性化的现实下，必须出台切实有效的措施，在女性承担生育责任的同时，疏解家庭责任与工作之间的冲突。如果没有有效的鼓励生育与养育的措施，则女性要么拒绝生育以保全工作利益，造成出生

① 西安市教育局：《2017年西安市教育事业(基础教育和职业高中)发展统计公报》，http://edu.xa.gov.cn/ptl/index.html，最后访问时间：2018年6月28日。

② 金一虹：《教育“拼妈”：“家长主义”的盛行与母职再造》，《南京社会科学》2015年第2期。

人口的进一步下降；要么承担了生育及家庭照顾的责任而在劳动力市场上陷入更不利的境地，强化了女性的家庭属性，进一步扩大了两性在经济与社会地位上的不平等。

“母性惩罚”现象，即以较低的雇佣率和升职可能性，较低的薪水和对其工作能力较低的认可度的形式歧视职场母亲①，其背后的逻辑关系在于，家庭照顾责任的家庭化与女性化使得女性很难在工作岗位上与男性做到同等竞争，生育及产假带来的职业中断与工资惩罚是女性自己要承担的成本。而产假产生的用工空缺与替岗成本则是用人单位对生育责任的承担形式，以营利为目的的企业，或者追求工作效率的用人单位，要求其承担部分生育责任的成本，必然会让单位在就业市场上产生性别偏好，更愿意雇用男性员工。把生育责任与家庭照顾责任全部转嫁给家庭与用人单位，无益于改变生育与家庭照顾责任的家庭属性与社会性别分工，由于用人单位要承担产假、产假津贴、岗位空缺的替工费用，家庭照顾责任也使得女性的工作投入减少等，反而让雇用女性的实际成本高于雇用男性，这也直接导致就业市场上的性别偏见，比如接受过高等教育的女大学生就业难。生育保护与家庭照顾责任应由家庭承担转变为政府承担与社会分担，通过有效的政策、提供家庭照顾机构与设施、鼓励爸爸参与家庭照顾等来实现。

“二孩”政策或者全面放开生育政策会使职业女性工作和家庭的冲突加大，必须要有有效的应对措施，且不能只从工作权利的角度出发考虑解决之道。社会政策及措施需要具体到调整传统家庭模式下的性别不平等以及家务劳动分配的不公。有效政策的基本出发点是改变生育与家庭照顾责任的家庭属性与社会性别分工，并影响两性的社会文化角色，从而赋予男女两性更多选择权，而不是在工作与家庭责任之间做出艰难选择，实现工作与家庭责任之间的平衡以及家庭责任的性别平衡，以消除就业与工作中的性别歧视。实现国际劳工组织 1981 年《有家庭责任的男女工人机会和待遇平等公约》及建议书中的主张：协调工作和家庭的矛盾，为有家庭责

① 《联合国声明：支持家庭照顾和育儿政策》，转自《中国妇女报》，http://www.nwccw.gov.cn/2019-06/06/content_258306.htm，最后访问时间：2019 年 6 月 28 日。

任的男女工人提供就业机会平等和待遇平等的社会环境和条件，“使就业或希望就业的有家庭责任的人能够行使其就业的权利，而不受任何歧视，并且在可能的范围内不使其就业与家庭责任发生抵触”。

从改变生育与家庭照顾责任的家庭属性与社会性别分工出发，有效的公共政策应该体现为以下内容。

第一，女性的生育成本社会化。

女性的生育成本包括：产假、产假津贴、哺乳假、替岗及替岗工资、替岗产生的超编、替岗产生的磨合成本。这些生育成本一部分由女性承担，如产假导致的职业中断及收入降低，从个人发展与经济角度考虑，部分追求自身发展的女性就会选择不生或少生。而生育孩子的女性就要承受生育行为带来的“职业惩罚”，岗位、收入、晋升与晋级都有可能受生育行为影响。产假产生的用工空缺是用人单位最关注的问题，所谓“一个萝卜一个坑”，休了产假工作还得有人干，通过替岗解决是目前大多数用人单位的做法，但替岗会产生工资成本、磨合成本、人员超编的问题。在生育率低下的情况下，要着力于如何通过有效的政策化解用工单位的困难，让用工单位乐于承担产假成本，从而打破雇佣中的性别偏好。

第二，儿童照顾责任与老人照顾责任的社会化、公益化。

除去生育责任，基于传统的社会性别分工，女性在家庭里承担大部分的照顾责任，包括儿童抚育、家务、老人照顾等。在全面二孩及可能的全面放开生育政策背景下，儿童照顾责任会更大；而少子化、老龄化与寿命延长又必然使老人照顾责任越来越大。0～3岁儿童的托幼服务需求巨大，而目前托育服务的供给总量极其不足，大部分此年龄段的儿童由家庭承担养育、照顾与教育责任。2018年中央经济工作会议强调要“解决好婴幼儿照护和儿童早期教育服务问题”。同时老龄化与少子化产生的老人照顾责任同样也需要社会化的机构来承担，《华商报》的最新调查显示：“陕西普遍存在公办养老机构‘一床难求’的情况，民办养老机构入住率偏低，许多民办养老机构盈利状况欠佳。”①西安市民政局提供的材料显示：

① 付启梦、毛蜜娜：《西安养老机构服务调查》，《华商报》2018年10月17日。

西安市共有养老机构149家，其中公办养老机构33家，民办养老机构116家，拥有各类养老床位5万张。公办养老机构，所需费用由政府承担，着力保障特殊困难老年人的养老服务需求，比如“特困人员”（无劳动能力、无生活来源、无赡养人和扶养人，或者其赡养人和扶养人确无赡养和扶养能力）。[①] 2018年官方发布的数据显示，预计到2020年，全国60岁以上老年人口将增加到2.55亿人左右，占总人口比重提升到17.8%左右；高龄老年人将增加到2900万人左右，独居和空巢老年人将增加到1.18亿人左右。

为儿童和老人提供良好的照顾以及公私混合的托幼养老保障服务是家庭照顾责任社会化的必然选择，只有社会化途径才能改变家庭照顾责任的家庭属性，让女性从繁重的家庭照顾工作中解放出来，能有更多的时间与精力投入有酬劳动中去。同时托幼养老的社会化本身也能有效地提供就业岗位、缓解就业压力，但是大多数家庭更倾向于选择公立机构托幼养老，考虑因素包括经济、安全。因此必须将儿童和老人的照顾纳入政府的公共服务，而且应该走向公立为主、公私混合的模式，满足不同收入人群的需求。

第三，家庭照顾责任去性别化，鼓励家庭中的男性承担儿童照顾责任与家庭照顾责任。

即便生育责任、托幼养老都能通过社会化分工而不是家庭内部分工来完成，但依然有部分家庭照顾责任是不能由社会机构分担的，比如陪伴、情感抚慰、家庭教育等。既然家庭中的性别分工影响两性在劳动力市场上的参与与表现，那么在必须由家庭来承担部分照顾责任的情形下，改变这部分责任的性别分工就尤为重要。因此鼓励爸爸参与家庭照顾，以去性别化为目的设置陪产假、育儿假、老人照顾假，从法律上确认男性在家庭照顾中的角色与责任，平衡两性在有酬劳动与无酬劳动中的时间分配，进而改变女性在劳动力市场上的不利境遇。

---

① 毛蜜娜：《陕西省民政厅：下一步我省将全面提升养老院服务质量》，《华商报》2018年10月21日。

七 政策建议

2019 年 6 月 1 日，联合国四家机构即联合国儿童基金会、联合国妇女署、联合国开发计划署和联合国人口活动基金会主席，代表超过 3.7 万名联合国员工，发表声明，表示要致力于为联合国所有工作人员制定强有力的性别平等、家庭友好政策。该政策包括但不限于针对所有性别的监护人的带薪育儿假，包括领养、寄养、代孕或通过技术手段怀孕的家庭；为家长们设计灵活工作时间安排；提供专门的母乳喂养和照顾婴儿的场所，并安排合理的休息时间；提供高质量并价格合理的托儿所；为所有职工提供育儿补助金。[①] 联合国作为性别平等政策的制定与推行者，同时也是全球性的雇主，声明为所有联合国职工及家属的利益考虑，推动家庭友好政策的实施，鼓励职工平衡工作与家庭的职责，且认为家庭友好的政策与更高的工作效率呈正比，并且能吸引、激励并留住职工。

为了平衡家庭与工作，一项 2018 年的调查显示：妈妈在重回职场时选择公司的考虑因素普遍发生了变化。根据调研，有 71.8% 的受访者选择了“工作强度”，有 40.3% 的受访者选择了“上下班方便”，说明在有了孩子之后，工作强度、上下班通勤的方便程度成为选择公司时更加重要的考虑因素。[②] 因此政策建议应考虑员工的家庭责任，致力于改变家庭照顾责任的现状——家庭化、女性化，目的在于使家庭照顾责任社会化、去性别化、公益化，从减轻职业女性的家庭照顾责任出发化解家庭照顾责任与工作的冲突。能够社会化的家庭照顾责任转移给社会分担，而不能社会化的家庭照顾责任则由夫妻共同承担。概括而言：政策应秉持“女性友好型”与“家庭友好型”立场[③]，以改变社会性别分工来促进女性工作权利

---

① 《联合国声明：支持家庭照顾和育儿政策》，转自《中国妇女报》，http://www.nwccw.gov.cn/2019-06/06/content_258306.htm，最后访问时间：2019 年 6 月 28 日。

② 智联招聘：《2018 年职场妈妈生存状况调查报告》，http://finance.youth.cn/finance_cyxfgsxw/201805/t20180517_11622775.htm，最后访问时间：2019 年 7 月 5 日。

③ 〔挪威〕赛维·苏美尔：《斯堪的纳维亚与欧盟“工作—家庭协调”政策过程的批判性回顾》，《公共行政评论》2013 年第 3 期。

的提升，在促进女性就业的同时提升出生率，让女性能在抚养孩子与照顾家庭的同时在工作中实现自我。

第一，政府要承担起平衡工作与家庭的责任。通过制定有效的政策来改变社会性别分工，支持女性就业。

第二，政府与社会要树立有家庭责任的男女职工平等分担家务、参与工作的观念，制定照顾家庭的政策。

第三，3 岁以下儿童照顾服务的社会化，增加公立托幼机构的供给。要考虑到有家庭责任的男女职工的交通便利，在写字楼、办公地点集中区域联合企业设立公立托幼机构。培养培训托幼机构工作人员，提供高质量的托幼服务。

第四，养老事业的社会化与公益化，增加公立养老机构的供给，提供高质量的养老服务。创新养老模式，培养培训养老机构工作人员，提供高质量、选择性多的养老服务。

第五，生育成本的社会化，而不是企业化、个体化、家庭化。给企业政策性补贴用于支付产假时的替工成本，以及生育期间企业支付给女性的津贴与补贴。

第六，发展替岗代理的中介机构，解决产假期间企业的临时替岗问题；同时也可以提供灵活就业的工作岗位。

第七，家庭照顾责任去性别化，鼓励与支持父亲参与育儿，承担家庭照顾责任。支持男性享有带薪的陪产假、育儿假与照顾老人假，同时政府通过补贴来弥补企业的工资损失与替工成本。

第八，给有子女家庭按照未成年子女数进行一定比例的免税，扣减养育成本与教育成本。

第九，分担育儿经济成本，对婴幼儿父母双方补贴婴幼儿奶粉与尿不湿。女性因生育遭受职业惩罚，经济收入可能降低，对婴幼儿必需品的补贴有助于提高生育女性的经济地位。

普通高校无障碍设施建设的现实困境与完善路径

——基于十所“双一流”高校无障碍设施建设情况的实证调查

王 媛*

摘要：以“双一流”高校为代表的普通高校在无障碍设施建设上存在现实困境，主要原因在于规范普通高校无障碍设施建设的法律支持体系有待完善、政府履行保障义务的水平亟待提高、现代残疾观下社会融合理念缺位以及社会倡导不足。应考虑完善高等教育阶段无障碍法律制度体系，将普通高校无障碍设施建设作为国家教育战略部署的重要环节，并通过社会倡导与政策倡导相结合的方式宣传无障碍理念，实现不同社会主体理念的转变。

关键词：无障碍设施　残障学生　平等权　社会融合理念

党的十九大报告提出：“推进教育公平……办好学前教育、特殊教育和网络教育。”① 教育部等七部门印发的《第二期特殊教育提升计划（2017—2020年）》则要求：“普通高等学校积极招收符合录取标准的残疾考生，进行必要的无障碍环境改造，给予残疾学生学业、生活上的支持和帮助。”以上文件均表明党和国家对特殊教育的重视。随着我国特殊教育事业的深入发展，高等特殊教育作为其中一环，其必要性与重要性愈发显

* 王媛，四川大学法学院宪法与行政法专业研究生，研究方向为宪法与行政法、人权法。

① 党的十七大报告对于特殊教育问题的提法是“关心特殊教育”，中共十八大报告的提法则是“支持特殊教育”，可见，党和国家逐渐重视特殊教育事业的发展，这是一个循序渐进的过程。

现。近年来，进入普通高校接受教育的残障学生人数呈上升趋势，我国高等特殊教育事业成绩显著。但值得注意的是，无障碍设施建设作为残障学生实现平等权与受教育权所不可或缺的关键部分，在现实中仍然存在问题，[①] 残障学生因普通高校无障碍设施不健全而在求学道路上困难重重。普通高校无障碍设施的不健全可以被视为一种无意识的歧视行为，尽管这一行为并不存在明显的、主观的歧视意图，但实际产生的后果是残障学生由于普通高校无障碍设施的不健全，难以实现其平等接受教育的目的。笔者随机选取十所“双一流”高校的四类无障碍设施，通过实地调研、问卷调查等方式进行考察，并针对无障碍设施建设所面临的问题提出相应的完善路径，以期为推进我国普通高校无障碍设施建设提供可行之策。

一 调查情况

（一）对十所“双一流”高校无障碍设施建设与运行现状的调查

1. 调查方法

考虑到调查的便利性以及与残障学生学习生活的关联程度，笔者于2018年5月至2018年10月采取实地考察与委托调研员考察的方式，随机选取十所“双一流”高校内随机一处教学楼的轮椅坡道、无障碍电梯及无障碍厕所以及随机一处道路的盲道作为调查对象，并以《无障碍设计规范》（以下简称《规范》）这一国家强制标准的相关规定为评价指标，考察这四类无障碍设施的运行情况与健全程度。选取十所“双一流”高校的相应设施作为调查对象的意义在于，“双一流”高校属于我国普通高校中基础设施健全、国家教育经费投入较多的学校，因而其无障碍设施建设的资金、技术条件较其他高校而言更为优越，此类高校的无障碍设施建设情况基本可以反映出我国高校在该领域较高的建设水平。若此类高校的建设情况不理想，则更不能奢求资金、技术条件较为不理想的其他高校能够在

① 参见倪震《分离但平等？一项关于残障人高等教育和残障人教育体系的研究》，刘小楠主编《反歧视评论》（第1辑），法律出版社，2014，第221页。

无障碍设施建设方面做到符合国家强制标准，所以对此类高校的无障碍设施建设情况进行考察更具有代表性。

2. 调查数据统计

（1）轮椅坡道

调查结果显示，10 所高校均落实《规范》的要求设置了轮椅坡道，但缺少对细节的关注。仅有 1 所高校的轮椅坡道同时符合《规范》的三项要求，有的高校虽然坡度比和扶手高度符合要求，但没有设置防滑纹路，而有的高校则三项要求均未达标。主要问题集中在坡度这一项中，有 8 所高校的轮椅坡道实际坡度比不符合《规范》的要求，其中 2 所高校轮椅坡道的实际坡度较《规范》设置的标准而言相去甚远（表 1）。轮椅坡道的坡度设计是这一无障碍设施设计过程中的重要环节，坡度设计过于陡峭，则残障学生难以使用轮椅通过轮椅坡道，且存在较大安全隐患。

表 1　轮椅坡道调查结果

	实际坡度比/规定坡度比	防滑纹路	扶手高度
《规范》规定	按相应比例①	坡面应防滑（设置防滑纹路）	扶手高度应为 850～900mm
中国政法大学	1：7/1：10	无	无
华南理工大学	1：11/1：8	无	750mm
云南大学	1：33/1：10	无	850mm
吉林大学	1：11/1：8	有	900mm
兰州大学	1：10/1：10	无	850mm
四川大学	1：9/1：20	有	1170mm
武汉大学	1：5/1：8	有	900mm
厦门大学	1：7/1：10	无	无
华中科技大学	1：11/1：12	无	750mm
同济大学	1：10/1：10	有	830mm

注：①无障碍设计规范表 3.4.4 规定了不同水平长度轮椅坡道的最大高度及坡度要求，例如水平长度为 9m 时，相应的坡度应为 1：12，水平长度为 6m 时，相应的坡度应为 1：10，未明确规定的其他坡度可用插入法进行计算。

（2）盲道

较轮椅坡道而言，10 所高校的盲道设置情况不太理想。10 所高校中有 7 所未设置盲道，剩余 3 所高校虽设置了盲道，但均存在被车辆、杂物等占用或有断裂的情况，存在安全隐患。同时，《规范》要求应在盲道的起点、终点或是转弯处设置提示盲道，笔者所考察的 10 所高校中仅有 1 所高校铺设“提示盲道”，但其铺设地并非位于盲道的起点、终点或是转弯处，亦不符合《规范》要求，无法起到提示作用（表 2）。

表 2　盲道调查结果

	占用情况	断裂情况	提示盲道设置情况
《规范》规定	其他设施不得占用盲道	无规定	在起点、终点及转弯处应设提示盲道
中国政法大学	\	\	\
华南理工大学	未被占用	有断裂	未设置
云南大学	\	\	\
吉林大学	\	\	\
兰州大学	\	\	\
四川大学	\	\	\
武汉大学	被占用	有断裂	已设置
厦门大学	未被占用	有断裂	未设置
华中科技大学	\	\	\
同济大学	\	\	\

注：①表格中的“ \ ”表示相应学校未设置相应设施。下表同，不再进行说明。

（3）无障碍电梯

对 10 所高校无障碍电梯的调查结果进行分析可以发现：第一，在是否设置无障碍电梯方面较盲道设置情况而言较为理想，有 9 所高校设有无障碍电梯，其中 1 所高校的无障碍电梯同时符合《规范》的三项要求；第二，有 8 所高校的无障碍电梯存在不同程度的问题，例如，仅有 2 所高校设有盲文选层按钮，亦只有 2 所高校于电梯的三面壁设置扶手。轿厢正面镜面的设置较另外几项来说情况较好，但亦有 3 所高校未安装镜子或未采用有镜面效果的材料（表 3）。

表 3　无障碍电梯调查结果

	盲文选层按钮设置情况	三面壁扶手设置情况	轿厢镜面材料情况
《规范》规定	应设高 0.90 ~ 1.10m 带盲文的选层按钮	三面壁上应设高 850 ~ 900mm 扶手	正面应安装镜子或采用有镜面效果的材料
中国政法大学	无	无	有
华南理工大学	\	\	\
云南大学	无	无	无
吉林大学	有	900mm	有
兰州大学	无	无	无
四川大学	无	850mm	有
武汉大学	无	无	无
厦门大学	无	无	有
华中科技大学	无	无	有
同济大学	有	无	有

（4）无障碍厕所

调查结果显示，10 所高校均设有无障碍厕所，表明高校对这一无障碍设施的重视，但调查结果所体现的问题同样值得注意。首先，仍有 1 所高校未在厕所入口处设置无障碍标志。其次，有 2 所高校的无障碍厕所处于被占用状态，残障学生无法正常使用，形同虚设。最后，仅有 3 所高校的无障碍厕所设有水平安全抓杆，其中 2 所高校的抓杆设置与《规范》要求相去甚远，另外 1 所高校的抓杆设置与《规范》要求相差较小，但仍未完全符合标准，抓杆对于残障学生如厕来说有重要的帮助作用，但并未引起各大高校的重视（表 4）。

表 4　无障碍厕所调查结果

	是否设置无障碍标志	水平安全抓杆设置情况	占用或闲置情况
《规范》规定	入口应设置无障碍标志	厕位两侧高 700mm 处应设长度不小于 700mm 的抓杆	不得被占用或闲置
中国政法大学	有	高 590mm/长 470mm	未被占用或闲置
华南理工大学	有	无	被杂物占用

续表

	是否设置无障碍标志	水平安全抓杆设置情况	占用或闲置情况
云南大学	有	高 785mm/长 800mm	未被占用或闲置
吉林大学	无	无	未被占用或闲置
兰州大学	有	无	被清洁工具占用
四川大学	有	无	未被占用或闲置
武汉大学	有	高 800mm/长 570mm	未被占用或闲置
厦门大学	有	无	未被占用或闲置
华中科技大学	有	无	未被占用或闲置
同济大学	有	无	未被占用或闲置

（二）500 名普通高校非残障学生对残障学生及无障碍设施的态度

1. 调查对象与调查工具

弗里德曼（J. L. Freedman）认为态度是一种带有认知成分、情感成分和行为倾向的持久系统。[①] 态度表现为个体对某个群体的情感反应，对与该群体相关知识的认知以及采取的应对行为。本文以态度的三个维度为调查因素设置问卷，在所考察的十所“双一流”高校中随机选取 500 名非残障学生，通过问卷调查的形式考察其对残障学生及无障碍设施的态度。

2. 调查结果

500 份问卷中，回收的有效问卷数为 494 份。首先，在情感反应这一模块中，在问及是否关注身边的无障碍设施时，67.2% 的学生表示偶尔关注，10.5% 的学生从不关注，仅 22.3% 的学生表示会有意识地注意残障学生使用无障碍设施的情况，并对无障碍设施是否能有效帮助残障学生有自己的看法。在普通高校是否应当设置无障碍设施这个问题中，46.7% 的学生认为应根据实际情况来看，如有行动不便的残障学生则应设有无障碍厕所，若学校有盲人学生则应当设有盲道，38.4% 的学生认为高校应当设置

① 参见〔美〕J. L. 弗里德曼《社会心理学》，高地、高佳译，黑龙江人民出版社，1984，第 321 页。

完善的无障碍设施，14.9% 的学生认为普通高校没有必要设置无障碍设施。在问及残障学生适合怎样的教育模式时，66.4% 的人认为残障学生应当进入特殊教育学校就读，仅 7.9% 的人认为残障学生可进入普通高校并参与随班教学，25.7% 的人认为残障学生即便进入普通高校，也应当在专门为残障学生开设的专业内就读。其次，在无障碍知识认知这一模块中，当被问及是否接受过与融合教育、无障碍理念相关的知识培训或参加有关的公益讲座时，70.8% 的人表示从未参加，仅 29.2% 的人通过观看新闻、纪录片、公益广告以及阅读相关书籍等方式了解这方面的知识。而在 494 名非残障学生对机场、普通高校等十类公共场所无障碍设施完善程度所作的排序中，医院名列第一，特殊教育学校紧随其后，普通高校仅列第九位。最后，在采取的应对行为这一模块中，当被问及是否愿意帮助一同学习生活的残障学生时，87.5% 的学生表示愿意主动为其提供帮助，11.6% 的学生愿意在不影响个人生活节奏的情况下提供较为简单的帮助，仅 0.9% 的学生表示不愿提供帮助。

可见，在情感层面，非残障学生认为残障学生在特殊教育学校能接受更为适合的教育。且非残障学生无意识中透露一种观念——普通高校的残障学生属于少数，所以多数调查对象认为普通高校无障碍设施的设置应考虑实际使用需求。行动层面是情感层面的体现，非残障学生将残障学生视为一个需要帮助的弱势群体，表现出较为乐意提供帮助的积极情感态度。在认知层面，多数学生表示从未接受过无障碍知识的培训或是参加相关讲座，也表明公众无障碍知识的匮乏。而对十类公共场所无障碍设施完善程度的排序，同样体现出普通高校无障碍设施的不健全。

2006 年中国残联等十一个部门联合印发的《无障碍建设“十一五”实施方案》中明确提到“在全国 100 个城市开展创建全国无障碍建设城市工作”。2007 年建设部等四个部门发布《关于开展创建全国无障碍建设城市工作的通知》（以下简称《通知》），将无障碍城市建设工作具体化。笔者选取的十所“双一流”高校所在的城市均名列 100 个开展全国无障碍建设工作的城市之中。《通知》发布距今已有十二年，但综合上述调查结果不难发现，以“双一流”高校为代表的普通高校在无障碍设施建设方面存在现实困境。一方面，部分高校未设置无障碍设施，部分高校虽设置相关设施，但大多不符合《规范》的要求，其并未在方便残障学生日常学习与生活方面发挥积极作用。另一方面，公众对于残障学生及无障碍设施建设的态度较为冷漠，大多数人缺乏关注校内无障碍设施建设情况的意识，且公众或多或少存在有意或无意的歧视心理。

二 普通高校无障碍设施建设实践困境的原因分析

我国普通高校主要依靠国家财政拨款进行无障碍设施建设，属于“基本支出预算加项目支出预算”模式中的项目支出预算部分，“双一流”高校往往从中获取较大数额的经费。然而，笔者针对十所“双一流”高校的实地考察结果并不理想。普通高校无障碍设施的不健全使得残障学生的学习生活条件难以得到保障，阻碍其受教育权的实现，这与法律支持体系的不健全、政府保障义务未落实到位、社会对普通高校无障碍设施建设以及无障碍设施本身的认知程度较浅有关，社会缺乏对传统残疾观念的更新，总的来说，其原因可以从以下四个方面进行分析。

（一）规范普通高校无障碍设施建设的法律支持体系有待完善

自 1984 年教育部等部门发布第一个关于残障学生高考录取工作的加急电报以来，国家出台了一系列涉及保障普通高校无障碍设施建设的法律法规和相关政策，如《中华人民共和国教育法》① （以下简称《教育法》）、《中华人民共和国残疾人保障法》②（以下简称《残疾人保障法》）、《中华人民共和国残疾人教育条例》③ （以下简称《残疾人教育条例》）、

① 《中华人民共和国教育法》第 39 条规定：“国家、社会、学校及其他教育机构应当根据残疾人身心特性和需要实施教育，并为其提供帮助和便利。”

② 《中华人民共和国残疾人保障法》第 52 条规定：“国家和社会应当采取措施，逐步完善无障碍设施，推进信息交流无障碍，为残疾人平等参与社会生活创造无障碍环境。各级人民政府应当对无障碍环境建设进行统筹规划，综合协调，加强监督管理。”

③ 《中华人民共和国残疾人教育条例》第 50 条规定：“新建、改建、扩建各级各类学校应当符合《无障碍环境建设条例》的要求。县级以上地方人民政府及其教育行政部门应当逐步推进各级各类学校无障碍校园环境建设。”

《无障碍环境建设条例》以及以五年为周期的无障碍环境建设实施方案等。地方层面有甘肃省、深圳市、北京市三地的人大常委会出台保障无障碍设施建设的地方性法规，各地政府共颁布三十九部关于无障碍设施建设的地方政府规章①。然而，上述法律法规中，涉及教育场所无障碍设施建设的内容较为零散且不成体系，进一步细化至普通高校无障碍设施建设的条款更为少见，普通高校无障碍设施建设支持体系尚未形成。

1. 普通高校无障碍设施建设各环节监督职责划分不清

普通高校无障碍设施建设（包括新建与改建）涉及前期的项目规划及审查、实地勘查、项目图纸设计及审查、施工、竣工验收和后续维护等环节，同时，对设施建设的监督贯穿于每一环节。《无障碍环境建设条例》将县级以上人民政府规定为组织编制无障碍环境建设发展规划并组织实施的主体，② 同时确认全国无障碍设施工程建设活动的监督管理工作由国务院住房和城乡建设主管部门负责。③ 涉及无障碍设施建设的地方性法规以及地方政府规章在涉及职责分配时，均表述为由县级以上人民政府负责对无障碍环境建设发展进行规划和监督管理。而当职责分配进一步细化到政府各部门时，表述则多为“在各自职责范围内”做好无障碍环境建设管理工作，职责划分不清，各环节监督主体亦不明确。值得注意的是，其中1部地方性法规，8部地方政府规章在对职责进行分配时，并未提及教育部门，这也侧面反映对教育场所的无障碍设施建设各环节的监督属于盲区中的盲区。这一问题在普通高校无障碍设施建设中的竣工验收部分表现较为明显，实践中，高校基础设施建设的竣工验收监督部门不明晰，有的高校

---

① 宁夏回族自治区、山东、湖北、河南、天津、江西、福建、辽宁、广东、吉林、山西、陕西、河北、江苏、四川、上海、甘肃、海南、内蒙古自治区、浙江、黑龙江、广州、北京等，共31个省、区、市出台36篇关于无障碍设施建设的地方政府规章，其中已失效的有8部，已被修改的有5部，尚未生效的有1部，现行有效的有27部。

② 《无障碍环境建设条例》第4条第1款规定：“县级以上人民政府负责组织编制无障碍环境建设发展规划并组织实施。”

③ 《无障碍环境建设条例》第5条第1款规定：“国务院住房和城乡建设主管部门负责全国无障碍设施工程建设活动的监督管理工作，会同国务院有关部门制定无障碍设施工程建设标准，并对无障碍设施工程建设的情况进行监督检查。”

由教育厅负责人员进行监督①，有的高校则由建设工程质量监督站负责②。不同部门、机构按照不同标准对无障碍设施进行竣工验收监督，不仅职责混乱，而且导致无障碍设施难以投入后续使用，无法为残障学生提供便利。

2. **法律责任规定模糊，法律救济途径不完善**

《无障碍环境建设条例》以及各地相应的法规规章对无障碍设施所有权人、管理人、建设者的法律责任作出较为详细的规定，其问题在于威慑力不足且执行性较弱，表述多为“责令改正”“依法处罚”“应当承担赔偿责任”。仅有19部地方性法规、地方政府规章提及明确的罚款措施和具体罚款数额，且其中《内蒙古自治区无障碍环境建设办法》仅对占用无障碍停车位的行为作出罚款数额的明确规定，③ 并未涉及其他行为。对主管部门及其工作人员法律责任的规定相较于其他主体而言，较为模糊，多为原则性规定。具体表现为对主管部门及其工作人员违法行为的列举较为局限，处罚措施及处罚依据缺少明确规定。仅《江西省无障碍环境建设办法》④《本溪市无障碍设施建设和使用管理实施细则》⑤ 对主管部门的违法

---

① 《学校对2017年基本建设维修工程开展验收工作》，http://www.xjau.edu.cn/2017/0925/c144a51430/page.htm，最后访问时间：2019年3月5日。

② 《医技楼工程竣工验收合格》，http://www.cd120.com/htmlnewszhongyaoxinwen/74409.jhtml，最后访问时间：2019年9月5日。

③ 《内蒙古自治区无障碍环境建设办法》第34条规定：“违反本办法第二十条第二款规定，肢体残疾人驾驶或者乘坐的机动车以外的机动车占用无障碍停车位，影响肢体残疾人使用的，由公安机关交通管理部门责令改正，给予警告；拒不改正的，处以200元罚款。”

④ 《江西省无障碍环境建设办法》第32条规定：“无障碍环境建设主管部门及其工作人员违反本办法的规定，有下列情形之一的，由有权机关责令改正；情节严重的，由任免机关或者监察机关按规定对直接负责的主管人员和其他直接责任人员依法给予处分：（一）不依法履行对无障碍设施的建设、维护和使用情况监督检查职责的；（二）对损坏、擅自占用无障碍设施，或者改变无障碍设施用途行为的投诉、举报应当受理而不受理或者拖延受理，以及受理后不予查处，造成严重后果的；（三）在实施监督管理中滥用职权、玩忽职守、徇私舞弊的。”

⑤ 《本溪市无障碍设施建设和使用管理实施细则》第27条规定：“建设行政主管部门和有关行政管理部门工作人员在无障碍设施管理工作中有下列行为之一的，由其所在单位或者上级主管部门给予行政处分；情节严重构成犯罪的，依法追究刑事责任：（一）对未配套建设无障碍设施的新建、改建、扩建公共建设项目行为不予处理的；（二）对已建成的重要公共建设项目未按规划组织实施无障碍设施改造的；（三）不履行无障碍设施养护职责的；（四）对残疾人联合会、其他组织以及公民反映的无障碍设施建设、养护和使用中存在的问题，不予调查处理的；（五）有其他滥用职权、徇私舞弊、玩忽职守行为的。”

行为及相应的处罚措施作出较为翔实的规定，并且在此基础之上设置相应的兜底条款。

《残疾人保障法》第60条针对残障人合法权益受到侵害的情形规定了两种救济途径，分别是“要求有关部门处理”以及“提起诉讼”。[①] 2009年，残障人丁盛奇到中国工商银行重庆龙溪支行办理业务，因该行未设置轮椅坡道，丁盛奇轮椅无法通行，遂对重庆市规划局连同重庆渝安房地产开发有限公司、中国工商银行重庆龙溪支行提起诉讼。被告答辩称丁盛奇既不是行政相对人，又不对该建筑具有相邻权、竞争权和环境权，因此，原告与被告的具体行政行为无利害关系，不是该案的适格被告，[②] 该案最终以原告败诉告终。实践中，不乏残障人因公共场所无障碍设施不健全而提起诉讼的案例，[③] 但多数以败诉告终。案件中的多数残障人似乎对胜诉并不抱希望，其目的多为通过起诉主管部门、无障碍设施管理人以及所有权人而引发社会关注并重视无障碍设施建设领域存在的问题，以此达到促使主管部门和相关责任主体完善无障碍设施之目的，此种现象凸显出目前法律渠道救济途径的不完善。《残疾人保障法》规定残障人寻求诉讼渠道救济的前提为合法权益受到侵害，然而何为“合法权益”，何种程度的行为可以称为“侵害”在司法实践中难以界定，且并未对举证责任的分配作出规定，导致诉求时常只能寄托于引起社会关注而在法庭之外实现。

3. 法律法规对普通高校残障学生无障碍权的保障水平落后于其他群体

首先，与义务教育阶段的无障碍法律法规相比，《残疾人教育条例》

---

① 《残疾人保障法》第60条规定：“残疾人的合法权益受到侵害的，有权要求有关部门依法处理，或者依法向仲裁机构申请仲裁，或者依法向人民法院提起诉讼。对有经济困难或者其他原因确需法律援助或者司法救助的残疾人，当地法律援助机构或者人民法院应当给予帮助，依法为其提供法律援助或者司法救助。”

② 《重庆未建无障碍设施法学教授起诉银行》，http://www.chinadp.net.cn/news_/picnews/2009-09/10-4533.html，最后访问时间：2019年9月5日。

③ 2007年北京的阮女士因公主坟地铁站未设置无障碍设施而状告北京地铁运营有限公司，结果为败诉。《残疾人告地铁未设无障碍设施败诉法院发出建议函》，http://www.jcrb.com/zhuanti/fzzt/cjr/scal/200809/t20080904_69951.html，最后访问时间：2019年9月5日。2009年残障人栾启平因列车未设置残疾人专座而状告铁道局、北京铁路局以及南京铁路局，结果为败诉。《列车未设残疾人专座被起诉》，http://www.chinadp.net.cn/news_/picnews/2009-11/02-4845.html，最后访问时间：2019年9月5日。

在“义务教育”这一章将县级人民政府规定为法律责任主体，并针对包括无障碍设施建设在内的一系列受教育权实现保障机制进行了系统化的规定。而在“普通高级中等以上教育及继续教育”这一章中仅对招生环节作强制规定，并未涉及无障碍设施建设的有关内容，其责任主体、处罚标准等规范散见于《残疾人保障法》《无障碍环境建设条例》等法律法规中，不成体系且难以实行。其次，与高等教育阶段的特殊教育学校相比，普通高校以《无障碍设计规范》的内容作为标准进行无障碍设施建设，这一标准的适用领域较为广泛。然而普通高校无障碍设施建设较其他公共领域而言具有特殊性，无法完全适用该标准。可见，普通高校缺少针对性较强的无障碍设施建设规范。而特殊教育学校基础设施建设则以《特殊教育学校建筑设计规范》为参照标准，该规范针对特殊教育学校的特点制定，因而具有针对性强、体系化的特征。

4. 普通高校残障学生无障碍权缺乏强制性保障机制

《残疾人保障法》专列“无障碍环境”一章，规定了落实残障公民无障碍权的一系列保障条件。《残疾人教育条例》第 4 条规定：“县级以上人民政府应当加强对残疾人教育事业的领导，将残疾人教育纳入教育事业发展规划，统筹安排实施，合理配置资源，保障残疾人教育经费投入，改善办学条件。”《无障碍环境建设条例》第 4 条亦明确规定：“县级以上人民政府负责组织编制无障碍环境建设发展规划并组织实施。”但相关法律法规均未明确政府对于高等教育阶段残障学生无障碍权的保障义务，缺少强制性规定，导致残障学生无障碍权的保障难以落实。

（二）政府履行保障义务的水平亟待提高

其一，政府作为主管部门的无障碍保障义务仅局限为监督高校是否建有《规范》所要求的无障碍设施。《第二期特殊教育提升计划（2017—2020年）》仅规定：“普通高等学校积极招收符合录取标准的残疾考生，进行必要的无障碍环境改造。”上文调查结果显示，笔者所考察的十所“双一流”高校大多建有相应的无障碍设施，但相关设施不符合《规范》要求的现象普遍存在。政府依法履行的无障碍保障义务，除监督高校设置相应的无障碍设施以外，还应包括检查无障碍设施是否符合《规范》这一国家强制标准的要求，以及新建无障碍设施与已有设施的衔接性等。

其二，将高校无障碍设施建设作为残障人教育政策之一，其缺乏相对独立性。残障学生所享有的无障碍权要求高校无障碍设施建设有明晰的运作体系与目标任务，然而，目前国家中长期教育政策尚未明确提及高校无障碍设施建设的相关内容。《国家中长期教育改革和发展规划纲要（2010—2020年）》在“高等教育”这一章中并未提及高等教育阶段的特殊教育，而“特殊教育”一章中也仅提及“重视发展残疾人高等教育”。《无障碍环境建设“十三五”实施方案》则要求“加快推进学校无障碍环境建设”，“出台加强学校无障碍环境改造政策”。以上文件均缺少针对无障碍设施建设且具有相对独立性的教育政策，无法对症下药。

其三，具体政策与国家教育战略部署要求存在差距。《国家中长期教育改革和发展规划纲要（2010—2020年）》作为我国十年的教育战略部署，是基本政策体系中第一层级的政策规范。[①] 纲要要求2020年以前，“各级政府要加快发展特殊教育，把特殊教育事业纳入当地经济社会发展规划，列入议事日程”。相比较而言，以基本政策体系为基础的具体政策规范与国家教育战略部署要求尚存在差距。在具体政策规范的设置方面，普通高校无障碍设施建设监管体系的完善、技术与资金支持等领域仍属于空白。高等教育阶段残障学生受教育权的保障政策未与义务教育、特殊院校教育等领域的政策一同推进，缺少合力保障与衔接机制。

（三）现代残疾观下社会融合理念缺位

传统残疾观认为，残障人群体是一个被动的、需要救济的群体，该观念将残疾理解成社会价值降低的过程，使残障人容易受到歧视与排斥。随着社会的进步，平等观念深入人心，传统残疾观开始向社会残疾观转变。社会残疾观认为，残疾是一定社会制度的后果，要想解决残障人问题，应

① 参见王培峰《我国特殊教育政策：总体结构及其问题——基于特殊教育政策文本的分析》，《基础教育》2016年第2期。

当消除由社会环境造成的障碍。① 在社会残疾观的影响下，各类公共场所陆续修建无障碍设施，体现了对残障人的情感接纳。然而，在普通高校无障碍设施建设领域，不同主体因存在刻板印象以及社会融合理念的缺位，其对于残障学生更多是一种形式接纳而非实质接纳。

1. 高校管理层缺少将无障碍建设理念融入高校章程的意识

高校管理层多认为公共设施的建设应以实际需求为衡量标准，即使用人数的多寡、需求是否急迫等。医院、特殊教育学校等公共场所由于其服务对象与无障碍设施使用群体高度重合，因而无障碍设施的完善程度较高。而普通高校主要面向非残障学生群体，并将修建无障碍设施视为公益行为，而非基于平等受教育权要求的应尽义务。在计划经济时期，普通高校均依靠国家财政拨款进行办学，经费严重不足，因此难以将无障碍硬件建设纳入建设规划项目之中。② 此后，我国高校的办学体制逐渐转变为一主多元体制，经费紧张的情况得到改善，但无障碍设施建设的相关制度与新体制严重脱节。笔者查阅教育部《2018 年度教育部直属高校信息公开年度报告》后发现，75 所高校的年度信息公开报告中均未涉及无障碍教育环境建设的情况与未来规划，以上高校的章程中亦未提及无障碍环境规划的相关规定。③

2. 主管部门缺乏按《规范》严格监督高校无障碍设施建设的意识

虽然《无障碍环境建设条例》以及各地出台的相关配套法规规章均对主管部门的监督职责及法律责任作出了不同程度的规定。高校基础设施在规划之初需经主管部门审批，建设过程中接受其监督，验收时主管部门亦与高校基建处等部门一同组成竣工验收小组，对设施建设完成度进行评估。然而，笔者所考察的十所“双一流”高校的无障碍设施建设情况不甚理想却仍然通过竣工验收，且缺乏后续的检查与维护，无障碍设施“形同

① 参见杨思斌《残疾人权利保障的法理分析与机制构建》，《社会保障研究》2007 年第 2 期。

② 参见杨德广《60 年来中国高等教育办学体制和管理体制的变革》，《大学教育科学》2009 年第 5 期。

③ 参见《2018 年度教育部直属高校信息公开年度报告》，http://www.moe.gov.cn/jyb_xxgk/moe_xxgk/xxgk_left/year_more/xxgkndbg_jybzsgxxxgkndbg/201811/t20181102_353508.html，最后访问时间：2019 年 4 月 2 日。

虚设”。主管部门缺乏对普通高校无障碍设施建设过程中不同环节的监督意识。这在前述“丁盛奇案”中也得到印证，重庆市规划局在无障碍设施建设不完善的情况下给开发商核发“建设工程规划许可证”，并且未督促其进行后续的改造工作，但其仍在答辩中声称核发行为合法。

现行有效的27部各地政府发布的关于无障碍设施建设的地方性规章中，虽然均提及应按照“标准”建设无障碍设施，但截至2019年5月，其中仍有13篇规章沿用的是已经失效的《城市道路和建筑物无障碍设计规范》作为建设标准。[①] 各地政府作为无障碍设施建设规划的编制以及主管部门，并未有意识地重视无障碍建设领域国家强制性规范的更新换代。

3. 传统残疾观依然根深蒂固

随着社会残疾观的普及，社会公众不再对残障人进行有意识的排斥。然而，在针对500名非残障大学生的调查中，当问及“认为残障学生适合何种教学方式”时，66.4%的学生选择了“进入特殊教育学校学习”。儒家文化强调伦理本位，道德至上，传统儒学遗留下来的等级和宿命论观念与融合教育所倡导的平等理念相冲突，[②] 其将残障人群体视为需要扶助而非平等对待的弱势群体。在此观念的影响下，公众多认为残障学生在特殊教育学校能使用更为完善的无障碍设施。殊不知此种观念一方面潜移默化地将残障与非残障学生群体划分开来，构成无意识的歧视行为，另一方面使得公众缺少对普通高校无障碍设施建设的监督意识。值得注意的是，观念问题不仅仅存在于社会公众之中，许多残障学生并未将无障碍设施不健全视为一种区别对待的歧视行为，反而认为是自己的“不一样”给他人带来困扰，[③] 即使有的残障学生认识到这是一种歧视行为，愿意寻求救济以维护自身权益，但这样的人也只是少数。

---

① 住房和城乡建设部、民政部、中国残疾人联合会于2001年8月1日发布《城市道路和建筑物无障碍设计规范》JGJ50－2001作为全国范围实施的强制性规范文件，然而该规范已于2012年9月1日废止，取而代之的是由住房和城乡建设部、国家质量监督检验检疫总局联合发布的《无障碍设计规范》GB50763－2012。

② 参见邓猛《融合教育在中国的嫁接与再生成：基于社会文化视角的分析》，《教育学报》2012年第1期。

③ 参见郭彬、黄诗欣、杨琦《公务员录用体检标准下的制度性歧视》，刘小楠主编《反歧视评论》（第2辑），法律出版社，2015，第49页。

（四）社会倡导不足

目前，各类社会公益组织在相关政策的支持下倡导公众对不同类型的群体提供相应帮助，期望在回馈社会的过程中实现社会的良性发展。例如，各地通过设立血站的方式与公益组织合作宣传义务献血的相关知识，鼓励公众参与义务献血；在艾滋病防治方面则以《艾滋病防治条例》为指导，通过政策支持与社会组织宣传倡导相结合的方式加深公众对相关知识的了解，以起到防治艾滋病、关爱相关群体的宣传作用。然而，在普通高校无障碍设施建设领域，虽然，亦有“全国助残日”这一宣传助残知识的专门节日，但其影响力较小，且多是从“扶助”的角度来进行宣传，潜移默化中仍然将残障人视为与非残障不同的弱势群体。此外，高校不同于其他公共场所，其开放程度相对较低，普及无障碍知识的组织大多未能进入学校进行宣传，师生以及高校管理层获取相关知识的途径较少，缺乏相应的社会倡导。

三　推进普通高校无障碍设施建设的路径

（一）完善高等教育阶段无障碍法律制度体系

就宪法平等权与受教育权条款在高等教育阶段的实施而言，需要法律予以具体化。[①] 普通高校无障碍设施建设的法律制度体系是教育战略部署顶层设计在高等教育阶段的重要体现，是决定残障学生平等地接受高等教育之目标实现的关键。

首先，针对高等教育的特性，在无障碍设施的规划、建设、竣工验收及后续运行等阶段，应以立法的形式明确每个阶段的执法监督主体、职责范围以及行动边界，建构以权利义务关系和主体责任为核心的多元主体参与保障残障学生受教育权的法律制度体系。以《残疾人保障法》第 52 条

---

① 参见石文龙《我国宪法平等条款的文本叙述与制度实现》，《政治与法律》2016 年第 6 期。

第2款要求的“各级人民政府应当对无障碍环境建设进行统筹规划，综合协调，加强监督管理”为基础，强化监管部门的分工合作与法律责任，为多元主体合作参与高校无障碍设施建设的实践提供法律支持。同时，也应规定执法监督的具体流程与实施细则。

其次，细化相关法律法规中“法律责任”的有关规定，进一步完善救济渠道。一方面，细化主管部门及相关责任人的法律责任条款，对相关主体从规划建设之初至建设完成后的维护环节中的失职行为及相应的法律责任、处罚标准作出明确规定。另一方面，健全法律救济渠道，对“合法权益”进行兜底式列举，将无障碍权规定于其中，值得说明的是，该对策并非将“合法权益”的范围进行限缩，而是在原本宽泛的基础上进行较为详细的列举，以便于更好地维护残障人的无障碍权。

再次，从法律法规层面重视高校无障碍设施建设，逐步消除其他教育阶段公共领域无障碍设施建设法律制度设计的不平等性。例如，可参考《残疾人教育条例》关于义务教育阶段无障碍设施建设的政府责任、运行机制及救济程序，综合考虑普通高校的具体情况与残障学生的实际需求，完善“普通高级中等以上教育及继续教育”专章部分的条文。教育作为一个系统工程，各个学段之间相互衔接、相互制约，前一学段是后一学段的基础，后一学段的教育质量又影响着前一学段的入学数量。[①] 完善高等教育阶段无障碍设施建设的相关法律法规有利于提升各个阶段融合教育的整体水平。此外，可于《无障碍环境建设条例》第13条至第15条后增加对普通高校无障碍建设规划的要求，[②] 从而缩小高校内外无障碍设施建设水平的差距。

最后，相关立法应注重吸收社会意见。2007年3月，全国人大常委会办公厅公布《就业促进法（草案）》征求社会意见，许多网友通过各种途径提出意见，认为草案须增加禁止就业过程中用人单位歧视乙肝病毒携带

① 参见雷江华、罗司典、亢飞飞《中国高等融合教育的现状及对策》，《中国特殊教育》2017年第1期。

② 《无障碍环境建设条例》第13条至第15条分别规定了城市公共道路、公共停车场等各类交通无障碍设施建设的具体要求。

者的条文。之后公布的《中华人民共和国就业促进法》于第30条增加相关规定，可以说是乙肝病毒携带群体发动全国各地网友表达诉求的结果。这表明在全国人大常委会的立法程序中，由公民提出立法建议并被采纳的情况已有先例。[①] 同样，许多残障学生亦通过新闻媒体或申请信息公开的方式表达其诉求，[②] 希望完善关于普通高校无障碍设施建设的法律法规。未来在普通高校无障碍设施建设的立法及修法进程中，立法者应广泛听取社会意见，在全国高校广泛开展实地考察，结合实际情况谨慎采纳合理意见。

（二）将普通高校无障碍设施建设作为国家教育战略部署的重要环节

1. 强化政策领域的实施机制

在国家教育战略部署基本政策的框架下，通过规划具体政策的方式强化普通高校残障学生无障碍权的实施机制。目前，我国形成了以《国家中长期教育改革和发展规划纲要（2010—2020年）》为核心，以《中国残疾人事业“十三五”发展纲要》《第二期特殊教育提升计划（2017—2020年）》为实施安排的基本政策结构。[③] 在此框架之下，可参考特殊教育领域具体政策文本的设置经验，[④] 完善普通高等教育领域的政策文本。一方面，政府、高校以及社会组织在普通高校无障碍设施建设中发挥重要作用，三者均为残障学生社会支持体系的重要组成部分，[⑤] 所以应在基本政策的指导下制定相关实施细则，根据三者的性质进行职能划分，明确其分

---

① 参见周伟《从身高到基因：中国反歧视的法律发展》，《清华法学》2012年第2期。

② 参见蒋欣《四名残障大学生向教育部递申请，要求公开高校无障碍建设情况》，《中国青年报》2016年8月4日；参见张笛扬、崔慧莹《残疾大学生求学怎样无障碍》，《南方周末》2017年8月21日。

③ 参见王培峰《我国特殊教育政策：总体结构及其问题——基于特殊教育政策文本的分析》，《基础教育》2016年第2期。

④ 教育部发布的三类特殊学校的教学计划、课程计划，《义务教育课程设置实验方案》《关于开展残疾儿童少年随班就读工作的试行办法》等是我国特殊儿童教育领域的具体政策文本。

⑤ 参见牛爽爽、邓猛《融合教育背景下的残疾学生社会支持系统探析》，《中国特殊教育》2015年第9期。

工，构建权利与责任清单，明确不同主体的实施保障义务。另一方面，应避免呼吁、口号性规定过多的弊病，通过具有可操作性的手段将基本政策贯彻落实，并注意基本政策的时效性，根据实际情况不断进行调整和更新。

2. 提高政策的纵向周延程度

基本教育政策应从顶层设计的角度对国家教育战略部署进行统筹协调，并对具体教育活动进行价值排序，进而细化为针对不同层级的不同领域、同一领域的不同方面的具体政策。具体而言，应提高第一与第二层级基本政策之间的周延程度。体现《中华人民共和国宪法》平等权与受教育权理念，以《教育法》《残疾人保障法》等总政策性法律为出发点，在第一层级的长期教育政策如《国家中长期教育改革和发展规划纲要（2010—2020 年）》中体现平等融合的可持续发展理念，而第二层级的中长期政策如《第二期特殊教育提升计划（2017—2020 年）》则应遵循上一层级教育政策的理念，进一步规划普通高校特殊教育总体蓝图设计，从而起到承上启下的作用。此外，应提升高校无障碍设施建设具体政策与基本政策之间的周延程度。具体政策的设置离不开基本政策的引导，但残障人教育基本政策的特征决定了其具有稳定性，这与普通高校残障人教育具体政策的短期性存在冲突。因此，将基本政策细化为不同时期的具体政策，在特定时期内对基本政策进行有针对性的设计十分必要。值得注意的是，不能脱离基本政策的框架，应在基本政策所规定的财政预算、各阶段重点推进项目等计划下，制定普通高校无障碍设施建设的实施计划，避免实施计划因缺乏相应的政策指引而产生逻辑上的前后矛盾。

3. 推进残障人高等教育政策的横向协调发展

普通高校无障碍设施建设的教育政策是残障人高等教育政策体系的组成部分，须与其他相关政策协调配合，共同推进。第一，与招生政策、就业政策及其他政策相结合，在招生之初了解残障学生的实际需要，为制定招生政策提供前置条件。在接受教育的过程中，依据政策指引不断推进无障碍设施建设，从而为招生政策的完善提供可靠样本，并为残障学生就业政策的实现提供保障，实现残障人高等教育政策的横向协调发展。第二，从学前教育、义务教育、继续教育及特殊教育等领域的残障人教育政策中汲取经验，完善高等教育阶段无障碍设施建设的相关政策，提升残障人高等教育的政策保障水平。

（三）实现不同社会主体教育理念的转变

观念在态度的三个维度中处于认知层面和情感层面，认知和情感影响公众对残障学生群体的接纳程度以及所采取的行为。改变公众对残障学生群体的态度，实现由形式接纳到实质接纳的转变，对普通高校无障碍设施建设起着至关重要的作用。首先，高校管理层应转变以需求为衡量标准进行无障碍设施建设的观念，将无障碍设计理念写入高校章程，用以指导本校无障碍设施的规划与建设。此外，应立足于残障学生的实际需求，维护和改进无障碍设施，使其更好地服务于残障学生的日常学习与生活。其次，主管部门在高校基础设施规划、修建、改建及竣工验收的过程中，除注重对其他设施的监督外，还应以《无障碍设计规范》这一国家强制标准对无障碍设施建设的各个环节进行监督。并在后续的回访检查环节中调查残障学生对无障碍设施的满意度，将其作为考核高校校园建设情况的重要指标。再次，应将儒家传统仁爱思想与社会主义和谐社会坚持以人为本的基本原则相结合，营造尊重残障学生平等地享有受教育权的良好社会氛围。摒弃儒家传统思想中与时代脱节的部分，在传承儒家仁爱、正义思想的基础之上，强调社会残疾观的重要性，逐渐消除无意识歧视的滋生环境。更为重要的是，公众成熟的无障碍理念在一定程度上使其具有责任心和使命感，进而使普通高校无障碍设施建设的公众监督得到完善。最后，应在全社会逐步树立宪法平等理念。正如罗尔斯所言，应在平等、自由的基础上遵循补偿原则，满足“最少受惠者的最大利益”。[①] 宪法平等理念的树立，关系着教育制度的公平和教育质量的提高，是保障残障学生受教育权必不可少的前提条件，也是社会主义法治国家人性维度与教育伦理的体现。

---

① 参见〔美〕约翰·罗尔斯《正义论》，何怀宏、何包钢、廖申白译，中国社会科学出版社，1988，第12页。

（四）通过社会倡导与政策倡导相结合的方式普及无障碍相关知识

政府部门可联合残联为专门的残障人社会组织提供政策支持，鼓励其走进校园宣传无障碍知识，普及相关法律法规。普通高校因其特殊性质而在开放程度上较其他公共场所而言更低，此类宣传活动大多只能由学生自己组织，经费不足且难以形成规模，通过社会倡导推动公众对无障碍相关认知的形成有助于该问题的解决。例如，在全国助残日进入校园开展大型宣传活动，举办无障碍知识宣传讲座，鼓励残障学生与非残障学生进行交流，开展师生体验残障学生生活方式、使用无障碍设施的活动，使师生对无障碍设施有更为深刻的认识。同时，也应组织面向残障学生群体的无障碍相关法律法规普法宣传活动，使其树立权利意识，当侵犯其无障碍权的行为发生时，能及时寻求救济。最后，可以结合新媒体渠道并以公益广告、公益游戏①等形式对无障碍相关知识进行宣传，以此呼吁社会公众关注普通高校无障碍设施的建设情况，增加相关社会倡导活动的影响力，提高社会公众对高校无障碍设施建设的关注度与参与度。

① 通过推出公益游戏的形式呼吁公众关注残障人群体以及无障碍设施已有先例。腾讯旗下天美游戏工作室于2019年4月推出一款名为《见》的公益游戏，让玩家体验视障人群如何出行。游戏中玩家需要利用拐杖敲击寻找盲道，然而盲道时常会出现毁损、被占用的情况，玩家需要及时判断并躲避。这款游戏不仅让玩家体会到视障人群出行之不易，而且呼吁玩家关注盲道等无障碍设施存在的问题，引发大众关注。

征稿启事

《反歧视评论》是由中国政法大学宪政研究所主办的国内首个以平等权利和反歧视为主题的学术文集，旨在汇集反歧视研究的前沿理论，展现反歧视实践的最新成果，进一步推动反歧视的法律和制度变革。

《反歧视评论》以学术性和建设性为评价标准，设置主题研讨、学术专论、评论、判例研究、调研报告、深度书评等栏目。具体征稿要求如下。

一、内容

与反歧视相关的调查报告、立法建议、学术论文或译文等。文章需论点鲜明，论据充分，论证严谨，语言通畅，数据准确，图表规范，主题集中，层次分明，结构完整，注释引文无误。保证作品独创性，如有对其他作品适当引用，请在文中用注释说明。

二、来搞须为原创、未公开发表的科研成果。欢迎反歧视领域的译文。

三、文稿格式要求

（一）文稿体例

文稿由中英文题目、中文摘要、关键词、正文和注释构成。文章标题字数 10 字左右；摘要在 200 字以内；关键词 3—5 个。文稿正文采用脚注，每页重新编码。稿件字数一般不低于 8000 字，鼓励言之有物的长文。

（二）基金项目

如果来稿得到基金项目资助，请在文章首页页脚标明基金项目的类别、名称、批准号。

（三）作者简介

来稿应在文章首页页下脚按如下顺序标明作者信息：姓名、单位、职称（职务）、学历、研究方向。

（四）标题

文稿标题应层次分明，标题前的数字按不同级别依次使用：文内体例顺序一般采用一（一）1.（1）①A. a.，其中：一（一）、1. 为标题序号，单独成行，不接正文。

（五）注释体例

1. 一般中文著作

专著作者后不用“著”字，编纂类加“主编、编”等字样，并注明具体起始页码。

例 周伟：《反歧视法研究：立法、理论与案例》，法律出版社，2008，第 101—102 页。

例 刘小楠主编《反歧视法讲义：文本与案例》，法律出版社，2016，第 15 页。

2. 期刊、集刊文章或论文

例 王理万：《就业性别歧视案件的司法审查基准重构》，《妇女研究论丛》2019 年第 2 期。（期刊网站不加页码）

例 何霞：《妥协与渐进之道：日本反性别歧视立法研究》，刘小楠主编《反歧视评论（第 2 辑）》，法律出版社，2015，第 100 页。（集刊和论文集文章需标注页码）

3. 译著

作者要注明国籍，作者在前，译者在后。

例 〔美〕加里·贝克尔：《歧视经济学》，于占杰译，商务印书馆，2014，第 17 页。

4. 报刊文章

信息要完整、准确，切不能将网站转载日期作为报纸日期。

例 刘伯红：《性别平等之声在两会上日益响亮》，《中国妇女报》2017 年 3 月 7 日。

5. 互联网或数据库作品

应注明网址或数据库、访问时间。如网站文章系转载自纸质刊物，须引用原始出处。

例：《外媒关注中国首例跨性别就业歧视案败诉》，http://www.cankaoxiaoxi.com/china/20160512/1156347.shtml，最后访问时间：2018 年 7 月 20 日。

6. 外文注释

说明性文字需翻译成中文，资料性文字（如作者、书名、出版社、章节页码等）保留原文。资料性文字中的著作或者杂志名斜体。如果作者引用英文文献，格式为：

（著作类）Evelyn Ellis and Philippa Watson, *EU Anti-Discrimination Law (Second Edition)*, Oxford University Press, 2012, p. 102.

（论文类）Elisa Holmes, "Anti-Discrimination Rights without Equality," *The Modern Law Review*, Vol. 68, No. 2 (Mar., 2005), pp. 175 - 178.

四、投稿方式

投稿一律采用电子文稿方式，本刊电子邮箱：antidiscrimination@163.com。对于录用的稿件，我们会在收到稿件的 1 个月内发出用稿通知。没有收到用稿通知的作者请自行处理稿件。为适应信息化建设需要，扩大作者学术交流渠道，本文集与网站、期刊数据库、微信公众号等建立了合作关系。如作者不同意将文章编入数据库，请在来稿时声明，本刊将做适当处理。

《反歧视评论》暂定为每年一辑，并适时增加出版专题集刊。《反歧视评论》常年征稿，截稿日期为每年 6 月 30 日，并于当年 11 月 31 日前公开出版，出版后会给每位作者寄送稿酬和样书。

《反歧视评论》编辑部

图书在版编目(CIP)数据

反歧视评论. 第7辑 / 刘小楠, 王理万主编. -- 北京 : 社会科学文献出版社, 2020.4
ISBN 978-7-5201-6552-5

Ⅰ. ①反… Ⅱ. ①刘…②王… Ⅲ. ①公民权-研究 Ⅳ. ①D911.04

中国版本图书馆CIP数据核字(2020)第062926号

反歧视评论 第7辑

主　　编 / 刘小楠　王理万

出 版 人 / 谢寿光
组稿编辑 / 刘骁军
责任编辑 / 关晶焱
文稿编辑 / 侯婧怡

出　　版 / 社会科学文献出版社·集刊分社（010）59367161
地址：北京市北三环中路甲29号院华龙大厦　邮编：100029
网址：www.ssap.com.cn
发　　行 / 市场营销中心（010）59367081　59367083
印　　装 / 三河市龙林印务有限公司

规　　格 / 开 本：787mm×1092mm　1/16
印 张：23　字 数：350千字
版　　次 / 2020年4月第1版　2020年4月第1次印刷
书　　号 / ISBN 978-7-5201-6552-5
定　　价 / 128.00元